云水襟怀

画家宋步云

宋 立 著

中国铁道出版社有限公司
CHINA RAILWAY PUBLISHING HOUSE CO., LTD.

图书在版编目(CIP)数据

云水襟怀　画家宋步云/宋立著．—北京：中国铁道出版社有限公司，2020.6

ISBN 978-7-113-18808-5

Ⅰ.①云… Ⅱ.①宋… Ⅲ.①宋步云(1910～1992)—生平事迹 Ⅳ.①K825.72

中国版本图书馆CIP数据核字(2014)第129675号

书　　名：云水襟怀　画家宋步云
作　　者：宋立　著

责任编辑：曾亚非　　**编辑部电话：**010-51873698　　**电子信箱：**zyfbooks@126.com
封面设计：崔丽芳
责任印制：郭向伟

出版发行：中国铁道出版社有限公司（100054，北京市西城区右安门西街8号）
网　　址：http：//www.tdpress.com
印　　刷：中国铁道出版社印刷厂
版　　次：2020年6月第1版　2020年6月第1次印刷
开　　本：880 mm×1 230 mm　1/32　印张：16.5　字数：380千
书　　号：ISBN 978-7-113-18808-5
定　　价：68.00元

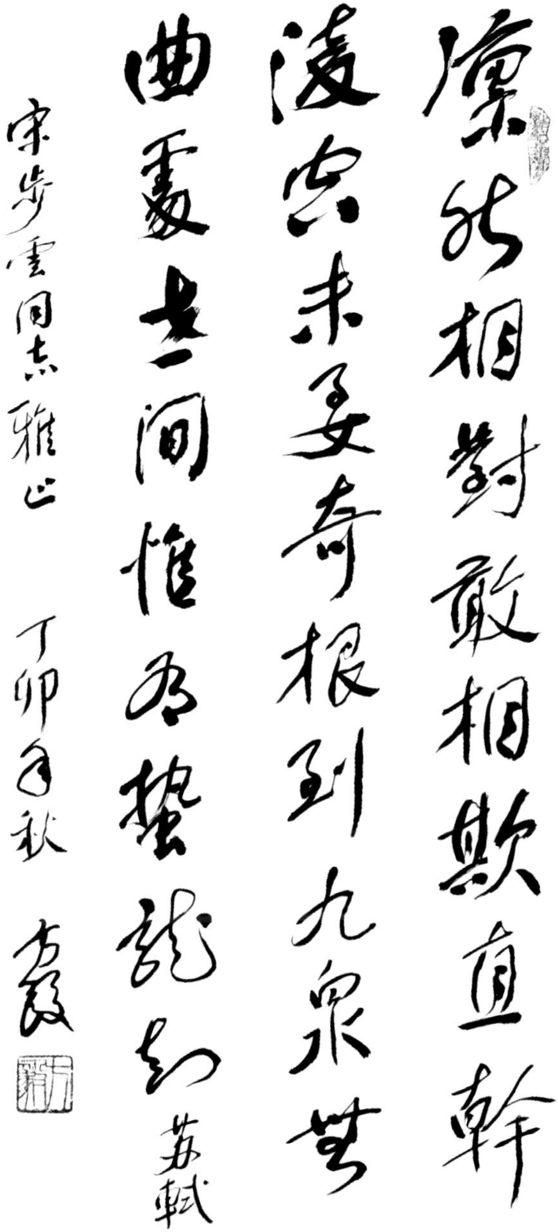

1987 年，方毅题诗

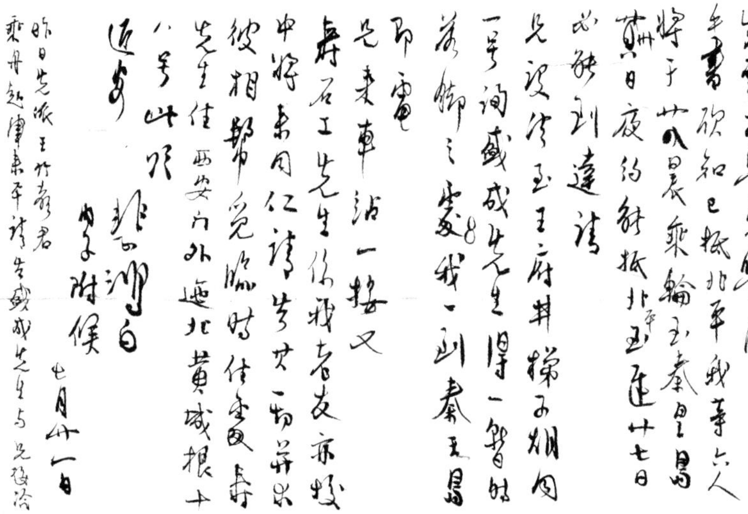
步云吾兄惠鉴：得手书，欣知已抵北平。我等六人将于廿八日晨乘轮至秦皇岛，其卅日夜约计抵北平，至迟廿七日必能到达。请兄设法至王府井梯子胡同一号询盛成先生，得一暂时落脚之处。我一到秦皇岛即电兄来车站一接。又寿石工先生系我老友，亦校中将来同仁，请告其一切，并求彼相帮，免临时仓皇。寿先生住西安门外迤北黄城根十八号。此颂
近安
悲鸿白
内子附候
七月廿一日
昨日先派王少彭君乘舟赴津来平，请告盛成先生与兄接洽。

1946年7月21日，徐悲鸿由南京致先期抵达北平宋步云信件

日本留学时期的宋步云

1936 年，宋步云在日本大学画室创作大型油画《流亡图》

1951 年，宋步云高淑贞夫妇于北京东受禄街 16 号徐悲鸿家门前

1942 年 6 月 29 日，重庆中央大学艺术系教员在欢迎徐悲鸿归国仪式后合影
第一排：徐悲鸿（右四）、陈之佛（右五）、宋步云（左一）、吴作人（左二）、
傅抱石（左三）、黄君璧（左五）
（宋步云摄）

1946 年，北平美术作家协会成立国立北平艺专教师合影

一排左起：宋步云(左一)、王临乙(左二)、徐悲鸿(左三)、齐白石(左四)、戴泽(右一)；二排左起：王丙召(左一)、李可染(左二)、卢光照(左三)、高庄(左四)、齐振杞(左五)；三排右起：董希文(右一)、冯法禩(右二)、李宗津(右三)、宗其香(右四)；后排右起：艾中信(右一)、孙宗慰(右三)、吴作人(右四)、宋步云长子宋慧京(前排儿童)

(宋步云摄)

1948 年，北平美术作家协会、国立北平艺专、中国美术学院等三大团体在中山公园举行联合美术展艺专教师合影

前排右起：戴泽、李宗津、宋步云、齐振杞、李彝、刘铁华；后排右起：艾中信、孙宗慰、吴作人、萧淑芳、董希文、孙竦、杨化光、王合内、徐悲鸿、李苦禅、王临乙、高立芳、高庄、万庚育、卢光照、王静远、陈令娟、李瑞年

（宋步云摄）

1951 年，春节在徐悲鸿寓所

左起：滑田友、宋高坪（宋步云之女）、徐悲鸿、廖静文、孙宗慰、萧淑芳、宋步云、高淑贞、吴作人

序

——永远值得怀念的宋步云

在我国现代美术史上，宋步云先生（1910—1992）的名字是不应该被我们忘记，是永远值得我们怀念的。他不仅是一位杰出的、有多方面艺术才能和修养的画家，在油画、水彩和中国画领域颇有建树，还创造了许多关注现实、关注人生，有进步内容的版画。同时，他是一位具有献身精神、富有艺术行政才干的艺术活动家。在艰苦的环境中，他全力协助徐悲鸿创办国立北平艺专，做出了重要的贡献。

宋步云出生于山东潍坊，自幼酷爱艺术，在青少年时期就曾参加爱国学生运动，受到反动势力的迫害。他先后就读于北平京华艺专和杭州国立艺专，师从林风眠、李苦禅等诸位先生，学习西画与国画。在学习期间，他积极参加进步活动。1934年，他与自己的同窗女友高淑贞一起赴东京日本大学留学，在艺术系专修油画，师从著名画家中村研一。他广泛接触世界艺术潮流，全面提高自己的造型功力和艺术修养，足迹遍及日本各地，作大量水彩写生。出于对日本侵略中国东北的义愤，创作大幅油画《流亡图》，表现“九·一八”后中国民众弃家逃难的悲惨场面。此画受到中村研一的赞赏并被其自愿保存，可惜现今下落不明，仅留下黑白照片。

1937年抗日战争爆发后，宋步云毅然中断学习，回国参加抗日救亡工作。此时，他努力钻研木刻艺术，积极用木刻创作参加抗日斗争。1939年他兼任《抗建通俗画刊》的绘画编辑期间，在刊物上发表数十幅表现抗日救亡主题的木刻。内容有表现抗战英雄人物和工农形象的，如《女英雄》《伤兵慈母蒋鑑女士》《为大众谋安全的石工》等；有揭露日本侵略军罪行的，如《敌机炸毁了我们的家》《被敌寇劫持的女同胞》等；有号召民众积极支持抗战前线的，如《救国不分男女老幼》《我们应当节省娱乐费救济难胞》，有宣传普及教育、提高人们爱国意识的，如《推广国民教育》等；还有揭露沦陷区人民水深火热黑暗生活的，如《奴化教育》《毒化政策》等。这些木刻作品不仅主题鲜明，而且语言质朴无华，刀法清晰有力，线条多有变化，黑白对比丰富，很有艺术表现力。1940年，宋步云与王琦、刘铁华等人在重庆一起组织进步的美术社团“中华全国木刻家协会”，团结大后方版画家用自己的创作反映现实生活，参加有益于社会和大众的艺术活动。

20世纪40年代，宋步云先后执教于重庆国立中央大学艺术系和重庆国立艺专，与陈之佛、丰子恺、傅抱石、吴作人等交往频繁，并经常共同切磋技艺。受傅抱石影响，他关注传统的艺术形式的国画，并开始将水彩技法融入国画的尝试。在重庆尤其与徐悲鸿先生的结识、交往，对宋步云的艺术历程产生很大影响。他们不仅艺术理想一致，而且都有共同的社会责任感。徐悲鸿很欣赏宋步云的水彩画。1942年—1945年间，宋步云在写生的基础上先后举办七次个人水彩画展，作品主要表现巴山蜀水的自然景象与劳动者的生活，受到许多艺术家的赞赏，在当时画坛产生很好的影响，徐悲鸿选购《嘉陵江夕阳》《嘉陵纤夫》两幅水彩，表示支持与鼓励。1943年吴作人在《新蜀报》著文，称赞宋步云的“水彩画正给了我们真诚的感觉，地方色彩的表现极充分”，说这些作品“画嘉陵江兼传其神态”，评价他写“江山云雾的气势，朝夕明晦的变幻，江岸滩头的各种景态，纤夫一群群的俯伏同行与逆流挣扎，搬运工人，小买卖者，芸芸攘攘。”说作者“不加自己的成见，客观地、忠实地描写，想来是不仅能无愧于古人”。

1946年，宋步云应徐悲鸿之聘，与吴作人等参加接管并筹建国立北平艺专的工作，被聘任为副教授兼庶务主任、代理总务主任。在极其困难的条件下，他为创建艺专做了许多繁重和琐碎的工作。其中特别要提到的是，在复校过程中，他在徐悲鸿的支持下，多方努力，克服重重阻力，排除国民党军区驻军的干扰，将李宗仁赠予徐悲鸿作为艺专新校舍用的王府井帅府园的楼宇、广场，改建为艺专的校舍，使学校的教学活动得以正常开展。他还悉心购买东城多处四合院落，作为教职员宿舍。宋步云所做的这些工作，为国立北平艺专以及之后中央美术学院的建设，做了大量的奠基工作。他的这段辛劳和功绩，应该在中央美术学院校史上留下耀眼的一笔。在此期间，他还和徐悲鸿、齐白石等一起，发起组织了进步的“北平美术作家协会”，任该会常务理事。在北平解放前夕，宋步云受党的地下组织之托，协助徐悲鸿等进步教师保护校产，抵制学校南迁，掩护地下党组织的工作人员。他欢欣鼓舞地迎接新中国的诞生，虽然他被派往“华北人民革命大学”学习，还是该校第一期毕业的优秀学员。但不幸的是，在以阶级斗争为纲的年代里，这位热爱祖国和人民、向往光明与正义、忠实于事业的艺术家却仍蒙受不白之冤，他被迫离开北平艺专，离开他心爱的工作岗位。但是，他仍然为国家建设事业的蓬勃发展而欢欣鼓舞，以一片赤诚的心情思考艺术问题，以顽强的意志从事艺术实践，探索中西艺术融合的种种可能。

在20世纪50—60年代，宋步云先后创作数十幅油画作品，题材有表现革命历史内容的，如《英勇就义》《刘胡兰肖像》《芦沟晓月》等；有反映社会主义建设和劳动生活的，如《劳动创造世界》《开山》《劈路》《十三陵水库工地》《哑巴河抢险》等；有描写风景的，如《景山瑞雪》《玉带桥》《盛夏》《舍利塔》《琉璃塔》《古观象台》《俯瞰故宫》等。他的油画以写实为主，但吸收了印象派的外光及色彩，有时用点彩法；还运用了表现派的一些技巧，如重视轮廓线，注重笔触和肌理的美感。由于他有丰富的水彩画创作经验，还受国画的启发，油画作品注重神韵，讲究笔触和色彩的微妙变化，在构图和立意上含有中国传统艺术的情调与趣味。

宋步云的水彩画创作从未中断过，这期间他的画技更为成熟，水与彩、笔线与色的结合更加自如，画风更为潇洒自由，融中西画法于一炉，又有鲜明的写意特征，表现出大家风范。打倒“四人帮”之后，宋步云在古稀之年焕发起艺术青春，以极大的热情投入艺术创作，尤其在中国画和水彩画创作上硕果累累。

虽然宋步云很早就学习过中国画，并不时画些小品，但把中国画作为专心致志的艺术创作，则是从70年代开始的。这时，他研究花鸟和山水，尤对以桃为主题的创作产生浓厚的兴趣。1980年，经国家文化部落实政策，恢复中央美术学院教授职称，按离休干部待遇，使这位年近古稀的老艺术家重新焕发起艺术活力，在国画和水彩领域奋力拼搏，再现自己的艺术辉煌。他先后到吉林长白山、辽宁兴城、大连棒棰岛、青岛、烟台、威海、厦门等地写生，从大自然中吸取灵感和搜集素材，创作许多水彩和国画作品。他大胆地把西画的某些造型手法和丰富、响亮的色彩运用于水墨、彩墨之中，并巧妙地将西画的对景写生与传统绘画写印象、写感觉的方法结合在一起，创造出自己独特的风格，丰富了传统中国画的表现语言。他笔下的桃造型饱满，色彩鲜艳、响亮，充满喜庆情绪，和他的其他花鸟题材的作品一样，富有象征性和寓意性，表现他对光明、正义和幸福的期待。他的山水画笔墨酣畅，格调大气，反映了他开阔的胸襟。宋步云的作品还以其热烈而率真的感情打动观众的心灵。它不刻意求新，他本着自己的天性与良知，默默地耕耘，在朴素、真挚与自然的语言中表现他的感受。他的艺术创造跳动着时代的脉搏，有鲜明的民族气派，有强烈的个性。他的艺术是新的。

对于这样一位在中国现代美术史上占有重要位置，对中国最高学府中央美术学院发展有过重要贡献艺术家的经历，因为种种原因，一直缺少系统的整理研究。使我们高兴的是，现在即将付梓《云水襟怀——画家宋步云》一书，填补了这一空白。撰写此书的作者宋立是宋步云最小的公子，他根据自己长期在父亲身边的见闻和感受，更广泛搜集了有关父亲生活经历、艺术创作和活动的文献和形象资料，特别是宋步云先生自己撰写的一些文章和发表的言论，以及与他有过密切交往的艺术家们如徐悲鸿、吴作人等人为他的作品写的评论文章、题字或与他的通信，还有廖静文、戴泽、卢开祥等人对他的回忆；书中所载的大量图片资料，形象地反映了步云先生的悲辛交集的一生，也从一个侧面展现了20世纪30年代至90年代中国美术界历程的缩影，弥为珍贵；此外，书中还有从未发表和展览过的宋步云的一些作品、图片，更全面地呈现了他的艺术面貌。总之，《云水襟怀——画家宋步云》是一部真实介绍宋步云先生一生历程的好书，史料十分丰富。作者在字里行间充满了对父亲的挚爱和深切怀念，但行文以史实为依据，没有任意渲染和夸大父亲功绩和成就的言词，这种写作态度是值得我们尊敬和提倡的。

人们会永远记住杰出艺术创造家、艺术教育家和艺术活动家宋步云的名字和他创造的业绩，《云水襟怀——画家宋步云》会帮助人们对他有更真切的认识，并且会由此加深对中国现代美术前进艰难步履的了解！

中央美术学院教授

邵大箴

序　言

在这个家里我最小，且一直与父母生活在一起，自然受到他们的教诲要比别的孩子多很多。父亲遵循着很多人生格言："吃亏是福，难得糊涂；聪明容易，糊涂难，由糊涂变聪明难，由聪明变糊涂更难"；"人不可有傲气，但不可无傲骨"；"君子必自重，人始重之"；"必先有人格，才有画格"这些都是从他敬仰的郑板桥、徐悲鸿、李苦禅、齐白石等先贤那里继承下来并伴随了他豁达的一生。诚然，父亲的这些思想与品德，以及母亲的朴厚与孝道，也一同潜移默化地影响着我的一生。

从父母平日言谈话语当中，特别是他们在晚年经常谈起的往事中，以及自我记事起至父母过世前的长达四十余年间，我基本都在他们身边，耳濡目染地了解到父母那些不同寻常的过往，那些工作中的陈年轶事、人生中的坎坷经历以及在二十世纪八十年代，父亲放足于黑山白水、黄渤海沿岸、南海之滨，亲历大自然创作写生的点点滴滴……与此同时，我也见证了父亲由深厚的西方艺术积淀转向中西艺术相结合的探索历程。父亲的艺术堪称一条深缓平静的河流，汇合了中西绘画艺术两大水脉，深缓蓄强势，厚积而薄发，蜿蜒流转，涓涓不息。

父亲坎坷的一生斑驳重叠，坦诚无私。

1910 年他出生于山东潍坊，青少年时期就参加过爱国学生运动，在杭州国立艺专就学期间因参与进步活动而遭到反动势力的迫害。

1934年，他与我的母亲一起跨海赴东瀛于东京日本大学留学，专修油画。学习期间与我的母亲一起参加旅日中国留学生左翼社团，积极抗日，创作了大量美术作品，其中，巨幅油画《流亡图》为其代表作，深刻地表现了中国人民在遭受外族侵略时所经历的屈辱与苦难。

1937年抗日战争爆发，父母双双中断学业，毅然回国，在上海、南昌、武汉、重庆等地参加抗日救亡工作。父亲于重庆与进步版画家们一起创办了《抗建通俗画刊》，与王琦等人一起组织了进步的美术社团“中国木刻研究会”，尽心竭力推动新兴木刻运动发展。

20世纪40年代，父亲先后执教于重庆国立中央大学艺术系、重庆国立艺专、中国美术学院，与徐悲鸿、陈之佛、丰子恺、傅抱石、吴作人、老舍等先生以及冯玉祥将军交往频繁。1942至1945年间，他在以表现巴山蜀水自然景象与劳动者生活的写生基础上，先后举办了七次个人水彩画展，轰动了西南画坛，得到徐悲鸿等艺术大家的支持与鼓励。1943年，吴作人在《新蜀报》著文《宋步云的嘉陵江》，称赞宋步云的“水彩画正给了我们真诚的感觉，地方色彩的表现极为充分”，说这些作品“画嘉陵江兼传其神态”，“想来是不仅能无愧于古人”。

1946年，父亲应徐悲鸿之邀北上，与徐悲鸿、吴作人等人共同接管并筹建国立北平艺专，时任副教授兼庶务主任、代理总务主任，为学校的创建和教学呕心沥血，做了大量卓有成效的工作。在此期间，他还和徐悲鸿、齐白石、吴作人等共同发起组织了进步的“北平美术作家协会”，任常务理事。

父亲到北平后便参加了地下党组织的工作。解放前夕，他受地下党组织委托挽留徐悲鸿，协助徐悲鸿阻止学校南迁，保护校产，掩护地下党人和进步师生，以极大的热忱迎接新中国的诞生。

不幸的是，在特殊的年代里，父亲蒙受不白之冤，被迫离开了他钟爱的中央美术学院，脱离开美术创作的中心。面对残酷的现实，面对身心的摧残，他皆泰然处之，依旧以顽强的意志，无怨无悔地进行着艺术的实践与探索，思考着时代与艺术、艺术理论与实践、中西艺术融合与创新等问题。他对新中国的美术事业一片赤诚，以充满阳光的姿态，不吝笔墨色彩，热情地讴歌社会主义的建设成就，讴歌祖国的美好山河。更为可贵的是在“文革”之后，古稀之年的他再次焕发出了旺盛的艺术活力，满腔热情地投入到新时期的艺术创作中，在中国画和水彩画的创作上取得丰硕成果。

父亲的人生是20世纪的时空缩影，在他的身上我们看到了时代的变迁。他在坎坷的人生路上没有因遭遇不公而停滞前进的步伐，而是以淡泊去面对世俗和名利的追求，以宽厚坦荡的胸襟、平和的心态对待周围的一切。他仍一如既往地以豪放而不失温厚的性格，表现出对新生事物的强烈向往，以与人为善的一生常态，宽厚地对待与他接触的所有的人和事，不失追求真理、探求事物本真的强烈欲望，因此获得了众多的朋友，赢得了人们的信任、尊重和爱戴。

历史上，与父亲交往过的文化艺术界人士灿若辰星，教学相长，获益匪浅，郭沫若、冯玉祥、老舍、徐悲鸿、李苦禅、陈之佛、中村研一、傅抱石、吴作人、林风眠、齐白石、丰子恺、黄君璧、张大千、黄宾虹、王式廓、陈晓南、王琦、吕凤子、郑乃珖、沈福文、王仙坡、李可染、叶浅予、廖静文、赵望云、于希宁、戴泽、常书鸿、秦仲文、李斛、关山月、沈左尧、华君武、胡爽庵、邵宇、冯法祀、王临乙、刘开渠、赵少昂、谢稚柳、董寿平、朱丹、钟灵、黄胄、许麟庐、胡絜青、克莹、孔凡章、萧劳、萧传玖、牛君彦、张振仕、萧淑芳、秦威、邵恒秋、刘铁华、卢开祥等，他们或是前辈，或是朋友，或是学生，或是同事，也因为他接触过的这些人和事，方使后人看到了这些文化艺术精英们鲜为人知的另一面。

几位师友在父亲的艺术之路上起着举足轻重的作用，林风眠、李苦禅是他在杭州艺专学习西画和中国画的启蒙教师；傅抱石是他留日期间的同窗挚友和回国后的艺术知己；中村研一是他就学日本时的西画老师；徐悲鸿是他艺术道路上的良师益友。父亲在艺术上的卓越成就，有赖于这些师友的诚挚助力，但更重要的还是与他自身的刻苦努力和矢志不渝的砥砺相关。

父亲经过新旧两个社会、两次战乱、八十多个寒暑春秋，对他来讲得失自明，甘苦自知。他默默地耕耘，默默地收获，默默地奉献，最终以其精湛的油画、水彩画、中国画、版画等广博作品为社会献上了别样的艺术风采，彰显了他横贯中西的卓越艺术成就；其造诣之博大精深，气派之非同凡响，风格之高标独行，创作之域宽垠广，数量之丰盈厚重，令欣赏者震惊，令社会瞩目，令业内人士激赏。

父亲的写实油画注重神韵，讲究笔触和色彩的微妙变化，在构图和立意上富有中国传统艺术的情调与趣味。他的水彩画风格潇洒自如，融中西画法于一炉，其鲜明的写意特征表现出了大家风范。在中国画领域，他大胆地把西画的某些造型手法和色彩运用于水墨、彩墨之中，将西画的对景写生与中国传统绘画写印象、写感觉的方法巧妙结合在一起，创造出别致而独特的风格，丰富了传统中国画的艺术语言。作品所洋溢出的热烈而率真的情感打动了观众的心灵，产生了情愫共鸣。他并不刻意求新，只是凭籍自身的天性与良知，在朴素、真挚与自然的语言中表现他的真实感受。他的艺术创作跃动着时代的音符，有着鲜明的民族气派和独特的个性化表征，他的杰出贡献有目共睹。因此，他在20世纪的中国美术史上自当享有重要的一席之位。

父母的人生之路丰富多彩且跌宕起伏，这条路上承载着他们共同奋斗的艰辛和成功的喜悦，并记载着时代的变迁和令人难以忘却的记忆。

父母在世时鲜有文字留存，多为言谈话语中传教给我们的对历史的追思和师友们对他们的回忆，以及采集的部分录音资料。想起父母去世前后，吴作人、于希宁、胡絜青、克莹、秦威、孔凡章等前辈老友，他们一直反复叮嘱我们说：“你们父母的经历太丰富了，想办法要把它们一一记录下来，将来写成书，传给后人。”父亲去世前住进北京医院，正巧吴作人先生也在那里治疗，我和大姐受父亲委托前去探望，吴伯伯诚挚地对我们说：“要记住你们的父母，争取把他们的经历写出来。”

简单的摘录如管中窥豹，沧海一粟，无以展露他们的人生与艺术全貌；倘写故事，也难免蜂趋蚁附。若干年来，何曾不想登临高峰去俯瞰、追寻父母一辈历史的逶迤长河？但自感能力有限，欲攀高峰，深感力薄，致使此事延宕时久；想找人代笔，但脉络和资料一时半会儿实在是不容易捋清楚，况且只动口不动手更易挂一漏万。二十余年来，业界专家寻找父亲资料苦于无处，希望家属能提供翔实史料。在多种因素催使下，父母和他们挚友的那些谈话、追述与回忆，他们的人生步履，虽如海市蜃楼，却日积月累地在脑海中被捕捉下来，继而真切地渐次勾画出了他们非同寻常的番番经历，那些沉睡凋落多年的零碎记忆碎片，如宝物再生，渐渐地复活了起来。

父母的故事实在太多，在此书谋篇构架时，业内人士曾经问我：“你要写故事剧本，还是写史实概述？”对此，我的思路很明确，即尽量简化生活描述，侧重史料，要三条主线并举：第一条，他们六十多年来富有传奇色彩的人生经历；第二条，在复杂动荡的历史洪流中，他们在光明与黑暗之间义无反顾地追寻着光明，热爱祖国，忠贞不渝；第三条，在“艺术至上”和“笔墨当随时代”、“艺术为人生”的现实主义艺术道路之间，父亲义无反顾地选择了后者，经过不懈的努力，终于走出了一条中西艺术互鉴，具有鲜明的民族化个性特征的艺术之路。我的写作意图得到了业内人士的首肯，同时也得到了他们的友善建议与诚挚帮助，以及家人的同心协力。在此，我们衷心感谢文化艺术界的前辈廖静文、王琦、戴泽、克莹等诸位先生，在百忙之中为我们提供了大量的有关父亲公正、客观的录音材料和文字资料，由衷地向曾经为我们提供过无私帮助的师长和朋友们致意，使本书得以顺利完成。

当我查阅了大量的史实资料，将他们那些或了然熟知或鲜为人知的史料，在父母时隐时现的音容笑貌伴随下，一件件地悉心镂刻出来，那种如涓涓溪流涌出的甘美甜露不断滋润心田的感觉，真是一种难以忘怀的享受，好像双亲犹在我身旁，不断和我交谈、讲述那些曾经发生过的事情。遗憾的是，由于我的文字水平有限，不能用更流畅的笔墨、更精到的语言将那些事件和宝贵的史料表述得更加精彩。父母的人生与艺术如苍穹中之繁星，取不胜取，只得撷取一些自认为有重要历史价值的光辉点来聚放，借此抒发对双亲不尽的眷恋与怀念之情。

最后，在这里特别要对冬炎老师表示衷心的感谢，在我撰写此书稿过程中，提出了许多中肯的建议，并在百忙之中耗费了大量精力为文稿精炼架构，润色文字，在默默无闻中做了大量确有成效的工作。

1947 年　油画《白皮松》

1940 年　油画《葵花》

20 世纪 40 年代　油画《两江相会在山城》

1945 年　国画《柏溪旧居》

20 世纪 40 年代　国画《激流》

1942 年　水彩画《嘉陵江风光》

1942 年　水彩画《重庆雨中督邮街》

1943 年　油画《嘉陵江畔》

1946 年　油画《山城一角》

20 世纪 40 年代　油画《景山瑞雪》

1947 年　油画《午门》

1946 年　油画《故都瑞雪》

20 世纪 40 年代　油画《画家之妻高淑贞》

20 世纪 40 年代　油画《旧北海大桥》

1948 年　油画《岁寒三九雪》

20 世纪 50 年代　油画《静物月季》

1949 年　油画《劳动创造世界》——【欢庆解放】

20 世纪 50 年代　油画《须弥春》

1953 年　油画《盛夏》

1959 年　大型油画《英勇就义》

1956 年　油画《古观象台》

1957 年　油画《碧云寺》

1960 年　油画《俯瞰故宫》

1960 年　油画《天坛》

20 世纪 50 年代　油画《什刹海游泳场》

1964 年　水彩画《绿筠朱实》

1965 年　水彩画《故宫外景》

1981 年　水彩画《西红柿》

1982 年　国画《初日照疏林》

1984 年　国画《多寿图》

1982 年　国画《寒林落晖》

1982 年　国画《天池晴雪》

1986 年　水彩画《鼓浪屿》

1986 年　水彩画《厦门渔户》

1984 年　国画《风云长护古雄关》

1987 年　国画《万寿图》

高館依稀西母宮繞山桃
熟倚僊翁千枝低壓秋林重一
抹丹砂過雁紅

1982 年 水彩画《静月潭》

1986 年 水彩画《镜泊湖滨》

1982 年　国画《人间重晚晴》

1987 年　国画《瑶池仙品》

目　录

CONTENTS

少年蒙学向艺

中秋节头一天的正午时分，一架马车扬着黄尘颠簸在去往乡下的土路上。沿路成片的红高粱和金色的谷子在秋风的吹拂下随风摇弋，弥漫着淡淡的谷物清香，隐约还夹杂着海水的咸腥味。

焦急赶路的宋思伦此刻心情喜忧交加，望着丰收在即的庄稼，寻思着如果老天不变脸、胶东半岛不发生战乱，秋后就能顺利开割了，家里四十多亩地能比往年多打两三成粮食，再在临村多收购一些，拉到潍县城里定能卖上个好价钱。然而，他又会想起即将临盆的妻子瘦弱的身子能撑得住吗？能顺产吗？刻薄的老父能给她应有的补养和照顾吗？陷入遐思的他又会时不时地萌生出种种期盼，要是妻子能生个带把的就好了，将来跟我到县城去学做生意，自己晚年尽可安做老太爷，享享清福；他祈望年年风调雨顺，五谷丰登；祈望自家在县城的泽广杂货店财源滚滚不断扩大，早日变成粮庄；祈望宋家平安无事，人丁兴旺……

如果真是个男孩儿，起个什么名字好呢？“沛”有丰盛的意思，祈望小儿未来平步青云，发财致富，索性就叫“宋沛云”吧！想到此，他扬鞭策马，绝尘而去。

小沛云于1910年9月17日（夏历庚戌年八月十四）出生在胶东半岛潍县最北端、离县城百里之遥的高庄。

这是一个古老而贫穷的村落。村北是一望无际的盐碱海滩，寸草不生，逢大潮可淹三十里，直抵村边；村南属冲积平原，分布着纵横交错的排洪沟，土地贫瘠。风调雨顺之年，老百姓尚能维持一年的口粮；如若赶上洪涝年景，地里颗粒无收，青壮年们便只得带上捕捞工具到海边捞些鱼虾，沿街叫卖，换些钱粮，外加海菜、野菜，勉强度日。

早年宋家地无一垄，生活艰辛。小沛云的爷爷十二岁时得到一位同村长者的接济，借给他够买一担菜的钱，小小年纪便开始走街串巷卖菜。他起早贪黑，不惜力，不偷懒，很快还上借款并积累下一些做买卖的本钱，开始挑担赶集，卖些杂货。年复一年，血汗三十年，最终买下了四十多亩地，在本村开了家杂货铺，还出资在县城开了泽广杂货店，后脱手交由小沛云的父亲宋思伦经营。

1947年，宋步云父亲在北平

吃苦耐劳一辈子的爷爷身体硬朗，体格高大，八十多岁还能下地干活，全家大事小情都由他说了算。或许是穷怕了亦或是挣钱不易的缘故，随着爷爷的生意越做越大，他的脾气也越发尖刻，处处提防着，生怕有人觊觎家财，哪怕分厘。他独掌粮仓和杂货铺的钥匙，每顿饭都要亲自开粮仓按人口称重。打下的粮一概做上标记后入仓。细粮舍不得吃，全家人只能吃粗粮，即使逢年过节、家人生病或女人怀孕、坐月子，也是很不情愿地拿出些许，苛俭下来的细粮仍被他拿到县城商铺去卖。为此，小沛云的奶奶、母亲没少和他拌嘴。

小沛云的父亲一直忙于县城铺子生意，很少得空回家。爷爷奶奶、大伯一家住在一起，全凭母亲上下操持，忙里忙外。

母亲姓王，小名“存”，寓活下之意。她自小丧母，身体瘦弱，无衣无食，朝不保夕。因家穷养不起，便留下哥哥，反将她送了人，可怜的她跟着同样贫穷的养母相依为命，直到出嫁。

母亲是续弦，原配过世后留下一男，视为己出，垂怜疼爱，后有了小沛云及一弟一妹。爷爷嫌她是后嫁，怕将来分夺家产，常常对她无故斥骂，精神虐待，所幸慈祥的婆婆对她很好，常劝她不要和公公一般见识。

母亲不识字，虽勤劳克俭，贤惠温良，却有着强烈的叛逆性格，她看不惯公公的尖酸刻薄，从不伪意奉承，往往是做完饭，送上桌，转头就走，独自一边去吃。一来二去，公媳之间的积怨越来越深。一次被无端谩骂后，母亲受不了委屈，拿了根绳子要上吊，恰被一村民看见，将还没挂上绳套的母亲救了下来，母亲伤心地哭了一夜，这些都被小沛云看在眼里，记在心上，他不明白为什么慈祥善良的母亲老挨爷爷的骂呢？他恨爷爷欺负母亲，发誓长大后一定要把她接走去享福，遗憾的是，这个愿望最终没能实现，在苦难动荡的年代里，母亲终因肝病没能得到有效治疗而于 1948 年离开了人世。

自小沛云降生以来，母亲对他体贴入微，不离左右，疼爱有加。小沛云也非常懂事，总是把母亲舍不得吃的东西往母亲的嘴里塞，做饭时帮着搬柴禾，受气时给母亲擦眼泪，吵架时站在爷爷与母亲、奶奶中间，保护她们，用小手推搡爷爷，爷爷见状不由得消了气，怜爱地摸着他的头，说：“不吵了、不吵了。”

每次父亲回来都为他悄悄地带回一些好吃的，带他下海捞海菜，抓小鱼虾蛤蜊，玩得不亦乐乎。父亲水性极好，一猛子能扎出一二百米远，潜到海底捉海参、螃蟹。小沛云看着眼馋，缠着父亲非要学游泳，在父亲的传教下三四岁就学会了游泳，常随父亲游到较浅

1947 年，宋步云母亲在北平

的地方捞些海星什么的。秋冬时节，父亲带着他去打猎，从北方飞来过冬的大雁栖落田间地头，啄食草籽谷粒。及近傍晚，父亲乔装去打雁，待站岗的大雁困意浓时，猛吹口哨，雁群在睡中突然被惊吓，仓惶飞起，父亲举枪就打，大雁中枪，纷纷坠落，小沛云兴奋地蹦着、跳着、叫着，欢快地去拣拾大雁。没有大雁时，他们也能打到些山鸡、野兔、狐狸或野猪。小沛云跟父亲学会了打猎，也喜欢上了打猎。

直到小沛云六岁那年，一日夜晚，他前去看守窝棚，父亲并不知晓，清晨天还没亮就拿着猎枪去打猎了。当时，小沛云值夜后正沿着一道沟涯一蹦一跳地往回走，头时隐时现，在视线不清的状况下，父亲误以为是兔子，拿枪瞄准，定睛后发现是儿子，不禁惊出一身冷汗。从此，父亲不再打猎了，他迷信，打猎差点要了儿子的命，这难道不是苍天的暗示吗！

那时山东大地连年遭灾，军阀混战，战事频发，人们艰难地挣扎在生死线上，背井离乡，携家带口去闯关东，小沛云的家乡恰是海上闯关东的必经之路。他经常看到大道上、海岸边一群群目光茫然、疲惫不堪的难民，他们衣衫褴褛，扎着绑腿，扛着行李，扶老挟幼，步履蹒跚地向海边码头聚集。他们渴了就到沟渠里舀点水喝，饿了就啃一口黑黢黢的干粮，晚上露宿荒野，逢刮风下雨时只得瑟瑟发抖地蜷缩在一起。母亲非常同情这些难民，常背着公公拿些干粮给他们。小沛云也效法母亲为之。每每见此，母亲都会把他搂在怀里夸奖一番，叮嘱他长大了一定要慈善为怀，助人为乐。小沛云亲眼看到灾荒、战乱给人们带来的苦难，这一切在他幼小的心灵上留下了不可磨灭的印记。

小沛云在母亲的呵护下成长着，更得到了小伙伴们的陪伴和长辈们的爱护。他愿意跟大伙儿一块去赶海，每当海潮退去，他的小篮筐里就会装满了各色各样的海品，运气好时，还能捞到肥嫩溜滑的海参和浑身带刺一包黄膏的大海胆。他惊奇地发现，大海有取之不尽，用之不竭的宝贝，它胸襟博大，宽广无私，奉献着丰盛物产，养育着人类的世世代代。面对大海，他不禁心生敬意，之中不乏感恩之情。

绚丽多彩的大海给小沛云的童年带来了无穷无尽的欢乐，大自然的美陶冶着他的情怀，孕育着他最初宝贵的唯美情结。他喜欢和小伙伴们在海滩上追逐嬉戏，更喜欢独自脱得光溜溜地跳到冰冷的海水里，在小朋友们的惊呼声中，享受着劈波斩浪的豪迈感觉。他喜看海面上跳跃着的朵朵浪花，喜看水天一色中逐渐远去的白帆，喜看暴风雨中逐浪拍岸卷起的千堆雪；听不尽浪花涌动的娑娑低吟，也听不尽骇浪裂岸的轰鸣长啸。

他经常独自静静地坐在海边，托着下巴欣赏白色的海鸥在海面上互相追逐打闹，上下纷飞扑向大海捕鱼后昂首飞起的姿态；忘情地盯着它们在海面上迎风破浪，挣扎飞翔，随后掉头随风如开弓厉箭掠过冲向远方，后又猛然折返往复循环，不止不休；羡慕地望着它们在暴风雨中迎着闪电高声号叫着冲向乌云翻滚的天空，佩服它们不屈不挠的坚韧性格，甚至幻想自己也能变成一只展翅翱翔的海鸥，自由自在地在无际的海天之间畅翔。他不由自主地拣拾起身边的可拾物在沙滩上画了起来，不知不觉中，在大自然的熏陶下，逐渐感受到了大自然的魅力，并喜爱上了绘画。

村里有一座大庙，一位叫王家善的民间艺人给大庙墙上绘制壁画，也为村民画像，塑神像，小沛云常常怀着童稚之心跑去观看。老艺人动作灵巧，一团泥在他的手里揉着、捏着，不消片刻便神奇地将一尊活灵活现的神像展现在了眼前。看得多了，小沛云也渐渐地学着老艺人的样子画呀、塑呀。没笔没纸，他就找些粉土满墙满地画，他画山，画海，画海鸥，画神像，画“风情画”。他在自家挖泥土，捏神像，院子里摆满了他捏成的如来、观音、雷公、电母、哼哈二将、十八罗汉等小泥塑。不久，院子被他挖出了一个大坑，每逢刮风下雨，摆放在院子里的那些泥像变成了一堆堆烂泥。即便如此，他也从不气馁，雨过天晴，又在院子里重新捏个不停。

初始，家里人都是“反对派”，认为在家里捏神像不吉利，趁他不注意就给毁了，但倔强的他从不放弃。后来，小沛云的执着劲头感动了母亲，她也开始喜欢上儿子捏的那些活灵活现的泥像了，并成了小沛云的有力帮手，遇到刮风下雨，就帮他把泥像搬进屋里。母亲的支持，使小沛云受到很大鼓舞。

他虚心向王家善老人请教，老人看他心有灵性，乐得施教，还送给他一把刻刀，教他木刻，一时间他对画画、雕刻、捏泥像着了迷。经他努力，技艺突进，越画越好，越捏越像，越刻越赋神采，有时比大人还有创造力。他淫浸其中，乐陶陶也，仿佛生活被大大地拓展开来，产生出无尽的憧憬。

爷爷看小沛云心灵手巧，是可塑之才，就与父亲商量送他去读书，期待将来能帮衬家里经商。六岁那年他被送进村里唯一的私塾，学堂设在大庙内，只有一位叫王振鐸的先生授教。老先生的严规戒律使学生们恐惧不安，对学生动辄戒尺掌心，面壁罚跪。小沛云无拘无束惯了，人小淘气，难免受到惩戒，加之每日被困书台，读《四书》、《五经》，深感乏味，他每日如坐针毡，身心受到了束缚和摧残。面对老先生的戒尺、刻板的教学，他愈发厌恶，甚至产生了强烈的逆反心理。

他思念着大海的美好，留恋着画画和捏神像的快乐时光。他常在先生对同学施威时，匆匆下笔画些浪花、海鸥、“风情画”等令他难以忘怀的景象。然而他的举动没能逃过私塾先生的眼睛，因此受到了更多责罚，在他稚嫩的心灵上刻下了对封建教育制度的深切憎恨。每当母亲看到被打得鼻青脸肿的儿子时都会心如刀绞，掩面哭泣。她实在受不了儿子屡遭毒打，便跟丈夫商量转校，于是小沛云被送去县城读书。

七岁那年，小沛云告别哭得泪人似的母亲去潍县县城上学。马车渐行渐远，他依依不舍地遥望着，单薄瘦弱的母亲站在高坡上挥动着手臂，感觉她是那么的孤单，那么的无助，他站起身子向一直陪伴在身边的母亲叫着喊着使劲地摆手，直到母亲消失在茫茫的视线中。

小沛云在潍县模范初级小学读了不到两年又和哥哥一起被转送到济南模范初级小学就读，未及毕业，父亲嫌在“洋学堂”读的那些书对以后经商没什么用，就把他又接回潍县送进当地商家们合办的私塾，请来潍县的一位清末举人臧文重当教书先生。虽然在北伐革命以后学堂不敢再搞体罚了，但臧先生为人冷酷刻薄，在精神上极尽折磨学生，从而引起了学生们的强烈反感和抵制。

小沛云在济南就读时曾受到过“五四运动”新文化思想和反对封建礼教束缚的影响，极为痛恨私塾先生的刻板教学和旧教规，他伙同一名同窗找到县教育局，揭发私塾教育的陈腐落后，要求取缔私塾。之后的第三天，法警把臧先生带走并查禁了这所私塾。于是，小沛云重回济南模范初级小学读书，1923 年毕业后入潍县模范高级小学读书，于 1926 年毕业，步入中学阶段。

参加反帝反封建学潮

1927年，十七岁的宋沛云考入潍县最好的学校，即美国基督教会开办的文华中学。该校为寄宿制，设高、初中部，附设医院和农场，课程除正常科目外，还设有美术、医学、农业、园林、体育等。

青年时代宋步云

在文华中学读书期间，沛云成绩优秀，爱好广泛，绘画、医学、农业，嫁接技术等科目均名列前茅，且乐善好施，得到同学们的信任，被推举为班长。他在文华中学最大的收获就是结识了美术生涯的真正启蒙者——学校的美术教员、潍县知名画家丁东斋，在他的引导下，沛云抛弃了父辈寄托的从商之路，从此将毕生精力投入到美术事业之中。

文华中学位于潍县东关附近，门口有一条泄水河，坡陡水深，枯水期可在浅处摸蟹抓鱼。河边绿树成阴，平日里同学们三五成群到河岸阴凉处看书，也常到河边玩耍。沛云水性好，清明节前后即下河游泳，还自告奋勇担当起同学们的游泳教练。

入学第二年的夏天，临近期末考试，天气闷热难耐，沛云约同学到河边复习功课，他们在河弯处席地而坐，聚精会神地复习功课。猛然间，小沛云听到雷鸣般的轰隆声由远及近，立刻意识到这声音和家乡发洪水时的声音相同，连忙高喊："大水来了，快跑啊。"他一边拽起身边的同学向高坡跑去，一边回头察看水情。突然发现有一名同学还像没事人儿似的在河边洗手，沛云随手把手中的书塞到同学的手里，高喊着"大水来了，快跑啊!"，随即回身向坡下同学跑去。已跑到坡上的同学被他的举动惊呆了，催促他"快回来，那里危险!"那名还在河边的同学，好像已经意识到要大难临头，吓傻了似的直挺挺地站在河边，呆呆地望着河道拐弯处。沛云不顾一切地跑到河边，拽住同学的手回身就跑，可没跑二步，转眼间洪水从河湾处呼啸着卷来，高达四五米的水头冲垮了堤岸，他们瞬间被卷入洪流中。岸上的同学沿河拼命奔跑，试图解救他们，却都无济于事。沛云一只手死死地抓住同学，另一手试图抓住掠过身边已经被淹到树梢的柳树，但几次努力手都从裹满黄泥浆的树梢上滑脱。他们在浑浊的洪水中不停地翻滚着，撞击着，被冲出三四里外才艰难地在高粱地里勉强站住脚，对望彼此，激动相拥，不断地重复着："我们的命真大，我们还活着，还活着。"

老师和同学们焦急地赶来，看到他们站在没腰的泥浆中，鲜血从被刮得破烂不堪的衣服里淌出，异常担心地把他们抱出泥浆，大家紧紧地搂在一起，仔细检查他们身上的伤势，看见无大碍连声说："你们命真大，命真大!"师生们一起簇拥着将他们抬上岸，激动地把沛云高高抛起。学校对宋沛云舍己救人的义举给予通报表彰，并特颁一年全额奖学金。从此，他在同学们的眼中成了大英雄，负有了更高声望。

教会学校是在不平等条约的庇护下产生和发展起来的，与西方列强的侵华活动紧密相连，其意图是培养能够取代封建士大夫的新型知识分子，以控制或影响中国社会未来的走向。校方一直向同学们灌输只有留洋才能救中国的理念，声称“只有先上教会学校，毕业后升齐鲁大学，再考入美国大学，才能有出路。”向同学们宣传帝国主义思想和哲学，灌输洋宗教，实行奴化教育，进行宗教侵略。

平日里，牧师带领大家做祈祷，咏诵《圣经》。沛云是无神论者，不信鬼神，不信伪说教。作为班长，他经常向牧师提出异议，公开表示“不同意牧师宣扬的上帝是唯一的救世主”，不赞成牧师否定中国传统文化，反对和抵制牧师所言“中国文化是腐朽的、僵死的，中国文化根本不能救中国”的提法，他的做法得到了同学们的支持。

一次在课堂上，牧师说：“有一个信徒快要饿死了，天上掉下个果饼救了他。”沛云马上接着说：“老师，那你就别当牧师了，多累呀，我们也都不用学习了，大家都等着天上掉果饼不就行了吗?”话音一落，响起一片哄笑声，弄得牧师十分尴尬。

为此，校方记恨他，暗中纠结打手对他施暴，杀一儆百。结果出乎校方意料，打手却被宋沛云打伤了好几个，其中还有主任的侄子。校长盛怒之下，不问青红皂白给了他一个警告处分。宋沛云找校长评理，校长却说：你打伤了人，就要处分你，如果不服就开除你。于是，他联合了一些反对奴化教育的同学将此事告到警方，要求立案处理，还他一个公道。警方的答复是：文华中学是美国人办的，我们管不了，不予立案。

于是由此事为导火索，在文华中学掀起了一场由进步学生发起的爱国民主运动学潮——反帝国主义奴化教育和宗教侵略。宋沛云任纠察队长，在斗争中他勇敢无畏，拼死争斗，保护爱国同学。罢课、游行长达数月之久，得到社会的广泛支持。最终，校方纠集国民党县党部使用武力将学潮镇压了下去，宋沛云和学潮主要参与者二十人被学校列榜开除。

1940 年　宋步云木刻作品《黑暗世界——奴化教育》

学潮平息后，美国人对文华中学校长和牧师的工作并不满意，撤换了校长，牧师也被勒令回国，文华中学从此也更名为广文中学。解放后，这场反宗教侵略的学潮被编入了《山东志》。

此后，为避免遭受政治迫害，宋沛云与于希宁、王仙坡被迫离开了潍县家乡，踏上了济南求学之路，并更名为“宋步云”，自号“晓初”。

宋步云未曾料到这一别竟是六十年之旷久，直到耄耋之年，在家乡人民政府隆重地为他举办“六十年艺术巡回展”和建立“宋步云艺术馆”时，他才又一次（也是最后一次）踏上了他的生养之地。他手捧家乡的泥土亲吻着，眼前浮现出哭得泪人似的母亲，孤独无助地站在高坡上，举着双手无力地挥动着……他哭了，又笑了。

燃起忧国忧民情

在济南，宋步云自学了一年绘画，走遍山东大地实地写生。1930年他投考济南东鲁中学，就读半年，同年考入济南爱美高中艺术师范科插班三年级，再与王仙坡、于希宁、王式廓同窗，从此步上了一生追求的绘画艺术道路。

就读期间，他除了学习必修课外，同时学习西画和中国画。当时艺术科美术课程没有统一的教学大纲，理论课老师照本宣科读中国历代画论和《罗丹美术论》；绘画课全凭老师兴趣和喜好，各行其是，随心所欲，学生放任自流；教技法的老师只会把作业略作修改，讲不出什么道理，使学生如堕云雾，不知所然；实践课却不倡导实地写生，学生被关在教室里闭门造车。试想，在如此僵化的教学环境中学生们要想获得真本事谈何容易。

宋步云深知师法自然的重要性，他抓紧一切课余时间外出写生作画，如饥似渴苦练基本功，凭借他对美术的悟性、热爱和执著，很快他的成绩跻身前茅，得到老师和同学的赏识。

面对僵化的教学方式，一些同学非常迷茫，不是把精力投入到苦练基本功上，而是求神、拜佛，请人批八字、算命，把希望寄托在神仙道士身上。

一次，几个同学从校外归来，兴奋地描述道：“街上有个仙人真神了，让我们扶着八仙桌桌腿，一念咒语，我们就围着转动的桌子跑了起来。”宋步云不经意地说了句：“那都是骗钱的，在我们家乡常能看到，甭迷信那些骗人的玩意儿，这个我也会。”同学们诧异地望着他，连称不信。

见此状，宋步云让同学们找来八仙桌、芭蕉扇和大海碗，在教室正中腾出一块空地，开始演示。他把大海碗朝下扣在地上，再把八仙桌面朝下扣在大海碗上，放稳后，让四个同学分别按逆时针方向站好，各自轻扶一个桌腿，嘱咐他们：“听我口令，闭上眼睛站好，千万别动，看看是什么感觉。”随后他念念有词并对着他们煽动起芭蕉扇，不断加力，风势越来越强，受风最厉害的那个同学脚下开始有点动，其余同学也随着脚下不由自主地微微有些挪动，慢慢地越挪越快，扶着桌腿转了起来，而且越转越快。只见宋步云突然停止煽动芭蕉扇，大声喊“停”，四个同学顿时停下，睁开眼睛，齐声叫着：“真神了，感觉跟那些仙人一样，怎么搞的?”

宋步云坦然地说：“其实没什么，让你们闭上眼睛，主要是让你们不知道我想干什么，全靠心理作用。另外，一般人长时间闭上眼睛，不可能一直坚持不动，你们四个人合作，只要有一个人一动，其余人也会受到影响跟着动起来。我嘴里念念有词，其实是要分散你们的注意力，连我自己也不知道在念叨什么。一开始我轻轻扇风，你们没什么感觉，随后我对着其中一个人猛扇，别人感觉不到，而他却感觉有外力在推他，开始有些晃动，你们感觉有人晃动，也跟着晃动。他受力最大，感觉到其他人晃动，想站稳，结果却下意识地挪动了脚步。他一动你们感觉有人动也随着动，结果形成连锁反应，越想站稳却越动，结果越走越快便转了起来。当我喊停后，你们感觉不到外力了，同时又睁开眼睛，便又站稳了脚步。这些都是我利用你们的心理反应而产生的物理作用，其实没什么可神秘的。”

宋步云讲明道理后，又请来两拨不知详情的同学“施法”，屡试不爽。在场的同学们如梦方醒。随后他又将“口吐烟火”、“用竹刀在纸上划出鲜血”等骗人巫术伎俩一一破解。宋步云亲做实例为同学们上了一堂生动的揭露封建法术的教育课，启发了他们反封建的意识，不再将希望寄托于神仙道士身上。

在校不及一年，日本帝国主义发动了九一八事变，侵入我东三省，面对国破家亡，学生们的“艺术梦”也随之破灭。全国民众抗日救亡运动风起云涌，上海、北平学生先后赴南京国民政府请愿，山东学生积极响应，迅速行动起来。

由济南十九所院校三千多名学生组成的济南学生请愿团赴南京向蒋介石国民政府请愿，要求出兵抗日。请愿团下设交通、纠察、文书、宣传、通讯等部，二十五个大队，宋步云为济南学生请愿团通讯员，往来于总部和各校之间传递信息；王式廓任第二大队队长，负责爱美中学请愿团的组织领导工作。请愿团提出四项目标：“一、武力收回东三省；二、反对一切秘密外交；三、退出国联；四、全国中等以上学生团结起来，并请中央发给枪支。”

1931 年 11 月 28 日，请愿团的学生们打着“赴京请愿团”的横幅，高喊着“打倒日本帝国主义”、“要求政府立即对日宣战”等口号，浩浩荡荡地来到津浦铁路济南火车站，静坐示威，冒雨露宿站台，索车南下。

省政府主席韩复榘粗暴拒绝索车要求，学生们被迫卧轨截车，使津浦铁路中断数日。韩复榘派荷枪实弹士兵排成扇面队形包围车站，枪口对准了忧国忧民、力图国家民族生存的手无寸铁的爱国青年。

面对高压态势，学生们没有退缩，继续坚持斗争，派出十多路宣传队赴工厂、市区宣传抗日，揭露日军侵略东北的暴行，诉说省政府和铁路当局阻挠学生南下，拒不派车，造成学生在车站冒雨露宿站台多日的惨状，呼吁社会各界予以声援，得到社会各界的广泛响应。经过决绝的斗争，韩复榘被迫答应拨给专车送请愿学生南下。

作为山东学生请愿团的联络员，宋步云和静坐示威的两千多名爱国同学一起置生死于不顾，一直战斗在济南车站，终于在12月8日抢乘上火车与北平青年共赴南京。沿途他们散发传单和小报，高唱抗日歌曲，进行抗日宣传。所经城市的民众热情地列队欢迎请愿团，送上蛋汤、馍馍和毛毯。经过一天两夜的行程，列车抵达浦口，国民政府派员前来讲话，企图瓦解学生斗志，学生们当即予以了驳斥。

请愿团抵达南京后，国民政府如临大敌，沿途军警夹道站立，只留下很窄的通道让学生通过。南京中央大学学生代表赶来迎接，协助他们渡江至下关，步行抵达中央大学，与上海、北平学生汇合，形成了一支上万人的请愿队伍。

次日，宋步云和请愿团的学生们冒着风雪前往国民党中央政府请愿。他走在队伍最前面，进入中央政府院内，他发现微敞的厢房窗子里伸出许多枪口，隐约可见埋伏的大批军警。他嘱咐周边的同学要时刻提防，以免伤亡。

蒋介石派邵力子出面敷衍，学生不从，坚持面见蒋介石。直到下午，蒋介石才被迫出面。

学生们质问蒋介石“为何采取不抵抗主义，放弃东北三省?”坚决要求政府出兵抗日，收复东北。

请愿团向蒋介石当面提出十项严正要求，要求迅速出兵东北、放弃妥协外交、发给学生枪支抗日等。蒋介石则顽固坚持其不抵抗立场，继续散布抗日必败的失败主义论调，为其不抵抗政策强词掩饰，“目前内忧外患，政府有困难，对外宣战不是一件容易的事情，要有一个准备的过程”，“现在日本强大，我们弱小，马上出兵必败”，“待一切准备就绪，马上就对日宣战”，“政府正在诉请国际联盟来解决东北问题”等等。

蒋介石还大发“攘外必先安内”、“依靠国联调停”等陈词滥调；一面又夸下海口许愿“三年后派兵收复东北失地”，以欺骗学生。学生们不满这些虚伪敷衍的答复，当面予以驳斥。他恼羞成怒：“我是国家元首，你们对我不尊重，也是对国家不尊重；对我侮辱，也就是对国家侮辱!”同学们驳以“国家领袖就是人民公仆，应与人民有同等权利。”弄得蒋介石难以招架，只得拂袖而去，接见草草收场。

宋步云和平津、上海、山东同学一道目睹了蒋介石假抗日真卖国的把戏，识破了他的真面目。接下来，学生们连续数日到国民政府、外交部、教育部、国民党中央党部等驻地游行示威。

“济南学生请愿团”做的袖标非常巧妙，两面都有标志，正面印的是“请愿团”，反面印的是“示威团”。宋步云与济南学生一道佩带“示威团”袖标，和北平学生联合一起到外交部游行示威，抗议外交部执行卖国的秘密外交政策。他们冲击外交部，在外交部门前书写了“坚决反日抗战”、“打倒卖国贼”、“反对卖国妥协”、“立即对日宣战”、“收复东三省”等大幅标语，砸毁了门前的汽车，冲进办公室，砸桌椅、摔电话，把外交部砸得一片狼籍。

随后，请愿团学生们听说日本代表正在国民党中央党部同国民党政府进行秘密谈判，他们再次被激怒了，又到中央党部门前游行示威。国民党中央党部戒备森严，学生们冲上去缴了门警武器，砸了大门上的国民党党徽，又把警卫室、收发室、接待厅砸了个稀巴烂。

请愿团学生们又到国民党喉舌中央日报社址，严正抗议歪曲事实的报道，并捣毁了编辑室，砸坏了印刷机器设备，吓跑了所有职工。

为保护学生们安全，济南学生请愿团成立了棒子队，宋步云也是棒子队的成员。12 月 17 日，请愿团的学生们继续到国民党中央党部、中央日报社示威游行，与前来弹压的军警发生了激烈的冲突，蒋介石下令射杀手无寸铁的学生，制造了震惊世界的“珍珠桥惨案”。平津学生到济南学生请愿团驻地声援，他们拿起棍棒等武器奔赴珍珠桥，路上与军警发生激烈冲突，队伍被冲散。宋步云勇敢地保护同学们从岔道撤离，在南京市民的保护下，他们躲过了军警的拘捕。“珍珠桥惨案”共打死爱国学生三十余人，重伤三十余人，轻伤无数，百余名爱国学生遭拘捕。

随后，蒋介石下令南京全城戒严，残酷镇压示威学生。大批军警包围了学生驻地，声言学生有“越轨行动”，严禁外出，强令“请愿团”迅速离开南京，并以护送的名义派重兵分两路把“请愿团”的学生们武装押运至青岛和北平。“济南学生请愿团”回到济南后，受到了各校教职员工、学生及工会代表的热烈欢迎。

宋步云等一批济南学生请愿团主要成员没在济南下车，赶赴青岛声援那里的爱国运动。在青岛，宋步云看到了象征帝国主义武装入侵的德国炮台；看到青岛众多洋房住的都是外国人，而老百姓却蜗居在低矮潮湿的陋巷里；看到衣衫褴褛的码头工人们扛着沉重的货物如蝼蚁般在颤动的轮船栈桥上下。他被深深地触动了，深切地感受到中国不统一、不团结就是一盘散沙，就要受列强欺负；只有团结、统一的中国才能强大兴盛，抵御外辱。由此，他那忧国忧民的情怀在悲愤的胸腔中油然而生。

步入艺术殿堂

1932年初，宋步云、王式廓及王仙坡三位同窗好友于爱美中学毕业，相携步出山东考入北平京华美术学院学习西画，兼习油画、国画，水彩画、素描等课程。宋步云勤奋好学，力求掌握各项绘画技能，常常在别人休闲玩耍时外出写生作画。他看到闭门造车的僵化和失去灵魂的空洞，也看到一味临摹古法的局限，逐渐意识到艺术生命来源于自然，要赋予作品深刻的内涵就必须亲近自然，掌握其规律性，将绘画技巧融于自然之中，赋予艺术以灵魂和强大的生命力。

京华美院是一所私立院校，没有学生宿舍，宋步云到北平后与姑父李子钢（时任师范大学历史系老师）一同租住在西交民巷附近一家高姓有房产的富裕人家。

高家祖辈为清朝高官，在修建颐和园、修复天坛中立下赫功，受到慈禧太后的犒赏，在西城和南城有连片房产。关于祖辈，高家后裔高淑贞（后为宋步云之妻）曾这样回忆：

> 我没见过爷爷，就连我父亲也记不太清他长什么样子。据老一辈人说，爷爷高芸（字兰亭）是浙江绍兴人士，原本

家境拮据，祖爷爷中年去世后，家道中落，留下了四儿四女，于是便由祖奶奶肩负起了抚养全家的责任。爷爷是家里的长子，自然要替母亲分忧，为改变生活境遇，于是发奋读书，希望有朝一日改变现状。不过即便家境困窘，他依然认为‘读书当以明理为先，不应以读书为出仕进身之阶。’于是立志学习实业，终身不仕。

当时，建筑销算是很有前景的职业，于是爷爷选择了此行当，并倾其终生研究大建筑之术。爷爷学成之后很快在南方各地小有名气，积攒了不小的家业，后经举荐进京做官，并与负责清代御用皇家建筑的‘样式雷’家结为亲家。由于他头脑清楚，工作严谨，长于计算，‘执经受业以来，虽百而一鸣，亦必兢兢业业，细心研究。务必，求其所以然，顾略得营造之要奥。一砖一瓦一栋一梁均求准绳。’往往他销算的结果与实际工程量相差只有一两块砖，因而颇得上司的信任和同行的钦佩，很快也得到了慈禧太后赏识，被委以慈禧太后时期清朝工部和内务府高官之职。

他的销算业绩，有文字记载‘溯自兰亭从师学习帮办工程，迄至自己承其役，前后历五十年，承办大小工程不下百余处’。在他从业的 50 年间，先后承办了 100 多个皇家工程，自己凭本事闯出了一番天地，使他最终在销算行业中的名气名扬天下，成为晚清时期皇家建筑行业里的领军人物。

爷爷在清朝政府主持晚清皇家建筑工程销算的各个环节，包括簿册、折子、舆图、禀稿、文移、信函等晚清时期皇家建筑多层次、多种类的内容，被慈禧太后予以重用，委以他总负责设计、施工、监督修建颐和园、西太后陵寝、光绪陵寝、修复天坛祈年殿、圆明园海晏堂、正阳门、故宫太和殿等皇家建筑和皇亲国戚私家的园林建筑，立下了奇功。

爷爷去世很蹊跷，据说是被吓死的。在颐和园已接近完工时，他与随行人员去颐和园视察工程进度，当时，园内四周没建围墙，园子周边也没有人烟，还是挺荒凉的，待视察到后山，猛然窜出一条大海碗般粗细的大蛇，从他们身边不远处迅速划过，爷爷从来没见过这么大的蛇，结果受到惊吓，久病不起，最后不治身亡。

高家在清朝败落之后，子承父业的大伯高鹤廷在卖国贼袁世凯称帝后，以年事已高为由，断然绝决了袁世凯政府的承接工程的要求，辞官回家。从此全族两代后人不做官、不务商，经多年为接济贫困民众，出手房产，到民国中期只剩了数个大院、几栋木楼和京城一些零散分布的房产。”

宋步云与姑父住在高家院落的南楼，当时他为备考京华美院难得下楼。高家十三岁的女儿高淑贞（夏历戊午年正月十三日生于北平，时于北京女一中二年级读书）非常喜欢画画，她和本家哥哥常常在下课后登上木楼观看宋步云作画，并流露出想向他学画的意思。宋步云见她心灵手巧，举止贤淑得体，便欣然应允，并赠她一些绘画用品，教她绘画技法。不久，他惊奇地发现高家小妹很有绘画天赋，经耐心教授辅导，她在短时间内便有了长足的进步。那时，常来找宋步云的王式廓、王仙坡、张振仕、沈福文、秦威、牛君彦等同学也非常欣赏她的聪慧，同样对她不吝赐教，还鼓励她去考北平京华美术学院。

1932年，高淑贞在北平新华街老宅

谁也没想到，高淑贞凭借聪明才智，在宋步云和朋友们的热情帮助下，苦练半年竟考取了北平京华美术学院，拜在邱世冥先生门下学国画，后转到西画系习西画，兼学油画、素描。

在北平京华美术学院学习过程中，宋步云和同学们逐渐感觉到僵化的教学方式和盛行的复古之风严重桎梏了他们在艺术领域的发展。听说林风眠先生主持的国立杭州艺术专科学校倡导新文化思想，开洋为中用之先河，西学东渐，古为今用。力行启发式教学，鼓励学生独立思考，提出“摆脱古今中外艺术程式，创造具有个性、民族性和时代性的新艺术”的主张。林风眠校长开明办学所产生的出色成果震动了南北学术界，也成为宋步云、王式廓、王仙坡、杨敬峦这些深受新文化思想影响，追求先进、摒弃保守的青年美术学子们追寻的目标。于是这些山东籍同窗好友决定离开北平京华美术学院，投考国立杭州艺术专科学校，投奔新思潮的门下。

1927 年，时任“中华民国大学院”院长蔡元培推任从法、德留学归来的艺术家林风眠为杭州艺专校长。建院“组织法”规定：本院以培养专门艺术人才，倡导艺术运动，促进社会美育为宗旨。在《艺术教育大纲》中写明：“艺术学校能给予学子者是艺术的基本方法及经验，使之成为未来的艺术家或大艺术家。”学校的学术口号是“介绍西洋艺术！整理中国艺术！调和中西艺术！创造时代艺术！”具体的措施之一就是把中国画、西洋画合并为绘画系。中西画合系是林风眠先生的创举。最终，经林风眠先生的苦心耕耘，在西湖孤山这块风景迷人的地方建立起了一支具有开拓精神的师资队伍。

当时，杭州艺专是我国学制最长的（五年制）、独具特色的高等艺术学府，是宋步云心仪已久的艺术殿堂。

1932 年中旬，宋步云与王式廓、王仙坡再次相伴携手南下，考入国立杭州艺术专科学校西画系二年级插班。

宋步云师从林风眠学习西画，兼习油画，水彩画，素描；又拜李苦禅学习国画，在二位师长的悉心指导下，他在绘画上有了长足的进步。那时的宋步云满怀欣喜，热情高涨，常激昂地唱起令人振奋的校歌“莫道西湖好，雷峰既倒；莫道国粹高，保俶倾凋！看，四百兆生灵快变虎豹！不有新艺宫，情感何以靠？艺院健儿齐挥毫横扫！艺院健儿齐抡锤痛敲！要把亚东艺坛重造，要把艺光遍地耀!”

在教学上，林风眠尤其重视基础训练，提出：“素描即是造型艺术的基础”。他在课堂上反对“手把手”教学，力主启发式教学，鼓励学生独立思考，注重实践，总结经验。

宋步云非常喜欢林风眠的油画，其作品融汇中外绘画技法，韵味浓厚。他格外崇敬先生，课堂上所教他心领神会，在油画、水彩画、素描等方面都大有长进，尤其在西画技法上受到的严格训练使他得以打下扎实的基本功。宋步云的聪明才智、对绘画对象敏锐的感觉以及写实主义的画风，深得林风眠的赏识。先生经常约宋步云带上作品来家给他单独讲解，并多次拿宋步云的习作作为课上的范本。现在我们所能看到的素描作品《胜利女神》（木炭）即是他这个时期留下的唯一作品。

当先生了解到爱徒早在济南、北平就开始学国画，眼下又拜李苦禅为师继续深入学习国画时非常高兴，鼓励他尝试着走一条具有民族化的中西艺术相结合的绘画道路。

中国画得到李苦禅的传教，宋步云感到十分幸运。他欣赏苦禅先生的作品，更钦佩他的人品。

李苦禅出身贫寒，青年时期由山东闯荡到北京，于 1922 年考入北京美术学校西画系。次年，他做了一个重要选择，投师于齐白石门下学习中国画。他白天拉洋车挣钱攒学费，夜晚登白石府学画。他的勤苦治学感动了白石师，遂收他为首位入堂弟子并得到器重。齐白石曾评价他：“余门下弟子数百人，人也学吾手，英（李苦禅原名李英杰）也夺吾心，英也过吾，英也无敌，来日英若不享大名，天地间是无鬼神矣。”

林风眠于 1927 年任北平艺术专科学校校长期间，在齐白石的学生毕业作品中发现了李苦禅，惊异其艺术造诣。1930 年李苦禅受林风眠校长之聘任杭州艺专中国画教授。林风眠对他说：“当今写意画，吴、齐双峰插天，老潘（天寿）是吴昌硕弟子，你是齐白石弟子，二人咸集我校，实为幸事。”

1933 年，素描作品《胜利女神》（木炭）

为突破画界陈陈相因的陋习，李苦禅曾在艺专教务会议上提议将中西画合并排课，以力促中西绘画融合。李苦禅授课以示范为主，在讲授某种技法时旁征博引，涉及广泛，画家、画派、画史、画论，无所不及。更引人入胜的是在教授人物画时，他把自幼习武的般般架势拿来示范，自然而生动地展示出人体动作。学生们纷纷登上坐椅，争相观看，听得入神时，有的同学竟在推搡拥挤中不慎跌倒在地，课堂上气氛活跃，笑声不断。

苦禅先生强调“师造化”，他安排学生们到西子湖畔实地速写，从速写中出稿子，力求别开生面，走出一条具有民族化的中西艺术结合的创作道路。为此，自己亦亲力亲为，绘出大量的速写稿。他将技法示范和速写、写生并举，经过速写引导学生观摩块面、色调，把握大的构图、造型；通过技法示范，使学生习惯运用国画丰富的表现力，在此根基上培植学生的创新力。

李苦禅崭新的寓教于乐的教学模式令宋步云感觉轻松愉快，受到了学生们的喜爱和敬重，在校园获得轰动。

同样，李苦禅也对宋步云这位山东籍青年学子关怀备至，给予他悉心的关怀指导，同时也对他耿直、刚毅的山东人秉性倍加欣赏。先生平易近人，喜欢与青年学子接触，经常请他们到家中玩，宋步云、房士圣、王式廓、王仙坡等山东籍同学都是家中的常客。他们一起观摩先生作画，一起到西子湖畔画速写，聆听先生的教诲，探讨走中西艺术相结合道路，先生的垂范使他们受益匪浅。宋步云在艺术道路上得李苦禅教诲颇深，先生作品鲜活、灵动，意味深邃；先生为人豪放、敦厚，质朴无华，这一切都深深地镌刻在了宋步云的脑海中，在潜移默化地影响着他。宋步云解脱了单一西画技法的局限与束缚，从先生讲授的中国花鸟写意画、人物画中学习如何运用中国画的水墨、黑白关系，为他日后几十年的花鸟画和人物画在创作技法上打下了坚实的基础。之后的数十年，从杭州艺专师生到北平艺专同事，直到先生辞世，他们都是过从甚密的师友。

在林风眠和李苦禅的培育下，宋步云开始迈上传统国画与西画相结合的创作道路。

在两年“杭州艺专”学习期间，宋步云被水光潋滟、山色空蒙的西湖美景所陶醉，也为西湖丰厚的历史文化所吸引。他利用一切课余时间去写生，“最爱湖东行不足，绿杨荫里白沙堤”，春夏秋冬，阴晴雨雪，他“淡妆浓抹”地画遍了美丽的西湖。

宋步云到杭州后，十分惦记着留在北平的淑贞小妹，与她鸿雁传书，彼此交流。宋步云告诉她一些学校的奇闻乐事，讲述艺专的教学特色，如鼓励学生独立思考，摆脱程式，创造个性，创作具有时代性的新艺术等，同时鼓励她努力学习，有机会也来报考杭州艺专；淑贞小妹也在回信中流露出自他们走后的孤单和苦闷，诉说不知道该如何拒绝父母催办婚事的烦恼，她渴望摆脱封建家庭的束缚，改换一种生活环境，也很想追随他们去报考杭州艺专。

当得知小妹的想法后，宋步云与同学们商议决定先期由学友房士圣借寒假之机绕道北平探明小妹情况，之后宋步云利用假期回到北平，说服了小妹家开明的母亲和姐姐，瞒着封建的父亲，带她前往杭州。在宋步云入学半年后，好友们高兴地在杭州迎接这位勇敢冲出封建家庭的小妹妹。

不负众望，高淑贞顺利地考入国立杭州艺术专科学校西画系，师从吴大羽教授，兼学油画、水彩画、素描等课程。当时，杭州艺专女生很少，没有女生宿舍，宋步云便找林风眠帮忙寻到一住处将她安顿下来。很快，这个学习勤勉，面目清秀，举止文雅，没有富家子女刁蛮霸道习气的小姑娘博得了导师和同学们的喜爱，大家对她嘘寒问暖，关怀备至，还亲昵地称她为“我们系的小孩”。

高淑贞的指导老师吴大羽先生教学经验丰富，他严格要求学生画得既有整体感，又要色彩丰富；既要准确，又要生动，通过反复的练习，最终达到熟练、准确掌握绘画技法的目的。高淑贞本是半路出家，原来在北平学画时间短，基础没别人好，吴大羽先生凭借丰富的艺术教学经验，给予了这个外观柔弱文静的女弟子重量级的学习任务。要求别人画素描注意明暗关系，他让高淑贞主要注意轮廓线的准确性，用线条，尤其用直线表现，一条线不对再用二三条线，将所画素描头像的明暗也用线先表示出来。他上课时对别的同学一句多余的话不说，却对高淑贞予以特别的“关注”，耐心的示范。高淑贞也不辜负先生的特殊“关照”，除课堂学习外，业余时间苦练，将每天的绘画时间增加到十二三个小时。最终，她以顽强的毅力，完成了素描和油画教学课程，她感到欣慰，也铭记先生的师恩厚情。

1934 年，高淑贞在杭州西湖畔

宋步云秉性耿直、疾恶如仇，爱打抱不平，思想上，他一贯追求进步。他与房士圣、王式廓、王仙坡并称“艺专”抗日“四大金刚”。在同乡、地下党员房士圣的引荐下，宋步云加入了共产党外围进步组织“杭州美术联盟”，参加了杭州艺专“木铃木刻会”的活动，并与雕塑系进步学生王朝闻、萧传玖、洪天民、郝丽春、刘萍若等相识。他们响应鲁迅先生“木刻是新的青年的艺术，是为大众的艺术”、“当革命时，版画之用最广，虽极匆忙，顷刻能办”的主张，他们拿起刻刀，以木刻形式为武器创作出一些表现下层人民生活、针砭时弊的、带有明显革命倾向的作品。很快，“木刻会”引起了国民党当局的注意，后被查封。

1933年，杭州艺专师生合影
宋步云（后排左一）、李苦禅（前排中）、王式廓（前排右一）

即便如此，在杭州艺专校园内仍然活跃着以地下党员房士圣为首，宋步云等骨干分子所组成的抗日青年学生秘密团体，这种力量日益增长，影响和带动着校内的进步师生。李苦禅得到房士圣、宋步云等同学们的信任，他侠肝义胆，不避风险，常把自己的居室作为活动地点，召开秘密会议，隐藏传单、保存文件，甚至为秘密组织出谋划策，开会放风、站岗，主动打前站作掩护。听说房士圣、宋步云等人常在飞来峰下秘密聚会，宣传抗日主张，先生不免担心，提醒他们一定要多加小心。一次，学生们在教室秘密集会，被特务包围，无法脱身。路经窗外的苦禅见此危情，不顾个人安危，端着水杯和教材，坦然地迈进教室开始讲课。他怒斥并轰走了特务，解救了这些即将落入敌手的革命青年。

1932 年“淞沪会战”爆发后，抗日救亡运动在全国如火如荼地展开。在抗日热潮中，艺专学生游行示威，上街讲演，募捐救国，搜查日货。他们以文艺为武器宣传抗日，以唤醒民众团结起来，抗击入侵之敌。为此，杭州国立艺专自发组建了“艺专剧社”，进行抗日爱国宣传。剧社的发起者和组织者是艺专美术理论教授李朴园、图案教员雷圭元和学生邱玺，剧社主要骨干都是艺专的进步学生，宋步云、高淑贞等也积极响应，加入剧社，参加排演。李朴园教授是北平艺专的优秀毕业生，又是林风眠南下建校的美术教学骨干。他有热情，有才干，担负了编剧和导演职责。“艺专剧社”的宗旨是研究话剧艺术，通过演出活动，发扬民族精神，提高民众觉悟。

剧社成立后，火速排演了数台爱国戏剧，如历史剧《西施》、《狄四娘》、《西哈诺》以及小仲马的《半上流社会》等，公演后引起社会轰动。为募集航空救国款，艺专剧社和艺专乐社联合在杭州新新游艺场演出了该校教务长编的《易水别》和李朴园自编的《新年节》，反响很大。

在剧团缺乏青年女演员之际，李朴园惊喜的发现，从北平新来的西画系女学生高淑贞很有表演天赋，口才好，说得一口标准的普通话。校剧团排演的古装戏《西施》，由李朴园饰演伍子胥，程丽娜饰演西施，邱玺饰演吴王，麦放明饰演郑旦中，委派高淑贞饰演宫女和村妇两个不同角色。高淑贞初次登台便展现出她的表演才华，获得李朴园的好感，随后大胆启用高淑贞在他自编自导的反映抗日现实题材的话剧中担任女主角，饰演一位勇敢参加抗日、在与鬼子兵作战中英勇牺牲的姑娘。高淑贞的表演，取得了良好的舞台效果，在获得很高评价的同时，也从中受到了深刻的教育。这台反映抗日现实题材的戏剧在社会上产生了广泛的影响，增强了民众对日本侵略者的仇恨，唤起了民众抗日的激情。

东瀛留学

杭州国立艺专轰轰烈烈的抗日救亡运动得到了大批进步爱国师生的积极响应，同样也引起了国民党特务的注意和反动当局的粗暴干涉，他们查封了“木刻会”等进步社团组织，逮捕并下令开除一批进步师生。李苦禅也因出面保释两位被捕青年被艺专弄权者疑有“通共”之嫌，拒绝延长聘书日期，结束了在杭州的五年教学生活。以房士圣为首的学生抗日组织也遭到国民党特务的严密监视，虽然房士圣、宋步云、王式廓、王仙坡四人处境险恶，但在校方和爱国师生的保护下得以保全。为避免遭到进一步政治迫害，房士圣最先离校，密赴延安；王式廓转到上海美术专科学校学习西画；暂时还留在学校的宋步云、高淑贞、王仙坡等同学面对国民政府统治的现状，非常失望，决定东渡日本，走一条西学东渐之路，学成后报效祖国。

不久，先期赴日留学的同窗好友秦威来信告之已为他们安排好赴日事宜，宋步云将此消息告知在沪的王式廓，大家相约一同东渡日本自费留学。

1934年秋，宋步云、高淑贞、王仙坡、牛君彦等学友在凛冽的寒风中从上海先期踏上了波涛汹涌的东瀛求学历程。面对祖国逐渐消失的背影，他们百感交集，怅然泪下，立誓要为振兴祖国而发奋学习，总有一天会回来报效祖国。随后王式廓、刘岘等人亦于次年东渡求学，与宋步云、高淑贞等人在东京会合。

经过海上数天的颠簸，一行人终于平安抵达日本神户，受到了先期赴日留学的秦威、傅抱石、萧传玖等众多中国留学生的热烈迎接，宋步云踏上岛国土地的第一时间在好友的引荐下结识了傅抱石。之后在他们的引领下顺利到达东京，从此开始了艰苦的留学生活。

他们先入东亚日语高等学校学习日常用语，经过几个月的苦读，于1935年春，宋步云、高淑贞、王仙坡考取了东京的日本大学艺术学部美术学科西画系，师从中村研一学习西画；王式廓、田风、刘岘考取了日本东京美术学校西画系；牛君彦等同学被东京帝国美术学院艺术系录取。

初到日本，他们被东京光怪陆离的社会现象搞得有些晕头转向，眼花缭乱。但他们很快发现，在日本社会光鲜亮丽的背后隐藏着虚伪、丑陋、残暴的另一面。表面上社会秩序较好，一到傍晚，胡同里、酒吧中浪人酗酒寻衅滋事的不少，即使是当地人也都躲得远远的；凶杀、绑架、抢劫事件不断发生，黑社会团体火拼也屡屡见诸报端。

日本对外侵略他国，却口口声声称友好、亲善、共荣，他们凶残抢掠、屠杀百姓，无恶不作，犯下了滔天罪行；在国内却彬彬有礼，人们见面点头哈腰。在学校，日本学生对朝鲜籍同学非常不礼貌，认为他们是亡国奴，对他们颐指气使，谩骂呵斥，稍有怠慢，举手就打。宋步云实在看不惯他们的所作所为，愤然出面，仗义执言，制止他们欺负同学的蛮横行为，为此，宋步云在校内赢得包括日本师生在内的众人尊重。

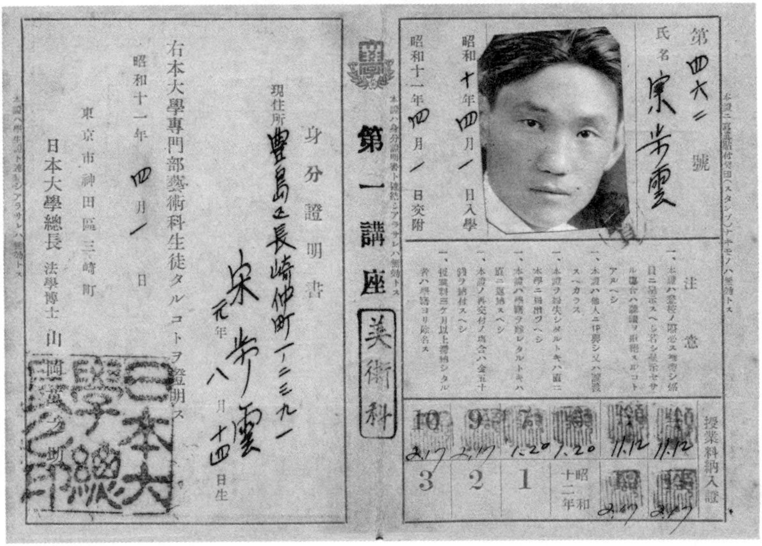

第四六二號
氏名 宋步雲
昭和十一年四月一日入學
昭和十一年四月一日交附
第一講座
美術科
注意
授業料納入證
10 9 8 7 6 5 4
3 2 1 昭和十二年
身分證明書
現住所 豐島区長崎仲町一ノ二三九一
宋步雲
元年八月十四日生
右本大學專門部藝術科生徒タルコトヲ證明ス
昭和十一年四月一日
東京市神田區三崎町
日本大學總長 法學博士 山岡萬之助
日本大學總長之印

宋步云日本大学学生证

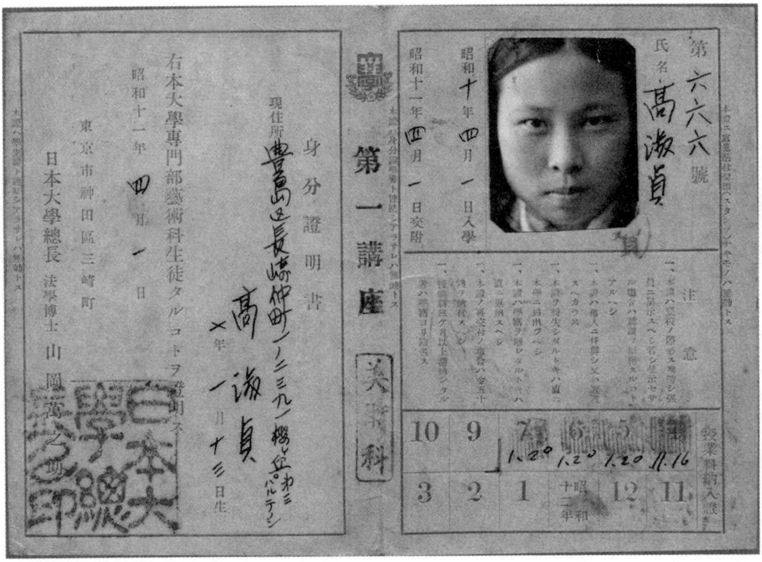

第六六六號
氏名 高淑貞
昭和十年四月一日入學
昭和十一年四月一日交附
第一講座
美術科
注意
授業料納入證
10 9 8 7 6 5 4
3 2 1 昭和十二年 12 11
身分證明書
現住所 豐島区長崎仲町一ノ二三九一 櫻ヶ丘パルテノン
高淑貞
年一月十三日生
右本大學專門部藝術科生徒タルコトヲ證明ス
昭和十一年四月一日
東京市神田區三崎町
日本大學總長 法學博士 山岡萬之助
日本大學總長之印

高淑贞日本大学学生证

宋步云和高淑贞到东京后，经秦威介绍住进离补习日语的东亚日语高等学校不远的公寓。刚搬入公寓，有相熟的山东籍留学同学要为他们接风，宋步云前去赴约，高淑贞一人留在公寓里收拾东西。突然从外面进来两名陌生日本男青年，莫名其妙地在随身携带的纸条上写了“友达”两个字，递给还不太懂日语的高淑贞，见她不明其意，便比手画脚的咿哩哇啦不知说些什么。高淑贞不解其意，出去找人问“友达”是什么意思，回来发现两个人已离去，柜子被打开，放在柜子里面的几十元生活费不翼而飞。她赶紧将被盗之事告诉公寓负责人，而他却不假思索地张口就说，我们日本人是不会偷东西的。高淑贞非常无奈，宋步云得知此事后劝她，丢了就丢了吧，长个教训，以后多注意点日本人就好了。

公寓负责人与警事厅直接挂钩，住在门口时刻监视往来公寓的人们，住在公寓的人也无例外受到监视，尤其是对外国人特别敏感，窥视他们的思想倾向。他们到日本不久，公寓有个思想进步的留学生被抓，在被驱逐出境前，警事厅用带弹性的棒子狠击他的头部，将他打成了残废。

日本大学是一所私立大学，也是日本最大的一所综合性大学，在日本很有名气。日本大学各个学部分别散布在东京及全国各地十余个地区，设有十四个学部（相当于学系），大学院（相当于研究院）设有二十个研究科，短期大学部设有七个学科，远程教育部设四个学部，专修学校设有四个学部，二十九个研究所，还有七个附属医院。其中，艺术学部有照明学科、电影学科、美术学科、音乐学科、演剧学科等。从艺术学部培养出了众多知名艺术家和演员，其相扑社很具盛名，辈出大相扑力士。

日本大学艺术学部美术学科设在东京市内的一片教学楼内，西画系和雕塑系同占一幢二层楼，楼下是雕塑系，楼上是西画系。教学楼的玻璃窗教室采光很好，学校是敞开式的不设院墙。时任校长是冈田万支助先生，美术学科主任教授是富田连一先生。艺术系美术学科的教学也是松散管理，校内没有学生宿舍，师生全部上课来，下课走；课程上午安排美术专业课，下午安排公共课；晚上有时安排美术业余课程，学生可自由参加。

1935 年，高淑贞在日本大学美术学科校园门口

西画系同年级学生有十几个人，除四五名日本学生和二三名其他国籍的学生外，余下的都是中国留学生，有宋步云、王仙坡、沈福文、阳太阳、萧传玖、钱云清、高淑贞、刘诗等，他们同在中村研一先生门下学习西画，兼习油画、水彩画、素描课程。

中村研一（1895—1967），福冈县人，1906 年入福冈县立中学，与儿岛善三郎等人创立“调色板”画会，致力于西洋绘画。1914 年中学毕业，随鹿子木孟郎学画；1915 年加入东京“本乡绘画研究所”，同年四月入东京美术学校西洋画科，在冈田三郎助教室学习；1920年毕业于东京美术学校，其作品《葡萄的叶荫》入选第二回日本“帝展”；1921年，作品《凉爽时光》参加第三回日本“帝展”并获特选；1923年留学巴黎，是法国著名雕塑大师罗丹的亲授弟子，后成为秋季美术沙龙会员；1928年归国，其作品连续参加第九、十回日本“帝展”并获特选，作品《弟妹相聚》在第十一回“帝展”中获奖。1931年任日本“帝展”及以后的新文展、日展等官方展览的审查委员。“二战”期间在东南亚一带进行战地写生与创作。1950年为日本艺术院会员。

从历史的角度看，中村研一与小林清亲、浅井忠、向进润吉、松本峻介、宫本三朗、中井上长三郎等一批日本画家属于日本战争画家，从客观、历史的角度看，他们的作品是揭露日本军国主义者侵略历史的佐证。他们在1894年甲午战争、1905年日俄战争以及1938年至1948年期间所绘制的战争画中，似乎可以读到一部日本军国主义近百年来的对外侵略扩张史。尽管受到各种主客观条件的限制，绝大多数日本战争画的作者基本上都采取了一定程度的现实主义立场，他们的作品在一定程度上真实地反映了历史，成为揭露日本军国主义者的侵略罪证。三四十年代的日本人民在思想和行动上均被官办的“大政翼赞会”组织所严格控制，各界人士被编入“报国会”、“大日本联合青年团”、“大日本妇女会”等御用团体中，被迫为侵略战争出钱卖命。然而，在没有丝毫民主自由的法西斯统治下，不少日本画家仍能通过各种途径隐晦曲折地表达自己对侵略战争的看法，这从目前保存下来的美术明信片及确切的文字记载中均有发现。

三十年代的日本画坛正疯狂地追求欧洲风靡一时的各种现代流派，诸如野兽派、立体派、未来派、超现实主义派等等，致使日本西画界和学生分为三大派，即野兽派、立体派、超现实主义派。与宋步云同系的日本学生和一些留学生也狂热地追求这些新玩意，不是把技法练得精熟，而是想方设法追求变形，所绘对象极度夸张，把模特画得人不人，鬼不鬼，四肢异常粗壮，像大萝卜似的，严重缺乏审美感。他们作画时还常使用沙子、火柴盒等现成的东西贴到画上，然后再用颜料涂抹，让人看不懂，无从题解。

宋步云入日本大学后了解到指导老师中村研一是日本的著名油画家和雕塑家，推崇写实画风，不喜欢当下流行的抽象派艺术，因此也要求自己的门生走写实主义的艺术路子；他在教学上对绘画的形、光、色都有严格的要求，并力求真实地反映绘画对象的质感和动态，强调必须以充分的感情表现物体内在的活力。中村研一的这个主张以及他所采取的艺术手法正与宋步云苦苦追索的目标一致。

宋步云和高淑贞一开始也身陷于大环境中，在一定程度上受到了风靡一时的各种现代流派影响，但他们很快认识到，如果不打好扎实的基本功，只一味地追求时髦是求不到艺术真谛的。于是他们稳扎稳打，排除身边的种种干扰，追随导师学习写实绘画技法，同时吸收世界各国的优秀艺术融会于自己的绘画语言中，为后来的朴实、含蓄、严谨、简约的艺术风格奠定了基础。

正如宋步云在《从艺六十年回顾纪略》的文章中回顾的那样：

> 三十年代我到日本留学时，欧洲绘画各种流派流传日本，在日本几乎占着主流地位，当时我也曾被那种浪潮冲击过，因为在国内见过几位艺术大师的现实主义作品，有些根底，终于认清了方向，走上现实主义道路。在课堂上仍然极严肃认真地作基础练习，并随时得到中村研一教授的指导和鼓励。在当时我还崇拜一位驰名世界老画家——滕田嗣治先生，他的日本画结合西画技法是日本画的创新。在学习期间，目睹了形形色色世界各种流派作品后，自己终于认清一条道路——现实主义道路。要创新、要自成一派，没有过硬的基础等于纸上谈兵，又好比是未足月的产儿，总是不会健康的。

日本留学时期的宋步云

在中村导师的悉心指导下，宋步云西画技法受到了严格的训练，他凭借着聪明才智、勤奋好学、对绘画艺术的敏感性以及对艺术表现技能的掌握，在油画、水彩画、素描等绘画技艺方面都取得了飞速进步，很快便深得中村研一的赏识与提携。他曾对宋步云水彩作品《夏之晨》评价道“虽然画的是早晨，但画中麦熟季节的暖色典型地表现了夏天早晨的氛围。宋步云以其对色彩的敏锐感受和准确把握，将麦熟季节早晨的暖色气氛表现得相当充分。”他将该作品当做教学范本，并与宋步云的另一幅油画作品《人体》一同推荐给校方典藏。

中村研一觉得宋步云画的画与其他人相比，正是他渴望学生走的道路，因此对他欣赏有加，对这个中国学子的教导赋予了由衷的热情和信心。在传授西画技法的基础上还破例单独为这个中意弟子传授版画、雕刻技法，在宋步云归国时，他把从法国带回的一套自己珍藏的雕塑、木刻工具相赠，激励弟子在未来的艺术领域里得到全面的发展。就这样，宋步云在熟练地掌握西画和中国画的技法基础上又融进了立体式的艺术表现手法，突破了仅限于平面绘画的表达方式，视野更为开阔，手法更趋灵活，为他日后探索中西艺术结合、体现时代精神和民族风格的写实主义表现手法作了充分的铺垫。

同时，高淑贞也凭借着刻苦努力、勤勉精细的学习态度和天质的聪颖，坚持埋头苦练，在素描、油画等学业上也成绩斐然，赢得中村研一先生的格外垂爱和关照，她的油画作品《自画像》被校方收藏。而她温良贤淑的品格，与当时日本妇女的做派十分相近，也受到日本教师和同学的广泛喜爱和尊重。

宋步云和高淑贞入学后，搬进学校附近弥生町的一栋筒子楼式的公寓里。尽管他们每个月都能准时收到家里寄来的近二百元生活费（注：一元中国钱可兑换将近三日圆，当地老百姓一般每月生活费十几日圆就够开支了），生活不算紧张，但也并不充裕，虽然当地生活费很低，可他们仍很简朴，选择了二间每月仅付十几日圆房租的 4 叠半的房间（是 4 叠席大小的）毗邻而居。有限的资金除两个人的日常生活费用、学费、购置绘画用具等必要支出外，大部分用于购买图书资料和外出写生作画的资费，偶尔也和同学们小聚一番，他们还时常主动拿出一些钱去接济经济困难的同学，往往留在自己手里的钱所剩无几。

宋步云和高淑贞整天为学习而奔忙，上午到校在中村导师的引导下学习素描、油画创作课程；下午进修日语；晚上参加老师开办的夜校修习绘画，主要是画人体模特和石膏素描。这种业余教课的老师很多是当时日本著名的画家，大多在各自院校建有工作室，指导研究生和博士生。他们认真教学，严格指导，学生们喜欢这种教学模式，请来的模特每星期变换一种姿势，非常符合时间灵活的学生们，且学费也不高。宋步云和高淑贞牢牢地把握住这些难得的机会，如饥似渴地利用有限的时间博采众家之长，向他们学习不同的绘画技法，解析不同的艺术理念，体验不同的创作风格，使他们对绘画艺术的认识有了大幅升华。

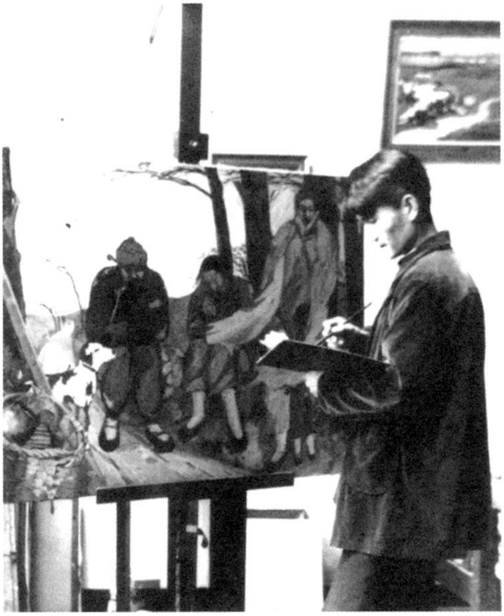

1936年，宋步云在东京池袋画室创作油画《流亡图》

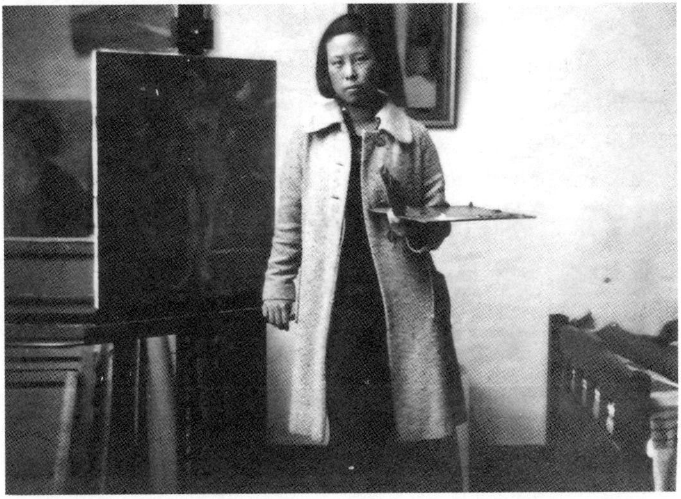

高淑贞在东京池袋画室创作

三十年代正是日本西学东渐的时代，也是疯狂地追求欧洲风靡一时的时代。日本政府鼓励民间引进西方先进的科学技术和文化艺术，用以改变、改造日本岛国固有的局限，于是各地展馆或画廊纷纷承办欧洲国家各流派展览。来自法、意、英、德、俄以及奥地利等国家的展览纷至沓来，古希腊绘画作品展、文艺复兴时期意大利绘画作品展等，一时间世界流行的古典主义、印象派、写实主义、现实主义、野兽派、立体派、未来派、超现实主义等流派作品琳琅满目，五光十色，日本的艺术家和留学生们面对西方艺术大潮的迅猛到来，高呼过瘾。宋步云和高淑贞因势利导，利用课余时间饱览各国名家名作，现场临摹名家画作，将此视作“行万里路，读万卷书”之途径。在各式各样的展览中，他们最钟情于古典主义、印象派、写实主义和现实主义等流派的创作手法，塞尚、尼诺、莫奈、雷诺阿、马奈、高更、毕沙罗、库尔贝、梵·高、西斯莱、德加等艺术大家写实的创作风格，他们的创作理念和创作方法，在年轻学子的日后艺术创作道路上刻下了深深的痕迹。他们如饥似渴地吮吸着其中的养分，贪婪地萃取其精髓，从而开阔了艺术视野，提高了艺术修养，充实了绘画技巧，因之而大获裨益。

他们经常抽时间逛旧书店、书摊或夜晚书市，蒐集购买心仪画家、流派的期刊、画片和画册。由于生活费用有限，有时遇到喜欢的画册但价格过于昂贵，只得忍痛割爱，放弃购买的欲望，长久逗留于书摊前仔细阅读，即使这样，每次出行都有巨大的收获。

为节省开支，他们购买了公园月票，利用假日约上王式廓、王仙坡、牛君彦、秦威、傅抱石、萧传玖、于冲、沈福文等好友到公园或郊野写生作画，交流学习心得，讲述所见所闻，传递国内信息，倾诉思国之情。期间宋步云和高淑贞画了大量的水彩画和油画作品。

一次，宋步云和高淑贞、秦威、王仙坡去管山作画，中途心血来潮买了些绘画材料，很快四人发现身上都没钱了，生是饿了一天。傍晚宋步云潜入大海抓来四只螃蟹，每人勉强生吃入肚，晚上都喊肚子疼。更糟糕的是，第二天大家发现连回家的路费都不够了，便垂头丧气地坐在海边，一边看日出，一边绞尽脑汁地想办法。事也凑巧，一群留学生经由此地路过，其中有一位是宋步云初中同学，借给他二十日元，解了燃眉之急。

留日学习三年间，他们走遍岛国各地，留下了大量的画作和资料。宋步云喜爱大海，依恋大海，在他国的海边作画，眼前总会浮现出早年家乡那一幕幕难以忘怀的场景。他从大海中寻找记忆，不由得生出一种耿耿的忧国忧民情怀。他也曾向留日同学和高淑贞流露过毕业后暂居日本，待画遍各地海滨美景后再回国的想法。但他的这个美好愿望被日军发动的全面侵华战争击碎了，成为终生之憾。

1935 年夏，宋步云和高淑贞、秦威、王仙坡四人利用暑假到神奈川附近海边作画，听说中国青年音乐家聂耳赴苏联取道日本正在神奈川附近避暑。他们与聂耳之间虽不曾谋面，但他的《义勇军进行曲》《大路歌》《铁蹄下的歌女》《卖报歌》《梅娘曲》等歌曲却早已耳熟能详。聂耳的这些歌曲具有鲜明的时代感、高昂的民族精神和卓越的艺术性，反映了劳动人民的思想感情，准确地塑造了工人、歌女、报童等劳动群众的形象，在抗日救亡运动中有着广泛的影响，激励着国民的抗日救亡热情。

他们想找机会去拜访聂耳，从他那里了解国内抗日救亡运动的情况以及他对时局的看法和分析。世事难料，一天，突然传来噩耗，聂耳在离他们仅三四公里的藤泽市鹄沼北条海滨游泳不幸溺亡。当时，他们的第一反应是聂耳是被日本特务害死的，因为他们曾到那片海滩写生、游泳过，了解水域情况，不可能如日方调查所得出“因落潮跳水扎入水下泥里溺水身亡”的结果，且从聂耳尸身被抓伤的痕迹来分析，也不难得出遭到暗害的结论。事后他们将了解的海域情况和分析结果一并汇报给了“中华留日学生联合会”，联合旅日知名学者和留学生，强烈要求日本政府彻查此事。但在日方当局的干扰下，终以“查无实据”为由不了了之，成为历史疑案。正如郭沫若在聂耳墓志铭中所言“不幸而死于敌国，为憾无极。其何以致溺之由，至今犹未能明焉!”

不久，宋步云和高淑贞、秦威、王仙坡等赶赴千叶县北条参加由中国留日学生组织的聂耳先生追悼大会，共同哀悼这位在中华民族最危难时刻吹响警醒号角的先锋斗士；追思他为抗日救亡运动所奋力创作革命歌曲的爱国情怀；缅怀他不畏反动势力威吓的大无畏精神，同时也为他不幸而死于敌国深感惋惜。

1935 年 8 月 4 日，中国留学生在千叶县北条举行聂耳追悼大会合影

追悼大会是在日本特务的严密监视下举行的，与会者在低沉而有力的《义勇军进行曲》中眼含热泪向聂耳遗像行礼。中国留日学生在“追悼聂耳先生大会”的横幅前留下珍贵的、历史性的合影，宋步云将它视为历史见证始终珍藏在身边。聂耳的逝世深刻地教育了宋步云，更激发起他的抗日救亡、报效祖国、追求真理、反抗外族侵略的民族热情。

在特殊时期，王仙坡曾被诬“杀害聂耳”而遭囚禁。有关部门找宋步云调查情况，他予以驳斥，并坚决地说：“这完全是捕风捉影，当时我们一直在一起写生作画，聂耳逝世前我们谁也未见过他。为纪念他在抗日救亡运动中的革命精神，我们都去参加了由中华留日学生联合会组织的聂耳先生追悼大会，我可以严肃、认真地为他证明，此事与他毫无关系，完全是无中生有。”

王仙坡被无罪释放后，感慨地对宋步云说“要不是你站出来替我证明，我可就死定了。”

走出象牙塔

在攀登艺术金字塔的同时，宋步云没有忘记养育他的祖国正在遭受苦难，更没有忘记劳苦大众正在死亡线上挣扎。他清楚地认识到，他的艺术根基不在异国他乡，而在满目疮痍的中国大地上，他在苦寻艺术真谛的同时也孜孜以求报效祖国的途径。

在日期间，宋步云经常与王式廓、秦威、傅抱石、田风、牛君彦等一些有进步倾向的爱国留学生来往，彼此加深了了解，新老朋友对这个耿直、有血性、爱打抱不平的山东籍青年有了更深刻的认识。最令宋步云高兴的是结识了在东京帝国美术学院艺术系攻读东方美术史专业的中国留学生傅抱石，他俩脾气相投，秉性吻合，志向如一，成为莫逆知交，结缘长达三十余年。

在傅抱石与宋步云的交往过程中，他发现这位新学弟不但学习刻苦，还怀有殷殷报国之心。他从王式廓、秦威、牛君彦、王仙坡等处了解到宋步云在国内读书期间的不寻常经历，对他接受新文化思想，追求民主自由，反封建、反抗外族入侵很是欣赏，了解到他师从林风眠学习西画，又在中国画上得到李苦禅的亲授，正在尝试走一条具有民族化的中西艺术结合的道路表示赞许。

宋步云为在日结交了在美术史学术研究上大有建树的学长傅抱石而深感庆幸。交往中他了解到，1933 年傅抱石在徐悲鸿的力荐下公派赴日留学，入学东京帝国美术学院，在史学泰斗金原省吾的门下攻研东方美术史，兼习工艺、雕刻，翻译《唐代之绘画》和《宋代之绘入手》等日本学者论著，对中国绘画史系统地进行研究。他针对日本史学界在中国东晋顾恺之绘画上的曲解进行探讨，完成了《论顾恺之至荆浩山水画史问题》的论述，并开始撰写石涛评传，以期连接中国绘画史的发展脉络，研究并完成了《中国绘画理论》《论秦汉诸美术与西方之关系》等著述。他在美术史论方面填补了空白，为形成独特的画风和后来的美术创作奠定了基础。

傅抱石在艺术创作上主张“艺术来源于自然”，“师造化”，“写实和自然适切配合”，“中国的艺术家应该走民族化的道路”；他对画家的人品极为重视，认为“先有人品，才有画品”；他反对一味模仿古法，提倡艺术上的改革创新，倡导西学中用，这些正与宋步云的艺术理念和艺术追求不谋而合。

傅抱石支持学弟们尝试走民族化中西艺术结合的道路，常亲临现场观看他们写生作画并相约一起到展览馆、画廊看展览。宋步云也经常到东京帝国美术学院看望傅抱石、秦威、牛君彦等留日友人，一起研究在中西方艺术发展史中不同时期、不同流派、不同画家的传承与发展，探讨他们不同的艺术风格、表现形式和创作技法，分析中西艺术结合的可能性。傅抱石颇有建树的艺术史论和渊博的艺术理论知识加深了宋步云对中国画的理解，为他在民族化的中西方艺术结合与探索方面打下了理论基础。

傅抱石、秦威了解宋步云有强烈地反抗外族入侵的进步倾向和民族气节，逐渐引荐他结识了一批他们在旅日左翼文化团体中熟识的朋友，参加由左翼文化团体组织的“文化座谈会”、“山东同学时事讨论会”、“美术之家”读书会等活动，并加入了“中华留日学生联合会”、“中华留日戏剧协会”等左翼进步团体。

在“文化座谈会”、“读书会”中，宋步云开始接触到马列主义理论，研读了一些著作，如《在资本主义国家建立反法西斯人民阵线和在殖民地半殖民地建立反帝统一战线》《论反对日本帝国主义的策略》等，讨论文化与政治问题；座谈无产阶级文化的战斗作用、抗日民族统一战线问题、中国文学界“革命文学”与“大众文学”两个口号的论争问题、西安事变问题等；分析中国共产党关于抗日斗争等问题。通过这些学习和讨论，宋步云了解了唯物史观和社会发展观，国内和国际共产主义运动的状况以及国内革命活动和抗日救亡运动的状况等，提高了社会责任感和社会活动中的自我认识。

左翼文化团体在东京开展的这些文化活动有效地把旅日进步华人和大批爱国文人学子聚集在一起，在敌国土地上形成了一股反抗外族入侵的秘密力量，为日后国内的革命运动积聚了各领域不可或缺的人才。

追溯旅日左翼文化团体在异国他乡的形成是有其深厚的历史原因的。20 世纪 30 年代初，国内外局势发生巨变，中国人民掀起了轰轰烈烈反抗外族侵略的怒潮，国民党政府一方面采取不抵抗政策，顽固地坚持“攘外必先安内”的反动立场，对革命根据地进行疯狂的围剿，一方面对国内反抗外族侵略的左翼文化团体进行残暴镇压，进步人士惨遭迫害，致使他们被迫离开祖国来到敌国秘密开辟新的斗争阵地。初始，左翼文化团体是以原国内“左翼联盟”成员为核心，后广泛联合旅日进步文化人士和爱国留学生，将他们团结起来，组织学习，宣传进步主张，创办了多个进步刊物，发表了大量揭露黑暗势力和进步的、充满爱国情怀的文章。团体之中不乏爱好文艺的青年学子，他们凭借着满腔的爱国热情和革命意志，在国内外险峻、恶劣的环境下积极开展抗战活动，在艰苦的学习和顽强的斗争中锻炼了坚强的意志，提高了文化宣传能力，经过长期的斗争实践，逐步提高了政治理论水平和艺术创作水平，最终站在了中国的抗日战争、人民解放战争和新中国的文艺战线上，与共产党同心同德，他们是一支新生的、富有战斗力的文化队伍。抗战爆发后，他们纷纷回国以不同的形式参加了抗日斗争，其中也有不少人是被日本当局以“中国反日分子”驱逐回国的，这正说明了他们不仅是一批旅日爱国学生，还是一批卓有成就的、具有斗争精神的爱国青年艺术家和青年作家，他们在日后各文化领域都取得了巨大的成就。

宋步云在参加“聚餐会”、“文化座谈会”等秘密学习活动中，与东京的左翼旅日美术家、戏剧活动艺术家相熟识，与他们并肩开展版画艺术交流和新兴木刻运动，参加戏剧演出活动，他创作的一批进步木刻作品发表于左翼联盟刊物上，在旅日学生中产生了积极影响。

日本当局对联盟的各种活动极为敏感，尽管旅日学生们的活动多采取隐蔽或半公开的方式，却仍有很多进步留学生被日本当局拘捕、拷打，甚至驱逐出境。为躲过日本警方的监视，左翼文化团体决定化整为零转入地下活动。宋步云接到“读书会”通知后常与高淑贞假以夫妻名义在家中举行学习活动，后发现公寓负责人对他们的聚会异常警觉，公寓外面也常聚有一些陌生人，于是他们将此情况通告了“读书会”，暂且停止了活动。

经秦威联系，他们转移到另一所公寓，与中国留学生尤天祥、吕润壁夫妇为邻，他俩曾是何应钦私人大夫，他们支持共产党“团结一切可以团结的力量，联合起来共同抗日救亡”的主张，不满国民党政府实行的假抗日、真反共的卖国主义政策，遂借故学习深造到日本留学。妻子吕润壁思想进步，斗争性强，抗战全面爆发后归国与蔡畅、史良等人一起做妇女工作。

宋步云和高淑贞搬到公寓后与尤天祥夫妇时有来往。起初，吕润壁以不懂儿童服装制作为由约高淑贞一起去学习儿童服装剪裁，借机亲近她，打探底细。经过交往，彼此之间加深了了解，高淑贞也学会了服装剪裁，抗战回国后孩子们的服装都是由她自己剪裁的。与此同时，吕润壁也从秦威那里得知宋步云和高淑贞在国内外的生活和学习情况，很快取得了信任，建立了友谊。他们常相聚在一起谈论国际国内共产主义运动的状况，讨论时局，分析抗日斗争的问题，并引荐他们结识了一些旅日进步人士，如就读于早稻田大学研究院的谢冰莹女士，她曾于三十年代初成为旅日左翼联盟骨干，因组织进步活动、发表反抗外族侵略文章而遭到日本政府的迫害，曾以反日危险分子为由被驱逐出境，如今再度化名来到了东京，依旧秘密参与进步活动。

然而，不久公寓又遭到日本当局的监视，他们再度被迫转移。宋步云和高淑贞搬到郊区镇门町西狄洼，与秦威为邻，他们并未因远离市区而中断了与左翼文化团体的联系。他们很辛苦，每天清晨坐上高架电车去学校，一呆就是一天，学习之余还参加各种活动，经常拖着疲惫的身体回家来已是半夜时分。由于生活不安定，饮食无规律，高淑贞开始肚子痛，最初并未引起重视，以为她年轻，身体好，吃些止痛片就能扛过去。

一天午夜，高淑贞突然肚子剧痛，吃了数片止痛片都不奏效。公寓离医院较远，无法送医。宋步云和秦威、王仙坡等好友彻夜守在高淑贞身边，面对她痛苦的样子，除了安慰，别无他法。几个大男人像热锅上的蚂蚁急得团团转，熬到天明才将她紧急送往市中心的一家大医院，中村研一也闻讯赶来，找到相熟的一位享有盛名的外科专家，经查为慢性阑尾炎急性发作，几近穿孔，须立即手术，否则将有生命危险。

面对昂贵的手术费大家有些面露难色，中村研一向外科专家介绍了他们的学习和生活的状况，专家闻之大为感动，爽快地表示免除手术的费用，并介绍说他身边也有几名中国弟子给他的印象都非常良好。于是，他一面安慰患者，一面亲自将她推进手术室。中村研一陪同宋步云等人守候在手术室外，不断地安慰他们。

手术非常成功，只留下一寸刀口。专家亲自把患者推进病房，安排护理。事后得知该专家平时以教学为主兼做一些疑难手术，像这样的小手术根本不做，因此，大家深感庆幸，也万分感谢中村研一的无私帮助。此事使他们感受到尽管目前中日是敌对国，但两国人民之间存在着深厚的友谊，他希望友谊长存，世代交好。

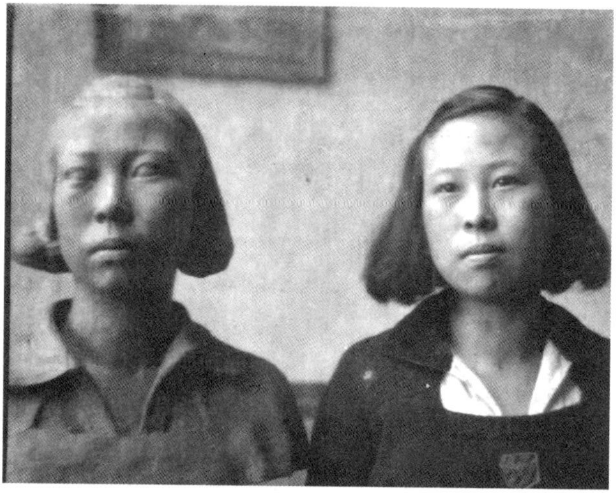

高淑贞与石膏像（萧传玖塑）

出院后，为照顾高淑贞，他们再次搬回市区，租住了一套日本人在池袋区建造的画室，与好友萧传玖和一位雕塑系的王姓同学为邻。“池袋”艺术区的画室与外界隔离，相对独立，无人干扰。上下各有一间大画室，落地玻璃窗，采光不错，附有卧室二间，厕所、厨房一应俱全。自搬入“池袋”后，他们仍与左翼文化团体继续保持着频繁往来，多次在此秘密聚会。

油画巨作《流亡图》创作始末

在“池袋”画室，稍许安定下来的宋步云开始了艺术创作。早在旅日之前他就有一个打算，即有机会创作一幅反映九一八事件给中国人民带来深重苦难的油画作品。

在构思油画《流亡图》之初，宋步云即向中村研一做了解释和说明，出人意料的是竟获得了导师的首肯，他神情严肃地说：“中日之间的战争是日本军国主义政府挑起的，战争是非正义的，不但给中国人民带来了深重的苦难，同样也给日本人民带来了深重的负罪感，我们的人民是反对这场战争的。我们的美术家在某种意义上就是冲锋陷阵的战士，就是钢枪上的刺刀。在这个非常时期，必须要勇敢地站出来，敢于面对现实，真实地反映这段历史，揭露日本军国主义者的侵略罪行并公之于天下，使世人警醒。”

导师对宋步云有胆识在敌对国的领土上创作揭露军国主义罪行的作品表示由衷地钦佩。宋步云闻之非常感动，决心一定要完成好《流亡图》的创作。

同时，宋步云又将创作《流亡图》的意图和构思告诉了包括傅抱石、秦威、王式廓、田风、牛君彦、王仙坡、沈福文、萧传玖、于冲、钱云清、刘诗和高淑贞等人，并邀请他们做原创模特。好友们闻之非常兴奋，纷纷利用课余时间前来助力，为他的创作提出了许多珍贵的建议。

1936 年，宋步云创作大型油画《流亡图》

在创作《流亡图》期间，傅抱石给予宋步云兄长般的关怀与帮助。他常来“池袋”画室，既观看作品进度，也做模特，有时为画某种姿态，他彻夜滞留在画室。他还把郭沫若对《流亡图》初稿的建议及时转达给宋步云。

一天傍晚，夜色渐浓，傅抱石形色匆匆地赶到“池袋”画室，满怀心事地告诉他们家中母亲得了重病需赶回家去，休学申请已获批准，也定好了后天回国的船票，以后是否能回来，要看情势而定。此前，他已向郭沫若辞行，并转达了先生对大家的关心。

宋步云和高淑贞极力安慰傅抱石，并挽留他共进晚餐。这一夜，傅抱石没回自己的住所，他们三人彻夜长谈，他对《流亡图》再次提出了宝贵的修改意见。临行时还为自己没有机会再帮助宋步云完成作品表示歉意，一再叮嘱他要注意安全，彼此间要保持长期交往。

不久，他们得信傅抱石赶回南昌为时已晚，其母已于几日前病故，他深感遗憾，心情沉重，决定在家守孝。他们回信安慰他，从此之间从未间断过书信往来。

与傅抱石分别后，宋步云专心致志地进行着《流亡图》的创作，及近尾声，秦威、王式廓、田风、牛君彦、王仙坡、沈福文、萧传玖、于冲、钱云清、刘诗等好友相继到来，他们为宋步云的创作感到自豪，也为画作提出一些加工和改进建议。

1936年底，在“助手”高淑贞的协助下，宋步云在“池袋”画室完成了幅宽两米的油画巨作《流亡图》。作品充分表现了年轻艺术家的民族气节和忧国忧民的情怀，它向世人揭露了日本侵华战争给中国人民带来的巨大灾难，在爱国留学生中引起极大反响。

《流亡图》是宋步云在日留学期间创作的力作，发出了当代艺术的最强音。作品以一个普通家庭在中国东北沦陷后成为难民为主题，表现九一八事变中国百姓无家可归的场景，鲜活地描述出神色哀怨的难民在逃亡路上衣衫褴褛、饥寒交迫的情节，画面没有直接出现烧杀抢掠的日本侵略者形象，而是通过这样一家人的颠沛流离、孤苦无助，揭示了侵略者给中华民族造成的毁灭性创伤。宋步云正是通过这幅作品抒发出了一位满怀爱国热情的艺术家以画笔为武器奋起反抗外族侵略的正义心声。

以西画的色彩明暗与中国画的写意相结合的艺术手法所创作出的油画《流亡图》既保持了写实油画的特色，又不乏中国画美学气韵。宋步云的创作风格深受导师影响，注重写实，其绘画形式是线的造型，不是面的造型，而《流亡图》正是画家在艺术取向上所追求的通过写实的手法真实地揭示当下民众苦难与悲惨的现状，同时也昭示他在内心煎熬中所坚持走现实主义道路的信念。

作品完成后，中村研一亲自到画室观看，给予赞赏。他说，《流亡图》成功地体现了作者的原创意图，构思清晰，造型简洁，画面布局合理，塑造的人物形象生动。在构图设计、人物造型的个性化处理上，色彩和笔法的运用上均富有时代的特征。枯树、寒风、紧缩的人物动态与开阔萧疏的野外空间构成了一种内在的张力。说到此，他露出轻松的笑容，不乏幽默地说："宋君，那只犬，丧家犬，设计得很聪明，它加强了作品的主题思想!"

最后，中村研一将目光停留在《流亡图》上，缓缓地说："这幅大画，就由我来保存吧，你们是很难把它带回中国的。"临离开时，他再次诚挚地表示："请相信，《流亡图》将与我同在"。

当宋步云离开日本时，他的确无法将《流亡图》原作带回国，只带回了几张《流亡图》的黑白照片，并一直珍存着这个历史的见证。"二战"结束后，中村研一和《流亡图》皆无音讯，即便如此，宋步云也可推想到先生为保存《流亡图》所付出的心血，故而，中日两国师生的情谊在宋步云的一生中也从未曾忘记过。

郭沫若的教诲与帮助

宋步云在与傅抱石、秦威的往来中常常听到有关郭沫若的许多信息，他积极指导旅日左翼文化团体开展爱国运动，对旅日中国留学生无私帮助和教诲，在日有着广泛的影响。傅抱石早在国内任职江西省第一师范学校期间，就曾聆听过时任北伐军政治部主任的郭沫若的讲演，印象非常深刻。傅抱石初到日本时就曾先期拜访过因“四·一二”政变被国民党政府迫害而流亡在日的郭沫若，彼此间建立起亦师亦友的深厚友谊。

傅抱石经常向郭沫若请教有关研究东方美术史论的问题，在对绘画创作的认识上，也不时得到郭沫若的恳切点评，先生每见傅抱石的得意之作都会主动为之题咏，赞赏他的艺术天赋和才华。可以说郭沫若的广博学识和在日本的影响，对傅抱石留日期间和日后的艺术发展，起到了莫大的鼓励和推动作用。

宋步云早年在济南模范高小学习时就已经知道郭沫若是新文化运动的倡导者，他在日本与留日学生响应五四运动的号召，组织旅日爱国社团“夏社”，发表了洋溢着浪漫主义气息的诗作《女神》，在青年学子中广为流传，推动了新文化运动的发展，成为中国新诗的重要奠基人。同时他又与郁达夫等人一同创立了上海文学学社“创造社”，成为新文化运动的重要旗手。

宋步云就读于济南齐鲁中学和爱美中学期间，曾阅读了许多新文化运动先驱者的代表作，如郭沫若的一些诗文和翻译作品，受到了新文化运动和北伐革命的影响，佩服郭沫若不同凡响的艺术修养、渊博的历史文化知识和大无畏的革命精神。他了解到郭沫若在大革命期间曾任北伐军总政治部副主任，安庆“一·二三惨案”之后写下了声讨蒋介石的檄文《请看今日之蒋介石》，指出“蒋介石是流氓地痞、土豪劣绅、贪官污吏、卖国军阀、所有一切反动派的反革命势力的中心力量”，是“一个比吴佩孚、孙传芳、张作霖、张宗昌等还要凶顽、还要狠毒、还要狡狯的刽子手”，之后郭沫若参加了“八一”南昌起义，加入了中国共产党。

1927 年，蒋介石终于暴露出反革命的真面目，向共产党人举起屠刀，策划了“四·一二”反革命政变，在“宁可错杀一千，不可放过一个”的反动政策下，大肆屠杀共产党人和爱国进步人士。蒋介石对郭沫若早已恨之入骨，以郭沫若是共产党人为名悬赏通缉，迫使郭沫若离开祖国，转道日本避难。

郭沫若到日后住在千叶县，常常设法避过警方的监视，前往东京参加并指导左翼文化团体聚会，对团体创办的刊物倾力支持，亲自撰写文章，参加刊物的审校工作。左翼刊物《质文》就是在原刊物《杂文》被查禁后在郭沫若的提议下复刊的。左翼文化团体先后创办的《东流》《杂文》《质文》等三个刊物几乎期期都刊有郭沫若的诗歌、历史小说、政论、翻译以及针砭时弊的文章，给旅日左翼文化运动以强有力的支持与鼓舞。

宋步云从心底里佩服郭沫若先生的学识，早有拜见郭沫若，聆听其教诲之意。终于有一天，宋步云与高淑贞携带《流亡图》草图，在傅抱石、秦威陪同下前往千叶县郭沫若住地，拜见了这位新文化运动和大革命的先驱者。

之前，郭沫若也从傅抱石、秦威那里了解到宋步云、高淑贞的经历，他热情地会见了他们。他以亲切舒缓的语气询问他们在日学习、生活情况。当得知宋步云在济南学习期间就已读过他的很多诗文和翻译作品时，郭沫若爽朗地笑了，谦虚地说，还有很多东西需要学习。

面对可敬可亲的郭沫若先生，宋步云和高淑贞在轻松友好的谈话氛围中放松了紧张心情，阔谈在“杭州艺专”师从林风眠、吴大羽的一些往事及“杭州艺专”开放民主，提倡个性化的学习方式，引西学东渐，倡古为今用，开洋为中用之先河，祈通中西、力求精进。闻听后，郭沫若鼓励他们再接再厉，尝试着走一条个性化鲜明，具有民族气派的艺术道路。

郭沫若了解到宋步云在“杭州艺专”时积极追随鲁迅先生所推动的新木刻运动，旅日后参加左翼文化联盟开展的版画艺术交流和新兴木刻传播，并创作了一些歌颂爱国杀敌将士，揭露侵略者罪行，为被侮辱与被损害者呐喊、抗争等具有鲜明时代性内容的木刻作品，表示赞赏。

由此，郭沫若谈及到鲁迅先生，他不仅是新文化运动的先驱，同时也是左翼美术运动的发起者和导航人。他敢于直面社会状况，以强烈的民族责任感为民族的存亡呐喊、抗争；他以卓越的美术视野和艺术眼光，身体力行，大力倡导、扶持中国新兴木刻艺术，推动中国新兴木刻这一战斗力极强的艺术登上了斗争的历史舞台，使之与中国革命事业、民族危亡紧密相连；在他的倡导下，左翼美术团体把创作重点转移到木刻和版画上，寻求艺术大众化之路。而正是新兴版画的“人民性”和“时代性”，像匕首，像刺刀，直击斗争现实，创作者充溢着不可抑制的激情，充分表达了广大人民群众的理想和愿望；这些深切的感受是艺术创作的生命，也是新木刻作品能在广大群众中广泛引起共鸣的主要原因。

之后，郭沫若又兴奋地从王羲之、王献之、怀素的书法谈到明四家、扬州八怪以及近现代名家对中国历代书画、对日本、东南亚文化的影响。从欧洲文艺复兴谈到西方文化思想对中国文化传统思想的冲击与吸收。从日本明治维新引进欧洲先进科学技术，使其国内经济高速发展而刺激了军阀政府无限膨胀的思维方式，使他们最终走向与社会发展背道而驰的侵略扩张道路，谈到现今中国国内政治腐败，军事、经济落后的现状。对国民党政府腐败无能深恶痛绝，反对蒋介石不抵抗、假抗日真内战、攘外必先安内的卖国政策，支持共产党广泛联合一切力量，开展抗日斗争的策略，认为只有共产党才能救中国。

郭沫若指出“艺术当随时代”，文学家和艺术家在某些特定的历史时期是冲在第一线的战士，起着不容小觑的利刃作用。文学家凭借文学作品，艺术家凭借艺术作品宣传文化思想，感染读者，陶冶情操，鼓舞人们奋发图强，勇敢抗争。他们最先肩负起时代的使命，第一时间使社会形成统一思想，从而对社会产生巨大深远的影响！从社会、历史的角度看，一切高官厚禄、名人贵胄、政治人物都是过眼烟云，都会随着时间的推移淡出视野。而文学艺术却恰恰相反，它们是鲜活的历史，是永不磨灭的遗产，让后人了解历史发展的进程，从中汲取经验教训，对社会发展产生不可估量的影响。

中国文化艺术是民族文化的表白，它来源于民族文化思想，它与世界各国显著的不同点在于重视作者的人品和画品。在中华民族发展的五千年历史中，在自有文字记载和岩壁壁刻中就早已发挥了鉴戒的力量。自有文字开始，从壁刻到竹简直到纸张记录，从诸子百家到新文化运动的思想教育家以及历代不同流派的书画家，他们把文字和画面上的道德意识融入于思想意识中，再通过作品表达出来，将其看做是作者人格、画品的再现。因此，不管是诗歌、散文、小说、杂文等不同的文字载体，还是历代书法，历代绘画，总而言之都是相互交织在推陈出新与中华民族文化当中的，也就是说中国文化艺术都是融会于民族文化当中而不断得到发展的。

说到高兴时，郭沫若饶有兴致地将自己的书法作品展示给大家。宋步云自幼曾随私塾先生学过书法，过去只是知道郭沫若有着深厚的文化艺术修养、渊博的历史文化知识和丰富的革命斗争经历，但对他在书法艺术方面的成就却知之甚少。今日得见先生的书法作品，令宋步云顿生敬慕，其书法以行草见长，笔力爽劲洒脱，运转变通，韵味无穷；楷书作品尤见功力，气贯笔端，形神兼备，书体既重师承，又多创新，字形结体、笔法起运、章法行气等都有新特点，格调刚柔并举，或含蓄温和，或疾厉昂扬，展现创新的时代特色。

之后，郭沫若又仔细地观看了宋步云的《流亡图》初稿，认真听取创作构思和意图，并给予支持与肯定。他嘱咐宋步云要把帝国主义侵略带给中国人民的深重灾难表现出来，以强烈的视觉感受打动观者，使之与深陷灾祸、苦苦挣扎的大众产生共鸣，激励人们奋起抗争；并对画作提出了宝贵的建议。

当郭沫若得知宋步云和高淑贞在抗日烽火燃起之际曾与进步爱国同学一道参加由李朴园、雷圭元组织的“艺专剧社”，参加宣传抗日救亡运动的演出，进行爱国宣传，唤醒群众与入侵敌寇作斗争，在社会上产生了强烈效果时给予了很高的评价。他兴奋地对在场的傅抱石、秦威说，我今天幸运地发现了演剧人才。他热情地邀请宋步云和高淑贞参加“中华留日戏剧协会”和“中国留日同学剧团”，并介绍了“戏剧协会”和“剧团”的演出情况。

郭沫若对宋步云寄予希望，鼓励他继续直面现实社会，为民族复兴走出象牙塔，尽自己所长，与旅日左翼文化联盟成员一起积极投身到抗日运动中去。同时他还关切地说道，在敌对国创作与他们侵略行径有关的作品，一定要注意安全，别让日本特务知道，并诚挚地欢迎他们随时来访。先生的这些贴己话使他们感动不已。

从那以后，宋步云和高淑贞又多次携《流亡图》修改稿和其他油画、水彩画作品前往郭沫若先生府邸征求意见，聆听教诲。先生对他创作的《流亡图》以及学习、生活、参与旅日左翼文化团体活动等都给予了热忱的鼓励和帮助，以致数年后在他们困难时，甚至在解放后宋步云受到不公正的排挤时，先生都伸出了援助之手。一生中，宋步云和高淑贞对先生无私的帮助铭感于心，对先生的谆谆教诲没齿不忘。

初次拜访之后，傅抱石、秦威将宋步云和高淑贞引荐给“中华留日戏剧协会”，随后该协会负责人陈北鸥、梁延武又将二人推荐给“中国留日同学戏剧团”的导演杜宣、吴天任。

此时恰逢剧团筹备排演曹禺话剧《雷雨》，委派宋步云与秦威担负舞台设计兼演普通角色。恰巧剧中饰演女佣角色的演员因身体不适，临时放弃演出，由于时间紧已来不及临时去找更合适的演员替代，于是导演决定让高淑贞现场试戏，编剧和导演惊喜地发现她临场发挥时神态很平静，平稳的语速，把握角色身份、社会地位的表演尺度都很到位，接下来几次试戏，编剧、导演和在场的其他演员，对她表演效果很满意，马上在现场商议决定委派她替演该角色。在接下来的排练过程中，他们更进一步发现她非常有表演天赋，对她充满信心。高淑贞在剧中饰演的角色虽然台词不多，但她还是以精益求精的态度，尽心尽力的表演，并以精细的演出效果得到陈北鸥、梁延武和导演杜宣、吴天任的首肯。

话剧《雷雨》在排演过程中受到了郭沫若、巴金的亲临指导，他们详细地分析讲解人物之间的矛盾冲突、语言个性、举止做派、性格特征等，使在场的演员、导演受益匪浅。先生还私下鼓励宋步云和高淑贞要抓住小人物的形象特征尽力将人物个性表现出来。话剧《雷雨》在东京公开演出同时，郭沫若发表了《关于曹禺的“雷雨”》一文，加以宣传和评介，在社会上引起了巨大的反响。

在日公演的《雷雨》脚本是特意为旅日中国留学生改写的，演出长达 5 小时。首场演出地在日本东京神田一桥讲堂，即受到日本警方的粗暴刁难，他们以日本官方规定晚间活动不得超过 23 点为由，在演出 3 小时即粗暴切断电源，演出被迫中断，观众哗然。为了今后演出顺利进行，编导们紧急压缩剧本限定 3 小时之内。尽管如此，压缩后的《雷雨》在以后的演出中依然在社会上取得了不同凡响的效果，受到了舆论界的广泛关注，粉碎了日本警方破坏上演中国戏剧的政治阴谋。

高淑贞的成功饰演获得了导演梁延武、陈北鸥的信赖，继而邀请她在当代独幕剧《五奎桥》中饰演剧中仅有的青年女性“珠凤”，同时宋步云和秦威也在剧中委以角色。该剧创作于1930年，是著名作家洪深的代表作之一，它与此后创作的三幕剧《香稻米》、四幕剧《青龙潭》合称“农村三部曲”。《五奎桥》曾于1933年5月，在上海由复旦剧社首演，朱端钧任导演，洪深自演主角李全生。

1935年10月，“中国留日同学剧团”于神田一桥讲堂首次公演了洪深的《五奎桥》，该剧以20世纪30年代中国江南农村抗旱为背景，反映村民对地主乡绅因造桥断水导致稻田颗粒无收而奋起抗争的故事。剧中主角李全生是个勇敢机智的青年，他带领村民与乡绅和官府进行了英勇机智的斗争，最终拆掉五奎桥，取得了胜利。作品揭露了封建剥削者的凶恶面目，歌颂了农民不畏强暴的反抗精神。该剧结构紧凑，矛盾冲突迭起，语言质朴，地方色彩浓郁。

高淑贞在话剧《五奎桥》中准确地把握住角色的性格特点，细致地刻画了人物形象，将农村姑娘“珠凤”表演得淋漓尽致。高淑贞的精彩演出受到各界好评，以致梁延武导演恳请她放弃美术，专业从事戏剧表演。多年后，郭沫若在见到宋步云和高淑贞时戏称自己当年慧眼识珠，为中国戏剧界发现了演剧人才。

《五奎桥》的演出誉满东京，也受到了郭沫若的肯定，获得中国观众和日本朋友的一致好评。在侨胞和留学生的呼声中，剧团在东京市区内又进行了多场演出，产生了广泛影响，引起舆论界的关注。

在日本军国主义正在准备向中国发起全面战争之际，东京警视厅对这出充满抗争精神的演出格外警觉，他们欲对剧团和演职人员伸出黑手。为了保证演职人员的人身安全，剧团安排人手在散剧后护送他们回住地。好友牛君彦、王仙坡、萧传玖、于冲等人担心他们势单力孤，自告奋勇承担起护送高淑贞、宋步云、秦威的任务。为此宋步云、高淑贞对他们无私援助由衷地表示感激，更为与他们建立起来的深厚友谊而感到万分庆幸。

1935 年，独幕话剧《五奎桥》在日本东京演出剧照

话剧《五奎桥》演出结束后，宋步云和高淑贞担心因为参加剧团演出，会耽误学业，更担心耽搁《流亡图》的创作计划，他们将不准备再参加剧团演出的想法告诉了郭沫若先生，先生虽然表示惋惜，但还是坚定地支持他们及早完成《流亡图》的决定。在以后的日子里，他们还曾多次婉拒了导演梁延武、陈北鸥的好意邀请，把精力重点投入到油画《流亡图》的后续创作中。

与日方针锋相对抗争

1936年10月，鲁迅逝世的消息传到日本，旅日留学生和侨民为失去新文化运动的倡导者和新木刻运动的推行者而痛惜，左翼刊物《质文》出版了悼念专辑。旅居东京的各界人士、留日进步学生，在旅日左翼文化团体号召下，自发的组织追悼活动，以各种不同祭拜形式悼念这位文化战线上的斗士。

宋步云、高淑贞、王仙坡、杨太阳、于冲、萧传玖等中国留学生决定在教室设立了简易祭坛。没有遗像，宋步云就凭借着在杭州艺专时曾到上海聆听鲁迅木刻讲座时的记忆，迅速画了一张大幅鲁迅画像，摆在祭坛中央供人们祭奠。他们设立祭坛的消息不胫而走，很多相识与不相识的中日师生和各方人士纷纷前来祭拜，他们不得不将原本打算设立的临时简易灵堂，又延续了好几天，此次祭奠活动在学校和社会上都形成了不小的影响。

11月初，中华戏剧协会、文海文艺社、中华留日世界语者协会等多个旅日左翼文化团体在日华学堂举行公祭鲁迅大会，宋步云和高淑贞等七百多位中日文艺界人士到会。大会在庄严肃穆的气氛中进行，当主持人介绍完鲁迅的生平事迹后，郭沫若应邀演讲，他满怀激情地说：“呜呼鲁迅，鲁迅鲁迅，鲁迅之前，既无鲁迅，鲁迅之后，无数鲁迅，呜呼鲁迅，鲁迅鲁迅”，称赞鲁迅“是我们中国民族近代的一个杰作”，“中国文学由先生而开辟出了一个新纪元”。他呼吁整个社会有良知的人们立即行动起来，现在虽然一个敢于与黑暗势力挑战的义士倒了下去，但紧接着会有千千万万个敢于赴死的民族斗士接过先烈的旗帜，踏着他们的血迹，前赴后继地勇猛站起来！他呼吁有民族感的青年学子继承先烈的遗志，团结起来向腐朽落后的黑暗势力进行殊死顽强的斗争。与会者无不被郭沫若的激情讲演所感染。为悼念鲁迅，为激励人们的斗志，郭沫若又在《质文》上发表了《民族的杰作》一文，再一次给予左翼文化运动以巨大支持与鞭策。

1936年底，旅日留学生左翼文化团体邀请郭沫若在东京神田区中华基督教青年会作《中日文化的交流》演讲，演讲是在大批日本警方和特务的严密监视下进行的。郭沫若回顾了中日两国文化交流的历史，发出了“我希望我们中国人利用我们的优秀的头脑，批判地接受继承文化的精华，努力创造出更高一级的新的文化。”的号召。

一些混入会场的日本右翼学生蓄意制造事端，不断向台上抛杂物，破坏会场秩序，干扰大会顺利进行。宋步云、秦威等人怒不可遏，与左翼中国留学生们一起挤到前排，挽起双手，用身体保护郭沫若的安全，怒斥右翼学生的卑劣行径。

初始，右翼分子们仗着警察和特务撑腰，气焰十分嚣张，但见警察和特务在人数众多、群情积愤的留学生面前，怕将事情闹大无法收场，没敢出面进行干预。失去主子撑腰的右翼学生顿时哑然住口，在与会者的斥责声中逐渐怯懦，最终灰溜溜地落荒而逃，会场恢复了平静，大会继续进行。郭沫若冒着被捕的危险，为左翼文化团体作演讲，他那大无畏的勇气极大地鼓舞了留学生们的斗志。

早在20世纪20年代开始，日本首相田中便向天皇提交奏折，提出“要想实现强国，第一步要征服中国，第二步征服亚洲。”在得到天皇的默认后，日本法西斯政府对外侵略扩张欲望迅速膨胀，加快实现自己的“宏伟蓝图”。凭借着当时军事实力和扩张计划，先后占据了朝鲜半岛、胶东半岛，悍然制造了九一八事变，强占了我东北三省。随后又妄想联合德、意法西斯，借助自己强大的军工实力，以及近乎于全民皆兵的总体战争体制，欲对中国发动全面侵略战争，征服并占领中国，从而最终达到瓜分全球、独霸亚洲和太平洋地区的罪恶目的。

东京侵华战争的宣传机器全速开动，各类新闻报刊、宣传机构连篇累牍地发表宣扬侵略、鼓噪为天皇献身的文章，毫不加以掩饰的刊载极右翼政府官员煽动对外扩张的讲话，疯狂鼓吹“依日本之现状，侵略不但无罪，而且成为日本不可推卸的历史责任”，野蛮叫嚣：“并吞中国符合日本帝国之利益”。

日本右翼分子在军阀政府的授意下，不断在街头巷尾组织各类大小不等的反华集会和示威游行，疯狂地叫嚣“血战中国”，“为征服中国不惜一战”，日本浪人手持棍棒在街头无端闹事，制造事端，随意殴打中国侨民和留日学生。日本战争狂人在各处疯狂叫嚣，煽动战争口号，血腥的战争煽动性标语贴满街头、商店和电车上，人们头上缠着支持战争的血誓标志。一时，东京街头战争贩子们的喧嚣声、鼓噪声此起彼伏，不绝于耳。

日本政府为掩盖蓄谋已久的对外扩张阴谋，掩盖走军国主义道路事实，迫使日本人民在不知情的情况下，盲目支持政府推行的对外发动侵略政策，早在二十年代就有预谋地在国会强行通过了拒绝日本宪法制约的《治安维持法》《军机保密法》，废止了《治安警察法》和日本法律。日本政府将制定的军国主义对外侵略计划非法绕过国会的审核、干预予以实施，使制定宪法的法律监督机构如同虚设。同时在国内长期实行秘密警察政府统治，对国民严密监视和思想控制，限制民众对政府制定对外扩张战争政策的知情权，剥夺大众的言论自由和话语权利。对参加结社的、集会的国民以犯罪论处；将持不同意见人士划归为具有极其危险性的人物范围，加以严格处置。

与此同时，日本当局一面疯狂扩军备战，准备发动侵华战争，大肆煽动日中对立情绪，一面对旅日华人利诱、欺骗，虚假宣传两国友好、亲善，以麻痹、削弱他们的反日情绪。他们向中国留学生和侨民颁布了优厚待遇，企图将他们留在日本为其科学技术的发展、文化艺术的繁荣和对外侵略扩张出力。

对日本当局的阴谋旅日留学生早已识破，他们不为优厚待遇所利诱，发誓一旦日本军国主义发动侵略战争便立即回国参加抗日救亡运动。他们团结一心，联合起来保卫华人的生命安全，不顾自身安危与日本法西斯作顽强的斗争。

1937年初，东京警视厅终于向中国留学生“亮相”了，他们联合日本大学督导处将宋步云、高淑贞、王仙坡、杨太阳、于冲、萧传玖等十几名中国留学生以“恳谈会”之名召集在一起。他们喋喋不休地大谈日中友好、亲善，虚伪地讲日本的意图是要把中国人民从西方列强的统治下解放出来。提出只要肯留下来，马上就可取得日本国籍，享受本国的高福利待遇，可以选择在日的任何生活方式，愿意教书的可安排到国立高等学府，也可设立独立的工作室，愿意深造的可以免费继续深造，甚至可以由政府出资到世界上任何一个国家去留学。留学生们面对他们的腐蚀利诱，不为所动，以沉默的方式保持着对抗。

他们见迟迟无人表态，欺骗利诱不起作用，遂采取了一副强硬姿态，拿出杀气腾腾的架势，审问中国留学生中有没有人加入过反日左翼联盟组织，有没有人参加过反日活动，说没说过有关反日的过激言论，等等。

中国留学生以铁一般的意志继续沉默着，对抗着，他们心里清楚，警视厅手里并没有确凿的证据与把柄。如果说能构成此次调查的根由，也只有宋步云、高淑贞、于冲等同学秘密参加过“读书会”的学习讨论；宋步云、高淑贞参加过“中华留日戏剧协会”《雷雨》《五奎桥》的演出活动；还有就是宋步云创作的油画作品《流亡图》。

他们决计要撬开中国留学生的嘴，对他们步步紧逼，不断挑衅。

最后，宋步云忍无可忍，代表中国留学生决然回答道“我们对警视厅今日的作法表示强烈的抗议和反对，你们无端扣押、审问外国留学生的做法是严重违反国际法的。”留学生们应声附和，表态严正，愤怒气氛顿时高企。

日方怕事态闹大，失去回旋余地，只得草草收场。中国留学生与警方的第一次交锋给人以深刻的启示，团结就是力量，这种力量是任何外来势力都不可战胜的。

“恳谈会”后，宋步云马上将此情况汇报给了“中华留日学生联合会”，“联合会”随即通报全体中国留学生以引起警惕。

然而，煽动战争的阴霾也弥漫到学校，在原本充满学术氛围的校园里贴满了鼓噪战争的传单和标语，一些日籍学生在右翼分子的教唆下在校内鼓吹战争的必要性，美化军国主义形象，不断人为地制造矛盾，挑起事端。

一天课间休息，一日籍学生当着全班同学的面向宋步云发难，别有用心地问道：“宋君，如果中日之间真的发生了战争，你是选择回国抗战，还是留下来继续深造？这里的生活条件可比你们中国优越多了，你要是留下来可以改变身份，变成和我一样的日本人，你可要考虑好喽。”

宋步云毫不迟疑地回到道：“我是中国人，肯定要回国参加抗战的，如果你们不多次挑起战争，相信中国人的生活会比现在好得多。”

“宋君，我们是同班同学，又都是‘好朋友’，假若有一天在战场上你我相遇，你会怎样？”

宋步云不屑一顾地说：“我会毫不犹豫地举枪把你打死。”

日籍同学佯装糊涂地问：“为什么，我们不是同班同学，‘好朋友’吗？”

宋步云铿锵有力地说：“因为你是侵略者，你侵略我们的国家，就是我们的敌人，我就要消灭你。你们政府无缘无故地对外发动侵略战争，在别国的领土上野蛮地大肆烧、杀、淫、掳，使多少家庭妻离子散、家破人亡。你们口头上讲的友好、亲善、共荣已经虚伪到了极点，有谁能相信，可能连你自己都不会相信吧!”

宋步云有力地回击了那个发难的日籍同学，他哑口无言，灰溜溜地离开了教室。在场包括日籍在内的所有同学都非常钦佩宋步云的胆量和智慧，连声叫好，掌声四起。

学校当局不甘心上一次“恳谈会”的失败，开始谋划新的阴谋。1937年6月下旬，在中日战争全面爆发的前夕，学校当局在警视厅和督导处的策动下，在学校附近“明治餐厅”以“茶话会”的名义邀请宋步云、王仙坡、杨太阳、高淑贞等四名中国留学生座谈，并召集了数名报社记者和军方人士共同参加。

“茶话会”一开始，学校当局便开门见山地谈起日中亲善问题，随后让留学生们表态，赤裸裸地提出如果中日战争爆发你们是站在亲日一边，还是站在抗日一边？他们想利用“选边站”的方法试探中国留学生对日本发动战争的态度。留学生们早已有了上次“恳谈会”的应对经验，为避免日方抓把柄，寻口实，他们依然采取静默的方式以示对抗。校方见无人表态，又重施故伎，开出更优厚的待遇引诱留学生们，用以达到分化、瓦解中国留学生和侨民的险恶目的。

面对这种挑衅性的“茶话会”，留学生们极为反感，经过漫长的沉默与等待，宋步云终于站出来代表同学们不卑不亢地说道：“科学和艺术是没有国界的，即使我们被强迫留在这里，可我们的根早已深深地扎在中国的土地上，我们的心还是中国的。”

学校当局对宋步云这番绵里藏针的回答非常尴尬，见实在捞不到他们欲得的政治资本，便与报社记者和军方人士商议后宣布散会。中国留学生再一次凭借团结的力量跳出了敌人事先设置的陷阱，再一次粉碎了敌人的政治阴谋。

在日本全社会疯狂地叫嚣发动侵略战争的恶劣环境下，中国留学生以坚决果断的行动给日本政府和警视厅做出了强硬回应。日后，他们相继在日本发动全面侵华战争前后回到祖国，以各种方式参加抗战，与日寇进行殊死的斗争。

毅然回国融入抗日洪流

1937 年七七卢沟桥事变爆发，日军大举侵略中国。面对日本法西斯的野蛮行径，中国留学生们同仇敌忾，纷纷回国参加抗日救亡运动。

血气方刚的宋步云和高淑贞在得知日本大举侵华的第一时间即前往千叶郭沫若府邸，将近日准备回国参加抗日救亡运动的打算告诉先生，得到先生的支持，并预祝他们一路顺风。临别时，郭沫若也将自己准备适时回国的打算告诉了他们，相约回国见。当郭沫若得知宋步云的油画作品《流亡图》无法带回国内时，不禁为之惋惜。

辞别了郭沫若先生，宋步云和高淑贞又谢绝了导师中村研一和师生们的诚挚挽留，毅然放弃学业，于七七事变爆发数天后搭乘俄罗斯“皇后号”客轮跨海返回祖国，参加抗日救亡运动，以手中的画笔和刻刀为武器，积极投身到抗敌活动斗争中。

在离开日本时，他们遭受到日本政府严格限制携带物品数量的刁难，只得忍痛将包括《流亡图》在内的百余件艺术作品以及留学期间所珍存的书刊留在了异国，近乎净身出境。他们把经年呕心沥血创作的绘画作品、萧传玖为高淑贞雕塑的头像以及珍贵的图书资料分别寄放在导师和房东处，委托代为保管，仅带回两只装有一些生活必需品的皮箱和数幅宋步云在留学期间创作的油画、水彩画作品，一台莱卡相机和近百张记录他们留学期间学习、创作、生活的摄影底片，一套导师赠与的木刻、雕塑工具。战争结束以后，他们曾通过有关部门以各种途径多方查找，但这批珍贵的早期艺术品，连同导师和房东在内全部都杳无音信，以至成为宋步云、高淑贞在世间最痛的心结，给他们留下终生遗憾。

经过数日海上的颠簸，宋步云和高淑贞终于在1937年7月中旬回到祖国。他们在上海上岸后，第一眼看到的就是无数衣衫褴褛的难民在淅淅沥沥的雨中蜷缩在上海的大街小巷，大批难民还在不断地从北方各地涌入上海，这触目惨状更加激起他们对日本帝国主义发动侵略战争的仇恨。他们取消了原本先回北平、山东两地探家的打算，径自找到先期回国，在上海国泰影业公司任布景师的好友秦威，在他介绍下，加入到“上海文化界救亡协会”的抗日宣传活动中，并与时任开明书店编辑的丰子恺等一些爱国艺术家相识，结下了深厚的友谊。

在上海期间，他们借助“救亡协会”这一宣传平台与上海文化界进步艺术家一起以创作快捷、浅显、大众化的漫画、木刻等作品进行抗日宣传鼓动工作。他们一起走上街头闹市，高唱《中国不会亡》“中国不会亡！中国不会亡！你看那八百壮士孤军奋守东战场，四方都是炮火，四方都是豺狼，宁愿死不退让，宁愿死不投降，我们的国旗在重围中飘荡、飘荡，八百壮士一条心，十万强敌不敢当，我们的行动伟烈，我们的气节豪壮，同胞们，起来！同胞们，起来！快快上战场，拿八百壮士做榜样，中国不会亡！中国不会亡！……”高唱“大刀向鬼子们的头上砍去……”等抗日歌曲，他们公开讲演、散发传单，广泛宣传抗日救亡主张，激发民众斗志，弘扬爱国精神，振奋中华民族团结一致抗击日本侵略者的决心与意志。

“八·一三”淞沪抗战爆发，战事虽不是在上海闹市中心发生，但战火已近到相临，隔岸就是硝烟弥漫的战场，惨烈的场面尽收眼底，震耳欲聋的枪炮声、喊杀声，不分昼夜震撼着大地，同样也震撼着人们的心灵。上海民众群情激愤，无数青年纷纷写血书请战，要求上前线杀敌，誓死保卫家园。宋步云和高淑贞也加入到请战的队伍中，他们前往部队驻地表达要与浴血奋战的士兵们一起，抗击日寇侵略保卫祖国的决心，但驻军领导婉言拒绝了他们直接到前线参战的请求，动员他们参加后勤支援和救助工作。

战事在上海周边爆发，许多村庄、乡镇惨遭涂炭，处处瓦砾，死伤无数，妻离子散、家破人亡，一时间又有数以万计扶老携幼的难民涌入上海市区。他们露宿街头、衣食无着。在这危急关头，上海各公益慈善团体联合成立了临时救济组织，在云南路仁济善堂内组建了难民安置所，宋步云和高淑贞立即投入到收容、安置、救助难民的紧张工作中。他们积极救助难民、照顾伤病员，募集善款，不分昼夜地奔走于上海街头和难民安置所之间。在难民安置所内，鼓动情绪低落、绝望的难民，让他们振作起来，为早日回归家园，团结起来共同抗敌贡献自己力所能及的力量。

宋步云用相机将发生在自己身边的真实场景拍摄下来，投给报社发表，博得国内外对救助难民工作的广泛关注与支持。

战火不断蔓延，上海各中小学校、旅馆、饭店、酒楼、和一些知名的演艺场所、会馆如宁波同乡会、大世界游乐场、金城大戏院等，都因战事吃紧被迫暂停歇业。为了安置不断涌入的大批难民，场馆经营者在慈善工作人员的劝说下，毫不犹豫的行动起来，将这些歇业场所改造成临时难民收容所；加上慈善机构工作人员不辞劳苦、多方奔走，中共地下党组织有关人士积极协调、帮助下，上海的救助难民工作得以顺利进行。在国难当头的危急时刻，上海各界积极伸出援手，纷纷慷慨解囊，出钱，出力，捐赠衣物和食品，充分表现出大敌当前中华儿女同仇敌忾、团结互助的精神。上海人民无私的奉献深深地感动着包括宋步云和高淑贞在内的从事救助的工作人员。

宋步云、高淑贞在上海参加由进步团体组织发起的抗日宣传和救助难民工作三月有余，后经朋友介绍于同年 10 月下旬告别了战火纷飞的上海，前往南昌一所正在筹建的后方医院负责后勤、宣传、护理工作。在前往南昌的途中，他们决定绕道杭州去探望艺专师生，拜见分别多年的导师林风眠、吴大羽。

抵达杭州后，他们吃惊地看到原本熙熙攘攘的城市如今已变得格外冷清，很多市民为躲避战火已举家迁往内地。暂留下来的市民也失去了往日的欢笑，对未可知的战争忧心忡忡。他们步履沉重，行色匆匆，整个杭州城笼罩在战争阴霾之下，令人窒息。

他们来到杭州艺专所在地西湖，往年秋季天高气爽，正是人们游览西湖的最佳时节。那时的西湖繁花似锦，彩蝶飞舞，西堤、断桥、孤山，随处可闻欢歌笑语，随地可见祥和胜景，观花赏月，游客如织，流连忘返。而眼下的西子湖畔全然是另一番模样，景区内人迹罕见，楼阁斑驳，树木枯萎，花草凋败，一派凄凉景象。此情此景使他们不由得怅然若失，顿感神伤，开始疑惑这儿还是他们曾经生活学习、创作写生的美丽西湖吗？

冥冥之中，不堪回首的场景使他们产生出一种不祥预感，是不是母校也发生了变故？果不其然，当他们沿着熟悉的路径来到孤山母校旧址时发现大门紧闭，偌大的学校已是人去楼空，一片荒芜。经打听方知林风眠校长在日寇发动七七卢沟桥事变、挑起“八·一三”战端，上海、杭城已告危急之时，为了使祖国栋梁之才免遭杀戮，他毅然率领全校师生仓促辞别西湖，弃耗尽心血创建的校园，登上去江西、湖南的木船，在异常艰苦的环境下开始了六省流徙办学的艰难行程。

宋步云、高淑贞既无心情浏览西湖景致，更无心思逗留杭州，当天便搭车前往筹建于南昌的后方医院。医院建在泾口沙湖附近一个村落的大院里，这里离南昌市区很近，比较富裕，水陆交通发达，便于医疗设施和伤病员的运送。

他们抵达后，医院安排宋步云负责后勤工作，高淑贞做医护工作。在院方了解到他们是美术科班出身并在上海从事抗日宣传和救助难民后，又增派他们兼职医院的宣传和救助工作。在筹建医院的闲暇时间里，他们利用通俗易懂、图文并茂的形式进行抗战宣传工作，创作了一批揭露日本军国主义野蛮罪行的木刻宣传画，又大费周折找来油墨印刷出来张贴到医院和周边乡镇，他们搞壁画，设宣传栏，宣传抗日主张，通报战事状况，还应邀深入到村镇进行抗日宣传，以唤醒民众救亡意识，发动军民参与抗日。

随着战事的不断蔓延，上海、南京、杭州相续失守，在后方医院尚未就位，医疗设备、救治药品、医护人员缺乏的条件下，开始了紧张的收治从前线下来的伤病员。高淑贞既要完成病房的护理，还要抽时间在手术室做助手，每日工作长达十余小时，尽管宿舍近在咫尺却要夜宿病房，随时接收、抢救新到的伤重病员。宋步云在工作之余也加入到救助的行列，为伤病员清洗伤口，换药，安慰他们安心养伤，重赴沙场，抗击日寇。

规模不大的医院很快就住满了伤员，院子中间又搭起新帐篷，又征用周边一些民房应急。虽然后来有些随部队撤退下来的医护人员，主动加入进医院的抢救工作中，但由于安置点过于分散，医护人员仍显得捉襟见肘，忙得不可开交，没有片刻喘息时间。地方上了解到医院的情况后派出了一批医护工作者到医院协助救护，并送来一些粮食和少量药品，暂时缓解了部分伤员的食宿问题。

问题刚刚被克服，更严重的问题又接踵而来。由于部队从前线撤下来非常匆忙，医疗器械和医药用品遗失殆尽，加之日寇对赣东、赣南非占领区采取严密封锁，药品和治疗用品无法得到及时补充，缺医少药问题尤为突显。伤员得不到及时有效治疗，很多伤员在没有麻药的情况下，强忍着常人难以想象的剧痛被实施手术，手术室内不断传出伤员令人毛骨悚然的惨叫声，让医护人员落泪神伤。伤势较轻的患者术后简单包扎一下被抬进病房，靠他们自身免疫力慢慢恢复；一些重伤员即便在痛苦中熬过手术这一关，但因得不到后续药品的有效治疗，慢慢在痛苦煎熬中告别人世。眼见生命之火在他们面前一丝丝耗尽，面对即将告别人世前他们对生存渴望的眼神，医护人员感到束手无策，为自己的无能为力而痛心疾首。

一天，高淑贞刚协助做完一台手术到室外透透风，遇上几名风风火火的士兵送来一名浑身散发着腐臭气味、生命垂危的伤员。不巧手术室正在做另一台非常复杂的手术，高淑贞只得就地为这个伤员做检查。

当她小心翼翼地剪开已经被浓血浸得发硬的衣服时，不由得惊呆了，但见伤员身躯血肉模糊，几乎没有好地方。伤口严重感染，呈灰白色向外翻着，周边已经失去原有的肤色，不时散发出熏人的恶臭。从渗着脓水的伤口处能隐约看到镶在体内的弹片痕迹。最严重地是一条横贯腹部几近开膛破肚的大伤口，部分肠子暴露在体外，还可清晰地看到伤口上有蛆虫在蠕动。同来的士兵说他们是从杭州战场上撤下来的，快到江西时遭到敌机轰炸，部队受挫。他们抬来的伤者是连里年龄最小的，打仗非常英勇，为救战友而负伤，抬着他走了好几天才打听到在这里，请你们一定要想尽办法救活他。

高淑贞望着担架上气若游丝的小战士，不由得黯然神伤，喃喃道，你们来得太晚了。她含着泪水为他清洗脓水，用镊子将创口中的蛆虫一条条挑出来。她非常清楚眼前的伤员由于伤势过重，生存的时间不多了，她要尽自己的职责做好最后一次护理，让英雄有尊严地离开人世。

猛然间，小战士突然从昏迷中苏醒，吃力地睁开双眼，挣扎着将手搭在高淑贞的手上，断断续续低声说："姐……救我……我不想……死……"话未说完便阖上了那双渴望生存的眼睛。她清楚地感觉到搭在手上的那只手在一点点地失去温度，她的眼泪不由自主地夺眶而出，为自己无力挽救年轻生命而深感痛责，为亲身经历的痛楚离别场面而无以忘怀，更为日本军国主义发动的惨无人道的侵略战争而无比愤恨。

在以后的日子里，她更加忘我地投入到救治伤员的工作中。她勤勉、周到、细致的工作态度得到了医院领导的信赖，在外科主刀医生的强烈要求下，医院做出决定，准备破格提拔她为在编助理医生。

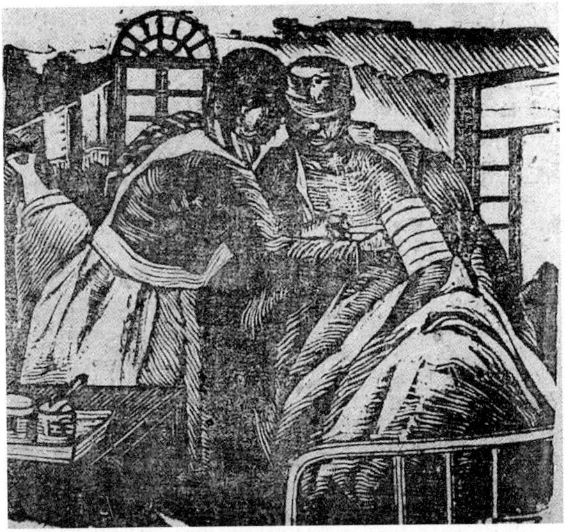

1941 年　木刻作品《沉默的战士——为伤兵包扎伤口》

宋步云在后方医院负责后勤管理，兼管医院伙食，除处理日常事务外还要管理账目。他每天都要耗费大量精力核对账目，在核查中，他逐渐发现医院负责人有克扣工资、贪污医疗费、降低伙食标准的不法行为。他先私下做工作，劝说他不要再继续干这种丧尽天良的事。几经劝说无效，不但无所收敛，反而变本加厉勾结财务一起作弊。他见宋步云总是予以干涉，最后竟恼羞成怒地拔出枪对准宋步云狂吼道："你要是敢说出去，我就毙了你。你给我滚！"宋步云毫不示弱，斥责道："你敢！你克扣工资，贪污医疗费，降低伤员的伙食标准是人做的事情吗！你这是丧尽天良的行为，早晚有一天会遭报应的，绝没有好下场。"

那人见对宋步云来硬的不起作用，怕将事情闹大把自己不法行为抖搂出去，马上采取缓兵之计软下来，极力好言劝他留下，一个劲儿对他封官许愿、增加薪酬，发誓赌咒今后再也不干这种伤天害理的事。令他没想到，宋步云骨子里是疾恶如仇，眼里不揉沙子的人，早就对他失去信心，对他封官许愿、增加薪酬、发誓赌咒不为

所动，愤然摔门离开

自从宋步云和高淑贞到后方医院后，即与先期到达武汉的傅抱石、秦威、王式廓取得了联系，之间通信不断。从信中他们了解到随着北平、上海、南京、杭州等城市的相继陷落，国民政府机关纷纷迁往武汉。大批美术、戏剧工作者也从全国各地云集到那里，以各种不同的方式开展抗战文化宣传活动。他们早已有与好友们汇合、共谋事业发展之意。

宋步云在与医院负责人发生了不可调和的矛盾后，更坚定了去意。事后他们商量决定马上离开后方医院，经九江沿长江而上前往武汉。当得知受战事影响，沿途可能会受阻，他们又决定选择绕道长沙前往。

于是，宋步云和高淑贞于1938年4月下旬，毅然决然地告别了真诚挽留他们的医护人员和伤病员，义无反顾地重新踏上了崎岖坎坷且魂萦梦绕的艺术之路，以手中之笔作武器，积极地投入到抗日救亡斗争中。

他们离开南昌不久，便得到消息，后方医院因战事吃紧也被迫迁往内地。

活跃在武汉抗战文艺中

1938年5月上旬，宋步云和高淑贞历经十余天的艰难跋涉，由新余、醴陵绕道株洲、桂林、长沙，后经岳阳、咸宁，最终到达还未遭受战火的武汉，与傅抱石、秦威、王式廓等进步文化人士汇合。

刚到武汉，他们马上被高涨的爱国热情和浓烈的抗战氛围所包围，无比兴奋地看到街头巷尾到处张贴着抗日标语、宣传画和大型壁画；高举横幅、高唱爱国歌曲的示威游行队伍，散发传单、宣讲抗日主张的人群。所见所闻使他们深切地感受到民众已经团结起来，行动起来，成为不可战胜的力量，他们坚信中华民族是不会灭亡的！

宋步云和高淑贞受到傅抱石、秦威、王式廓等好友的热烈欢迎，他们激动地拥抱在一起，庆祝团聚。随后，他们详尽地了解到武汉抗战文化宣传的状况，得知郭沫若正在武汉主持由中共领导人周恩来领导的国民政府军事委员会政治部三厅工作；傅抱石现任三厅秘书，经常往来于湖南、广西等地；王式廓、叶浅予、李可染现在三厅第三科负责美术宣传工作，与他们很多熟知的同学、艺术家一起，以木刻、漫画、壁画等艺术形式开展抗日救亡运动；秦威在成都筹建西北电影制片厂，正在武汉、重庆等地招聘编导、摄影和演员；

其他友人如丰子恺、赵丹等也已先期到此。

到武汉后不久，在傅抱石、秦威、王式廓等人的催促和见证下，宋步云和高淑贞在临时住所举行了简单的婚礼，在好友们的祝福声中，这对有着不同寻常经历的年轻人终于喜结伉俪，幸福地步入婚姻殿堂。

宋步云和高淑贞在汉口的临时住地离郭沫若夫妇下榻的汉口海陆饭店不远，他们在傅抱石、秦威的陪同下前去拜望郭沫若夫妇，受到热情接待，并为两人终结连理送上祝福。

1938 年，宋步云与高淑贞在武汉

郭沫若认真地了解了他们归国后近一年来的生活经历，对他们在上海、南昌等地积极参加抗日宣传、救助难民、抢救伤员的行动给予肯定；对他们在民族危亡时刻挺身而出，参加抗日救亡运动的精神表示赞扬；称赞他们能够不顾个人安危与不法犯罪行为作坚决斗争，斥责那些借机大发国难之财的不法行径并表示一定要彻查到底；对那些因缺医少药而得不到有效、及时治疗的状况表示忧虑，答应一定要设法解决医疗救治问题。

郭沫若深入浅出地分析了在民族危亡时刻国共两党第二次合作联合抗日的可能性和必然性，在最大限度地动员各阶层人士和广大人民群众共同投入到反侵略斗争，这方面两党都起到了积极的推动作用。而共产党人目标更明确，行动更迅速，他们在联合阵线上起到了主导作用。先生还深刻地指出，两党联合抗战是有时效性的，必须牢记国民党反复不定的两面性，以史为鉴，以大革命失败为血的教训，务必时刻提防国民党深藏骨子里的、根深蒂固的反动本质。告诫大家要时刻提高警惕，时刻保持清醒的头脑，以我们的力量最大限度地保护革命群众和已取得的联合抗战的胜利成果。

郭沫若谈到随着北平、天津、南京、上海、杭州等中国东部一些中心城市先后陷落，武汉三镇成为抗日爱国人士的集聚地，这里已经成为全国战时的政治中心、抗战美术中心和抗战文化活动中心。大批政治人物、美术家、戏剧家和各界文化人士纷纷从各地云集到此，在共产党人的积极影响下，原先一部分主张纯艺术的文化人士面对现实也走出了象牙塔，与进步人士联合在一起开展形式多样的文化宣传活动，以手中之笔、刻刀和演剧等多种形式为武器，创作出风格多样的作品，新编了不少宣传抗日主题的话剧，还创办了许多进步文化艺术团体和报刊。在各界人士积极推动下，他们举办展览，演出新编话剧，街头宣讲演说，出版通俗画刊、文学刊物。共产党人创办的《新华日报》使他们有了“宣传全面抗战和持久战的路线，反对片面抗战和投降倒退，宣传中国共产党实行民主政治、建立联合政府的主张”的宣传阵地。他们以各种不同的表现形式在大后方掀起了轰轰烈烈的抗战文化热潮，推动了全民族的抗战运动。

先生还兴奋地谈及在共产党人的倡导下，不久前在武昌黄鹤楼举行的万人美术歌咏抗战宣传周火炬游行大会的盛况，现场人山人海，蔚为壮观，队伍中燃起无数火炬，高举包括八路军总司令朱德在内的数十幅抗战将领的画像，飞机灯、铁甲车灯、国旗灯、漫画灯，数百盏国防灯点缀在火炬之间，形成浩大的火龙。黄鹤楼的台阶上摆放着数百幅出自美术家之手的宣传画、漫画，充分表现出中国军民的抗日热情。

最后，先生还不忘询问他们今后的打算，当得知他们就是来共谋事业发展时，便鼓励他们与武汉的文化艺术界人士联合在一起，利用自己的专长，推动抗战文化的发展。先生还主动谈起原本打算安排他们到三厅工作，但考虑机构编制已满，准备先介绍他们到教育部工作，逢时机再图打算。

数日后，宋步云即到国民政府教育部社会教育司附设的社会教育工作团赴任美术干事。他借助普及文化教育的平台进行着抗日宣传活动，利用督导各地推广普及社会文化教育工作之便，经常前往武汉周边以及江西、湖南、广西、河南、四川、重庆等省市，深入到市区、农村、厂矿、乡间，以浅显易懂的文字和漫画宣传抗日主张。在桂林、长沙，岳阳、咸宁、宜宾、襄樊、南阳等地与当地艺术家们一起创作出为数众多的、激励民众抗日热情的大型墙头画和壁画，受到了当地民众的欢迎。

1940 年　木刻作品《女英雄》

与此同时，在郭沫若先生的热情举荐与傅抱石、秦威、王式廓等好友们引荐下，宋步云夫妇结识了在武汉创办进步刊物的赵望云、叶浅予、李可染、张仃等画家和老舍、田汉、王向辰（老向）等一批有影响力的进步文化人士，并与丰子恺、赵丹和“木铃木刻会”同学重逢。在抗战激情的鼓舞下他主动拿起手中的画笔和刻刀作为战斗武器，积极投身到“中华全国美术界抗敌协会”、“中华全国木刻界抗敌协会”、“中华全国漫画作家战时工作委员会”等进步美术组织的抗日宣传行列中，创作出一批以揭露日本侵略者暴行，歌颂全国人民团结一心共同抗战，描写中国军人血战沙场，宣传中国军队抗战大捷，描绘日本人民反战、反侵略活动等主题的木刻、漫画作品，分别刊载于《抗战画刊》、《抗战漫画》、《抗到底》、《新华日报》、《武汉日报》等报刊上。同时成为“中华全国美术界抗敌协会”、“中华全国木刻界抗敌协会”的会员。

宋步云还根据所掌握的侵略军犯下的残暴罪行的第一手资料，创作了数幅宣传画，其中一幅是连夜赶制的大型宣传画，一个嗜血成性的鬼子兵脚下横陈着一具被虐杀的年轻女性尸体，鬼子兵一手提着带血的刺刀，一手举着割下来还在滴血的女人乳房，野兽般地狞笑着。作品通过描绘侵略军残杀无辜中国百姓的血淋淋的凶残场面，无情地揭露了日本法西斯在中国犯下的惨无人道地滔天罪行，暴露出侵略者魔鬼般的丑恶嘴脸。作品完成后得到了进步社团的鼎力支持，很快制成印刷品张贴到武汉及周边地区，激起了广大民众对日本帝国主义野蛮行径的仇恨之情。

1940 年　木刻作品《被敌寇劫持的女同胞》

同时，宋步云应卫生部门之邀，创作了抗战爆发后国内第一套防范疫情蔓延的系列宣传挂图，在一定意义上起到了推广普及战时全民卫生防疫知识的作用。

虽然高淑贞与宋步云一同报考国民政府教育部社会教育工作团成绩也很优秀，但因编制的原因没被录用。随后在好友们的介绍下，参加到武汉进步社团的抗日宣传和难民救助活动中，并以一手工整漂亮的国文字体，被数家进步报刊的主编和编辑邀请参与期刊、报纸誊写文稿，刻蜡版，为报刊做报头的工作。期间，原“杭州艺专”李朴园、雷圭元教授以演剧事业作为抗日报国的武器，到武汉招兵买马，组建充实抗日演剧宣传队。听闻宋步云和高淑贞已到武汉，马上从驻地梅林寻踪赶来，动员高淑贞加入演剧宣传队，但高淑贞顾虑在动荡时期，与宋步云服务于两个性质不同的文化团体，加之演剧宣传队流动性大，夫妻势必经常两地分离，难以预料战乱时期何时再相聚，便婉言谢绝了他们的好意。以后又有梁延武、陈北鸥导演前来动员她参加演剧队，高淑贞也因同样的顾虑婉言谢绝了邀请。

到武汉不久，傅抱石、秦威、王式廓等人向他们透露消息，一批有志青年正准备分批前往延安参加革命，宋步云夫妇得信后也决意同往。于是，通过好友们介绍，前往八路军驻武汉办事处，提出了赴延安的申请。办事处对他们进行了严格审查和面试之后同意了他们的请求，并通知他们前来办理赴延安的通行手续。

不巧的是，高淑贞此时已有身孕，妊娠反应强烈，头昏呕吐，腿脚浮肿。办事处人员见她身体非常虚弱，担心她无法承受跋山涉水，徒步远行千里之苦，且沿途要经过少数民族聚集区和大巴山无人区，以及沟豁成群的黄土高原和国民党军队盘踞的城市，并要随时防备反动武装骚扰。这条路对身体强壮之人来说已是困难重重，而她这样的身体状况，要翻越崇山峻岭，更是难上加难的，一旦途中发生不测根本无法救治，同时办事处的同志也担心同行人员的安全，于是极力劝他们暂时放弃这次前往延安的计划，待日后再寻机会。

在复杂的心情下，他们依依不舍地送别了那些相熟相知的新朋老友。之后数年，他们还曾有两次赴延安的机会，但都因出发前才临时得到通知，由于时间太紧夫妻二人间无法及时取得联系，遗憾地都给错过了，以致这一未实现的愿望，始终成为他们夫妇的一件憾事。

沙坪坝知遇陈之佛

1938年10月，武汉会战前夕，国民政府命令政府机关全部撤离武汉，大批政治人物、艺术家和文化人士随之纷纷离开武汉，傅抱石等随郭沫若主持的政治部三厅转移到桂林，宋步云夫妇随武汉机关撤离，溯长江而上至重庆，暂居重庆西郊沙坪坝。

沙坪坝隶属四川巴县第一区，位于歌乐山东部，东滨嘉陵江，西抵缙云山。位于沙坪坝闹市区的千年古镇磁器口是重庆码头文化的主要发源地之一，也是科教文化中心和工业基地。1938年初重庆大学、四川教育学院、南开中学、重庆电力炼钢厂以及由北平、南京、上海、天津等地迁入该区的中央大学、国际广播电台、中央研究院博物院、北平师范大学劳作专修科、药学专科学校等科教文化机构以及企业界、金融界联合创建重庆沙磁文化区，大批大中专院校迁入。国民政府西迁重庆，又有一大批院校、文化、医疗、企业、金融等机构先后从各地迁入沙坪坝，至此，这里人才荟萃，蜚声中外。沙坪坝迅速成为文化人聚集区，成为抗战大后方的文化中心。

国民政府迁到重庆不久，为减持庞大经费开支，缓解巨大的经费缺口，合并、撤销了许多部门，裁减了大批工作人员。教育部也随之精简机构、压缩编制，撤销了包括教育部社会教育司下设的社会教育工作团、戏剧教育工作队、电化教育工作队等机构，这样，宋步云与大批机关工作人员一起失去了工作。不久，在朋友的帮助下，他再次受聘于国民政府教育部国术教材编辑委员会，负责编纂教科书的美术编审工作，数月后，又因编委会领导层人事更迭，致使大部分编辑人员被辞退，宋步云再次失去了工作。

宋步云夫妇到重庆后租住于沙坪坝一家豆花店的二楼。豆花店紧邻闹市，昼夜经营，人流不断，整日处于喧哗中。居住在楼上的他们被扰得片刻不得安宁，加之潮湿闷热，生活环境难以适应。自宋步云失业后，他们的生活日趋拮据。妻子即将分娩，因缺乏营养身体愈加虚弱，宋步云看在眼里急在心上，于是四处托人找工作。但在当时的情况下，大批外来人员不断地涌入重庆，又适逢政府机构大幅精简裁员，要想找个合适的工作谈何容易。正在困顿之时，他们打听到高淑贞的本家哥哥高炳寅也随中央大学来到重庆，在中大财务科工作，于是经他引荐结识了重庆中央大学艺术系顾了然先生，又通过顾先生间接认识了时任中央大学艺术系教授、国画家陈之佛。经过一番周折，终于在陈之佛的帮助下，宋步云被重庆西南美术专科学校录用，任美术教师一职，教授水彩画和工艺美术教程，使家中的困难得以缓解。

宋步云夫妇非常感激陈之佛的及时帮助，在日后的频繁交往中，彼此加深了了解，成为挚友。陈之佛，号雪翁，是浙江人，比宋步云长十四岁，他们称陈之佛为陈先生。先生早年就读于杭州甲种工业学校机织科，毕业后留校教图案课。1918 年考取留日官费生入东京美术学校工艺图案科学习。留日期间，在花鸟写生、图案构成和色彩等方面打下坚实基础，并在中外美术史、工艺史和美术理论诸领域颇有建树。学成归国后，相继在上海美专、广州美专、中央大学艺术系等艺术院校任教授、科主任之职，从事图案、图案创作设计、色彩学、艺术人体解剖学及美术史教学，著述出版了《图案法ABC》《图案构成法》《图案教材》《西洋美术概论》等十余部专著。

三十年代后，他专攻工笔花鸟画，博采徐熙、黄筌、钱选、吕纪、陆包山、恽南田诸家之长，汲取埃及、波斯、印度和近代日本绘画以及西方美术作品精华，在多年研究图案造型、色彩规律和花鸟写生的基础上大胆探索，融会贯通，推陈出新，尤其是在工笔花鸟画的绘画理念上起到了重大推动作用，创作出了数量众多的工笔花鸟画佳作。他多次在重庆、成都等地举办个人画展，以其宁静清雅、独创一格的画风赢得了极高声誉，是中国著名的工笔画先驱者，也是杰出的花鸟画大家。

淞沪会战爆发后，中央大学内迁重庆，陈之佛打定主意宁死不做顺民，便携全家背乡入渝。面对大片国土沦丧，先生仍对国家的前途充满信心，相信抗战定能取得胜利，把府邸取名“流憩庐”，寓此地暂为自身流离栖息之意。

宋步云从陈之佛处获得不少信息，得知徐悲鸿、吴作人、黄君璧、陈晓南等都是他中大艺术系的同仁；也得知傅抱石随郭沫若由桂林转道来到重庆，第三厅办公址设在重庆市渝中区，离宋步云任教的学校很近。

说来也巧，宋步云和高淑贞的“寓所”，与陈之佛先生夫妇的宅邸相邻，近在咫尺。而在宋步云结识陈之佛先生之前，实际上高淑贞已先一步与陈夫人结识了。平日，陈之佛先生课时很多早出晚归，无课时便隐居于家中专心致志的苦心研习中国工笔画的探索创新，极少在街市上露面，虽隔马路比邻而居，却从未谋面。但主持家务的陈夫人在街上常与独自一人出行的高淑贞相遇，常常看到她费力地提着装有蔬菜的竹篮从身边走过。肚子一天天变大、行动日趋不便的高淑贞，很快引起她的注意，见她自从入住沙坪坝以来，因营养不良身体日渐消瘦，很是心痛，不由泛起了怜悯之心，主动上前与高淑贞打招呼攀谈家常。一来二去，陈夫人喜欢上了这位面貌清朗、举止文雅的女子，常邀请她到自家做客，逗她开心，有时还为她特地做上几道合口菜肴，给她补充营养。逐渐陈夫人了解到他们夫妇与自己的先生同为留日归国学子，又与他们的很多朋友同为故交。正巧这时宋步云间接认识了陈之佛先生，陈夫人也对先生讲了她和宋步云夫人巧识的经过。之后，两家人你来我往，逐渐熟稔。在重庆，在宋步云夫妇最困难的时候，陈之佛夫妇曾多次伸出援手帮他们渡过了重重难关，此等恩泽令他们终生感念不忘

宋步云学西画出身，教水彩画、素描得心应手，对教工艺美术课程并不擅长，虽然曾在日本留学期间与主修工艺美术研究课程的沈福文有过关于工艺美术图案设计、工艺图案学的很多交流，但对实际教学而言也只能算是皮毛而已。

于是，他常向陈之佛请教，先生对他的严谨求学态度和治学理念非常赏识，每当见到他，总是放下画笔，耐心地给他讲解有关图案学、图案创作设计等教学要点，一起探讨西画技法、色彩和雕塑质感在中国画上的运用以及如何将中西艺术合为一体等问题，并把自己身边仅存的《图案法 ABC》《图案构成法》《图案教材》等著作赠予他，欢迎他随时来家共同探讨。宋步云不时为耽搁先生的宝贵时间而惴惴不安，先生却并不在意，还谦虚地安抚他说："没关系，我们是互相学习，我不是也从你那里学到了不少东西嘛。"他还特意嘱咐家人，"晓初何时来，都要马上将他请进画室，不许阻拦。"这样，他们之间很快成为无话不说的挚友，宋步云也一直将先生视为尊敬的师长。

重庆大轰炸下的艺术创作与生活

宋步云夫妇到重庆后的每一天都在无时无刻地提防着日寇的飞机轰炸。日寇飞机不分昼夜、多批次地在重庆上空投弹，市民人心惶惶，不可终日。宋步云到美专上课并不安心，他惦念着身怀六甲的妻子，一下课便冒着飞机轰炸和扫射的危险，风雨无阻。在那段时间里，清晨，他迎着晨曦而去；黄昏，他追逐落日而归。西南美专位于沙坪坝以东的牛角沱，距宋步云住家有五十华里远，两地尚无公共交通，只有一条沿江畔蜿蜒起伏、坑凹不平的土路。宋步云开始到“西南美专”任教时没有宿舍，每天只得骑自行车往返近数小时，十分辛苦。

高淑贞在家也时刻担心着丈夫一路的安危，每当他快归来时，她总是坐立不安地多次到门口遥望，直看到他的身影一颗吊着的心才放了下来。为了他的安全，她曾多次劝说不必每天回家来，可以在学校附近找个住处，而宋步云总是找出各种理由回绝。高淑贞见劝说不起作用，便上门求助陈先生夫妇和邻居张宗理老伯，在大家的极力劝说下，宋步云终于答应在学校附近找个临时住处，惴惴不安地将妻子托付给陈家夫妇和张老伯家人。万丛木校长在得知他家具体情况后，破例将他的授课时间集中调整在一起，以便给他留出充裕的时间回家照顾妻子。

相邻而居的张宗理老伯是宋步云父亲的挚友，具有山东人爽朗、侠义、宽厚的秉性，他和家人对宋步云夫妇如亲人般关怀备至，经常在物质上给予接济，还时常到乡下买一些鸡鸭等做熟后送来给高淑贞补养身体。宋步云还从张老伯供职于南开大学的女儿那里打听到，表哥孙文福和表嫂也随学校来到重庆，且都是南开大学的校医，表嫂还是妇科医生，就居住在学校附近。

1940 年　木刻作品《敌机炸毁了我们的家》

表哥和表嫂得知表弟夫妇在附近居住，表弟媳还即将临产，于是经常到住所探望，嘘寒问暖，为高淑贞做妊娠检查，教她一些必要的怀孕护理知识，应允日后为其接生。亲人的关心化解了他们一直担心临盆时会发生危险的顾虑和助产的问题。

高淑贞虽然受到友人的热情照顾，但在丈夫不能陪伴她的日子里仍不免处于惊恐之中。她不愿意过多地打扰他人，尽量坚持自己处理日常起居，拖着笨重的身子买菜做饭，每天在频繁凄厉的空袭警报怪叫声、敌机飞临上空的呼啸声和航空弹爆炸声中紧张度日。每当空袭警报响起，她就拿着垫子护住头，两腿发软，拖着沉重的身子穿过大街，蹒跚地躲进张老伯家的防空洞。遇上白天还好说，最要命的是在夜间，在灯火管制下摸黑躲避，仓促中时常被倒伏在地上的物品磕碰、绊倒，每当这时，她都含着眼泪感到那么的孤独无助，自己从地上悄悄爬起，抚摸着摔伤的痛处，惦念着在牛角沱教书的宋步云安危，这苦涩滋味只有她自己知道。有时遇上连续十几个小时大轰炸，大地在颤抖，震耳欲聋的爆炸声不时传来，通红的火焰映红了周围的一切，冲天的浓烟、跳动的火舌令人恐惧不安，空气中弥漫着呛人的火药味和焦糊味，使躲在空气稀薄的防空洞中的高淑贞苦不堪言，衣服常被汗水浸透得如水洗了一般，恐惧、闷热、妊娠反应使她几近晕厥……这一切，令她感到窒息，甚至绝望。她多次在无法忍受的情况下试图出去透口气，甚至干脆不进洞躲避，被张大伯和陈先生夫妇发现后强拉硬扯拽进防空洞。

日军为了摧毁抗战陪都，摧垮中国人民的反抗意志，对重庆发动了近万架次的轰炸。日寇采取“高密度轰炸”、“疲劳轰炸”、“月光轰炸”、“无限制轰炸”，不论军用设施、民用设施，皆进行了无差别轰炸，制造了“五三”、“五四”惨案，“大隧道惨案”，八一九惨案等一系列灭绝人性的事件，造成数以万计的无辜民众伤亡。

其中“101 作战”是规模最大的一次空袭行动，日机采取了全方位、无差别、地毯式的轰炸战术，对重庆地区狂轰滥炸，其军事打击力量之大，空袭之残酷、野蛮、猛烈，在历次战略轰炸中居首位。据当时国民政府不完全统计，自 1938 年 2 月 18 日起至 1944 年 8 月 23 日止，6 年半间日军对重庆的轰炸达 318 次，出动飞机 9 513 架次，投弹21 593枚，炸死 16 889 人、炸伤 21 100 人，炸毁房屋 3 万多幢，有 30 余所学校遭到轰炸，甚至连唐代所建的罗汉寺、长安寺等古庙寺院、外国教会、英、法、德等国驻华领使馆也都未能幸免

(实际伤亡和轰炸架次远远高于统计数字)。

1939年5月3、4日两天的大轰炸最为惨烈，日寇创造了其空中大屠杀的黑暗纪录。日军出动数百架轰炸机对重庆市区进行数十小时的轮番轰炸，投掷了大量航空炸弹和燃烧弹，炸死三千余人，炸伤二千余人。重庆市中心大火燃烧了三天，商业街道被烧成废墟，大片街区被夷为平地，尸横遍野、血流成河，手、脚、头颅、腹脏等人体残骸随处散落，电线上、树枝上也挂着血肉残肢和血衣碎片，死伤百姓无以计数，二十余万市民无家可归。其景象触目惊心，惨不忍睹。

1941年 木刻作品《回忆前年的“五三”——寇机惨炸陪都》

最令人难以忘却的是1941年6月5日，日军从傍晚至午夜对重庆实施数小时轰炸，日军投放的航空炸弹直接命中了一所地下防空洞，倒塌的建筑物封死了洞口，防空洞内被炸死或因窒息而死亡者多达数千人，制造了震惊世界、惨绝人寰的“重庆大惨案”。

生活在重庆的郭沫若先生，亲历了日本军国主义蓄意谋划的全方位、无差别大轰炸的整个过程，目睹了它们惨无人道的暴行，奋笔疾书写下《惨目吟》五言一首：“五三与五四，寇机连日来。渝城遭惨炸，死者如山堆。中见一尸骸，一母与二孩。一儿横腹下，一儿抱在怀。骨肉成焦炭，凝结难分开。呜呼慈母心，万古不能灰!”该诗真实地记录下抗战时期所发生的这段血腥残暴的历史，深刻地向世人揭露了日本军阀政府对中国人民犯下的令人发指的滔天罪行。

抗战时期的陪都重庆遭受到的大劫难不仅造成了难以估量的破坏和损失，更在重庆人民的心灵上刻下了永远难以弥合的创伤。日军制造的重庆大惨案令人发指，遭到各国政府的谴责，也更加激起中国人民对战争的仇恨，更坚定了中国人民的反抗意志，重庆各界人士纷纷来到大惨案发生地，沉痛悼念无辜死去的亡灵，他们同仇敌忾，发誓血债必须要用血来还，彻底消灭法西斯，与侵略者血战到底。人们强烈敦促国民党政府彻底放弃不抵抗政策，迅速向抗日前线增兵，联合一切爱国力量共同抗击日本侵略者。然而凶残的日本法西斯政府和它的宣传机器，在全世界一片谴责讨伐声中，不但没有对大屠杀犯下的反人类罪行有半点犯罪感，反而在国内大肆宣扬大轰炸正在摧垮民国政府和中国人民反抗侵略的意志，拼命叫嚣皇战胜利指日可待，疯狂鼓噪扩大侵华战争规模。它们逆世界讨伐而动，变本加厉对重庆采取不间断的惨绝人寰的大轰炸，使身处煎熬中的重庆市民难以得到片刻喘息时间，对中国人民犯下了不可饶恕的罪行。

5月29日，高淑贞躲过大轰炸后，拖着笨重的身子钻出防空洞回到家，夜半开始腹痛，她预感到要生产了。为了不打扰张老伯家休息，她独自强忍着阵痛，在惊恐中咬牙熬到天亮，在门上给丈夫留下一张字条，拿着事先备下的消毒用具，含着泪水，扶着墙壁，艰难地挪步到张老伯家。

张老伯一家见状知道去医院已经是来不及了，当然更清楚被炸后的重庆是不可能找到一家收治产妇的医院，重庆市内公共设施大都被炸毁，活下来的医护人员将从残垣断壁中扒出来的医药品都用在了紧张抢救伤员上。为此，他们一边赶紧扶产妇上床、烧水，为接生做着准备，一边跑到学校叫来表哥、表嫂接生，在大家周到的护理下，一个健康的女婴呱呱坠地，陈之佛夫妇闻讯带着营养品前来祝贺。午时，宋步云刚好从学校回来见到留在门上的字条也赶到陈老伯家，看到母女平安，高兴地向张老伯全家、陈之佛夫妇及表哥夫妇千恩万谢。

1940 年　木刻作品《爱国老人李清标送子从军》

陈之佛半开玩笑地说：“要谢的话，就让我代表大家给孩子起个名字吧。”在场的人一致赞同，催促先生赶紧命名。只见他面带微笑，举起毛笔，在事先备好的红贴上写下了三个字，大家众口念道“宋高坪”。

陈之佛随即加以解释：“她是你们爱情的结晶与见证，因此，名字的前两个字取自你们两个人的姓；孩子是在‘沙坪坝’出生的，这个‘坪’字有纪念出生地之意；另外‘坪’字也符合女孩的性别特征，又与‘平安吉祥’的‘平’字谐音，还有祝福你们全家平安幸福之意，所以大名就叫‘宋高坪’吧，小名也可以叫‘高坪’，既好听，又上口，还有寓意，你们看怎么样?”

在场的人齐声喝彩，都认定没有比这个名字再贴切的了。宋步云夫妇当即表示感谢，感谢陈之佛为他们的第一个宝宝起的中意名字。虚弱的高淑贞此时喜上眉梢，轻轻地吻着小宝贝的脸蛋儿，连声呼唤着“高坪”、“宋高坪”、“小高坪”……

“小高坪”出生后，陈先生夫妇和张老伯夫妇都热心地挽留产妇在自己家坐月子，一是知道宋步云还要去美专上课，担心高淑贞身边无人照顾，二是高淑贞初产没有坐月子和带孩子的经验。盛情之下，他们选择在张老伯家留住一段时间。张老伯夫妇热情地将他们安排在卧室，自己却睡在隔壁狭窄的杂物间的地板上，这让他们很是过意不去，私下商定暂住几天，待身体恢复一些就搬回家住。

由于连续的大轰炸受到惊吓和缺乏营养，高淑贞一开始没有奶水，孩子饿得哇哇哭，张大妈只能熬些米糊糊替代。张老伯见状四处去买补养品，重庆市内物资匮乏买不到，便不辞辛苦跑到郊外的农家买来猪蹄、猪骨和鲫鱼熬成浓汤给她下奶，又连续数日不知从哪里弄来些羊奶让她喝下去。几天后，高淑贞开始有了奶水，看着小高坪贪婪地吃着自己的奶水，而后满足地打着饱嗝甜美美入睡的小模样，她的脸上露出了久违的笑容。

1940 年，宋步云、高淑贞和幼女宋高坪在沙坪坝寓所前

母女俩在张老伯家得到了亲人般的关照，使她心存无限感激，同时不忍再让张老伯夫妇费心费力，遂婉言谢绝了他们的挽留，独自带着新生儿搬回自家。回家后，张老伯一家、陈夫人以及表嫂等友人仍旧轮流过来照料，在亲人般的帮助下，孩子在一天天地成长，高淑贞的身体也一天天康复，但仍很虚弱。

处于豆花店楼上的家从早到晚被喧嚣声包围着，室内空气中弥漫着呛人的油烟味，为防止侵害孩子的健康，她总是把门窗密封，因而空气变得稀薄污浊。小高坪出生后因身上长出痱毒而一直烦躁不安、哭闹不止。空袭警报的怪叫声也令她担惊受怕，又不时担心着工作在外的丈夫安危……这一切，使得高淑贞吃不好，睡不安，因而导致神衰疲惫，血亏气虚。

那个时期，宋步云忙于教学，照顾妻女时间有限。西南美术专科学校坐落于嘉陵江南岸，登高教学楼即可观赏到滚滚的嘉陵江水汇入长江的壮阔景象，隐约可辨数十里外沙坪坝文化区。嘉陵江朝阴暮晦的万千变化，连绵起伏的江滩走势令宋步云神往，或早晚独自到江滩上写生作画，或带学生们临江写生实践。

宋步云注重学生们的水彩写生，将水彩课和工艺美术课、技法示范和水彩写生并举，边讲解水彩速写技法，边创作，引导学生们去观摩大的块面、色调，把握大的构图、造型，通过技法示范使学生熟练运用绘画工具，掌握色彩的表现方法，在此基础上培养学生的主观能动性和创造力。在传授某种技法和水彩写生示范时，连带介绍相关联的画派、画家、画论以及画史等。

他新颖活泼的教学方式获得学校的重视，被广泛推广，也赢得同学们的欢迎，其他系的学生纷纷慕名而来，观摩他的写生实践课。他兢兢业业的教学态度，严谨的治学理念，不同寻常的经历以及高昂的抗日热情深得校长万丛木的赏识，遂将学校创办的16开本《抗日画刊》交由他主编，并委以他协助筹办学校抗日义卖画展重任，将义卖所得全部捐作抗日经费。

宋步云在积极投身于抗日大潮的同时，还在任职的“西南美专”积极宣传抗日主张和推广新木刻运动，利用课余时间向同学们传授木刻技艺，引导学生走上抗日救亡道路。虽然得到了“西南美专”广大师生和校长的支持，但很快也引起校方一些别有用心人的注意，将他告发到有关部门，被列为“危险分子”，受到严密监视并被勒令除名。在师生联合反对声中，在万丛木校长的斡旋下，有关部门被迫撤销成令，对他仍继续严加监视。

为了不连累学校和师生们，宋步云向万校长递交辞呈。在万校长的一再挽留下，他在坚持完成第二学期的教学课程后，于1940年初的寒假前夕离开了“西南美专”的教学岗位。

正所谓塞翁失马，焉知非福，宋步云毅然放弃“美专”职务反而逼使他另辟蹊径，更上一层楼。他并不灰心气馁，依然乐观豁达地与进步艺术家们一起创办《抗建通俗画刊》，参与新兴木刻版画的活动。

1940 年　木刻作品《推广国民教育》

当陈之佛得知宋步云辞去工作的消息后曾一度为他贸然辞去工作而惋惜，但在了解了事情的原委后则更加看重了他的人品。看到宋步云一家人，再度陷入窘境，陈之佛先生夫妇不由又动了恻隐之心再次施以援手。他动用自己的关系四处打听，但都以编制已满被婉言拒绝了。在几乎无望的情况下，从中大老师那里了解到其他系好像还有个空缺，是给上面什么人的家属留的。陈先生找到系主任，答复确实有个空缺，但系里没有自裁权。陈之佛找到中央大学负责人力荐宋步云，在他一再坚持下终于有了线希望，但条件是暂时让他顶缺，如果那人来就职，宋步云就得离职，或由艺术系临时聘任不算学校编制。事情总算有了初步结果，后经傅抱石的极力斡旋和吴作人、黄君璧、陈晓南等人的积极帮助下，最终将编制转给艺术系。从此，他在众多艺术家的扶持下真正走上了艺术创作道路，找到了施展才华的机会，融入到重庆艺术精英界的行列中。

木刻——抗战宣传之利器

随着日本加紧对中国内地的进攻，众多美术院校以及大批文化人士、艺术家、美术家云集重庆、成都、桂林等地，他们面对半壁江山惨遭沦丧，早已义愤填膺，纷纷行动起来组成宣传队、工作团，走向街头、农村、前线，用文字、用画笔、用传单、用讲演等多种宣传形式唤起民众，歌颂杀敌将士，揭露侵略者罪行，以实际行动为日益高涨的抗战呐喊助威，增添力量。

此时，抗日救亡运动已上升为中国革命和中国人民生活的第一主题，在抗战氛围的影响下，美术家们也以强烈的爱国主义情怀投入到这股洪流中，这个新型而特殊的环境给艺术家们提供了文化、艺术交流的条件，他们为了一个共同的目标而奋起战斗，面对民族生死存亡的现实，他们求同存异，捐弃一切学术、思想上的纷争，以求大团结。

原生活于大城市的这些文化人，艺术家、美术家，在宣传抗战活动中，在颠沛流离的内迁路上，能够真实地、零距离地接触到广大劳动大众，从而深刻地了解到底层人民生活的艰辛与疾苦，产生对现实社会状况的强烈不满。于是，他们之中的很多人率先走出了

“为艺术而艺术”的象牙塔，情感上更为贴近大众，艺术创作也随之发生了变化，呈现出全新的、反映现实生活面貌的倾向。

1940 年　木刻作品《抗敌宣传》

面对社会矛盾和时局的变化，文化艺术界开展了关于艺术大众化问题的讨论，焦点是如何在教育民众、唤醒民众的需求上跟进，则必须创作出反映现实生活且为广大民众所喜闻乐见的艺术作品。除歌颂祖国山河、展现巴山蜀水自然美外，还要紧密联系社会现实状况，牢牢地扣住时代的脉搏，表达出现实生活中广大人民群众的理想和愿望，真实反映出下层劳动人民挣扎在贫困线上的悲惨生活，为被侮辱与被损害者呐喊抗争。因此，那些通俗易懂、图文并茂、带有强烈“人民性”和鲜明“时代性”的版画、漫画等快捷、浅显、大众化的美术创作则显得尤为便捷，尤为重要。而这些反映现实生活的作品都是美术工作者真实生活的写照，是他们用自己的真情实感描绘刻画出来的，所以在画面上充溢着不可遏制的激情。而这些反映人们现实生活、浅显易懂的艺术创作具有无穷尽的生命力和鼓动作用，这也是当时版画、漫画能在广大群众中广为流传所产生巨大感染力的主要原因。

1938 年底，国民政府机关撤离武汉，赵望云携《抗战画刊》南下长沙。木刻协会虽内迁重庆，然而由于武汉的进步木版画家分散到各地，木协活动也相对减少了。为了揭露侵略者罪行，唤醒广大劳苦大众一同抗日，爱国的艺术家共同认识到，必须重新建立一个宣传抗日主张的平台，于是他们积极行动起来，酝酿在重庆重新创办抗战木刻刊物，以实际行动支援抗日斗争的需要。

于是，宋步云与邵恒秋、房公秩、王建铎、艾德榜、何惟志、黄子君、郑伯清等文化艺术界人士一起，协商筹备创办宣传抗战木刻运动的进步刊物《抗建通俗画刊》，且积极参加由酆中铁主持的“中华全国木刻界抗敌协会”的各种推广新木刻活动。1939 年 3 月，他精选出十余幅以抗战为题材的木刻作品参加了由协会在重庆举办的“全国抗战木刻作品展览会”。同时相续在《新华日报》《新蜀报》《抗战画刊》等进步报刊上，发表了大量木刻和绘画作品。

同年赵望云携《抗战画刊》转道入渝后在经费上遇到困难，从旬刊改成月刊，虽以图文并茂的形式进行抗战宣传工作，很受大众欢迎，有着广泛的影响，在抗战前线和后方也广为流传，出刊后每期都能很快售完，但因时势艰难，刊物遇到了生存危机。宋步云等人联合在渝的进步画家、木刻家、文学家和爱国人士积极为其投送稿件，以实际行动支持《抗战画刊》继续办下去。但最后还是因经费和时局等难以抗拒的原因，《抗战画刊》在出版三十余期后于 1941 年被迫停刊。

1940 年 1 月 1 日，经过宋步云与邵恒秋、房公秩、王建铎、艾德榜、何惟志、黄子君、郑伯清等人近半年的的紧张筹备，《抗建通俗画刊》创刊号终于正式面世。邵恒秋任社长兼主编，宋步云任美术版编辑并负责组稿，余者分别任散文、小说、诗歌、音乐、剧本版编辑之职。

《抗建通俗画刊》为月刊，由重庆青年书店出版并发行，办刊宗旨是以“抗战建国为思想中心，通俗化为表现形式”，内容包括图画、散文、小说、诗歌、音乐和剧本。其中图画分量最重，占全版的二分之一，故以“通俗画刊”命名。编者在“发刊词”中说，“图画是直观教育的良好工具，对于文化水准较低之民众，收效最宏。”它的发行对象主要是伤残军人和社会底层劳苦大众，认为他们能够“向民间推销抗战的通俗读物及通俗图画”。

《抗建通俗画刊》发行后很快得到广大人民群众的支持，大批木刻家和艺术工作者很快聚拢过来，纷纷为其投送稿件，同时得到在渝的郭沫若、老舍、熊佛西、黎锦晖、李可染、高龙生、王琦、张文元、孙伏园、周多、卢鸿基等人的鼎力支持，他们主动担当起“特约撰稿人”和“编撰工作”。正是由于有大批社会文化精英、公众人物和艺术家的积极支持与参与，刊物办得有声有色，乃至发刊后迅速对大后方和延安地区的新木刻运动产生了很大的影响，在一定意义上推动了新木刻运动的蓬勃发展。由于《抗建通俗画刊》是以图文并茂的形式出现的，这种浅显易懂的方式得到了大众的喜爱，在群众中广为流传，每刊发行后很快售罄。

《抗建通俗画刊》封面——第五期

1940 年　木刻作品《我们应当节省娱乐费救济难胞——之一》

宋步云参与创办《抗建通俗画刊》以来，任美术版编辑之职。自 1940 年 1 月 1 日创刊至 1942 年 7 月停刊的两年多时间里，他先后为该刊创作和发表了大量反映抗日救国题材的木刻作品，均在每期的醒目位置刊载，同时，他还积极联络在渝画家、木刻家、文学家和爱国人士为刊物组稿。目前，从国家图书馆仅存的《抗建通俗画刊》创刊号到第十期留存资料中，我们尚能见到宋步云七十年前众多版画作品，其思想主旨和艺术性足见一斑：

1940 年：

1 月 1 日，《抗建通俗画刊》（创刊号）发表木刻《救国不分老幼》（四幅）。

2 月 1 日，《抗建通俗画刊》（第 2 期）发表木刻《动员农村妇女推广手工纺织》、《我们应当节省娱乐费救济难胞》（两幅）、《女英雄》。

3 月 1 日，《抗建通俗画刊》（第 3 期）发表木刻《推广国民教育》。

4 月 1 日，《抗建通俗画刊》（第 4 期）发表木刻《黑暗世界——奴化教育》《黑暗世界——毒化教育》。

5 月 1 日，《抗建通俗画刊》（第 5 期）发表木刻《为大众谋安全的石工》、《无涯的泥潭》（五幅）。

6 月 1 日，《抗建通俗画刊》（第 6 期）发表木刻《以建设答复轰炸——行都的电话兵》《敌机炸毁了我们的家》《防空洞一角》《协助抗属插秧》《被敌寇劫持的女同胞》《民族复兴的纪念地——卢沟桥》。

10 月 10 日，《抗建通俗画刊》（第 7 期）发表木刻《爱国老人李清标送子从军》《前方战士着衣单》《踊跃捐寒衣》《抗敌宣传》。

1941 年：

1 月 1 日，《抗建通俗画刊》（第 8 期）发表木刻《沉默的战士——悼伤兵慈母蒋鑑女士》（三幅）。

3 月 1 日，《抗建通俗画刊》（第 9 期）发表木刻《寒夜归途》。

6 月 1 日，《抗建通俗画刊》（第 10 期）发表木刻《回忆前年的“五三”——寇机惨炸陪都》《待运军火的力夫》《候车》。

宋步云的这些木刻作品主题鲜明，内容涵盖广泛，紧密联系社会的现实状况，牢牢扣住时代的脉搏，与社会现实生活息息相关，深刻地表达出现实生活中人民群众的理想和愿望。作品有的表现抗战英雄人物《女英雄》《雪夜的袭击》《以建设答复轰炸——行都的电话兵》《沉默的战士》；有的表现工农形象《为大众谋安全的石工》《动员农村妇女推广手工纺织》《抗敌宣传》；有的揭露日本侵略军罪行《防空洞中之一角》《回忆前年的“五三”——寇机惨炸陪都》《敌机炸毁了我们的家》《被敌寇劫持的女同胞》《倭寇南进初步的猎获物》；有的号召民众积极支持抗战前线《救国不分男女老幼》《我们应当节省娱乐费救济难胞》《爱国老人李清标送子从军》《前方战士着衣单》《踊跃捐寒衣》；有的宣传普及教育、提高人们爱国意识《推广国民教育》；有的描绘重庆战时生活的《候车》；还有的揭露沦陷区人民水深火热黑暗生活《黑暗世界——奴化教育》《黑暗世界——

毒化政策》。有的类似于小型连环画与组画，如《无涯的泥潭》和《救国不分男女老幼》，并配有文字；也有为配合文章的配图，如《沉默的战士——悼伤兵慈母蒋鑑女士》等。

这些木刻作品构图质朴，内容丰富，多采用尖锐的多排刻法，线条流畅，变化转折，刀法清晰有力，具有很强的艺术表现力。

1940 年　木刻作品《民族复兴的纪念地——卢沟桥》

在抗战这一非常时期及时报道新闻事件是非常重要的，有时头天的新闻事件第二天就要上版印刷，为迅速配合报道，宋步云经常通宵达旦进行创作，从画面上不难看出一些作品是即兴之作，感情上比较丰富。

对于兼职于《画刊》编辑的宋步云来说工作压力是相当大的。从 1939 年初到西南美术专科学校任职，到 1940 年春任教于重庆中央大学，再到《画刊》1942 年 7 月停刊的这段时间里，他除完成繁重的教学外还做了大量的编辑、组稿工作和木版画的创作。他满怀抗日热情克服了重重困难，与其他编辑和艺术家一起为《抗建通俗画刊》能及时、全面、快捷地反映人民群众在抗日战争艰苦年代真实的生活面貌，为推动新兴木刻运动发展尽心竭力，作出了巨大贡献。

在创办《画刊》的同时，宋步云还积极参与“中华全国美术会”重组和宣传工作。抗战爆发后“中国美术会”、“中华美术界抗敌协会”等美术团体从南京、武汉等地迁至重庆，为了团结广大美术工作者共同抗日，与“重庆美术界抗日协会”等团体商定联合重组，其宗旨为“联络全国美术家感情，集合全国美术界力量，研究美术教育，推动美术运动”。1940 年 5 月，“中华全国美术会”在重庆正式成立，张道藩任理事长，徐悲鸿、傅抱石、陈之佛、汪日章、吕斯百、黄君璧、秦宣夫、李瑞年、谢稚柳、黄显之、张书旂、吴作人、潘天寿等人先后任理事，吴稚晖、陈树人、蒋复璁、宗白华、颀树森等人任监事。宋步云早在 1938 年于武汉期间就已加入了“中华美术界抗敌协会”，成为该会会员，后不久被增补为该会的监事。

1940 年中旬，正如共产党人和郭沫若早已预料的那样，国民党当局撕去了假联合真反共的面纱。武汉、广州沦陷后，日军停止了对正面战场的进攻，转而进攻苏区，抗日战争进入战略相持阶段。国民党当局对中共的态度随之发生了变化，从全国抗战之初的国共合作转向摩擦与对立。

蒋介石认为日美之间的冲突不可避免，日本将不足为虑。他将英美西方国家对中国的援助作为自己在国内外进行投机的政治、军事资本，同时将矛头对准与其共同抗日的共产党人，叫嚣“国民政府所虑者，惟中共猖獗”，“我人至今已不在患日寇敌军之侵略，而患国内经济与社会现状之崩溃”，如果国民政府垮台，“不惟日本独霸东亚为可虑，而共党起而为患，则于远东将来之影响亦甚足忧也”，如果能得到美国的援助，则“中共自无所施其伎矣”。于是，蒋介石悍然掀起第二次反共高潮，目标是削弱八路军和江北新四军，消灭江南新四军，至少要将其全部赶进日军重兵集结、“扫荡”最频繁的华北地区，借日军之手将共产党军队消灭。同时还诬蔑八路军、新四军的抗日行动，并将国民党“中央提示案”以最后通牒的形式限令中国共产党武装于一个月内全部撤退到黄河以北。

同期，国民党中央社会部假借“抗敌协会”三年来未提交工作报告和未及时上缴管理费为由，先后将“中华全国漫画界抗敌协会”、“中华全国戏剧界抗敌协会”等四十八个进步文艺团体强行解散，“中华全国木刻界抗敌协会”也被撤销，木刻家不能正常公开活动，甚至连以宣传抗战为主要内容的《抗建通俗画刊》也被迫暂时停刊数月。木协被解散后，宋步云与在渝的版画家刘铁华、王琦、丁正献、罗颂清、邵恒秋、李桦等人一起商议，拟再建一个能将全国木刻界进步人士团结一起，配合时局宣传抗战的木刻组织。

与此同时，蒋介石政府开始在全国各地大肆逮捕、屠杀共产党人和进步的爱国人士。时任重庆共产党南方局书记兼文化组组长的周恩来挺身而出，在他亲自过问并策划下，重庆大批文化人士被疏散，使大批共产党人和进步爱国人士得到保护，很多版画家也随之转移。宋步云以及《抗建通俗画刊》的编辑们为随时准备复刊依然坚守在重庆，秘密地进行着抗战宣传活动。

中共中央对国民党顽固派展开了针锋相对的斗争。11月，八路军统帅朱德、彭德怀和新四军将领叶挺、项英分别复电何应钦、白崇禧，驳斥国民党进行反共诬蔑，揭露国民党顽固派的险恶用心，严词拒绝其无理要求。但为了表明顾全团结抗战大局，仍同意将新四军驻皖南部队北移过江。1941年1月6日，新四军的北移部队共九千余人在泾县茂林地区遭国民党军袭击，造成震惊中外的“皖南事变”。此事件标志着国民党制造的第二次反共高潮达到了顶点，中国共产党被迫奋起还击。

毛泽东以中共中央军委发言人名义发表谈话，驳斥国民党对新四军的诬蔑，揭露其反共阴谋，要求取消1月17日反动命令，惩办祸首，释放叶挺，废除国民党的一党专政，实行民主政治。以周恩来为首的南方局也在重庆展开各种抗议活动，公开揭发和抨击国民党的暴行。中国共产党的正义自卫立场得到了广大人民和海内外舆论的同情与支持，蒋介石集团在政治上陷入被动和孤立。3月6日，蒋介石在国民参政会上不得不虚伪地表示不再剿共，被迫收敛了反共的调门，勉强与中国共产党人一起联合反击日本侵略军的进攻。至此，国民党顽固派发动的第二次反共高潮便告结束。

《抗建通俗画刊》于 1941 年 1 月下旬恢复发刊。之后，转移到各地的艺术家们陆续回到重庆。

为将全国木刻界进步人士团结在一起，配合时局与宣传抗战的需要，同年 3 月宋步云与王琦、刘铁华、丁正献、罗颂清、邵恒秋、李桦等九位木刻家再次聚在一起共同商讨，在重庆重新成立一个能共同推动新木刻运动发展的全国性的木刻组织，此想法得到了中共南方局有关领导和广大木版画家的广泛支持。于是，九位版画家于 1941 年 3 月在重庆联合发起创建全国性的木刻组织“中国木刻研究会”。

7 月 16 日《新蜀报》刊登了宋步云与王琦、卢鸿基、刘铁华、丁正献、张望、梅建鹰、邵恒秋等四十余人共同署名的启事，曰：

“……我国数千木刻工作者岂可一日无组织，木刻抗建宣传工作岂可一刻暂停，有鉴于此，同人等邀集在渝木刻同志并各地木刻先进，重新组织全国木刻团体，现已向社会部重新请求组织，想不日即可准下，一经筹备完竣，即可征集会员，前木协会员，只需登记，即可入会。”

8 月 16 日《新蜀报》刊《木刻简讯》，曰：

“木刻协会自奉令撤销后会务工作不得已暂停，但一般木运工作仍照常推进，并集合在渝木刻同志，发起组织全国的木刻团体。近闻负责人谈，木刻团体已得社会部准许组织，但须改名为‘中国木刻研究会’，批文日内可送达，并即定八日内召开筹委会云。”

同月宋步云、王琦、刘铁华、丁正献、罗颂清、邵恒秋、李桦等“中国木刻研究会”发起人和在渝的部分版画家在重庆召开筹委会，会议上制定了“木刻会”的办会宗旨、章程、内容、宣传活动等决议，商定于同年 10 月在重庆举办“中国木刻研究会”全国木刻展览和展出具体内容。会后“木刻研究会”所有发起人和在渝的版画家立即行动起来，为举办“全国木刻展览会”紧张地进行创作、宣传、预约参展作品、筹措资金、寻找展览场地的工作。一切准备就绪，却因场地临时出现问题的缘故，展览被迫推迟到 11 月举行。

1942 年 1 月 3 日，“中国木刻研究会”在重庆正式成立，宋步云与各发起人及在渝木刻家王琦、丁正献、廖冰兄、罗颂清、邵恒秋、宋尚虎、宗其香、王树艺、韩尚义、部分中央大学艺术系、国立艺专的学生等人出席会议。大会选举了王琦、丁正献、刘铁华、罗颂清、邵恒秋、宋步云、李桦、卢鸿基、汪刃锋、刘平之、黄克靖等为常务理事。其中，宋步云作为中央大学艺术系的代表，黄克靖作为国立艺专的代表，另有湖南的李桦、福建的宋秉恒、浙江的野夫、广西的刘建庵、广东的刘仑、江西的徐甫堡、贵州的杨漠因、云南的刘文清等为各省代表。会议还通过了在各省成立分会、原“中华全国木刻界抗敌协会”会员可重新登记入会等决定。

为配合抗日战争转入第二时期的抗战宣传、“扶持文化团体”，有关部门决定于 1942 年 2 月 7 日联合重庆 36 个机关团体举办“国民总动员文化界宣传周”的抗战宣传活动，文学、音乐、美术、电影、戏剧、科学、新闻出版、宗教等各界人士积极响应，相继举办了各界的“宣传周”。

中国木刻研究会以进行抗战宣传为己任也积极行动起来，于 2 月 12 日至 14 日在重庆市中区夫子池励志社举办了“响应国家总动员文化界宣传周·中国木刻研究会第一次展览”。展览得到广大重庆地区的版画家的积极响应，共有五十余名版画家的 260 余件作品参展。宋步云以常务理事的身份，积极参与举办展览的具体事宜，并携以十余幅以宣传抗战为题材的木刻作品入选展览。展览虽然仅展出了短短的三天时间，但非常隆重热烈，前来参观的群众络绎不绝，其中不乏大批在渝文化艺术界精英以及各界人士亲临，在社会上取得了良好的宣传效果，得到了广泛的支持，所有参观者对这些以宣传抗战为题材的木刻作品予以积极的评价，在社会上产生了积极的宣传效果。

随后“中国木刻研究会”为联合全国进步的版画家和爱好和平的人士，共同携手宣传抗日斗争的需要，决定于同年10月在渝举办第一届全国木刻展。展会的时间确定后，“木刻会”的组织者们为了办好这一次展览，进行紧张的筹备工作。画展得到了全国版画家的广泛支持，全国各地共有数十位木版画家参加展览，所征集参展木刻作品共有近三百件，甚至连远在千里之外延安地区数名版画画家，也送来了二十余幅描写陕甘宁边区军民，进行抗日斗争生活题材的版画作品参展。

“中国木刻研究会”的组织者和理事们全部都积极提供作品，宋步云共提供了十余幅木版画精品参展，同时负责展会的联系、宣传和中央大学等院校参展人员的组织、联络工作。由于没有经费，展出场地是个大问题，经过多方联系，在友人慷慨解囊和无私的帮助下，展览会址终于落定于重庆市中区的中苏友好协会展厅。

由于参展作品多，展出面积大，又缺乏资金支持，无钱雇人布置展览，于是大家齐心合力，布展当天，全体在渝的“木刻研究会”理事和参展的版画家们，都积极响应纷纷赶来帮忙，一些艺术学院的师生们闻讯也赶来加入布置展览的行列，经过全体艺术家的努力，终于在夜深人静的半夜时分完成布展。入夜后的重庆市内交通设施都已经停止运行，路近的人徒步回家，路远的人索性在展厅席地而卧，进入梦乡。

10月中旬，中国木刻研究会举办的第一届全国木刻展，如期进行，开幕式简朴又热烈，徐悲鸿等众多文化艺术界的知名人士，以及各界人士前来参观。观众们对展览的作品注重通俗化、大众化和努力推动新兴木版画运动的发展，表示充分的赞同。对展品能充分地积极宣传抗战，牢牢地扣住时代脉搏，生动地表现现实生活中广大人民群众的理想和愿望，真实地反映出下层劳动人民挣扎在贫困线上的悲惨生活，为被侮辱与受损害者呐喊抗争和表现他们的反抗斗争实况内容表示充分的肯定。画展在社会上产生了不小的影响，延安地区也连续报道了展况消息，刊登参展作品并辅以文字说明，对木刻研究会所起到的团结全国的艺术家，宣传抗战和推动中国新兴木版画运动发展作用给予了充分的肯定和积极的评价。

1940 年　木刻作品《踊跃捐寒衣》

“中国木刻研究会”是在非常困难的条件下成立的，没有经费来源、没有固定的办公场所、没有人员的编制、更没有自己的展馆场地进行艺术交流。但是“木刻研究会”的成员们满怀着抗日爱国热情和为版画艺术而献身的精神，克服了重重困难，在木版画创作、展览、培训和艺术交流等方面都取得了很大的成绩。他们共同构筑了新兴版画运动，通俗化、大众化、民族化的文化内涵和富有时代特征创作思潮，使新兴美术运动进步主张在抗战时期得以承袭和发展，也使鲁迅先生推动的中国新兴木刻运动，在抗战时期得到了更进一步的延展。

虽然这个时期国民党反共调门已经降低，但阴云仍未完全退去，重庆地区仍然笼罩在国民党政府高压态势的管制之下，对爱国人士的迫害和对进步报刊的查封从没停止过，不断有进步的爱国人士和共产党人被秘密逮捕或杀害的消息传出。

《抗建通俗画刊》作为国内仅有的一个木版画期刊，由于进步倾向早已被国民党当局所警觉，有关部门对其刻意挤压、干扰，又处于经费拮据，出版费用不断上涨的重压之下，要想继续办刊则举步维艰。于是《抗建通俗画刊》在1942年7月出版到第2卷第2期后终止，经过了近三个年度的风雨历程，在出版发行了近二十期后被迫停刊。

《画刊》虽然被迫停止发行了，但其在社会上已经产生了积极的影响，尤其在推动中国新兴木版画运动的发展上所起的作用却远未消失。《抗建通俗画刊》的编辑们没有因刊物被迫停刊而意志消沉，他们纷纷行动起来以各种不同的形式，再次投入到宣传抗战思想和推广新兴木版画运动中。

在中共南方局的领导下，重庆等地逐渐开展了声势浩大的木刻运动，艺术家们在战争的洗礼中经受了磨炼，在思想上、艺术上越发成熟。而这时期的美术创作，没有任何体裁形式能像木刻版画和漫画那样，全面、迅捷、真实、生动地反映人民群众在抗日战争艰苦年代真实的生活面貌，就连国际友人都认为“是通过木刻版画了解中国的抗战的”。美国著名作家赛珍珠主编的中国木刻集以《从木刻看中国》命名；美国《生活杂志》在介绍中国木刻的专页中的标题是“木刻帮助中国人民进行战斗!”

如今，人们只知道宋步云是位画家，却鲜有人知晓他还是一位中国早期木刻艺术家和木版画活动家，是早期参加“中华全国木刻界抗敌协会”的成员，“中国木刻研究会”的发起人之一。宋步云在1990年第三期《美术家通讯》上曾发表过一篇短文《我在艺术事业上仅作的一点贡献》，开篇就谈到他的木刻艺术经历，写道：

> “三十年代在鲁迅先生提倡下全国兴起学习木刻之风，我自那时起，十数年不断地刻制与研究着。《抗建通俗画刊》每期都有我的木刻作品。在抗战期间，全国木刻家云

集重庆，1940年我与刘铁华、王琦等人商讨使全国木刻界共同团结宣传抗战，共同发起成立中国木刻协会，协会成立后我任常务理事，曾于第二年便筹组全国木刻展览会，第一届展览在重庆中苏友好协会展出”。

1940年　木刻作品《为大众谋安全的石工》

究其鲜有人知晓的原因大致可阐述五点：

其一，《抗建通俗画刊》创办的时间不长，在二年多的时间里共发行了近二十期，虽然在四十年代初期，对大后方乃至延安地区的新木刻运动产生了很大的影响，但随着抗日战争的逐渐深入，很多有进步思想的年轻的木刻工作者纷纷投奔延安，使那里逐渐形成又一个崭新的木刻运动发展基地，木版画在那里找到了更适合发展的土壤，从而得到了蓬勃发展，最终成为中国木版画的中心。而抗战初期，中国版画家本身就不算太多，他们的相续离去，一方面加强了延安地区的新木刻运动发展，但同时也自然减弱了大后方新木刻运动发展的支撑力量。又由于时事艰难，《画刊》不断遭到国民党政府的挤压而过早地停刊，由于历史原因，之后《画刊》鲜有人提及，导致身处大后方的这些早期木刻家逐渐淡出了人们的视野，忽略了大后方版画创作和发展以及它对推动中国新兴木版画运动发展所起到的积极作用，使抗战初期这段国统区的抗日救亡美术宣传创作成为一个空白，从而导致了在中国现代美术史上一度出现了不完整与夹层。

其二，《抗建通俗画刊》创刊后，宋步云受聘于重庆中央大学任教，授课时间每学期都有所增多，挤压了他创作木刻作品的时间和为《画刊》组织稿件的时间，使他抽不出更多的时间顾及刊物的工作。“中国木刻研究会”成立后，全国各地木刻人才陆续云集到重庆，于是宋步云借此机会，逐渐地把《抗建通俗画刊》绘画版组稿工作，放手让更年轻的版画家参与，逐步腾出更多的时间，完成中央大学所安排的课程。

其三，由于办刊经费捉襟见肘，又因为它涉及的内容含有“左倾”进步宣传倾向而受到国民党特务的严密监视。《画刊》要想在这种艰难的环境下维持下去，已是非常困难了，1942 年 7 月《画刊》被迫停刊，宋步云便把主要精力投入到中央大学的教学中。

其四，宋步云在重庆中央大学与徐悲鸿、傅抱石、吴作人、黄君璧、陈之佛等先生汇合后，他把更多的精力投入到水彩画和油画的创作上，不遗余力推动西画在中国的发展，致力于中西合璧的艺术创作交流上。虽然他仍非常关心中国木刻事业的发展，也从未间断过在一些进步的期刊、报纸上发表一些木刻作品，仍然还代表中央大学木刻分会积极参加重庆木刻界的活动，宣传新木刻运动的主张，但由于他逐渐将工作重心移到艺术创作和授课上，因而减少了木刻创作的工作时间，渐渐地淡离了重庆木刻界的中心，在一定意义上也就削弱了他在大后方木刻界的影响力。

其五，宋步云在新中国成立后某段时期受到排挤，被边缘化，同时也淡化了他在艺术上取得的成就，使原本属于中国现代早期的版画艺术家和木版画活动家的宋步云没能在现代的中国早期木版画艺术领域得到其应有的位置。

王琦先生在《他把木刻艺术献给抗日救亡运动……》《访谈录》中谈及：

创办《抗建通俗画刊》当然很有意义，如果不谈当时的版画创作，抗战初期这个时期的美术就成空白了，至于那些木刻作品的水平则是另外一回事。严格来讲，这些作品当时是起着一种宣传鼓动作用的。

抗战开始，宋先生当时也不过是20多岁，他比我大不了几岁。我们这些学绘画的青年人，基本是分成两股道。一部分热血的青年看见祖国处于危亡，国难当头，就挺身而出，站在抗战第一线。鲁迅先生提出，不能做“空头的艺术家”，主张艺术家应该走出象牙之塔，走向街头。抗战来了，国难当头的时候首先要考虑自己国家民族危亡的事情。参加抗战呢？还是不参加抗战，这是个分水岭。一批热血的青年，走出画室，走向抗战，就是要把艺术为抗战服务，宋先生也是属于这一批。类似的人多得很，李可染，王朝闻，冯法祺等，都是走出画室参加到抗战的队伍里边来的。

对抗战初期的这些作品，我们今天来看可以这样说，在艺术性上是不够的，但是它在思想内容上，在作者的感情上非常饱满，这一点是现在的作品没有的。抗战时期物质条件那么困难，又没有这么多时间允许你去考虑艺术加工，但是有一点，作品出自一种抗战奔涌的热情，这一点是最可宝贵的。

我认为，宋先生当时的版画很好。在抗战初期一般的版画都粗糙得很，版画作者们一般没有经过绘画训练。宋先生是正规学校出来的，是留学日本回来的，绘画技术比较好，所以他当时的版画人物的造型、黑白的关系比较好，他如果后来继续搞版画，会成为很了不起的版画家。

美术评论家郎绍君在《作为西画家、版画家和艺术活动家的宋步云》一文中所阐述的：

过去，我们对延安抗战时期的美术如木刻、新年画和画家们多有介绍，很少介绍以重庆为中心的“大后方”抗战美术。其实，在宣传抗战、注重通俗大众化这两方面，重庆和延安有相当的一致性。宋步云是《抗建通俗画刊》的编辑之一，郭沫若、老舍、熊佛西、黎锦晖、李可染、高龙生、王琦、张文元、孙伏园、周多、卢鸿基等担任“特约”或“编撰”，文化精英人物积极创办与参与通俗画刊，正是中国抗战艺术的特点之一。

如果说水彩画、油画较多地体现了宋步云绘画上的“专业性”，较多有个人抒情因素的话，木刻则集中体现了他参与抗战宣传、以美术为武器唤起民众的热情。鲁迅倡导的新木刻运动，乃标举“为人生的艺术”旗帜的左翼美术的一支，也是抗战美术（或曰“国防美术”）的基本力量之一。在宋步云的艺术生涯中，木刻创作应占有不容忽视的位置。这些木刻作品，有的近于肖像或宣传画，有的近于讽刺画，还有的是小型连环画与组画；在题材与主题上，有的描写中国军人的英勇战斗，有的揭露侵略者的残暴与兽性；有的刻画民众支援抗战，还有的直接描绘痛苦的难民生活。我们从作品直白的题目，如《雪夜的袭击》《女英雄》《我们应当节省娱乐费救济难胞》《候车》《待运军火的力伕》《寒夜归途》《伤兵之母》《踊跃捐寒衣》《为大众谋安全的石工》《民族复兴的纪念地——卢沟桥》《被敌寇劫持的女同胞》《敌机炸毁了我们的家》《黑暗世界——占领区的奴化教育》等等，可以大略知道它们的宣传鼓动性、通俗明了性，知道它们表达的是民族情感的“大我”而非个人情感的“小我”。在艺术上，这些作品皆为黑白木刻，构图单纯，突出平面结构，喜用尖锐的三角刀，多排刀刻法，风格相对纵放。与宋步云的水彩、油画作品相比，这些木刻不受形的拘束，更具有一种自由的表现性……

美术理论家邵大箴在撰写的《杰出的画家、艺术教育家和活动家宋步云》一文中也综述到：

1937 年抗日战争爆发后，宋步云毅然中断学习，回国参加抗日救亡工作。此时，他努力钻研木刻艺术，积极用木刻创作参加抗日斗争。1939 年，他兼任《抗建通俗画刊》的绘画编辑，在刊物上发表数十幅表现抗日救亡主题的木刻。内容有表现抗战英雄人物和工农形象的，如《女英雄》《伤兵慈母蒋鑑女士》《为大众谋安全的石工》等；有揭露日本侵略军罪行的，如《敌机炸毁了我们的家》《被敌寇劫持的女同胞》等；有号召民众积极支持抗战前线的，如《救国不分男女老幼》《我们应当节省娱乐费救济难胞》等；有宣传普及教育、提高人们爱国意识的，如《推广国民教育》等；还有揭露沦陷区人民水深火热黑暗生活的，如《奴化教育》《毒化政策》等。这些木刻作品不仅主题鲜明，而且语言质朴无华，刀法清晰有力，线条多有变化，黑白对比丰富，很有艺术表现力。1940 年，宋步云与王琦、刘铁华等人在重庆组织进步的美术社团中华全国木刻家协会，团结大后方版画家用自己的创作反映现实生活，参加有益于社会和大众的艺术活动。

纵观宋步云的木刻版画艺术经历，清晰的脉络极具说服力。他早在幼年时期就曾受到过民间老艺人王家善的木刻传艺；杭州艺专学习时，在地下党员房士圣的引领下加入了党的外围组织“杭州美术联盟”和“木铃木刻会”，积极推广新木刻运动，在鲁迅先生的影响下拿起刻刀作为武器，以木刻作品的形式表现下层人民的生活；旅日期间，得导师中村研一亲传版画、雕刻技艺，参加左翼文化团体的秘密活动，进行版画艺术交流和传播，并创作出一批充满爱国热情，有进步倾向的木刻作品；在与郭沫若先生结识后，深受鼓舞，他与旅日左翼文化联盟成员一起积极参与到推动旅日左翼新木刻运动宣传与传播的活动中去；七七事变回国后，他先后于上海、南昌、武汉、重庆参加进步艺术团体活动，以漫画、木刻等快捷、浅显、大众化的美术创作形式不遗余力地宣传抗日救亡主张。

总之，自20世纪30年代初全国兴起木刻之日起，宋步云十余年来不断地在研究木刻版画艺术，创作了大量的与时代同行的木刻版画作品，同时为《抗建通俗画刊》的创办、为“中国木刻研究会”的成立和发展可谓呕心沥血，在推广新木刻运动上更是立下了汗马功劳。因此可以定论，宋步云在木版画创作和为推动新兴木刻版画运动的发展两个方面形成他艺术生涯中不可或缺的内容，他及他的版画艺术在中国现代美术史中也同样应该占有重要的位置。

与故友傅抱石重逢

与故友傅抱石重逢还是在宋步云到西南美专任职后的事情。前不久听说国民政府军事委员会政治部第三厅迁来重庆，好友傅抱石也由桂林转道而来，办公地点就在重庆市渝中区，离美专很近。但由于重庆仍处在敌机狂轰滥炸的重点区域，市民常常为躲避轰炸东躲西藏，没有固定住宿点，邮政通信处于完全瘫痪状态，所以他们一直没有联络上。

一天下课，宋步云正准备回家，突然下起大雨，他只好在住地滞留下来，心事重重地拿起刻刀开始创作，但总感觉似有事情即将发生，不时地停下刻刀向外面观察雨情，盘算雨小些好赶回家去照看辛劳的妻子和刚过百日的女儿。

猛然间，房门被推开了，宋步云一眼看到被淋透的傅抱石笑眯眯地站在门口，手中拎着快被雨水打散的油纸包。宋步云被傅抱石的不期而至惊喜地半天没缓过神来。

傅抱石嗔道："怎么这么健忘，不认识我了吗？找到你真不易啊！还不快请我进去，我快要冻感冒了。"

宋步云如梦方醒，赶忙把他拽进屋，回应道："怎么是你？实在没想到啊！刚才我就预感到今天有什么事情要发生，没承想是把你等来了。你来的正巧，原本我是要回家的，结果是老天留人，要不是这场雨，我们又不知何时才能见面呢。”

他们热烈地拥抱在一起，互祝问候。随后宋步云找出衣服让他换上，将脱下来的长衫，拿到房东家请帮助烘烤，知道好友嗜酒，又从房东家讨了一瓶自酿老烧酒为他驱湿发汗。房东还特意送了些花生米和一碗油泼辣子让他们下酒。

当宋步云取回酒菜回到房间，顿时被傅抱石身上的装束笑翻了。傅抱石身材高大魁梧，平日穿着长衫，口袋里装着香烟和火柴，一副不修边幅、潇洒不羁的学者模样，突然一换装束，实在看着不习惯。傅抱石见他用诧异的眼光看着自己，低头看看紧箍在身上的衣服，不由自主的伸伸胳膊、弯弯腿，两个人都觉得这身装束太滑稽，相视哈哈大笑。宋步云见他穿的这身衣服实在太拘束，翻身冒雨返回房东家，借了件大褂让他换上。

都收拾停当后，俩人对桌而坐。傅抱石环顾四周，感叹道：“你这里真安静，像个世外桃源，适合修身养性，也是个备课、创作的好地方。现在我上班的地点离家太远，离你这里到是很近，以后要是赶上刮风下雨我就到你这里来借宿，怎么样。”

宋步云闻之大喜，早就有与兄长常聚首之意，便忙不迭地应允道：“欢迎随时来投宿，这间屋子不算小，再多放个桌子和张床没问题，也就是多双筷子的事。还省得我一人寂寞呢，明天我就去办。”

傅抱石闻听后哈哈大笑，说：“好，那咱们就这么说定了。”

傅抱石打开油纸包，宋步云惊诧地看到有张飞牛肉、韩包子、牛皮豆腐干、花生粘，虽然份量不大，却都是久已未沾口的美食，加上房东送的花生米和油泼辣子，摊了小半桌，这在当时物资匮乏的重庆来说非常难得，足见老友是费了一番心思的。

傅抱石说：“到重庆后为了找你，我托人四处打听，遍地撒网，逢人便问。好多人在报刊上见过你发表的作品，但不知道你住在哪，在什么单位供职。最后打听到陈之佛那里，总算得到了你的确切消息。前几天我曾来过一趟，不巧你回家了。这次来总算没有扑空，还给自己找到了住处，可谓是一举两得，你说是不是得庆贺庆贺？”

说着，傅抱石斟满酒杯，与宋步云对杯后先自一饮而尽。那时的宋步云还没有养成喝酒的习惯，只小抿了一口。

傅抱石连喝数杯后，两人开始轻酌慢饮。傅抱石向老友款款地叙述了他们在武汉分手后半年多来的不寻常经历：“自去年 10 月政治部三厅从武汉撤离后，历经千难万险，转道途经长沙、南岳、衡阳，最后到达桂林，先后在长沙、衡阳、桂林、株洲等地继续开展抗日宣传工作。4 月，由于南方局势发生变化，于是又举家随三厅机关一起辗转内迁至重庆。到重庆后，为了躲避日机轰炸，以策全家安全，经朋友介绍在沙坪坝距赖家桥约二里路的金刚坡落脚，租下了一个姓岑的地主家房子，将全家暂时安置在那里。那里风景很美，林木茂盛，重峦叠嶂，远离重庆市区，敌机从来没有到那里轰炸过，全家能平安无事是大家最大的心愿。和我一块儿搬到金刚坡的三厅同仁还有田汉、阳翰笙、冯乃超、李可染、司徒乔、高龙生、张文元等人，这些都是你很熟悉的文化人，有机会到金刚坡串门时你们见见面，他们也时常念叨你呢。”

“现在因为各文化团体都已分散在各地活动，政治部三厅没有什么工作可做，所以不经常过来，有事就过去忙一段，没事时就在家看书、写作、搞创作，算是落得个清闲，也可以多陪陪家人。”

“我们家的人多，住房面积也不算宽敞，一开始连吃饭、看书的地方都没有。后来跟房东商量，他将原本堆放杂物的小仓库借给了我。这间屋矮小阴暗，没有窗户，只有屋顶上的两块透明瓦能透些光线进来，在那里摆上张桌子，就算是饭厅兼书房吧，平日我在那里看书搞创作，吃饭时都得收拾起来，吃完了再归位，不过很有家的味道。我很喜欢那里环境，给小屋起了个雅号，叫‘金刚坡下抱石山斋’。”

“我现在主要是在家搞创作，最近我编写的《中国明末民族艺人传》已经出版发行；另一篇《中国美术史——古代篇》也已完稿；

这些日子正在撰写一篇介绍中国清代篆刻家、书法家黄士陵的论著。除了搞美术史论外，我还在家进行一些中国山水国画的创作和研习工作，充实业余生活。”

接着，傅抱石又说：“前一段时间，我看到了一篇日本画界新日本画中心代表人横山大观在日本《改造》杂志上发表的题为《日本美术的精神》一文，对他在文章中阐述的有关以美术参与和支持‘圣战’，恶意歪曲、贬低中国哲学、美术思想对日本美术的哲学影响，否认中国文化对日本美术深厚的积淀等无视史实的言论非常不满。横山大观本是新日本画运动代表人物，属于革新派，曾多次前往中东亚、欧洲许多国家出访，对东西方文化有充分的认识与比较，最终在他的艺术创作理念上确立了东方哲学思想的优势地位。在他的作品中可以明显地看出，融入了中国古典哲学思想和日本的哲学理念，同时也能看出他大胆创新，尝试将西方画法融入于日本画中，以色彩的块面，来代替原本传统墨线的传统创作方法，曾被日本保守势力画家们斥责为“朦胧体”。他的艺术作品构思独特，画面清新，宏大奇绝，充满了激情和浪漫主义的色彩。”

“我们允许不同艺术创作思想并存、发展与争鸣，但艺术创作主张与政治思想倾向完全是两码事，是不能混淆的，错误的政治倾向反映一个人错误的思想意识。我原本很喜欢他的创作风格，但对他现在罔顾事实，充斥军国主义色彩的言论非常反感。从另一方面看，这也反映出他的右翼思想，代表了整个日本社会和日本美术界的思想，具有一定的普遍性。”

“现在，我正在撰写一篇文章，以此研究和探讨日本国内肆意贬低中国古典哲学思想、美术思想对日本美术的影响，以及他们妄自尊大，带有明显军国主义思想倾向的根源，以及这种倾向在多大程度上受制于日本军国政府影响。”

“我将这篇文章题目暂定为《从中国美术的精神上来看抗战的必胜》，我在此文中明确提出‘中国美术是日本美术的母亲’、‘中国美术的精神，日本是不足以为敌的’。从中国美术的历史发展角度出发，将其视为一种抗战精神的原动力，从一个侧面鼓舞抗战时期的民族信心，以至用其打击日本军国主义的嚣张气焰。文章从中国古代绘画题材入手，通过历朝历代不同个性化画家的不同思想与技法，以此证明中国文化有着深厚的积淀与传承，以及对日本历代美术、美术画派产生的深厚影响，从而证明中国美术具有伟大的精神和深远的影响。首先是中国美术最重视画家本人的人格修养；再者是证明中国美术在与外族、外国的融汇上，既能甄别吸收，同时又能抵御它们消极的影响，从而一直保持艺术创作的独立性；再其次是中国美术始终在创作思想上，都是根据不同作者不同的文化修养，明显地表现出不同的个性语言特征，它们既是雄浑、朴茂的，又不受外界的干扰，如天马行空，夭娇不群，他们的作品深刻蕴含着沉着、潜行的民族艺术发展的积极性，具有特立独行的风范品格。总而言之，中国美术伟大的精神，扩展到中华民族的抗日战场上，便是战无不胜的因素，同样也是日本人无法战胜的。”

“今天，我把初稿也带来了，你有在日本学习的经历，又在搞多画种美术体裁创作，涉猎的艺术创作领域很宽，对日本现代美术创作和美术运动发展、变化有更充分的了解和认识，又有很强的反抗外族入侵的意识，请你抽工夫看看，还有没有阐述不到位的观点，有什么地方该修改补充的，我想听听你的建议。”

说罢，傅抱石从包里拿出手稿递给宋步云，见他接过手稿后马上就要翻看，立即按住他的手，诚恳地说：“今天我们的任务就是喝酒、叙旧、聊天，现在不要忙着提意见，过后找时间再看。”

他们继续聊着，喝着。傅抱石谈到想重操旧业回中央大学去教书的打算，还转达了郭沫若对宋步云一家的关心和问候，宋步云表示谢意并相约找机会一起去拜望郭沫若先生。

傅抱石又问起高淑贞现在的情况，当得知女儿已经降生，母女平安时，他兴奋地说，“我终于当上大伯了，回去替我问候高淑贞，也替我亲亲小侄女，改日一定登门探望。”

老友相见有说不完的话，他们一直聊到鸡鸣破晓，宋步云实在不胜酒力，于是他们便伏案而息。

第二天，送走了傅抱石，宋步云即到学校借来一张办公桌，又向房东家借了一张竹床，给傅抱石安置妥住处后才赶回沙坪坝的家中。

自那以后，傅抱石每逢到三厅办事都要顺道来宋步云临时宿舍坐坐，或在那里住上几日。遇到宋步云回家不在时，他就独自在那里搞创作。他们在一起时无话不说，内容广泛，经常谈到入夜。他们一起探讨研究绘画的表现手法、不同流派的创作风格、中西绘画的笔法运用和构图形式、中西绘画融合的可能和技法的创新，以及如何进一步推动中国新兴木刻运动的发展、如何使《抗建通俗画刊》创办得更贴近大众，传播得更广泛，等等。

傅抱石有时来得很晚，见宋步云正在搞创作，为了不影响他，傅抱石就静静地站在一旁观看，偶尔对作品的表现手法或内容提出一些中肯的建议；如果见宋步云在批改作业，他就独自在一边看书或修改文稿。

宋步云有时带学生去江边写生，不知何时傅抱石也悄悄地来到江边，专注地看着他们写生，以至后来同学们都认识了他，逢学生们遇到美术史论上的问题，只要他在场，宋步云就让学生们向他请教，傅抱石都会耐心详尽地予以解答，全然沉浸在施教的氛围中。

重逢后，傅抱石主动将自己熟识的文化艺术界人士介绍给宋步云，并常陪同他前往郭沫若、老舍、阳翰笙、田汉、洪深、陶行知、黎锦晖、李可染、孙伏园等人的府上约稿，对《抗建通俗画刊》的创办给予有力的支持与帮助。在傅抱石的引荐下，宋步云还结识了任职于重庆中央大学的吴作人、黄君璧、陈晓南等先生，从而使他很快地融入到重庆文化艺术界的行列。

重庆中央大学与布纹水彩画纸

重庆中央大学位于重庆市北郊渝北区，北靠嘉陵江与沙坪坝区井口镇、北碚区童家溪镇隔江相望，地理位置优越。该校前身是国立南京中央大学，不仅是南京国民政府时期最高学府，也是抗战时期民国国立大学中系科设置最齐全、规模最大的大学，其规模、设置的系科和师资力量曾经排名亚洲第一。

1937 年抗战全面爆发，在日寇的步步进逼下，南京中央大学被迫于 11 月随国民政府辗转西迁至重庆，借重庆大学松林坡校舍建造校舍开学。但随着内迁的学生不断增加，松林坡校区显得十分拥挤，于是，时任中大校长罗家伦选择了重庆市北郊礼嘉附近，这处依山傍水的山间平坝修建分校，安置学校低年级学生，并陆续在成都华西坝、贵阳等地设立分校区，中央大学下设的医学院、农学院畜牧兽医系迁至成都华西坝，中大实验中学设在贵阳。新校区选址时，这一带并没有名字，罗家伦在考察中见到一条小溪（即九曲河），附近柏树茵茵森森，很是幽静，便为该地取名为“柏溪”。

关于“柏溪”分校的建立，有资料显示：

国立中央大学在柏溪分校有房屋108栋，3个体育场面积8 000平方米，可容纳近2 000人在此上课，而修建这样一所规模庞大的学校，在周边村民争相帮助下，只用了42天时间。虽然新校区建设完毕，但在国难当头时期，整个国家都在战火中燃烧，即便是柏溪中大学子们也难以享受宁静的学习时光，随时都要做好躲避敌机轰炸的准备。柏溪分校选址时就考虑到了预防空袭的需要，这里三面环山、森林茂密，不易被敌机发现；校舍在建设时特意设计将建筑物互相之间都保持一定距离，以免在遭到不测时不至于发生火烧连营的情况。学校对面的小山头被学生们戏称为“警报山”，因为每次防空警报一拉，师生就要拼命往山里跑躲避空袭。当时在教程中，老师们都会教新生一些逃难知识，比如烧红薯充饥、用草编密码、吹口哨传信等等。每当学生们组织活动时，总会在学校里响起悲愤的《松花江上》合唱声。

重庆中央大学人才济济，集中了多学科、多门类的知名学者，培养出了一批科学家、文化艺术家和工商实业巨子。即便在抗战艰苦的环境下，从中大柏溪校区仍走出了三位“两弹一星”元勋朱光亚、钱骥、黄纬禄；走出了中科院院士、固体物理学泰斗冯端；走出了中华人民共和国国旗的设计者曾联松。同样，艺术系也是名人荟萃，徐悲鸿、傅抱石、吴作人、陈之佛、黄君璧、陈晓南、张大千、赵少昂、谢稚柳等都曾在中央大学柏溪分校执教过，他们在为中国美术事业的发展培养出了大批的艺术人才的同时，也在这里创作出了颇丰的艺术精品。

在国难当头的困苦时期，中央大学的殷殷学子们抱着“国家兴亡，匹夫有责”的责任感，在抗日激情的感召下，在国民政府“一寸山河一寸血，十万青年十万军”的号召下，毅然走出象牙塔，放弃了学业，与重庆大学等院校的爱国青年一起投笔从戎，拿起武器开赴前线，与侵略者血战到底。据不完全统计，加入抗战队伍的重庆学生占当时整个重庆地区在校生总人数的三分之一以上。

1940年春季，宋步云被重庆中央大学聘任为艺术系讲师，教授水彩画课程。能到中央大学艺术系担任水彩画教学工作，这是宋步云从日本归国以来梦寐以求的，他身体力行，认真教书。教学中，他在沿用以往教学方法的同时，更加注重发挥学生们的自主性和培养观察力，尤其侧重写生课，他以大自然为课堂，经常带领学生们到嘉陵江畔、市区、郊外实地写生创作，着力培养学生们的艺术修养和观察力，以促进他们对所绘不同物体对象的认识与了解。在示范的同时，他还根据不同技法技巧，触类旁通地向学生们介绍相关的画派、画论及画史，使同学们在观摩技法的同时更加牢固地掌握古今中外绘画基础理论。很快，他的良好的艺术素养、严谨的教学方法以及灵动的教书方式得到了系里的重视，更得到了学生们的爱戴。

在育人施教，努力培养艺术人才的同时，他虚心向同仁请教，在艺术创作的实践之中不断提高自己的绘画水平和教学能力。

宋步云从小受大山、大海的熏陶，对汹涌澎湃的波涛、一泻千里的江河、乱云飞渡的大山情有独钟。山城雾霭缥缈、云卷云舒的万千变化，嘉陵江奔腾不息的江水，江边雄奇多变的山峦云烟，落日江畔的霞光余晖，眼前的一切自然景致都令他如醉如痴，甚至打远处传来的纤夫粗犷的号子声也都声声入耳，拨动心弦，他认定这儿正是他所钟爱，所依恋的地方。他长久地驻足于奔腾喧嚣的江边，捕捉江水涌动不息的画面；他凝神伫立于街头巷尾，感受着雨中山城人们忙碌的身影，他把映入眼帘的江水、山峦、纤夫、搬运工、小贩用油画和水彩画的浑厚色彩写入画图中，为大自然的壮美、为劳动人民的生活讴歌，也为后人留下了永久的记忆。

宋步云学西画出身，从早年北平京华美术学院学习、杭州艺专拜师林风眠到留日从师中村研一，都是以油画为主修课，兼习水彩画、素描、中国画，油画创作是他的长项，水彩画则是他油画创作的写生工具。而无论是油画还是水彩画对中国画家而言都是舶来品，尤其是早期的中国油画、水彩画材料如颜料、画布、纸张等用品完全依赖于外国进口，中国厂家鲜有制造。尤其在日本侵华以后，对重庆和西南地区实行严密的封锁导致整个大后方物资严重匮乏，物价暴涨，绘画材料尤为昂贵稀缺。宋步云到重庆后也受困于此，虽然归国时带回一些西画材料，但数量相当有限，很快就消耗殆尽，想顺利进行油画创作在当时实属奢侈的想法。因此，宋步云只好暂时中断油画的创作，转而进入以水彩画为主的创作阶段，只有在特殊的情况下方偶尔画上一幅油画。

当时，像他这样暂时放弃油画创作的画家也不在少数，因为相对油画而言，水彩画既便于携带又价格低廉，创作速度也不像油画耗时，既可随处写生也可作大画，所以水彩就成为这一时期众多西画家最钟爱、乐于实施的画种。不久因日趋众多的画家转向使水彩画用材也迅即达到“断粮”的程度，画家们把原存的进口材料几乎用尽，而国内又造不出来，画家们叫苦不迭，无计可施，学生们上写生课也面临无材料的窘境。于是，形势逼迫宋步云不得不多方联系厂家生产，但苦于没有生产水彩画纸的技术资料，一开始曾被多家工厂拒绝，使他很是无奈。

功夫不负有心人，一天，宋步云在江边给学生上写生指导课，引来许多人围观，听着人们对他画作的鼓掌叫好声，他借势讲述了正在遇到的困难。他说，现在画家们遇到的最大困难是水彩画纸的匮乏，没有画纸就无法搞创作。尤其是影响到教学，学生们的学习用纸也已经用完，写生课无法正常进行下去，只能看着老师画，自己却不能上手，如此下去，教学质量根本得不到保障。

述说中一位商人模样的人主动插话，他说：“影响谁也不能影响孩子们的学习啊，我有位朋友在造纸厂工作，看看他们有没有能力生产。”之后，他热心地邀请宋步云随同去见那位造纸厂的朋友。事情终于有了眉目，造纸厂应承了下来，但由于没有制造水彩画纸的技术资料，造纸厂的领导和技术人员可犯了难。于是，宋步云就亲自下厂，吃住在那里，与厂里的技术人员一起研制配方，经过无数次的反复实验，终于制造成功首批可以入市的“布纹水彩画纸”。

当新型的“布纹水彩画纸”制造成功后，宋步云兴奋地将它们分别送给重庆的水彩画画家和学生们，经他们的实验，虽然新型的水彩纸比洋货要发灰一些，但画出来的效果一点不比洋货逊色，这令画家们喜出望外，于是宋步云通知造纸厂可以成批生产。随后，他又与制造颜料的工厂取得了联系，最终又研制生产出急需的水彩画颜料。

国产水彩画纸和颜料的诞生打破了日本帝国主义对物资的严密封锁，解决了西南大后方水彩画材料的供给困难，推动了中国水彩画事业的进程，也可以说正是由于他们的努力才使战时中国水彩画事业得以生存。艺术家们使用中国自产的“布纹水彩画纸”和颜料，绘制出大量描写祖国以及滇渝地区的山河胜景和人文画卷。从此，宋步云和工厂的技工人员结为朋友，他的思想情感和艺术题材也随之更为贴近大众。

画家卢开祥在《宋步云先生和他的水彩画》一文中有一段记述：

> 徐先生曾对宋先生说中国水彩画发展落后，鼓励宋先生不但要自己画好水彩画，而且要努力发展中国的水彩事业。抗日战争时期重庆的绘画用品奇缺，抗日战争前，每个美术学校的学生用纸，进口一批就足够用上十几年。而到了后方重庆，的确成了大问题，中国的造纸厂又造不出来，进口又来不了，那时有些流亡学生身边带了一点为数不多的绘画用具，由于生活无着，便在中大艺术系、国立艺专的周围贴出便条大小的“广告”，将自己的那点仅有的纸张颜料，忍痛割爱，但价钱极高，一般同学只能望洋兴叹，只有家在当地的富裕学生才能享受这种高级奢侈品。那时宋步云先生在国立艺专教水彩画，俗话说“巧妇难做无米之炊”，没有水彩画纸，就无法开水彩课，更谈不上发

展中国的水彩事业了。宋先生出于对水彩画事业发展的责任感，八方联系，四处奔走，终于感动了“上帝”，重庆的一家造纸厂肯帮忙，克服种种困难生产一批水彩纸，由于没有生产水彩画纸的技术资料，宋先生亲自到工厂研制配方，最后是“老天不负有心人”，经过上百次反复实验，终于造出了大后方第一批“布纹水彩画纸”，解决了后方及重庆缺乏水彩画纸作画的迫切问题，推动了水彩画事业在中国的发展。我到重庆那年，盛夏，随徐悲鸿先生到青城山，徐先生给了我两张宋先生及重庆厂自造的“布纹水彩画纸”，我画了第一张水彩画《青城山天师洞》，“布纹水彩画纸”画起来还是很痛快的，只不过白度不够，画上去颜色有些发暗，因当时的条件所限，重庆的报纸都是黑灰色的，但是能将水彩画纸造出来也就很不容易了。所以说宋先生对中国水彩画的发展作出了非常重要的贡献。

“碉堡楼”中的艺友情

宋步云任教中央大学艺术系，因住家离柏溪校址较远，往返途中经常遭到日机的骚扰，于是与学校商量后便把家从沙坪坝闹市区搬到盘溪学校农场，这样，离校近了，工作也方便了许多。

1941 年，宋步云、高淑贞夫妇与幼女高坪在“碉堡楼”旁合影

学校农场在美丽的嘉陵江畔的山坡上，与中大遥遥相望。站在山坡上对面的沙坪坝闹市区、脚下的嘉陵江、北部的中大校址便可一览无遗。这里是全区的制高点，临近江边坡陡路滑，一条青石板路从码头蜿蜒折曲穿插于林地之间，一直翻过坡顶与后面的村庄相连。陡坡上植被茂密，绿树翠竹成荫，林间空地杂草丛生。平缓的坡面已被农场员工开垦出来，种植着各类蔬菜和庄稼，饲养着家畜、禽类。广阔的山坡上几乎没有人家，只有几个废弃的旧碉堡孤零零地散落在空地上，略显荒凉，却少了些人声喧哗，多了些闹市区所不具有的清新。旧碉堡之间相隔甚远，因有石板路相连也不算闭塞，周围的平缓坡地被职工们开辟成自留地，种些瓜果蔬菜和花木。

山坡上临近江边尚有一座旧碉堡还空着，虽地处风口，却风景极佳，出门便可将美丽的景致尽收眼底，加之住房面积比沙坪坝租住的要大许多，于是乎，宋步云夫妇毫不犹豫地决定将家安在了这座旧碉堡中。

1941 年，宋步云在盘溪住宅“碉堡楼”前

这是一座高八九米、直径六七米的圆桶形庞然大物，四面透风，墙上满是射击孔，分上下两层，铺有木地板，每层之间都有一个不带扶手的斜梯相连，上下以活动的盖板间隔，权当门用，顶楼上还有一个瞭望台。

宋步云是个擅长动手且心灵手巧之人，能拿得起全套木工活。他设计了碉堡改造工程计划，请了一位工匠相伴施工。宋步云把旧碉堡设计为上下两层：上层为卧室，下层用竹片打成隔段，里间为书房兼工作室，外间作厨房、起居室，顺手将瞭望台用竹片搭成了凉棚，楼梯上加装了扶手，并就地取材砍些竹子做了些生活家俬。地处野山坡上的“碉堡”时常会有野兽出没，为预防侵害，又砍了些竹子和树枝围成一个密实牢固的柴院，柴院内外种满了各色瓜果蔬菜和花草竹木，又利用剩余的零碎木料加工了一批画框，涂上油漆，以备后用。

高淑贞生产前后，由于不适应重庆的生活环境和缺乏营养，造成营养严重失调，虽然一直得到陈先生夫妇和张老伯一家的悉心照顾，身体恢复了一些，但仍神衰气亏、身体虚弱。自搬到农场的旧碉堡后，情况大有改观，他们远离了闹市的喧嚣与烦扰，消除了敌机轰炸的恐惧与不安，更免去了彼此间的担心和牵挂，宋步云也有更充裕时间照顾家庭，这里生活安定了，空气清新了，高淑贞经过一段时间的调养，身心都得到了康复，小女身上的痱毒也不治而愈，眼见着山坡上碉堡楼变成了温馨、舒适的家，一家人的心情轻松愉悦了许多。

1942 年，宋步云长女在中央大学住宅碉堡前

宋步云在中央大学艺术系任教的第二学期开学不久，一日在学校教室的过道里他竟与傅抱石意外相遇，傅抱石兴奋地告诉他：“这下可好了，如我心愿了！我现在终于又回到中大教书了。”原来，自傅抱石来渝后在三厅无事可做，虽然悠闲却脱离了社会，脱离了艺术家群体，创作和研习历代绘画的机会少之又少，这令他十分苦闷。前不久，政治部改组由张治中任部长，在蒋介石的授意下，张治中以改组名义撤销了三厅，另设文化工作委员会，作为学术团体仍隶属政治部领导，美其名曰“离厅不离部”。郭沫若无意续任，离开政治部去搞创作了。因此，傅抱石就借机也离开了三厅回中大继续教东方美术史。

“现在我们终于又在一起了！一回来我就听说系里很器重你，学生们也都很喜欢你，很为你高兴啊。”

宋步云把上学期的情况和家里的情况一并告诉了他，听后，傅抱石说：“过去住得太远，到三厅去办事也只能是到你宿舍叨扰却一直没能去你家看看高淑贞和小侄女。这下离得近了，以后有的是机会去你家，少不了麻烦高淑贞。”说罢，两人相视而笑。

傅抱石家离中大很远，每次上课都要很早起身从金刚坡徒步十数里山路两个多小时到沙坪坝，再由磁器口乘小船渡过嘉陵江改步行半小时才可到达，整个行程需用三个多小时，要是赶上下雨坡陡路滑，耗费在路上的时间会更长，何况重庆是个多雨雪的山城，他所付出的辛苦可想而知。有时下课较晚，半夜三更才能回到家，一路上林深树密，常有野兽出没，家里人为此提心吊胆，而他却把这些看成是亲近大自然，感受大自然的机会。因此，无论春夏秋冬，阴晴雨雪，他都坚持步行上班。可时间长了，他也确实感觉到十分疲惫。最后他想到一个变通方式，即在上课前先到宋步云的碉堡楼里休息一会，再让宋步云骑车带他一块到校，课后让宋步云骑车带他去码头，然后渡江回家，这样不仅节省了时间，也减轻些劳顿。

傅抱石见自行车快捷、便利，就请宋步云教他骑车。山城高低不平，起伏不定，公路设施差，想找到一块平地很难。最终还是因重庆地势和他掌控骑车技术不佳而作罢，依然徒步往返于崇山峻岭之间。

傅抱石平日里总是穿着一身青布长衫，肩上掮一个装满讲稿和书籍的黄色布包，一手拿着油纸伞，一手杵着竹杆，穿着一双有些破损的黑布鞋，活像个进山朝圣的香客。夏天，他的长衫总是湿淋淋的被汗渍浸透，逢雨雪，半截裤腿、长衫下襟和脚上的鞋都浸满泥水。每逢此时，他会先去碉堡楼，顾不上一路的劳累，也顾不上擦擦身上的雨水，赶紧脱下鞋子拿到炉子上烘烤，边烤还边幽默地说："委屈什么也不能委屈脚，它一路上是最辛苦的，得好好犒劳犒劳。"稍后穿上鞋与宋步云有说有笑的到中大去上课了。

就这样过了一段时间，宋步云夫妇看他来回奔波太辛苦，于是主动向他建议"你不能再这样来回跑了，既辛苦，又耽误时间，一路也还很危险。干脆以后你有课时，头一天就过来，在这里休息一晚上，课后也别回去了在这里休息，第二天再回家，这样不至于太累，况且你起早摸黑来回跑，又要翻山越岭也不安全，家里也不放心。你住在这里，嫂夫人肯定会比你这样起早贪黑来回跑路放心得多。要是怕误事，你可以把要用的东西搬过来，反正这里有的是地方，够你住的。你可以住在书房里，这里也安静，绝不会有人打扰你。"

傅抱石听罢开怀大笑，说："哈哈，实际上我早就有这个想法了，只是怕麻烦你们，所以一直不好意思说。既然你们这样说了，那就这么办吧。以后少不了给你们添麻烦。"

宋步云是个爽快人，说干就干，马上找来木匠从坡上砍了些竹子，又做了一张床、一张桌子和两把椅子。自那时起至1945年随中央大学迁回南京的四年多时间里，傅抱石都是在上课前后在宋步云家各住一晚，然后再回家。后来，他在兼任重庆国立艺专课程和秘书主任期间因课时课务增多便改为每星期只回家一次，其余时间都住在碉堡里。傅抱石曾半开玩笑地说："看样子我还真是把这儿当成自己家了。"

他们如兄弟般相处，课余二人在碉堡楼里谈天说地，促膝畅谈，欢乐无尽，直至天明。傅抱石喜欢喝酒，美酒下肚便侃侃而谈。起初宋步云只能浅酌陪饮，久而久之在傅抱石的带动下也酒量见长。他们常常就这样把酒长谈，研讨画艺，交流经验，一同探索，相互传授中西绘画技艺。

而做饭烧菜的任务自然落到了一向不精于炊事的高淑贞身上，那时，正是抗日战争艰苦阶段，高淑贞总是为端不上好点的酒菜而犯愁，好在可以就地取材，在柴院里采一些时令蔬果，凑合端上桌，傅抱石却并不介意。也许天公有意，一天，家里的狸花猫叼回一只野兔，从来不敢宰杀动物、见血就怕的高淑贞竟然把这只野兔剥了皮，剁成块，红烧成味美佳肴端上了桌，这件事令宋步云和傅抱石大为惊异。

野兔佳肴佐以美酒，俩人醺醺然。在酒意正酣时，傅抱石从“进香”的黄布袋中取出一幅尚未装裱的四尺横幅《竹林七贤》图。宋步云见此画顿时酒醒，这幅画画得太好了，章法新颖，气韵传神，意蕴深邃，作品中的人物线条舒缓流畅，用笔洗练，注重气韵，简练传神。画者善用浓墨、渲染等法，水、墨、彩融合一体，达到了蓊郁淋漓，气势磅礴的效果。但画面上没有作者的落款，也没有任何题跋，便问到：“这是谁画的？画得太好了。”

傅抱石借着酒兴，说：“这是我画的，是讲美术史时画给学生们看的。”

他继而说道：“我闭门在家苦研山水画整整十年，除了郭沫若先生、徐悲鸿先生、现在还有你之外，没有其他人知道。”

宋步云在日本留学时就曾听到过他在郭沫若的帮助下在日本举办过个人篆刻书画展，以往他只见过傅抱石的一些书法、篆刻、雕塑作品，却从来没有见到过他的国画作品，以为也就是一般的习作而已，因为大家都很忙，所以从来也没有过多地细细询问过他创作国画的情况。今日得见如此佳作，颇感惊诧，也异常兴奋，不禁啧啧称奇，恨不得马上将此佳音告知陈之佛先生。次日，当陈先生见到此佳作后不禁拍案叫绝，当即表示要出钱为傅抱石裱画并举办画展。

这之后宋步云又欣赏到傅抱石的很多精品画作，对他不落俗套的艺术表现力所深深折服，并多次鼓动他举办个人画展。而傅抱石开始总是以自己家人多，开销大，办展览需要很大的资金投入为由推脱，最终还是在宋步云、陈之佛等人的极力劝说下答应下来。消息传开，得到众多艺术家的支持和帮助。

不久宋步云为他安排好在重庆中苏友好协会展厅展出事宜，展览如期展出，在社会上得到强烈反响。傅抱石的这次画展轰动了重庆，作品销售一空，多半为法国人收藏。徐悲鸿也是首次见到他的这些作品，屈指称赞道“自从有了傅抱石，中国才有了真正的山水画”。

自此，宋步云与傅抱石之间有了更多的话题。宋步云十分喜爱傅抱石的国画，傅抱石也由衷地赞赏宋步云的水彩画。宋步云的艺术起步于油画，又通过油画和水彩画逐渐认识水墨画。傅抱石关心他的水墨画近作，常常鼓励他要在油画、水彩画的基础上拿起中国画笔，并且不囿于传统中国画模式敢于探索创新。傅抱石说：“我本攻雕塑、金石，今日尚且钟情写意。你作水彩画自然和中国水墨相通相近，你水彩画画得这么好，饱有国画的风韵和味道，笔墨彩晕与水墨画非常相近，况且你有国画的笔墨基础，应该作水墨画的实验以此拓宽油画和水彩画的视野。”他还以保证的口吻说，“我有的是笔墨纸砚，足够供你用的。”

在傅抱石的鼓动下，宋步云真的动了心，回忆起战前在杭州国立艺专时听李苦禅授课和观摩作画时的情景，更是催动他跃跃欲试，他开始行动起来，认真准备实践山水画的创作。傅抱石见状大喜，把当下稀缺的宣纸、笔、墨、砚台等国画用品送到了“碉堡楼”，摆在了宋步云的案头上。

1944 年　国画作品《风雨孤帆》

宋步云在《从艺六十年回顾纪略》中谈到这个情节：

> 20 世纪 40 年代在重庆国立中央大学艺术系工作时，得结识徐悲鸿先生，时逢战争年代，油画颜料奇缺，连水彩画色、纸都不易买到。幸蒙徐先生督我练习国画，又加上留日同学傅抱石亦在该校执教，我们相交甚密。他认为水彩画与山水画非常接近，复送我文房四宝，鼓励我作山水画。

宋步云恢复中国画的创作后常与傅抱石切磋技法，交流经验，相互传授中西绘画的技艺；一同探索中西绘画融合的可能和技法的创新，一起研究绘画的表现手法和创作风格，一起探讨中国画的笔法运用和构图形式，又一起在案头创造出被后人称之为傅派山水画特有的皴法——抱石皴。他们创作的中国画作品表现手法、构图形式、笔法运用、创作风格几近相同，以致不了解他们的人还误以为作品出自一人之手。曾有画家这么说：“看了那么多画傅派山水的，没见过画得特别像的，尤其是抱石皴的皴法。看见宋先生的早年山水画简直是惊呆了，要不是在上面看见宋先生的落款简直就以为是傅抱石先生手笔”。现在保留下来的当年宋步云创作的山水画有浓重的傅派山水画印记。

宋步云执笔中国画山水，描绘滇川秀美的风光、巴山夜雨的情趣、孤帆灯影的萧瑟，绘朝霞落日，写长江风采等等，成为他这一时期中国水墨山水画的创作主题。他取法古人水墨逸趣精髓，对传统皴法有所改变，用线多施以中锋，以散锋乱笔表现山石的结构，以气取势，磅礴多姿，可以看出他的皴法受到了傅抱石极其深刻的影响。同时，他的作品也有别常人，要点是引入了西画元素，比较讲究构图、透视关系和色彩、光线的运用变化，从中不难看出他在创作中尝试改良中西绘画的意图。

美术史论家李松在《宋公行止考补》与留日同学傅抱石“相交甚密”一章节中有这么一段记述：

宋步云在《从艺六十年回顾纪略》《小传》等记述中多次讲到在重庆时与傅抱石的交往，可与傅二石的记载相互印证：

在国画方面我受他很多启发，尤其在山水画上他对我更是关心，除赠我笔墨画纸外，随时督我练习。他家住歌乐山麓北，距中央大学数十里，每周上课都是步行翻山越岭，手提藤杖身穿长衫背一黄书包，活像朝山进香者。（傅二石文中也描述过类似的情景：父亲有副清瘦的面孔和修长的身材，总是穿着一身陈旧的青灰色长衫，手里拿着一个装满讲稿和书籍的提包和一把油纸做的雨伞，脚上穿一双已经有些破损的黑布鞋，这就是父亲出门远行时的标准形象。）他每周授课二门，每有闲时傅先生便辅导我学习山水画。

宋先生记述：我学习山水画主要是受到傅抱石的影响。在战争岁月里公教人员生活普遍困难，心情苦闷，傅抱石常与我举杯解愁。他本嗜酒，无酒几乎不能作画，每当饮酒至兴，便欲挥毫，大有李白斗酒诗百篇之势。他每在课余就到我“碉堡”通宿痛饮，他家距学校太远，因而每到校必住两宿，与我同饮畅谈。

宋步云喜欢傅抱石用笔、用墨上的独到之处，他常说：“傅抱石在用线上中锋笔触较多，线条看似散锋乱皴，骨子里章法规圆，强而有力，柔中携刚。用墨上着重在画眼，恰当地运用焦墨老墨，使画作画眼有黑中自存光，墨中自留趣，笔墨当传神的独到，自然显现了黑中透亮、闪发墨韵的光彩效果”。

宋步云在这时期创作的国画作品中吸收了傅抱石创作的特点，行笔快捷而富有激情，惯用长锋羊毫散锋画法和焦墨破墨点法。在用大斗笔画泼墨时，常常一口气画下去，直到黑枯锋散，却不再蘸墨和水，使纸上的效果由水分极大的泼墨渐渐转向散锋乱皴渴墨。而这种源于从真山巨石的感受效果出发，以气取势，磅礴多姿，自然天成的皴法运用即是傅派山水画特有的“打破笔墨约束的第一法门”的抱石皴法真谛。

宋步云就是这样在徐悲鸿、傅抱石和陈之佛等艺术家的支持鼓励下，逐渐地从油画、水彩画的创作转向国画的实践，又重新拿起毛笔画起中国山水画来。他将中西绘画创作双管齐下，珠联璧合，相得益彰。久而久之，他在中西艺术风格结合的探索实践中有了长足的进步，技法运用上更获得了较大的突破与成功。

不过宋步云的艺术并未因此而止步，他的山水画创作一直是在深入探索中西绘画技法融合和广泛吸收各艺术大家精华的基础上发展变化，在长期的实践和创新中不断地改造成长的，以致他后期的国画创作风貌发生了巨大的变化，完全脱离出傅抱石山水画风格的影子。他将西画创作的重要元素引进、融汇于国画的创作中，最终形成了个性化鲜明、有别于他人的创作风格，而他特有的独立画风，最终使其成功地形成了中国画的独立一派。

美术评论家孙美兰在《中国气派的大师宋步云》一文中评述：

> 早在20世纪30年代，青年宋步云求学于杭州国立艺专，那时他研究中国画，兼攻油画、水彩，三艺并举，同时发端。师从林风眠、李苦禅二位名师，他那“寄豪放于精微”的画风，融会中西的艺术人生，壮心劲节的精神操守，留下“名师出高徒”的轨迹。今天看来，水彩画恰好成为宋师兼攻中国画和油画不可或缺的中间环节。

今天我们欣赏宋步云少数保存下的早期油画《老妇人》《山城一角》《竹楼》《葵花》《嘉陵江畔》；水彩画《重庆雨中都邮街》、《嘉陵江风光》以及从1940年至1945年间他所创作的国画作品《中渡口》《风雨孤帆》《激流》《柏溪旧居》《绝壁飞泉》等珍品之中，依然有身临其境，不断发展变化的真切之感。画家以苍润的笔法、浓烈的墨色、流动的色彩，深邃的意蕴，写尽巴山蜀水、山清水秀之美。从这个时期的山水画意韵的表达和笔墨的运用都显露出傅抱石山水的风范影子。也可显著地看出，宋步云饱受傅抱石山水画笔墨情趣、傅抱石当年画风的影响，以及他与傅抱石几近相似的创作风格，并能从中看到宋步云在西画写实的基础上，个人不断创新的风采。

而这些抗战时期艺术作品，已成为宋步云与傅抱石之间深厚友谊的历史佐证，也成为徐悲鸿、陈之佛等众多艺术家对他支持与帮助的历史见证。源于此，宋步云的这批早期珍贵画作在历经抗日战争、解放战争以及文革运动的坎坷遭遇后被依然完好地保存下来，充分地表现出中国老一辈艺术家们珍视故友的君子之风，也表现出了他们热爱艺术，保护艺术，珍视历史的高尚品德。

亦师亦友徐悲鸿

宋步云与傅抱石交往中常听到他谈起徐悲鸿先生“我和徐悲鸿先生认识是很偶然的，一次徐先生带学生到江西实习，见到我挂在画店中的书画、金石作品大加赞赏，正巧当时我也在店内，于是在店员的介绍下结识了徐先生。

“初次见面后不久，徐先生亲临寒舍造访，观摩了我创作的书画、金石作品和艺术史论著后，感觉很有金石、篆刻的艺术天赋，肯定了创作成就，并鼓励我走出国门，到受中国美术和哲学思想影响深厚的印度、日本等东南亚国家拓展视野，研究世界乃至东方艺术史发展过程，并主动提出想要帮助我出国的打算。我局促地答应后，徐先生四处奔走为我联系出国深造之事，最终找到时任江西省教育厅的负责人，在先生鼎力举荐下，终于说服了那位负责人，1932 年获得江西省政府资助，以考察和改良景德镇瓷器的名义公派赴日本留学。1933 年 3 月，入日本东京帝国美术学校研究部，拜于美术史学家金原省吾门下研修东方美术史。回国后又在徐先生的帮助下任教于中央大学艺术系，教授东方美术史课程。至此对徐先生无私帮助与知遇之恩我始终感念不忘。”

傅抱石也常谈到徐悲鸿深厚的艺术造诣，说他是至诚、大度、正直的人，有着广受人们啧啧称道的铮铮铁骨、刚直不阿的气节和强烈的爱国情怀。徐悲鸿书写的“富贵不能淫，贫贱不能移，威武不能屈，此之谓大丈夫。”条幅正是他高风亮节的最好写照。

傅抱石曾对宋步云讲过一段真实的往事：徐悲鸿时任中央大学艺术系主任期间，蒋介石曾在中大虚挂校长之职，他时常坐滑竿出入学校，马弁前呼后拥，以示威风，师生们恐避之不及，争相让路。徐先生却恰恰相反，每当与蒋介石一行相遇，既不让路，也不打招呼，总是器宇轩昂，漠然视之。当时一些有识之士暗中讽刺国民党的“三民主义”为“三迷主义”，即官迷、财迷、色迷。国民党的上层人物多是“心存高官，志在巨富”，中下层官吏也多为攀高结贵，趋炎附势之辈。徐先生这种清高傲岸的骨气实在难能可贵，令人肃然起敬。

宋步云早年在济南爱美艺专学习时就仰慕着徐悲鸿，一直有追随他的想法。九一八事变后，宋步云与北平、山东两地爱国学生组成请愿团到南京请愿，恰好住宿于徐先生执教的南京中央大学。当时徐悲鸿已是知名的爱国艺术家，在教育界乃至社会上都有很大的影响，宋步云借此机会约上王式廓、王仙坡等同学去拜望徐先生，却因时下徐悲鸿已离开南京，正在广西与李宗仁等联名通电蒋介石要求一致抗日。宋步云未能如愿见到徐先生，不免有些遗憾，但徐先生的爱国情怀却给他留下了更为深刻的印象，心中更加充满了对他的敬佩之情。当宋步云应聘到中央大学任教时，徐悲鸿仍在校外活动着。

宋步云在中大有两年之余却未能有机会与徐悲鸿谋面。对于徐悲鸿，他从陈之佛、傅抱石、吴作人、黄君璧、陈晓南等同仁那里获得不少信息，得知徐悲鸿自 1938 年起先后在印度、新加坡、吉隆坡、槟榔屿、怡保等地举行抗战义卖画展并将所得 10 万美金悉数捐出，用于救济难民，支持祖国抗战。1940 年，他又应印度诗人泰戈尔之邀赴印度国际大学讲学，并在加尔各答举行画展。徐先生还为泰戈尔作了十余幅素描速写，根据这些素材完成了国画《泰戈尔》，在印度期间还创作了著名的巨幅国画《愚公移山》。1942 年转道回国先后在云南保山、昆明举办画展义卖，将所得全部捐献支援抗战，这些事迹更加强了他对徐先生的崇仰之情，也使他更渴望能早日与徐先生相识。

1942 年初夏，徐悲鸿回到重庆，艺术系的全体师生举行了隆重的欢迎大会。徐悲鸿身穿西装，领口系着黑色大领结，微笑着和师生们一一握手，热情问候。会场外同时也响起了阵阵鞭炮声。在欢腾的人群中，徐悲鸿一眼就看见宋步云这个陌生人，立刻走到他面前伸出了手。

宋步云既兴奋又不安，兴奋的是今日终于见到了仰慕已久的徐先生，不安的是初次见到闻名遐迩的“大人物”不免内心忐忑，略显拘谨。

傅抱石见状趋前作以介绍，说：“他叫宋步云，是我留学日本时期的好友，现在是系里的水彩画教师。”徐先生边听傅抱石的介绍，边主动向宋步云伸出手，热情地与他握手，亲切地询问他的情况，愉快的与他攀谈，徐先生那诚恳、谦逊、厚朴的品格，使宋步云消失了在素未谋面的大师面前的拘谨感

徐悲鸿清癯的面庞上一双炯炯有神的眼睛流露出亲切的目光，竟使宋步云产生出一种故友重逢的感觉，于是情不自禁的紧紧握住他的手。在徐先生的询问下，他一股脑地把自己的身世和生活情况全部倾诉出来，并告诉他：我现在也和许多人一样，全家寄居在重庆当时几乎到处可见的碉堡楼里。徐先生爽朗一笑，诙谐地说：“那也好，空气新鲜嘛!”徐先生幽默的话语，使他原本紧张不安的心情，竟然不知不觉完全烟消云散了。随后徐先生热情地邀请他晚上到自己的宿舍做客

当天晚上，宋步云应约带着自己的几幅水彩画习作来到徐悲鸿在盘溪的住所。这是一间并不大的学生集体宿舍，室内墙角处有一张双层硬板床，下层简单地铺了一床有些发旧的床单和薄被，上层

堆放着简单的生活用品和许多画作，一张书桌兼画案上堆着书籍和绘画工具，房间的装备与其他学生宿舍无异，只是多了两把陈旧的滕椅。

宋步云惊诧地看到这位知名的艺术家生活是如此简朴，甚至是简陋，不由得为白天在徐先生面前提及“全家居住在废弃的碉堡里”的失言而感到有些不安。

徐先生解释说：“我家住在盘溪江北的大石坝，离学校较远，现在我身体不太好，平日不回去。这里很清静，满自在的，可以安心地搞教学和创作。”

随即，徐悲鸿仔细看过宋步云带来的水彩画，认为他的水彩画很有特色，画面上水分掌握的很充分，光和色的表达也很到位，在现代水彩画创作上有发展前途，热情地鼓励宋步云要继续画下去。

随后徐先生又针对每一幅习作开始侃侃而谈，十分耐心详尽地为他分析、讲解了对画作的意见，以及画水彩的要领。他强调说：“画好水彩很难，必须掌握好水分，要色调透明，笔墨淋漓，景致虽经概括，但不能失去真实感。有些画看起来虽然题材简单，但也要注意在能充分地表现出大自然的变化和壮美的同时，要随时注意画面的表达效果，在瞬息变化的大自然光和色中，努力达到与大自然的和谐统一，同时也要注意不能忽略微小细节的细微变化。要想练就高超的技巧，就必须深入生活，勤学苦练，除此之外别无其他捷径可寻。”

徐悲鸿又详细地询问了宋步云的经历、教学、艺术创作等多方面情况。当得知宋步云现在正从事着中国水墨山水画的探索和实践时，非常高兴地鼓励他，还详细地谈及了自己在探索东西方绘画艺术相结合方面的一些体验。徐悲鸿将中西绘画进行比较，谈到造型是西洋绘画艺术最为核心的要素，它与中国画造型是截然不同的两种观念。中国画特别是文人画，不是以再现被描绘事物的形色为目的，而是有意排斥这种真实的再现，主张笔墨情趣和意境才是传统中国画的精髓所在。注重主观的意象表达，将中国画抽象的归纳为一种程式，在笔墨游戏的过程中获得自由的表达，而这一脱离对客观事物观察的现象恰恰阻隔了画家对描写事物的感觉和体验，从而导致因循守旧的摹古之风盛行，致使作者对事物缺乏客观认识，失去其创造的原动力。对于此，徐悲鸿斥责道“中国画学之颓败，至今日已极矣”。

徐悲鸿认为将艺术与社会变革紧密结合，主张“笔墨当随时代”，对民族艺术要加以改良，主张中西方艺术互补，“西方艺术上之所短，正是东方艺术之所长；东方艺术之所短，正是西方艺术之所长，短长互补，世界新艺术之产生，正在目前，惟视吾人努力之方针耳”。

徐悲鸿辩证地将中西法艺术的创造视为两种平等的主题，之间有一个契合之处，没有必要非得分辨此长彼短，只是互相汲取吸收的问题。两者只有互相融合创造出新的艺术手法，才是符合推动社会变革的必然途径。中西方文化和审美有着很大的差异，中西方绘画艺术文化的结合使两者的发展相得益彰，这是中国画发展、生存的必然趋势和最终结果。他主张：“古法之佳者守之，垂绝者继之，不佳者改之，未足者增之，西方画之可采入者融之”。

徐悲鸿鼓励宋步云要运用自己熟练掌握的西法特长对古法和西法进行改造，最终创造出一种全新的中国绘画艺术语言，以推动中、西绘画事业在中国蓬勃发展。

当徐悲鸿手持宋步云带来的大型油画作品《流亡图》照片，了解到它是以反映九一八事变后东北人民的悲惨生活为主题，抒发强烈的忧国忧民情怀，向世人深刻揭露日本侵华战争的本质及给中国人民带来的巨大灾难的内容后，激动地说：“在我的印象中，这是我所知道的中国画家敢于在交战国本土上，有胆量创作大幅油画揭露日本军国主义侵略罪行的‘第一人’。这充分表现出你作为中国年轻的艺术家的民族气节、爱国情操和自己的责任感。它不仅能在旅日留学生中引起极大的反响，也同样能深深地打动国内的艺术家和我本人。这幅作品所反映的内容，正是你在艺术取向上所追求现实主义道路，通过写实的手法真实地揭示流亡途中苦难民众的悲惨命运，在空旷萧瑟的大环境下通过这些孤苦无助的、活生生的人物形象描写，给作品更平添了人性在遭受到野蛮蹂躏过程中的沉重感，表达出一个有民族责任感的艺术家深切同情遭受苦难的劳苦大众悲剧意识，震撼地发出反抗外族侵略的正义心声。”徐悲鸿对油画作品《流亡图》予以充分肯定的同时，也为《流亡图》在中日两国交战之际未能带回国而深表惋惜。

1942 年，中央大学会议室，宋步云（左）、徐悲鸿（中）、黄君璧（右）

徐悲鸿又了解到宋步云回国后，尤其是在上海、武汉、重庆等地与爱国艺术家们一起投身木版画的事业做了很多重要工作，创办了《抗建通俗画刊》，与王琦等人共同发起成立了“中国木刻研究会”，以及身体力行创作出大批反映抗战题材的木刻画作品，表示赞赏。徐先生谈到国内在鲁迅先生积极倡导推动的新文化运动下，中国新兴的木版画达到了方兴未艾的程度，它的大众化、通俗化极易被人们接受，有广泛的群众基础，得到了广大民众的欢迎，在人民群众中起到了不可遏制的积极宣传作用。西方国家了解中国的抗战情况，有很多也是来自中国的版画家的木刻作品。

当谈到教学和创作两者关系时，徐先生说，我们搞美术教育的人应当把为人施教放在第一位，以自己的修养和品德教育培养出更多品德好、业务强的艺术人才来。悉心地教给他们专业特长，培育他们的优秀品质。艺术创作与教书育人相比，只能是个人的专业爱好，画得如何、搞多搞少是你个人的事，育人则应列居为第一位。若将把两者的关系颠倒了将会误人子弟。徐先生寄希望于宋步云凭借专业特长投身到推广美术教育工作中去，为中国美术事业的发展做出更积极的贡献。

这一晚，宋步云和徐悲鸿交谈了很久，见徐先生面带倦容曾多次告辞却都被他阻止了。他们就像久别的朋友般在和谐的气氛中交谈到深夜。临别时，徐先生又热情地约他第二天早晨到嘉陵江边一起走走。

初次见面的这一晚，徐悲鸿的谈话令宋步云毕生难忘，在他日后的艺术生涯中起到了极其重要的作用。宋步云离开徐先生的宿舍回家，一路上揣摩着他的评点，思考着其深刻的指教。经过一条青石板路前行数百米，再经过一道陡峭的数百级石阶沿山坡而下，直抵嘉陵江畔，到了码头再拐个弯就快要看到碉堡楼了。一路起伏不平的颠簸山路使他深有体会，徐先生每日拖着病弱的身体到学校上课，必须要上下此山，对他来讲该是多么困难费力的事情。而徐先生肩负着育才施教的理念，每日不顾辛劳往返奔波，从而彰显出先生对美术教育事业之至诚。此刻，他怀着对徐先生的敬意，忘却了坡陡路滑，借助着周围微弱的光亮，三步并作两步地返回住地。

宋步云回到家后，不顾夜深和一路辛劳，马上找出笔记本迅速地回忆并记录下徐先生的指教和评点、对中西绘画的深入浅出的剖析、教学和创作两者辩证关系的精辟见解等内容，也写下了自己的感想和体会。

第二天清晨，宋步云如约来到江边，透过江畔渐稀的薄雾，老远就看见徐先生穿着长衫的身影，他静静地坐在沿江的礁石上，一会儿低头注视着脚下浑浊的嘉陵江水，一会儿又抬头凝视着烟云缭绕的远山。宋步云见状加快脚步跨过满布鹅卵石的江滩，来到徐先生的身边。

宋步云刚要道歉，徐先生即抢先说道："我一直有血压高和肾病，睡眠总是不太好，每天天还没亮准醒，在床上躺不住就很早起来独自一人到江边来看看，欣赏一下嘉陵江晨雾的万千变化，这已成为我多年养成的生活习惯了。即使当年没来重庆，在南京或在国外，我也每天到江边或海边去寻找大自然千姿百态的变化，找寻创作的灵感。"

徐先生面对渐渐淡去的雾霭，望着翻滚奔腾的江水，说："英国水彩画之所以誉满世界，首先是因为伦敦多雾，适作水彩画。重庆的气候与伦敦很相似，一年四季都在雾中，极适宜画水彩画。"

他再次强调：画水彩画看起来容易，实际上画好水彩是很难的，要充分地了解和掌握好水分，要使水分在画面中自然地产生流动感，避免水色在画面中发生滞懈，要色调透明有光感，笔墨淋漓也要注意洒脱。有些画虽然题材简单，但要注意表现出大自然的变化和壮美，面对纷繁的物体对象，要敢于取舍，所绘景致虽然概括，但不能失去真实感。徐悲鸿的一席话令宋步云受益匪浅。

随后宋步云陪着徐悲鸿沿江边慢慢地踱步，徐先生面对远方和近处的色彩变化，不时停下脚步讲解把握自然界瞬间变化的要领以及如何在变化中找寻、发现创作的灵感。

从那以后，徐悲鸿对这个比自己年轻十余岁、初出茅庐的"新交"关怀备至，诲之不倦。宋步云为人正直、豪爽，工作和创作非常勤奋，徐先生喜欢这个新结交的年轻人，看中他严谨的治学理念、认真求学的态度、锐意进取、永不服输的性格以及超强的办事能力，对他格外关注。宋步云常拿自己的作品向徐悲鸿请教，徐悲鸿每次总是十分耐心地为他讲解，渐渐地徐先生诲人不倦、不求回报的无私品格成为了宋步云心中的楷模。他在绘画上取得的每一点微小的成绩也都凝聚着徐先生的心血。

徐先生总要在清晨到江边散步，常与宋步云在晨曦中相会，一时间，嘉陵江边成为他们漫步观景谈艺的好去处。徐悲鸿说过："在一个风景优美的地方可以画出许多好的画卷。因为时间的不同，自然界中晨夕、风雨、阴晴、雾霭的变化会使原有的色调发生改变，画者的视觉感受也随之变化，那么所创作的画卷也就不尽相同；比如，你站在同一地方，只要一转身就会出现一幅新的画面；移动一步可能又是一幅全新的景象……"

根据徐悲鸿的感受，宋步云每天清晨和落日也必定要去嘉陵江边去做细微观察。山城雾霭缥缈，变化万千；远处雄奇的山峦，云烟飞度；嘉陵江水奔流不息，朝阴暮晖；江坡走势连绵起伏，移步换景；江滩落日余晖，美不胜收……如诗如画的景致令他勾魂摄魄。远处传来的粗犷的号子声，赤身躬背前行的纤夫以及忙碌的码头搬运工人，也都令他感动。他找寻、捕捉着每一丝创作的灵感，凭借着对色彩的敏锐感觉，举起手中灵动的彩笔，以鲜明的色彩，将光和影瞬间变化的视觉感受随时随地写入绚丽多彩的水彩画卷中，为巴蜀大地的壮美，江水奔腾咆哮的气势，古朴山城的厚重，辛勤劳作的纤夫，忙碌的码头装卸工，雨中山城的多彩倒影抒写出带有历史痕迹的众多画图。

有时面对同一景致他会反复地画出若干张，直到满意为止。就这样，他在反复练习过程中不断地体会徐先生的教诲，逐渐领悟水彩画创作真谛。在两三年中，从近处的嘉陵江沿岸到远处的长江水边，布满了他的足迹。1942 年至 1945 年间，宋步云锐意进取，取得了累累硕果。

宋步云在《从艺六十年回顾纪略》中记述：

四十年代中国以水彩画为主，徐悲鸿先生认为我在水彩画上有发展前途，经常给予鼓励，并时常对我的作品加以指导，使我不断取得进步。有时在晚饭后与徐先生一同散步，在松林坡下、嘉陵江边上；有时也登上江中石门观看落日晚霞、来往船只，江边随江涛声送来纤夫的号子声。徐先生时常对我说：‘你必须在技法上练一手高度技巧，才能抓住在作水彩画的短暂过程中得到预期的效果。’我总是到江边练习上几十张，反复习作，失败了再画，在此过程中深切地体会到徐先生的教诲。就如此在两三年中，从沙坪坝到磁器口数公里的嘉陵江岸遍布了我的足迹。”

不久后，徐悲鸿被任命为中国美术学院院长，在国民政府教育部长朱家骅的委派下又投入到紧张的筹建中国美术学院的工作中。教育部拟定中国美术学院为创作研究性教学单位，经费由中英庚款委员会拨付。

建院之初，徐悲鸿聘请宋步云为中国美术学院研究员，从事学院的水彩画教学研究工作，同时聘任吴作人、张大千为中国美术学院研究员，聘任李瑞年、沈逸千、冯法祀、张倩英、张安治、陈晓南、费成武、孙宗慰、宗其香等为中国美术学院的副研究员。

由于抗战时期大量的机关单位和人员内迁重庆，想找到合适的校址并不容易。为了中国美术学院能顺利建成，徐先生毫不犹豫地将校址设在坐落于盘溪山坡上的自家二层楼内。

中国美术学院初步建成后，宋步云同时担任着中央大学艺术系、重庆国立艺专以及中国美术学院三份职务，每天课程安排得满满的，没有更多时间在中国美术学院替徐先生分担、处理一般日常事务性工作。徐悲鸿充分考虑到他工作的实际情况，让他不要耽误授课，一旦有事再请他过来处理。而宋步云为了报答徐先生对自己的知遇之恩，又考虑到自己不能将全部精力都放在中国美术学院教学研究和帮助、支持徐先生的工作上，于是决意不要中国美术学院付给的任何报酬，完全尽义务帮忙。徐先生见宋步云态度坚决，也因为中国美术学院建校之初，学院经费确实紧张，各方面都需要用钱，见执拗不过宋步云，便勉强同意了他的请求。

画家卢开祥在《宋步云先生和他的水彩画》中记述：

我是一个水彩画爱好者，曾经一度迷恋于画水彩，所以也就和宋步云先生有过较多的来往，并从宋先生那里得到过许多教诲。现在我做一些回忆来纪念宋步云先生的艺术成就。

1943年，我到重庆后，随徐悲鸿先生住在盘溪‘中国美术学院’，那时有一位中等身材，精明清秀的先生，经常到美术学院去看望徐悲鸿先生，后来才知道他就是宋步云先生。那时宋先生在重庆国立艺专任教，并任中国美术学院研究员，教授水彩画。徐先生曾对宋先生说中国水彩画发展落后，鼓励宋先生不但要自己画好水彩画，而且要努力发展中国的水彩事业。

宋步云先生早年留学日本学习油画、水彩画，抗战爆发后回国，但是在他的水彩画中，仍保持了有中国气派的水彩画，并有鲜明的个性风格。他的水彩画既不是英国的画风，也不是日本的格调。宋先生在重庆时画了不少风景画，他的现实主义的手法，表现重庆的雾、嘉陵的水、歌乐的山、长江的浪……他以熟练的技巧，留下了四十年代重庆的风貌，表现出重庆当时的自然神韵，并为后人留下了一份四川在抗日战争中的历史资料。徐悲鸿先生十分器重宋先生水彩画的才能，曾对宋先生说过“英国的水彩画驰名世界，只因伦敦的雾多，适宜画水彩画，重庆的雾也多，人们常谓雾重庆，重庆四季都在雾中，作水彩画非常适宜……你要争取在水彩画上有独到之处”。徐先生的话也使我茅塞顿开，认清了努力方向。宋步云先生也常对我们说："水彩画虽然难画，技巧要求甚高，如果能掌握水分的控制，能用色透明，就能欢畅挥洒；在构图上虽要概括，但不能失真，作画时既要发挥出高超的技巧，又必须生动地表现出所画对象的形与神的统一；作画只有勤学苦练才能成功、别无他途。"宋先生的水彩画，在老练基本功的基础上，在技法和意境表现上取得了极为突出的成就，是中国水彩画一代宗师、是中国早期水彩画的最杰出的代表之一。

中国画与水彩画有共同的渊源，都是在水和笔、色上下工夫，虽然水彩画是外来的画种，但到了中国画家的手里，就潜移默化地受到了中国传统绘画的影响。我们中国水彩画在世界有着独特的风格，就是我们的水彩画有中国气派，重视水和笔在画面的作用。宋先生的水彩画就有强烈的个性化特征，鲜明的民族气派，他擅长于用水，因为重庆的雾能使画面湿润，不易干燥，可以充分调动水的因素，笔和色的功能来表现重庆的山川地貌，画出了画家感情，表现出重庆的特色，使原属西画的水彩画充满东方神韵，正是因为宋步云先生有早期油画和水彩画的深厚基础，所以在他的国画创作中，才能显出他西画的痕迹，创造自己独特的风格。

在重庆时期，宋步云与徐悲鸿、傅抱石既是同事，又是莫逆之交。他虽然没有正式拜徐悲鸿为师，却一直受惠于徐悲鸿的教益，他也一直将其尊为师长，彼此交往频繁。宋步云常将创作的绘画作品拿来请教，徐悲鸿也常在闲暇之时独自到碉堡楼来与宋步云、傅抱石聚首，谈诗论画。宋步云特别喜欢徐先生创作的奔马，他将经过仔细观察、悉心描摹所画的徐先生的奔马图，拿给徐先生请教，先生都耐心细致地进行指导。最后当徐先生看到宋步云创作的奔马图跟自己画的极其相似，仔细审阅后十分高兴，并对作品的不足之处进行了详细的点评。

随后徐先生话锋一转，语重心长地对宋步云说：“你画得非常像，也非常好，画出了马的特点和精神，构图也非常完美。但不管你画得再好、再像，那都是别人的，不是你自己的东西。你要是这样画下去，即使你今后再出色，走得再远，都是跟在别人的足迹后面蹒跚学步。你的油画、水彩画画得这么好，传统国画也画得相当有味道，不要把精力放在描摹他人上，应该将心思放在研究怎样将不同画种融汇一体，充分发挥自己的特长，创造出自己的全新风貌上。我和林风眠等西画家多年来一直都在致力于研究中西绘画艺术表现手法的自然融合上，这个方向也是我一直对你的要求，更是我对你的期望。你有深厚的中国文化的底蕴，并且还熟练地掌握着中西绘画多种画种的技法，希望你也能延续这条道路探索下去，创造出有别于他人的东西。”

1945 年　国画作品《绝壁飞泉》

宋步云从徐师的话语中领悟了深刻的含义，暗自下决心绝不辜负徐师的殷切希望。从那以后他再也没有画过以马为题材的作品，在国画创作上，也渐渐退去了浓重的傅派山水味道。经过长时间不懈的追求与努力，最终他所创作出的油画、水彩画和中国彩墨画等作品均有别于他人，树立起了自己独特的、具有中国气派的画风，从而践行了徐悲鸿对自己的殷切期望。

结识冯玉祥将军

1943 年，宋步云在好友高象久的介绍下，有幸结识了刚回重庆不久的爱国将领冯玉祥。

宋步云在青年时代就非常景仰冯玉祥将军的爱国精神。九一八事变后，冯玉祥通电全国，提出了抗日救国的十三项主张。“一·二八”抗战后，他看清了蒋、汪妥协卖国的嘴脸，隐居泰山。后在共产党人的帮助下，组织了抗日同盟军，在古北口长城以北抗击日军入侵。由于蒋介石的破坏，冯玉祥被迫离开同盟军再回泰山，请李达、许德珩、陶行知等著名学者上山讲学，研究政治、经济、外交。其间曾支持福建省政府劝川军刘湘部联共抗日，并致电蒋介石，提出开放党禁，解放言论，团结抗日的主张，后出任国民党军事委员会副委员长。

七七事变后，冯玉祥出任第三战区司令长官，负责指挥淞沪抗战。在淞沪抗战中，蒋介石频频从中作梗阻止他的作战意图，后又将他调任第六战区任司令长官。冯玉祥彻底认清了蒋介石消极抗日的真面目，遂将抗日的希望寄托于共产党、八路军。他派遣部分人员到延安学习，创办《抗日军报》，出版《列宁全集》《论持久战》

《新华日报社论》等，向全国人民宣传同心抗日的意义。1938年国民政府内迁重庆，冯玉祥任督导长官，视察国防和各地抗日情况，劝说原部属处理好与共产党的关系，协力抗日，并与何应钦等反共投降派作针锋相对的斗争。与此同时，他在武汉为《抗战画刊》出资，在重庆积极支持宋步云等创办的《抗建通俗画刊》，努力推动中国新兴木刻事业的发展，利用木刻的宣传形式积极抗战。

1942年底，冯玉祥组建"全国基督徒节约献金总会"，陆续在各地建立分会。次年10月，总会更名为"中国国民节约献金救国运动会"，他亲自写字画画，义卖献金。自1943到1945年间，他先后游历四川二十余县，广泛发动献金救国运动。同时组织成立了"利他社"，其宗旨为"人生以服务为目的，革命以利他为本务"，推行抗日献金运动，提倡科学生产，普及教育，促进民主，维护和平的活动。

冯先生喜爱文艺，又非常喜欢宋步云的水彩画，在了解了宋步云的人品后，冯玉祥向宋步云提出要拜师学画，宋步云欣然应允。此后，冯先生只要有时间就到学校或碉堡楼来学习水彩画技法，有时还到江边看宋步云写生或请宋步云到自己陈家桥的府邸"抗倭庐"指导作画，在频繁的交往中彼此间友谊日益加深。

1943年，中原地区连续干旱之后又遭蝗灾，寥廓的中原赤地千里，饿殍遍野，仅河南一省就饿死了三百万人。8月2日至16日，河南西部山区发生局地大暴雨，山洪暴发，堤防溃决，给黄、淮沿岸造成了巨大的破坏，山东、河南、安徽等地遭受到严重洪涝灾害。

同年初秋，宋步云从川中写生回到重庆，得知家乡山东以及河南、安徽等地遭受了百年不遇的自然灾害，致使无数灾民流离失所，衣食无着，他夜不能寝，食不甘味，一心考虑怎样为家乡赈灾救灾。当冯玉祥得知宋步云的焦急心情后，第一时间站出来支持和鼓励宋步云为赈灾举办一次个人画作义展，并主动联系由山东省政府驻渝办事处来主持这项活动。

于是，宋步云于冬初在重庆再次举办大型的个人赈灾义展（暨第五次大型个人水彩画展），展出了他数年来的全部优秀画作，并将义卖所得款项悉数捐献给正处于水深火热之中的父老乡亲。此次义展，盛况空前，在社会上产生了广泛而深远的影响，受到重庆地区群众的热烈赞扬和社会各阶层的高度评价。在他的义举下，文化艺术界的同仁也都纷纷行动起来，以各种不同的形式展开了义卖义演活动，重庆各界也纷纷开展起各式各样的赈灾活动。

此次宋步云的义展事先就得到了徐悲鸿、冯玉祥的鼎力支持。开展当天，冯玉祥携“利他社”的众多会员、山东省政府驻渝办事处人士早早到场，徐悲鸿携廖静文以及陈之佛、傅抱石、丰子恺、吴作人、黄君璧、陈晓南等人也先后来到重庆中苏友好协会展览大厅，徐悲鸿、冯玉祥亲自主持了画展的开幕式。

尽管展前宋步云已把拟展的每张画作，都已送请徐悲鸿先生审阅过，但先生仍兴致勃勃地带领中大和艺专的师生，在冯玉祥先生和“利他社”会员的陪伴下，与广大观众一起，仔细观看画展的每幅画作，同时对画作进行了品评，这使广大观众从中深受教益，更使宋步云永难忘怀。

徐悲鸿先生从与宋步云相识之初，一直以来都对他的作品予以深刻的指点，并且在江边之晨，曾对他做出永生难忘的教导。一年后又再次提出要求和教诲，使宋步云敏锐地意识到，自己的努力和徐悲鸿先生的期望尚还有一些差距，更需要百尺竿头再腾跃，不断奋力。

在义展会场上，徐悲鸿看中宋步云的两幅水彩风景画《嘉陵江夕阳》《嘉陵江纤夫》，当即决定购买。宋步云见状执意相送，说“我对您的培育和教诲无以报答，谨以两幅小画相赠略表寸心吧”。

徐悲鸿不同意，争执之下，还是徐悲鸿让了步，最后表示：待日后自己举办画展也请你挑选两张作为留存，这样才好对等。先生的誓约深深地感动了宋步云。他们师生的深情厚谊，使围拢在他们身边的观众也受到感动，情不自禁地热烈鼓起掌来。

义展开幕当日作品即被全部预购。义展结束后，宋步云在冯玉祥的陪同下前往山东省政府驻渝办事处将所得钱款无偿捐献给家乡政府。

与此同时，冯玉祥还热情地邀请宋步云参加由他发起组织的“利他聚餐会”，此活动的发起人还有陶行知、李公朴、卢绪章、孟宪章等三十余人。每次“聚餐会”都会邀请到一些知名的爱国民主人士莅临讲演，宋步云在“聚餐会”上先后聆听了冯玉祥、陶行知、郭沫若、邓初民、屈武、王芸生、刘王立明等人的讲演，主要内容是宣讲抗日形势和抗战必胜的道理。通过演讲活动，宋步云进一步认清了当前的形势，更建立起抗战必胜的信心，也更加认清了蒋介石政府假抗日、真内战的真实面目。

冯先生对“利他聚餐会”非常重视，他在演讲中谈古论今，旁征博引，雄辩铿锵，有的放矢，幽默诙谐，深受大家欢迎。他经常说，人不只能是光为自己而活着，要为社会做些好事，有利于国家和人民，才不愧做人，也才有点人生的意义，即所谓“生当作人杰，死亦为鬼雄”。

随着“利他聚餐会”新成员的不断加入，冯先生又倡议成立了“利他社”，并被推举为永久社长。“利他社”的理事长由重庆义林医院院长李义铭担任，副理事长由陈锡章、冯子源、杨亚西、李跃光等担任，宋步云为“利他社”的早期主要成员。

蒋介石政府在得知“利他社”反对政府主张，鼓动抗日宣传，有严重的左倾倾向时，犹如芒刺在背。在蒋介石的授意下，国民党中统、军统特务奉命从不同渠道打入“利他社”，监视冯玉祥与“利他社”的动向，有文字称，“不断有各类监视报告如雪片一般送到侍从室，因此为蒋介石所不容”。

抗日战争胜利后，冯玉祥主张国内和平建设，反对内战，希望国共合作共建国家，竭力反对蒋介石重开战端。1946 年国民政府还都南京，在蒋介石的逼迫下，冯玉祥以考察的名义出国赴美，国民政府明令发表“派冯委员玉祥赴美考察水利事宜。”同年 5 月，冯玉祥赴美前在重庆朝天门码头与宋步云话别，他对宋步云说，“要牢记艺术为人民，人生以服务为目的，革命以利他为本务……”并嘱咐他“我走以后，你一定要注意安全，待他日归国再继续跟你学画。”

冯玉祥赴美后仍十分关注国内形势，对蒋介石大举进攻人民解放区，镇压国统区爱国民主运动十分反感，他在美积极宣传反对内战，主张成立国共联合政府，反对美国援蒋反共。在旧金山华文报纸《世界日报》上发表了谴责蒋介石政权的《告全国同胞书》，公开与蒋介石决裂，反对蒋介石利用美国援助打内战，列举了蒋介石一系列罪状，积极主张停战议和，此文一出，得到李济深、何香凝等进步人士的响应。

同年，他在哥伦比亚大学举行的纪念国民党“双十节”演讲大会上反对蒋介石打内战，呼吁实现和平民主。在纽约组织“中国和平民主联盟”，联合进步人士扩大反蒋力量。蒋介石对冯玉祥所作所为恨之入骨，在他的授意下，于 1948 年 1 月冯玉祥被国民党公开宣布开除了党籍。不久，冯玉祥接连发表了《为什么要反对援蒋》《我为什么与蒋介石破裂》等文章，4 月，在费城以《中国需要和平与民主》为题发表演讲。这些反蒋反内战的活动引得南京政府极其不满，冯玉祥十分清楚自己的言行早已为蒋介石政府所不容，早晚必被拔之。于是他暗自做好了随时遭到暗害的准备，并写下了遗书，说明自己反蒋的事实真相。

1948 年 7 月上旬，冯玉祥应中国共产党的邀请准备回国，打算离开美国后经苏联入境再转道解放区与中国共产党合作共建民主中国。宋步云在北平得悉他不日将抵达北平，于是宋步云便与王丙召等人商量拟一同去参加迎接冯玉祥归国大会。万万没想到却传来冯玉祥在归国途中不幸于 8 月 22 日在黑海邮船上因油轮“自燃起火”被大火吞噬遇难的噩耗。消息传来，宋步云悲痛万分，为一代英豪就这样过早离世而痛惜，先生的音容笑貌总是不停地在脑海中萦绕。

1949 年在冯玉祥将军逝世一周年之际，毛泽东、周恩来、朱德等党和国家领导人为冯玉祥将军分别题词，表示哀悼。1953 年新中国政府将“壮志未成身先死”的冯玉祥将军骨灰接回并安葬于将军生前喜爱的泰山之上。

多年来，宋步云一直追思着与冯玉祥交往的日子，他常常和身边的人讲起冯玉祥将军性格耿直，刚直不阿，追求民主自由，反对蒋介石独裁卖国的点点滴滴往事。他说，冯玉祥一生好学，不但是军事天才，也是清醒的政治家，诗书画无所不能。他那学而不厌、诲人不倦的精神对自己影响很大，堪称楷模。他还具有很高的英语水平，发音准确、语句熟练，曾亲耳听到过他朗读马歇尔给他的来信，其诵读的流利程度令人惊叹不已。而冯玉祥的为人更令宋步云敬佩，其慷慨助人的精神、不惧恐吓的凌然大义以及他那一腔的爱国热情，都使宋步云记忆犹新，永志不忘。

水彩画的创作高峰

20 世纪 40 年代是宋步云回国后又一个水彩画创作高峰期，也是他探索中西画法融合的重要阶段。授课之余，他总是背着画具早出晚归，不分严寒酷暑走遍了山城，踏遍了巴山蜀水，创作出数百幅具有浓郁四川地域特色和生活气息的作品。自 1942 年至 1945 年的数年间，他以真实的感受，在以表现巴山蜀水自然景象和劳动者真实生活写生创作基础上，先后成功地在重庆、成都、内江、江津等地举办了七次个人画展。他的作品从气势、构思、手法上都显示出画家的大家风范，作品也深深感动了观众，画展在西南画坛造成了轰动效应。

1942 年 5 月，宋步云在傅抱石、陈之佛、吴作人、黄君璧、陈晓南等中大同仁和邵恒秋、刘铁华等木刻协会友人的帮助下，在重庆中苏友好协会举办了他的个人首次画展，画展展出了他自到重庆以来所创作的百余幅水彩画作品。前来参观者都被那些带有浓郁四川地域特色和真实生活气息的画卷所感动，展品除非卖品外，大多数被国内外收藏家买走，展会取得极大成功。现在我们尚能见到的保存完好的两幅非卖品《重庆雨中督邮街》《嘉陵江风光》至今仍光彩不减。画展闭幕后，宋步云将全部所得捐献给有关部门，作为支援抗战的基金，以实际行动支援抗日前线浴血奋战的将士，被艺术界颂为佳话。

1942 年 5 月，“宋步云水彩画展”于重庆开幕

同年年末，宋步云利用假期溯江而上进行实地写生创作。途经泸州至内江，应当地主人热情邀请在内江城内举办个人水彩画展览。展出作品全部都是地方色彩及其浓郁的当地风光、本地区群众的生活，以及内江人民辛勤劳作生产的真实、生动写照。观众走进展室看到艺术家对家乡生活的艺术再现，全都大喜不迭，感慨于亲眼看到艺术家对自己家乡真实、生动的写照，他们说：我们这么穷的家乡也都上了画，而且还如此好看，真让我们没想到！

在内江办画展期间，宋步云意外地与相邻展厅举办个人漫画展的故友丰子恺重逢，闭馆后俩人一同回住地，又惊喜地得知俩人恰巧被安排在同一间客房，这可把两个老友乐坏了，高兴之余，丰子恺即兴挥笔，以“天作巧合”为题赋打油诗一首，以纪念此次的不期巧遇：内江留客住，双辅八字开。不期步云至，对酌叙衷怀。

那天晚上，他们把酒畅叙，宋步云简单地介绍了武汉分手后到重庆的整个经历，并惊讶地了解到丰子恺也是受陈之佛之邀来重庆接受国立艺专教务长之职的。他还说到他来重庆还有另一原因，在浙江大学读书的长女丰陈宝和长子丰华瞻听说重庆中央大学外文系不错，便决定来重庆，他们转学到重庆中央大学续修学业，人生地不熟我们不放心，考虑到他们这里需要有人照顾，于是除留下另外两个女儿丰宁馨、丰满仍继续在浙江大学读书外，举家内迁重庆，现在刚来重庆不久，暂居于陈先生家中。

随后宋步云对丰子恺讲起，他们初到重庆后与陈先生比邻而居，在自己最困难的时候，陈先生多次热情地施以援手，帮他们渡过了一个又一个难关。我们对先生的感激之情终生不忘。

接着宋步云对丰子恺说："在来内江写生办展之前，陈先生受命担任重庆国立艺专校长之职，事先他曾将我和傅抱石、黄君璧及一些中大朋友找到一起商量是否接受教育部的任命？如接受也恳请我们帮助他接管并邀请我们来艺专任教。我们表示支持并助先生一臂之力，共同努力办好重庆国立艺专。"

宋步云又兴奋地对丰子恺说："自开学以来，国立艺专教务主任之职一直空缺着，现在由你来担任真是太好了。"

重庆国立艺专是在原国立北平艺专和原国立杭州艺专内迁至湖南沅陵后，在教育部的撮合下合并组建的，更名为国立艺术专科学校。虽然两校合并在一起，但两校互相之间谁主谁次，选谁用谁的矛盾冲突愈加激烈，经常闹到学校负责人林风眠那里，互不相让，以致影响了教学。在这种复杂的人际关系下，林风眠被迫于 1938 年 6 月辞职。此后，教育部委派藤固任校长，但藤固在努力了两年，将艺专内迁到重庆后，也因无法处理好两校合并后复杂的人际关系，借病在家休养为由辞职。之后是吕凤子到校接任，也因同样原故于两年后卸任，再经吕凤子推荐，教育部遂任命陈之佛担纲此职。

鉴于有国立艺术专科学校前面几任的经验教训，陈之佛先生一开始本不想走马上任，但在时任教育部长的陈立夫再三劝请和中大同仁傅抱石、黄君璧、宋步云等人的一再敦促下，他终于勉强同意。

1942 年 7 月，陈之佛走马上任，旋即聘任傅抱石为校长秘书，黄君璧为图画科主任，秦宣夫为西画科主任，王道平为应用美术科主任。8 月，宋步云也接受了陈之佛校长之聘任西画科讲师之职，教授水彩画课程，同时仍在中央大学艺术系执教。

1943 年，重庆国立艺专校长陈之佛与教员合影（前排左一丰子恺，左二傅抱石，左三陈之佛，中排左二宋步云，前排右二高淑贞）

陈之佛在接任重庆国立艺专校长后，立即显露出作为教育家的才干和开拓意识，将艺专迁至依山傍水，环境清幽的盘溪，与中央大学隔嘉陵江遥遥相望。同时聘请干才来校任教，组成了师资强大的教学领导班子。他还大胆地对课程设置进行改革，其中，为提高图画科学生们的造型能力特别增设了实像摹写课程。

陈之佛先生上任后，吸取了各届前任们的经验，首先在以教学为主宗旨指导下，建立了以教学为主的核心领导班子，聘请了一批其他院校的著名画家到校任教，并考虑到教务主任之职的重要性，首先想到的就是他的好友丰子恺。但教务主任人选问题，一直在校内成为广泛争论焦点。由于陈之佛坚信丰子恺的为人和能力，他毅然打破了先报请后任命的常规，在向教育部提交推荐信函同时，直接聘任丰子恺为教务主任，致使校内矛盾更加激化。

陈先生继续延续着前任们以教学为主的办学方针，却恰恰忽视了行政管理对教育事业发展影响的重要性，对原班人马结构没有实行根本的改造，各种矛盾依然突显，以致形成办学中的软肋。丰子恺担任艺专教务主任后不久，便因学校复杂的人事关系、纷杂的人际往来，弄得疲惫不堪。由于缺乏后勤部门支持，各个行政部门之间在协助教学工作中，互相推诿踢皮球，保留下来的教员不服从教务的安排，因而导致很多教务活动无法开展。丰子恺本是搞文化教育出身，又是搞艺术的，本性是个性情中人，非常不适应这种复杂的人事关系和纷杂的人际往来，在担任教务主任一年后，便愤然请辞，虽然面对陈先生和周围的同仁们一再诚恳的挽留，但他去意已决，最终还是离开了艺专。

令陈之佛难以为继的有诸多方面，如学校复杂的人际关系得不到有效的改善；国民政府教育部对他要求增加经费一事置之不理，使学校的经费捉襟见肘；教育部门严防《新华日报》在校传发，加紧调查异党分子，强迫各院校校长集训三十余天，陈之佛认为这是对自己的莫大侮辱；国民政府教育部的不作为令人心灰意冷，为此多次递交辞呈。1944 年中旬，陈之佛坚辞了艺专校长职务，回中大任教。宋步云、傅抱石等人也随即辞去在艺专的职务，回校继续搞艺术创作和教学。

1942 年年末，宋步云在内江办完个人水彩画展后告别丰子恺，到重庆北碚写生作画，受重庆北碚缙云寺下院主持之邀，为温泉寺内的观音殿绘制观音画像，后由艺术家贺白先等人泥塑而成。有史料记载：观音殿俗称铁瓦殿，又名绿瓦殿、铜瓦殿。正殿 242 平方米，由 20 根一尺四寸见方的石柱支撑。殿内原供奉有一尊白衣观音，高一丈多，由抗战时期国立艺专教授宋步云创作，艺术家贺白先等人泥塑而成。丈余高大的白衣观音，体形优美，神态自如，栩栩如生，是一件被交口称誉的艺术珍品，可惜毁于十年浩劫之中。殿顶用铁瓦加盖，瓦上铸有信士姓名，外加琉璃瓦覆面，屋脊塑有彩色二龙戏珠图雕，光彩照人，晶莹夺目，郭沫若对此写有“铜殿锁龙蛇”的佳句。

20 世纪 40 年代　写生作品《重庆街景》之一

20 世纪 40 年代　写生作品《重庆街景》之二

1943 年夏，宋步云利用暑期独自背着行囊，冒着酷暑，一路西行，边走边画，最后走到川中名胜峨眉山。一路上他风餐露宿，翻山越岭，沿着人迹罕见的山路写生作画。峨眉山下高温 40 度，爬到山顶则白雪皑皑，需穿棉衣、烤火盆。他体验到世人称“峨眉人烟罕至”是如此贴切。在攀登峨眉山时，他还朝拜了山中所以寺院，并请寺院主持在他特意准备的册页上盖印珍存留念。

在极其险恶的环境中，宋步云找寻着最佳绘画创作点，坚持写生。他身处峨眉山巅，远眺西康雪山，感怀峨眉山秀美与多彩，孤赏独步于云端之奥妙，于是写下了“峨眉天下秀，步云独自游”的诗句。他在到金嶺作画时，受到寺院方丈的热情款待。方丈非常喜欢书画，见面后犹如故交，将寺中珍藏的历代名家作品和自己的法书拿出来一同观赏，又引荐他与在寺中修养的成都市主政官员见面。当官员们看到他的峨眉采风画作后交口称赞，并主动邀约在他下山后到成都举办个人画展。宋步云在峨眉写生十四天后下山，带着此行创作的数十幅作品取道成都办展。

宋步云画展隆重开幕，成都一地的知名人士纷纷前来祝贺，展出的富有地方色彩的作品受到参观者的热烈欢迎，在当地产生不小的反响，短短数日，除少部分非卖品外皆被中外收藏家选购。

展览结束后，宋步云谢绝了当地艺术家和好友沈福文的热情挽留，继续走上独行的写生之路。原本想再往西行，翻越二郎山进入川西腹地，写川西雪山、草地、江河的壮阔雄姿，但苦于找不到合适的向导，不便贸然行事，于是打消了西行的念头，独步北上都江堰、青城山，再经成都后南下乐山，沿岷江下游的长江干流行程数百里至三江交汇源头叙府至泸州，周周折折耗时两个月，一路上历尽千辛万苦，将沿途巍峨壮美的川中雄奇，咆哮奔腾的长江之水，深山密林中少数民族独具的风采一一记录，收入画箧，获百余稿之丰。

返回重庆后，宋步云顾不上休息，夜以继日地在碉堡楼里整理写生画稿，之后从数百幅水彩画中精选出百余幅精品筹备展出。

1943 年 9 月下旬，宋步云第二次在重庆中苏友好协会举办个人大型水彩画写生展，受到了社会和广大艺术家群体的瞩目，展会上一些细心的观众对展览有了新的发现—布展不仅巧妙，还有令人惊奇的新发明，新创造。

宋步云一向心灵手巧，爱动脑筋。抗战时期大后方物资供应极度困难，生活用品匮乏，他全凭聪明才智，自力更生将生活中所遇到的问题一一解决。这次办画展，他在生活原本不富裕的情况下力求节约，找来一些废弃木料自己动手精心制做了上百个油漆画框，展会上的百幅作品在别具特色的画框装饰下显得格外抢眼，人们夸赞他的木工和油漆手艺并不逊色于专业的工匠水平。他还首次利用“透明玻璃纸”替代画框玻璃，将“玻璃纸”一面用湿布均匀擦过，趁潮湿绷到画框上，干透后的“玻璃纸”便如同玻璃一样紧紧地绷平在画框上，这样即达到平整如镜的效果，又节省了使用玻璃的开支，同时也解决了透过玻璃看画时反光看不清的问题，这些创造发明令参观者无不啧啧称奇。

宋步云在中西绘画领域不断取得的成绩不但得到了徐悲鸿、傅抱石的指导与支持，同样也受到重庆艺术界和中央大学同仁们的高度重视与积极评价。

1943 年 3 月 6 日，吴作人在《新蜀报》上发表评论文章，对宋步云的水彩画，特别是对他的嘉陵江风景画给予了高度评价。吴作人在《宋步云的嘉陵江》一文中阐述：

> 要实现自然间的韵味，水彩画是很能收到功效，但并不是说用色用水就可以得自然之神韵，工具材料固足以决定作品的形式，而风格与内在的情绪之表现，还待作者的修养与技巧的造诣。
>
> 我们随时可以看到水彩画，也有不少很熟练的，可是我们并不能因此就满意这些画，为什么？恐怕一幅好画除熟练而外，还得要能造出一个境界，而境界并不是空中楼阁，任意捏造出来的。
>
> 所以作者的观察能力是很重要的。能观察才能表现自然是如此的广泛，因此地域的不同，阳光的明晦，一切就

在无穷的变化。要表现这种变化与亦不同地域的色彩之特征，就得先领悟了这些。决非在外面先走马看花回家去“闭门造车”，以曾经获得的一套方式与公式，应用在任何环境上，任何题材上。如此画风，怕会走到衰落的路上去。

幸喜宋步云先生的水彩画正给了我们以真诚的感觉，地方色彩的表现极为充分。宋先生画嘉陵江兼传其神态。我们虽未能见得李思训、吴道子的嘉陵江，然论江山云雾的气势，朝暮明晦的变幻，江岸滩头的各种景态，纤夫一群群的俯伏同行与逆流挣扎，搬运工人，小买卖者，芸芸攘攘。宋先生确不加自己的成见，客观地，忠实地描写，想来是不仅能无愧于古人。

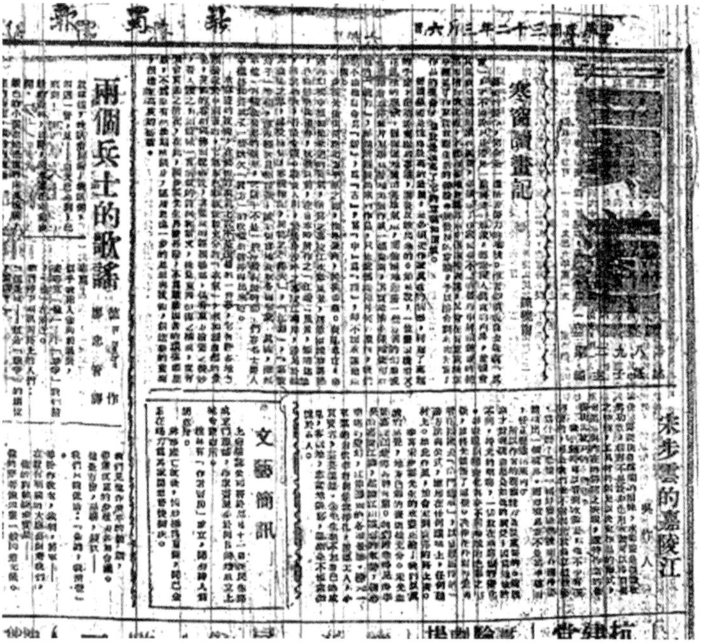
新蜀報
兩個兵士的歌謠
寒窗讀畫記
文藝簡訊
宋步雲的嘉陵江
吳作人

1943 年，吴作人在《新蜀报》发表《宋步云的嘉陵江》，陈晓南在《新蜀报》《时事新报》发表《寒窗读画记》等评论文章

宋步云对吴作人先生给予自己水彩画写作的评价和鼓励非常感激，被他视为等同于与徐悲鸿先生给予的指教一样，都是他终生难忘的事情。宋步云崇敬吴作人有着丰富的学术经历，渊博的艺术理论知识，令人瞩目的油画艺术成就，极其羡慕吴作人早年曾经得到徐悲鸿先生的亲授与指导。吴作人高尚的人品和儒雅的风度，都是宋步云仰慕已久的。

宋步云在到任重庆国立中央大学艺术系以来，吴作人经常伸出友谊的双手，支持帮助他的工作与生活，他们在日常的交往中，彼此早已建立了深厚的友谊。此次吴作人发表的《宋步云的嘉陵江》，被他视为是对自己艺术上极大的鼓励和鞭策。在经历了两次战争年代的艰难时期，吴作人与宋步云一起工作，一起辅助徐先生在重庆中央大学艺术系、中国美术学院、北平国立艺专复校，一起为推动新中国的美术教育事业发展，共同进行了不懈的努力。吴作人非常了解宋步云的为人和艺术成就，信任他的人品和办事能力。即使宋步云在建国之初，遭受诬陷，受到不公正待遇蒙冤受屈时，吴作人也依然公开排除众议，坚信他是被迫蒙冤的，为他奔走呼号，并一直依然对他非常尊重和支持，照常往来，传递美术界各种发展变化的信息，还不断伸出友谊的之手，给予他包括在政治上的各种无私地帮助。在政治挂帅的年代，他们之间的友情一直未变，仍然相待如初，这也就是他们终生为友的印证。

关于宋步云四十年代的水彩画，陈晓南也在 3 月 6 日的《新蜀报》和《时事新报》上相续发表了评论文章《寒窗读画记》，给予了高度评价：

> 艺术的制作，完全是一种艰苦劳力的堆积。作者必须亲自去透视“真实”，才不至于只是懵见一点肤浅形象，而能深入真实的内奥，并体会其风景。这种形象和风度，必须凭了作家从事不断的劳作中所锻炼成的纯熟而精到的技术，才能确当地表现出来。但这种表现，又常在有意或无

意中经过了作家从实际生活的体验中所发展的意识，予以画融合调整而充实了作品的生命，也就是提高了它的意义和价值。

所谓艺术是性格最高的发展，是必须把作家真实的情感，利用了高超的手度，借助于实际的事态，而后反映出来的。如果说，一位画家说着天花乱坠的理论，假惺惺地装出英雄气概，而偷懒地凭着一些空洞的幻想或是凭借着西洋画片东拼西拉地勉强作成一幅画面，其实是描花样地使用着他的“魄力”，那他所赶制出来的作品只是虚伪浅薄可笑的东西，我们姑不论他自命为“新”，为“古”，为“西”，却不能承认他是艺术。

步云先生生长于北方平原之乡，性格豪爽，纯朴毋华。衰乱危亡，由逃避幻境中催动他豪迈的英气，所写之嘉陵江水彩之风景，用笔泼辣而圆熟，色彩鲜明而温存。抗战以前，在日本时所作之“江边”风景，烟雨迷茫，淋漓痛快，吾最爱读。战后入川，蛰居于沙坪之嘉陵江南岸，涉足于船夫、农妇之群，感受痛切，审视精深，所写之“纤夫”、“江滩”、“嘉陵舟子”等幅，浑厚轻快且极精微，诚挚切实地汲取各种形象之真髓，而揭示他一再继续发展的观照，断乎不是一般浮滑肤浅的艺士们在名士要人中笼络和养成了一些欠缺“实力”的吹嘘而能捧得出来的。

水彩画的技术，在艺术的成就上说本是很难的一件事，它有许多地方颇接近于中国画的。它运用色彩线条和充分的“水汽”来和谐自然的景色，英国乔纳与康斯泰伯尔说，其画面的轻盈畅快，具有东方绘画之美妙，吾人读之，如体味一首清新的诗词和散文，殊见东西艺术之构成，实有融会贯通之所在。在此，愿步云先生再接再厉，不为艰难困苦的环境而屈服，不为原有通则所限制，运用更进一步的思想与技术，创造新的画面，创造更高度的艺术。

吴作人、陈晓南的文章对宋步云的水彩画作出了精准的评价，也集纳了广大艺术爱好者和观众们的心声。他们的鼓励与鞭策激励宋步云在他的艺术创作道路上锐意进取，从而达到他在抗战时期水彩画创作的一个高峰。

翌年，徐悲鸿在重庆举行大型画展，为践前言，他要宋步云挑选两张画留作纪念。尽管宋步云非常喜欢徐悲鸿的画，并将其视作艺术之宝，却执意不肯接受。徐悲鸿知道执拗不过他，当场拿出一本锦缎装饰的精美册页相赠。徐悲鸿沉思片刻，在标签上题写“友声集”三字，之后翻开中间的一页，认真地画了一匹奔腾的马，并承诺日后要携宋步云去赵少昂府上，请他在册页上作画留念。

画展结束后，徐悲鸿践约携宋步云去著名画家赵少昂府上拜访。尽管宋步云与赵少昂早已是中央大学和国立艺专同仁，他们之间也早已相熟，他对先生画作慕名已久，但他一直未奢望索取。赵少昂是名画家高剑父、高奇峰的弟子，擅长花鸟、山水与草虫。他的作品有浓厚的岭南派特色，又具有个人独特的风格，人们赞美他的艺术是“青出于蓝”。徐悲鸿对赵少昂的艺术极为赞赏，曾作诗赠之：“画派天南有继人，少昂花鸟实通神。秋风塞上老骑客，灿烂春光艳羡神。”

赵少昂热情迎接他们的到来，他对初次上门的宋步云一直怀有好感，应徐悲鸿的要求现场在《友声集》册页上为宋步云挥毫画了一幅《飞蝉图》。

之后的一段时间，徐悲鸿又携同宋步云到谢稚柳、黄君璧的府上拜访，让他们在《友声集》上作画留念。虽然这几位先生都与宋步云相熟，但宋步云也一直未奢望索求过。后来又有陈之佛、李苦禅、傅抱石、吴作人、丰子恺、关山月、关良、萧淑芳、许麟庐等艺术家先后在《友声集》上留下墨宝。

这些由宋步云赈灾义展所衍生开来的故事，说明了徐悲鸿对宋步云水彩画的高度评价和珍视，也记载了徐悲鸿和老一辈艺术家对青年画家的关怀和厚爱，激励着宋步云更加奋发向上，勇攀高峰。

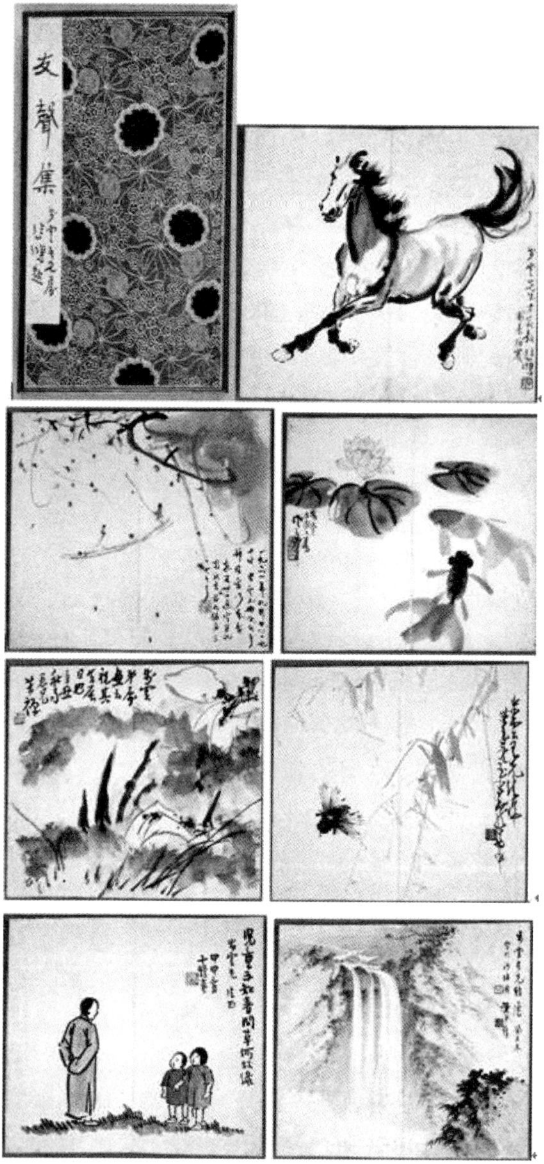

1944 年，徐悲鸿赠宋步云《友声集》及部分友人画作

随着岁月的变迁，在人生的道路上宋步云经历了坎坎坷坷与风风雨雨，但他始终珍藏着这册《友声集》。每当他翻开册页，看到那匹奔马以及其他作品时，仿佛又看到徐悲鸿等友人的音容笑貌，往事便一一浮现在眼前。

转年初春，宋步云再次利用学校放假的机会，在前两次旅行写生的基础上独自出行江津沿途写生。江津是一个历史文化悠久的城市，以地处长江要津而得名。江津位于重庆西南长江之滨，风景独特，其地形南高北低，最低处是珞璜十坝，最高点是四面山蜈蚣坝，海拔 1 700 多米。长江自西流经江津受阻于鼎山转而向北，复受阻于马骏岭东巡，再受阻于高家坪南巡南回，最后转向东北，环鼎山绕了一个几字形的大拐，故江津又名几江。

宋步云沿江西行，跋山涉水，画尽江津山川的美景。随后又应江津地区政府之邀举办了个人画展，展出了他的百余幅新作，可谓墨色未干，画彩喷香。这些极富地方色彩的水彩画作品受到地方大众的喜爱。参观者欣赏着这些“新出炉”的作品，感受着画家把自己家乡的青山绿水画得既真实又炫美，为此纷纷赞叹不已。

重庆时期，宋步云一家的生活并不宽裕，甚至还很拮据。但他本着强烈的爱国热情和抗战必胜的坚定信念，尽一己之力支援抗日斗争。他多次将画展的全部所得无偿捐献给抗日将士和山东灾民，充分地体现出他作为社会一员的强烈的社会责任感。

而这一时期，由于日本侵略者对重庆的长期封锁和不间断地飞机袭扰，蒋介石政权采取消极抵抗，积极反共的政策，使人们与政府离心离德。国民党政府统治下的西南大后方长期以来物资供应匮乏，特别是关乎民众温饱的口粮更是奇缺，即使供应质量也极差，老百姓所能购到的限量大米基本上都是没有脱净谷壳且发霉变质的，难以下咽。加之世风不正，政府官僚中多有贪官污吏，他们与不法分子相互勾结，投机倒把，囤积居奇，高价出售，致使统治区内物价暴涨，民声载道。一些没有生活来源的百姓为了生存被迫卖儿卖女，而机关学校的普通公职人员也同样苦苦地挣扎在贫困线上。

在小高坪出生后不久，一家人搬进了“碉堡楼”，在精心的调养下，高淑贞身心得到了些许恢复。平日里高淑贞除照顾小高坪和打理家务外，为了打发宋步云时常在外写生创作时家中的寂寞，充实自己的精神生活和补充家用，在徐先生和武汉时期结识朋友们的帮助下为一些刊物、报纸誊写、校对文稿，翻译教学资料，有时也为刊物创作一些封面画图或插图，将微薄所得贴补家用。

由于重庆地区物资供应极度匮乏，平日得不到营养补充，两年后高淑贞再次怀孕时，身体特别虚弱，她深知自己身体抵抗力不强，平日极注意饮食卫生，但还是因为一时疏漏，导致在怀孕期内患上痢疾，久治不愈。而就是在这样的身体条件下，1942 年盛夏，他们的第一个男孩降生了，因缺乏营养，高淑珍没有奶水，幸亏同一产房另外一位产妇奶水充足，她将自己的婴儿喂饱后，慷慨接过高淑贞怀中的新生儿，用自己的奶水让产儿吮个饱。数天后，他们千恩万谢地告别了那位产妇，抱着儿子出院回家调养。

高淑贞为一直没有奶水而焦灼，于是宋步云在农场工人的指点下，每天清晨绕到后山的老乡家去买鲜羊奶。盛夏时节，天气闷热，买来的鲜奶还没到中午就变质了，孩子只能吃上一两次，望着嗷嗷待哺的孩子，高淑贞强忍着眼泪，熬些米糊或用温水代奶为其充饥。就这样，可怜的新生儿在饿得啼哭了几天后，在高淑贞和宋步云万般无奈的情况下，眼睁睁地看着儿子死在自己的怀里。孩子的去世，对他们这个家庭是个沉重的打击，尤其是对高淑贞打击得更加厉害，在以后很长的时间里，整天以泪洗面，埋怨自己没能力照顾好孩子。经过一段时间的自我身心的调理，朋友们的劝慰，直到来年她才慢慢地适应了现实状况。

1943 年，高淑贞再次怀孕，宋步云接受上个孩子死亡的教训，想法为孕期的妻子补充营养，他抽空下河摸鱼，或到老乡家廉价买些骨头和下水熬汤。又在农场工人的提醒下，从学校借来猎枪和一些散弹在碉堡楼附近的野山坡上打野物，结果收获颇丰，以致不得收手，时常将打来的猎物赠与艺术系老师和农场工人。陈之佛夫妇、张老伯夫妇以及傅抱石等也十分关心，经常带些营养品给她补充营养。

1944 年 6 月下旬，宋步云到江津成功举办完旅行写生展览后不久，他们的第二个男孩平安降生，这让他们夫妻欣喜若狂。丰子恺得知消息后与陈之佛夫妇、傅抱石夫妇相约一起于次日一早带着丰富的营养品登门道贺。

丰子恺特地带来红帖为新生儿取名为“慧京”，他详尽地解释了其中的含义：取“慧”字是希望他聪明，智慧；取“京”字有纪念他出生地的意思。陪都重庆当时即是京城。众人听罢，连声称赞。不日，徐悲鸿得讯在吴作人的陪伴下前来祝贺，当得知丰子恺已给孩子取名慧京时，连声说取得有意义，很贴切。他们争相抱起可爱的小慧京，内心泛起诸多联想。临走时，他们掏净身上的钱留给产妇买些营养品补养身体，宋步云和高淑贞执意不肯收下，他们清楚大家的生活都很艰难。徐悲鸿见推来让去的，便面带“愠怒”地将钱硬塞进宋步云的手里，并用“命令”式的口吻说“拿着，别再拒绝了!”随后离开了碉堡楼。宋步云望着他俩逐渐远去的身影，心里一阵热流涌过，暗自发誓一定要以不同凡响的成就来报答他们的无私帮助。

儿子度过了满月，学校的暑假来临，宋步云毅然把妻儿托付给张伯母和表嫂，开始了徒步写生。这是他第二次溯长江进入川中腹地采风，经过两个多月的辛苦劳作，他带着百余幅水彩风景画新作于儿子百日之时回到家中。

当宋步云见到了日思夜想的、已经能绽开灿烂笑容的儿子时，他的眼睛湿润了。看着妻子在张伯母和表嫂的精心照顾下脸上露出的健康红晕，内心充满着感激之情，他连连作揖，鞠躬致谢，逗得大家笑声不断。旋即他又把两个月来取得的丰硕成果一一展示给大家，以示报答。

1945年，宋步云一家在重庆

几天后，宋步云挑出部分新作拿给徐悲鸿和中大艺术系的同仁们看，得到了他们的充分肯定。徐悲鸿认为这些新作标志了宋步云已经掌握了水彩画的真谛，希望他继续努力创作出更多更好的水彩画作品，为推动水彩画事业在中国的发展做出新贡献。

抗战胜利后追随徐悲鸿北上

抗战已进入最后阶段，全国各战区开始向日军发起全面进攻，胜利捷报如雪片般传来，人们欢欣鼓舞，大局已定，侵略者覆灭指日可待。重庆地区的物资供应也相应得到恢复，其中也包括西画家所需的材料，宋步云适时购得一些油画颜料，痛痛快快地创作出十余幅油画风景写生作品。

1945 年 5 月初，宋步云应邀再次于成都举办个人画展，展出了近期创作的油画、水彩画近百幅力作，获得了轰动效应。

展览同时，成都进步组织“民协”在中共领导下举办营火晚会，成都的各大中院校师生在华西坝集会纪念五四运动二十六周年。宋步云受邀参加了此次活动，聆听了“华大”陈中凡教授讲述的五四运动的经过和深远意义以及著名作家叶圣陶等人的发言。叶圣陶称这次大会是进步青年的觉醒大会，喻为“中华民族新生的曙光”。大会还号召中国青年要继续发扬五四运动争取民主、反帝反封建的精神，为打败日本侵略者，建设新中国而贡献自己的力量！宋步云备受鼓舞，会后与成都的大中学生们一起，参加了由数千人组成的火炬游行和为争取民主自由而奋斗到底的庄严宣誓。

宋步云在数年间游行于巴蜀大地，把江山之美和民族多彩的生活景象收入画卷中，先后举办了七次大中型个人画展，还在边远地区乡镇举办小型画展，多次参加木刻协会和重庆艺术界举办的各类展出活动。他自觉地沿着现实主义道路走下去，把自己视作人民大众一员，是人民群众中的艺术家。因此，他的创作内容也多取材于人民群众的日常生活，贴近并植根于大众，最终将这些作品无私地反馈给了人民。

1945 年 5 月 8 日，德国法西斯宣布无条件投降，欧洲战事平息，中国人民备受鼓舞。在世界反法西斯联盟的支持下，中国战区对日寇发动了全面的进攻。历经八年的艰苦卓绝的反侵略斗争，中国人民终于打败了日本侵略者，迎来中华民族的解放。

8 月 15 日晚 6 时许，日本无条件投降的消息经重庆电台正式传出，重庆市民欢腾雀跃，爆竹连天，人们心中拨云见日，阴霾退却，激动地高喊“中国胜利了，日本投降了!”

宋步云夫妇与中大师生第一时间走上重庆街头，他们怀着无比激动的心情与市民们一起刷标语、发号外、高呼口号，欢庆抗战胜利。他们骑着三轮车敲锣打鼓绕城传播日本投降的消息，到处是狂欢人流。入夜，全城爆竹声轰鸣震响，此起彼伏，士兵们鸣枪庆贺。各处的防空探照灯同时亮起，灯柱漫天飞舞，市区大街小巷如同白昼，人们狂欢起舞，市中心变成了欢乐的海洋。电影院里的银幕上映出“日本无条件投降”字幕，观众欢呼雷动，任凭帽子、手帕在空中飞舞。正在演戏的剧院里，观众跳上舞台与大花脸的演员们热烈拥抱……这一天，重庆的茶馆酒肆免费为游行庆祝的市民供应茶水和酒水；卖西瓜的老汉把与日本膏药旗相似颜色的红瓤西瓜狠狠地切成一块块免费招待路人，重庆全体市民都沉浸在欢快兴奋中。当日成都报纸以“胜利来临夜，成都狂欢时”为标题报道了成都人民庆祝胜利的盛况：“听到日本投降的消息，满街的人群像洪水般的激流汹涌流动着，许多人拿着长串鞭炮满街飞跑，敲锣打鼓，有的把洗面盆也拿出来乱拍、乱捶。”成都各报发出号外，市民莫不争先抢购，保存起来，作为第二次世界大战结束的纪念品。

1945 年 9 月 2 日，日本天皇、日本政府的代表在投降书上签字。

至此，中国的抗日战争胜利结束。9 月 3 日，重庆各界民众举行盛大集会，庆祝抗战胜利。

当全国人民还沉浸在抗战胜利喜悦之中时，谁也没想到白色恐怖的阴霾却悄然而至。蒋介石政府阴谋发动内战，妄图独吞抗战胜利果实，巩固其独裁政权，实行反革命的统治。中国人民一直企盼、希冀战后的安定生活，民主、自由、和平的社会环境没有出现，内战的阴影再次笼罩了中华大地。

与此同时，国民政府开始酝酿回迁工作，并对政府机构、大专院校、研究单位和工矿企业进行重组，清洗有进步倾向的公职人员。1945 年年底，重庆中央大学也同其他院校一样领导层被更迭，大批教职员工被解职，宋步云也被波及。留任的老师们纷纷为宋步云等人打抱不平，在陈之佛、傅抱石、吴作人、陈晓南等人的号召下，艺术系的老师们找到“中大”负责人评理，要求校方恢复宋步云等人的公职。“中大”负责人以种种托词拒绝恢复宋步云的公职，指责宋步云在任教期间参加了“利他社”、“中国木刻研究会”等多个左翼社团组织；创办左翼刊物《抗建通俗画刊》；在校内向学生散布带有“左倾”思想内容、攻击民国政府的言论，不符合戡乱时期的法令，更不适合国民政府教育部留任教员的要求，拒绝恢复宋步云的公职身份。尽管陈之佛、傅抱石、吴作人等先生为其极不公正的处理，对校方领导层极为不满，据理力争，但最终还是无果而返。宋步云终因“中大”处理不公而失去了公职。

然而，有正义之声的支持，有陈之佛、傅抱石、吴作人、陈晓南等先生们的帮助，宋步云的意志并没有消沉下去，面对接踵而至的困难，他把这种不公当成一种动力，激发他逆流而上，拼搏进取。

1946 年春，在宋步云失去公职数月后，中央大学开始回迁南京，中大盘溪农场也同时转交给了地方。宋步云一家被迫搬离那所自己苦心营造的盘溪山坡上的“碉堡楼”，举家迁至重庆中一路山坡上的两间简陋的竹瓦屋内，暂居下来。

此时，已有一双年幼儿女的高淑贞再次怀孕。因宋步云失业无经济来源，一家人的生活再度陷入困境，此时老友们也都四处离散，令他顿感孤立无助，万般无奈之下，为了妻儿，他忍痛割爱将一些画作低价出卖，聊补燃眉之急。

正当宋步云全家生活陷入举步维艰的艰难时刻，徐师偕夫人廖静文不期而至。他们一路打听寻找到宋步云的竹屋陋室。徐悲鸿夫妇的突然到来，使宋步云全家又惊又喜。

徐先生进屋后仔细巡视竹瓦屋，半开玩笑地说："好清静的地方，你这是要专心修行啊！"

宋步云向徐师倾诉了自己半年来的遭遇和苦闷，徐先生予以安抚，并对他说，"我这次来一是上这里来清静清静；二是来告诉你，不久我将北上就任国立北平艺专校长。这次特地辗转寻找到你的'寒窑'，就是想邀请你一起去北平创造一番新事业，并请你担任艺专的副教授教授水彩画，兼任庶务主任、代理总务长之职，协助我筹备艺专复校事宜，管理全校的行政工作，努力和我一起将艺专建成一所全国知名的、一流的'左派'艺术学校。"

听到这个令人振奋的消息，宋步云、高淑贞高兴极了说得上是百感交集，不知说什么好。他们深切地感觉到，在这个世态炎凉的社会里，在他们身处困境的时刻，徐先生还在关心惦记着他们，及时地伸出援助之手，帮助他们解决了大问题，真算得上是雪中送炭，还有什么可顾虑的呢！于是宋步云与高淑贞商量片刻，毫不犹豫地立即答应了下来。

徐悲鸿又说："现在我刚出院不久，身体不好，无力承担繁重的复校工作，就全权委托你负责完成北平艺术专科学校的筹备工作。在建校之初，你要有充分的思想准备，此次肩上的担子肯定是不会轻松的，你就多受累吧。"

这天晚上，徐悲鸿夫妇留宿在"寒窑"里。为让他们住得舒适些，高淑贞想尽了办法，但生活的窘境，四处透风的竹屋，以及只能以粗茶淡饭款待他们，这些都使她深怀歉疚之意。见他夫妇毫不介意地边吃边说，兴致不减，又使高淑贞一直忐忑不安的心情得到些许安慰。

饭毕，考虑徐悲鸿夫妇长途舟车劳顿，就劝他们早点休息。徐师见高淑贞已有孕在身，随口就说：“看来我们还是真有缘呐，淑贞和静文现在都有身孕了，真是双喜临门啊。”此言一出，大家都兴奋得不得了，相互表示祝贺。

徐先生又问，“准备给孩子起什么名字?”宋步云夫妇连忙摇头说：“还早，没考虑呢。”徐先生痛快地说：“这事包我身上了，我来负责给咱们两家的孩子起名字。”宋步云夫妇格外高兴，连忙点头答应。

随后，在徐先生的催促下，高淑贞勉强同意与徐夫人和孩子们一起先进屋就寝。而后，徐先生借助着微弱的煤油灯亮光，与宋步云攀谈起来。他们从绘画创作谈到治学理念，从重庆的初次相识说到将来在北平的合作。徐悲鸿在谈话中再次提到了“尽精微致广大”的教学理念，并详细地解释了此话的含义，它是来源于《中庸》的“故君子尊德性而道问学，致广大而尽精微，极高明而道中庸，温故而知新，敦厚以崇礼”句中所精取出来的。它是先生在教学活动中，重点关注于素描教学与绘画造型上的生动运用，致力于达到精细微妙、广博深厚境界的集中体现，完全显现了先生治学理念中的品质精神。徐师深入浅出的道理以及高瞻远瞩的眼光令宋步云铭感肺腑，终生难忘。他们推心置腹地交谈了一夜，直至鸡鸣破晓。

这次长谈之后，徐悲鸿夫妇便顶着烈日乘江轮离开了重庆回到南京。随后又由南京前往上海看望了众多老友，还专程赴郭沫若府上拜望，并有幸巧遇周恩来。

徐悲鸿在上海期间，老朋友们对他北上赴任众说纷纭。有人劝他说，当今国共谈判已陷于破裂边缘，不宜北行；又有人说，南京乃是国民政府的首府所在地，是当今中华民国的政治文化中心，作为一个著名画家应该立足于南京；还有人肯定地说，北平是国共两党、两军的必争之地，战火势必首先燃烧至此，何必去飞蛾扑火。多数人倾向于徐先生夫妇应暂时留在南京，以静观国共双方今后的战事演变而定。而徐悲鸿力排众议，决意赴北平创造一番新事业。

周恩来听说徐悲鸿即将赴任，鼓励他说：“好呀，应当去！我希望你把北平艺专办好，为人民培养一批有能力的美术工作者”。

在会晤周恩来、郭沫若之后，徐悲鸿更坚定了赴北平勇担重任的决心，他不顾重病在身，不顾治疗和静养的医嘱，毅然决然地选择了立即赴北平上任。启程前他先到南京，并在那里由夫人代笔给宋步云写信一封，通报了他们的行程安排。

不久，宋步云在重庆接到 6 月 29 日由廖静文代笔的来信，信中说：

> 弟已接受教育部聘任国立北平艺专之职，拟请吾兄相助。如蒙允可，敬希即刻设法启程，务请于 7 月底以前到达北平，以便进行复校事宜。弟将偕吴作人先行赴京。

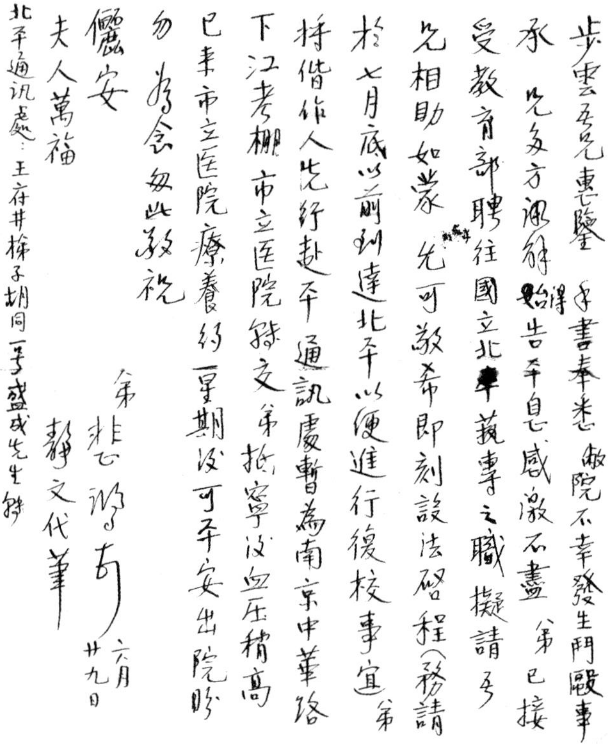

步雲吾兄惠鑒 手書奉悉 敝院不幸發生鬥毆事
承 兄多方調解 始得告平息 感激不盡 弟已接
受教育部聘往國立北平藝專之職 擬請吾
兄相助 如蒙 允可 敬希即刻設法啓程 務請
於七月底以前到達北平 以便進行復校事宜 弟
將偕作人先行赴平 通訊處暫為南京中華路
下江考棚市立医院錄文 弟抵寧後血压稍高
已在市立医院療養約一星期後可平安出院 盼
勿為念 匆此敬祝
儷安
夫人萬福
弟 悲鴻 頓 六月廿九日
靜文代筆
北平通訊處：王府井椅子胡同一號 盛成先生轉

1946 年 6 月 29 日，徐悲鸿由南京致函宋步云

接到来信，宋步云夫妇开始打点行囊，准备携全家赶赴北平，迎接徐悲鸿、吴作人等人的到来。但更大的问题摆在眼前，从重庆到北平无陆路直达，需走水路到武汉或九江再改乘陆路交通，这样走势必耗时费力。更何况眼下国共双方战事已起，一旦途中受阻，还不知要耽搁多少时间。

为此，宋步云四处打听赴北平的最佳途径，经多层关系联系到在当地驻军机场工作的人，最终同意他们搭乘赴北平的军用运输机前往，但提出两个条件：一是不能携带行李；二是必须送他们若干幅画作。为了不误正事，宋步云马上满足了对方的要求，将自己的画作送上几幅。

最令他们无法割舍的是浸满辛勤汗水创作的数百幅作品，这使他们再次联想起从日本回国时的情景，他们忍痛将旅日时期的全部作品及收藏品留在了异国他乡，经年战乱不知去向。现在旧痛未愈，新痛再袭。但他追随徐师去创造另一番新事业的心意已决，不能因为自己的这些作品而辜负了徐师的殷切期望。别无它法，也不再犹疑，最终他从数百幅画作中挑选出了数幅心仪的作品随身携带，余下的委托一位重庆的朋友保存。他们几乎是空着手举家四口搭乘军用运输机飞抵北平。数年后，宋步云曾多次设法寻找这批作品，遗憾的是它们一如日本的那批作品一样石沉大海，杳无音信。

宋步云一家四口抵达北平后才发现，北平的高家家族大半已去，除高淑贞父母坚持留守等候出国已久的女儿和女婿回家外，余下的各家在 1935 年实行“华北自治”至 1937 年七七卢沟桥事变以前先后变卖了祖上遗产，陆续迁至上海、浙江、广东、香港等地定居，有的远渡重洋定居海外。仅剩下在西城和南城的两处面积不算太大的宅院留给高淑贞父母居住。他们长期以来一不做工，二不经商，全靠祖辈留下来的房产度日，于是便把西城那处较大的宅院出租给北大的几位教员，一家人搬到南城宅院居住。

宋步云夫妇最初考虑住到南城宅院，不巧正赶上宅院修缮，他们便随父母和兄弟一家共同寄居于北城古楼附近高淑贞的舅妈家。

在北平安顿下来后，宋步云马上复信给徐悲鸿，告知自己已抵北平。不久，宋步云接到徐先生的手书：

步云吾兄惠鉴：得手书欣知已抵北平。我等六人将于二十四日晨乘船至秦皇岛，二十六日夜约能抵北平，至迟二十七日必能到达。请兄设法至王府井梯子胡同一号询盛成先生得一暂时落脚之处。我一到秦皇岛即电，兄来车站一接。又，寿石工先生系我老友，也校中将来同仁，请告其一切并求彼相帮，觅临时住处。

寿石工先生住西安门外迤北黄城根十八号。

此颂　近安

悲鸿　白

内子附候

七月二十一日

昨日先派王竹声君乘舟赴津来平，请告盛成先生与兄接洽。

接到徐师信后，宋步云马上找到寿石工和盛成，为徐悲鸿一行安排了临时住处。1946 年 7 月 31 日，徐悲鸿夫妇和吴作人、王临乙、艾中信、冯法禩等一行安全抵达北平，在宋步云的安排下先行安顿下来，力求尽早接收新校址，尽快接管北平艺专，并及早复校开课。

隔日，徐师约宋步云前往校尉营胡同，视察教育部事先已经应允的、划拨给国立北平艺术专科学校新校址，位于该街道原日伪遗产日本小学校舍，准备尽早安排办理移交接收新校址的手续，尽快接管北平艺专，及早安排复校开课的具体事宜。当他们到达校尉营胡同后却发现校址已被国民党驻军抢先占据。他们简短地商议后决定找驻军司令谭南光交涉。接待他们的副官通报后以司令军务繁忙无闲暇时间处理琐碎之事为由，百般阻拦面谈，最终无功而返。

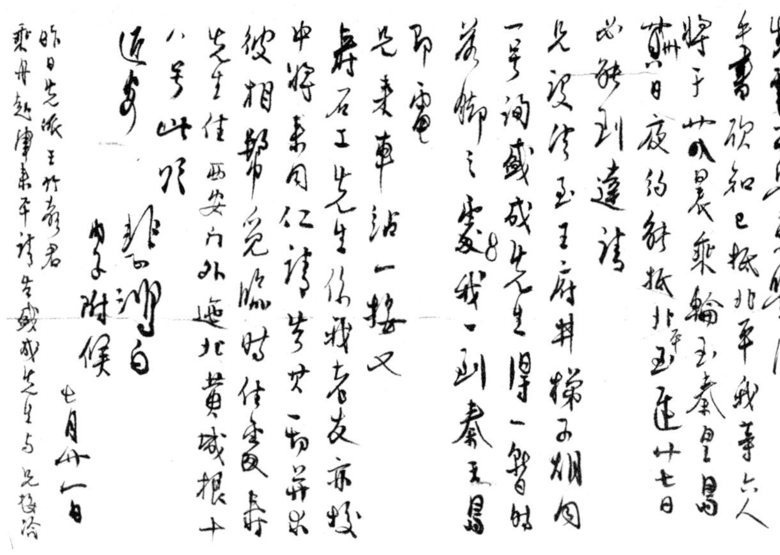

1946年7月21日，徐悲鸿由南京致先期抵达北平宋步云信件

他们见军方态度如此强硬，清楚地意识到此事遇到了大麻烦，不可能在很短时间内得到解决。于是徐先生紧急将宋步云和吴作人召集到一起，召开了首次校务会议。会上他分析了现状，当机立断地做出安排，当务之急是要尽快在旧国立北平艺专原址复校开课，与此同时去找老朋友、时任国民政府北平行辕主任的李宗仁商量解决校尉营胡同校址的问题，具体事宜由宋步云全权处理。徐悲鸿叮嘱宋步云说，“此事非同小可，关系到北平艺专能否顺利复校和艺专今后发展的问题，需要认真研究对待，尽快解决。”

旧国立北平艺专位于北平城东南的东总布胡同十号，附近有很多历史遗址，更有很多历史名人旧居，文化氛围浓郁；南面与贡院西街毗邻，这里是古代会试开科取士的地方，也是明、清会试的场所；北面保存有“火烧赵家楼”现场，它是五四运动中的重要事件。

国立北平艺专原校址就坐落于这样的文化氛围之中，校舍是一幢东西走向的两层砖砌灰色楼房，简陋的校舍旧且狭窄，且教学设施陈旧而匮乏，尤其是在留平学校部分与从重庆回迁学校部分合并后，五系一科挤在一个教学楼里更显得拥挤不堪，教学环境极差。原本学校里的教学气氛是死气沉沉的，徐校长等一行人到来，为学校带来了新的希望与生机欢乐，年轻的教员和学生们为欢迎徐先生等人的到来，在校内到处贴满了欢迎的标语。

为建北平艺专呕心沥血

徐悲鸿在建校之初，经常对宋步云和一些进步的艺术家们提及“我要把北平艺专建成为‘左派’学校”。他思想上要求进步，反抗国民党黑暗统治态度坚定不移，长期以来一直积极与共产党人协作，早在20世纪30年代就曾积极联合左翼人士，在广西和李宗仁、白崇禧等人联合致电蒋介石政府放弃不抵抗政策，主张团结共产党人和一切力量抗击日本帝国主义侵略。他不惧黑暗势力，多次冒犯“天威”，拒绝为蒋介石画像。他与进步人士一起，不顾反动势力的恐吓，在反对内战的声明中签字。

徐悲鸿一行的到来使旧艺专的师生们深受鼓舞，衷心期待凭借他们的努力改善学校原有僵化的教学环境。紧张的复校工作在紧锣密鼓中进行着，首先做出了明确的人事安排，吴作人负责学校教务工作，宋步云负责学校人、财、物的行政管理工作。

宋步云在为艺专招聘和录用教职员工时，严格按照徐悲鸿提出的“三不要”原则执行，即：“不要变节落水的，不要参加国民党的，不要不学无术的”。就这样，一大批德才兼备、艺术上卓有成就、思想上追求进步的画家在建校之初先后来到北平国立艺专。他们是全国一流的画家、艺术家，其中有齐白石、李苦禅、黄宾虹、李可染、李宗津、李桦、叶浅予、陈晓南、李瑞年、冯法祀、艾中信、周令钊、董希文、滑田友、戴泽、韦启美、梁玉龙、蒋兆和等。数年间，宋步云还协助教务录取了一批在艺术上有发展前途、思想上追求进步的年轻学子，他们与大批德才兼备的艺术家一起，为解放后成立的中央美术学院打下了牢固的根基。

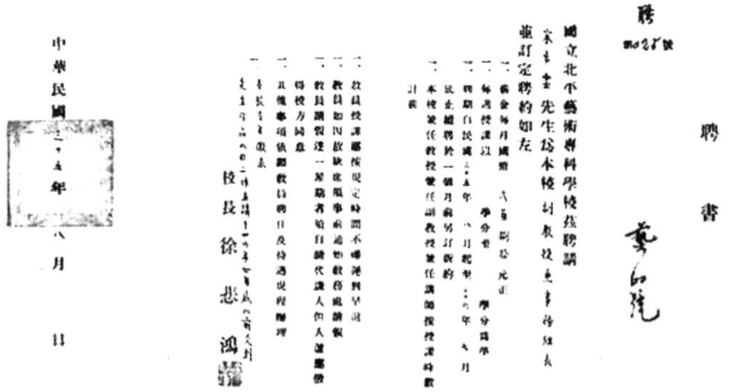

1946 年，宋步云国立北平艺术专科学校聘书

1946 年，宋步云国立北平艺专教师证，任副教授

宋步云在复校时了解到，有数名学生在旧艺专被接管之前，因校方以他们有“左倾”思想而被除名，于是他向徐校长建议恢复这些人的学籍。徐校长得知此事后非常赞同，即委托宋步云将他们重新召回学校，恢复了学籍，使他们在新艺专再次获得学习的机会。而这几名学生没有辜负他们的希望，很快便成为艺专的骨干力量。

此期间，宋步云还多次在徐悲鸿的相约下，一同前往居住在北平的著名画家齐白石、李苦禅、黄宾虹等先生府上拜望。徐悲鸿由衷地称赞他们在北平沦陷时期不为种种威胁利诱，长期过着“伏居燕市”“终日杜门”的生活，保持了民族气节；欣赏他们精湛的艺术，盛情邀请他们加盟新艺专，携手共创全新的美术教育基地。

在拜访齐白石后，徐悲鸿对年事已高，行动不便的他格外关心，委托宋步云平日对他的生活给予更多的照顾。齐白石为此十分感动，痛快地答应了徐校长的邀请。至此宋步云成为齐白石先生的入室常客，齐白石先生也对宋步云的精心照顾非常感激。

宋步云每到白石先生府上，大多赶上先生正在作画，他不便惊扰，便在案旁静静观看，揣摩。先生作画时偶讲一两句笔墨妙法，逢即兴连作数幅，一气呵成，先生如何蘸墨用笔，宋步云都溶于眼里，记在心上，久之其绘画技巧揭然。他对白石先生上承青藤、八大，近师吴昌硕却能不落窠臼，自创一体而深受感染。

先生还经常主动地教他中国画写意技法，使他受益匪浅，在他日后的花鸟画创作中能看出中国画的传承、用笔用墨的老道和用色的厚重。他也不时向先生请教，先生都不厌其烦地讲解，示范。他们不时在一起探讨中国画与西洋画不同技法结合的可能和西画技法、色彩、质感在中国画上的运用。白石先生还时常谦虚地向他请教水彩、素描笔法线条的运用，它们在绘画创作中的重要作用，以及表现物象的比例关系。详细地了解西洋画造型、透视、构图关系，以及色彩的表现形式。

白石先生常说：自从和你们有更多的接触后，我现在越来越发现速写、素描对美术家创作是多么重要，它不仅是西洋画的创作基础，同样也是中国画的基础。徐校长力主推广速写、素描为主修课是有道理的。它能使学生更好地掌握绘画的基础手法，能更充分、准确地表现被描写事物的形态，使之达到形神兼备的效果。虽然传统中国画在创作中非常重视神韵、意境的抒发，以内在的含义打动读者，但轻视了绘画当中最重要的一点是对形的表现，致使能应和者寥寥，使很多画者创作出来的作品只能孤芳自赏，失去更广大的欣赏者和社会的影响力，所以它有很大的局限性。现在我已是老迈龙钟了，如果再年轻二三十岁，我一定要重修速写、素描课。

由于宋步云平日工作繁忙，即使是去看望齐白石先生，也多因为要办其他事情行色匆匆地离去，结果失去了很多向先生讨教的宝贵机会，但他们之间如同师生般的友谊和感情却相当深厚，一直保持到先生过世。

在拜访黄宾虹时，宋步云看到先生的山水画构图平中见奇，墨色丰富厚重，既能浓墨渴笔，又能水墨淋漓。先生的积墨、破墨、宿墨等技法对他后来采用积色法创作的国画大桃启发很大；先生的“师古人，不若师造化”、“中华大地，无山不美，无水不丽”的主张也给他日后的美术创作带来深远影响。

其间，宋步云再次与李苦禅重逢，共同在艺专谋事。尤其是在宋步云不得意时，先生自始至终对他在精神上和事业上给予深切的关怀和照顾，以至他们的师生之情延绵不断，先后长达五十年之久。

徐校长在招聘和录用教职员工提出的三不要原则，同样也适用留用于老艺专教员的续聘工作上，他要求宋步云严查那些变节落水人的情况坚决辞聘，这使宋步云面临许多棘手难题，但他坚决遵照徐校长的要求执行。而有些被辞聘的人士，或自己或托关系反复找徐校长说情请求留任，在多次拒绝无效的情况下，徐校长被迫对二三名涉水不深的被辞聘教员，采取观其才学、察其言行的灵活政策，同意他们做艺专不占名额的兼职教员。

而在辞聘的教员中有一个曾在法国留学的旧艺专教授，由于业务无成常被学生反映教学无术，误人子弟。宋步云将此情况向徐校长做了汇报。徐校长马上对他的教学能力进行考察，认为此人的确不适合留任，欲将其除名。但那人却自恃有靠山，裹着国民党特务的特殊外衣，多次无理取闹，纠缠要求恢复艺专职务，严重地干扰了校方秩序，遭到了徐校长和宋步云的严词拒绝。随之，他一方面找人围攻徐校长，一方面给南京教育部和国民党党部写信，诬告徐校长陷害抗日有功之臣，排挤异己，要求有关部门出面干涉。

随后，徐悲鸿遭到两名闯进艺专的国民党特务的威胁，他们声言："这位教授是我们的秘密人员，抗战期间曾在他家里设有秘密电台，是抗战有功之臣，必须给予照顾。"

徐悲鸿毫无惧色，坚定地反击说："此人既无学也无才，是一个只靠吃反动特务组织饭的党棍，我们绝不能拿教授职务做人情，做误人子弟之事。"

面对徐校长的决绝态度，两个特务头目疯狂地咆哮道："我们要将此事告到中央组织部去!"

不久，国民党组织部长陈立夫、教育部长朱家骅分别致函徐校长，阻止北平艺专辞聘这个"有功之臣"，可谓真的是来头不小。徐校长顶住来自国民政府的强大压力，与此同时，吴作人、宋步云等新领导班子成员也坚定地站在徐校长一边，最终使反动势力未能得逞。但风波并未平息，不久，一场由反动势力精心策划的"倒徐运动"风暴迅猛袭来。

其实，阴谋绝非始于此。1946 年的北平正处于国民党的白色恐怖统治之下，徐悲鸿一行在正式接收国立艺专之前，校内的反动势力就从国民党党部获得消息，在国民党政府有关部门的授意下，国民党分子率先控制了训导处，在校内成立了三青团组织，组织右翼分子煽动不明真相的旧艺专师生抵制徐悲鸿一行接管学校，致使校内的情况日趋复杂。

艺专被接管后，他们对徐校长的办学方针横加指责，故意制造事端，欲把徐悲鸿一行排挤出去。他们多次给有关部门写信诬告，捏造事实，想借此逼迫徐先生及学校负责人离职，最终达到夺取艺专大权之卑鄙目的。

徐悲鸿、吴作人和宋步云早已认清了他们的真实面目，不为所动，旗帜鲜明地团结在一起与他们进行着抗争，对校内反动势力的捣乱和迫害予以有力的回击，狠狠地打击了他们的嚣张气焰，迫使他们有所收敛。宋步云早已对国民党政府的腐败和黑暗深恶痛绝，他更加坚定地站在徐悲鸿一边，在聘用教师和保护进步师生免遭国民党迫害等方面坚守职责，全力以赴地支持、协助徐校长的工作。

在接管并筹建国立北平艺专的过程中，宋步云做了他该做的一切，除任庶务主任、代理总务长职务外还任副教授，教授全校各年级的水彩画课程，他与任教授兼任教务长的吴作人形成了徐校长的左膀右臂。

中央美术学院教授戴泽在访谈录《他是中央美术学院的基石》中谈到：

> “整个国立北平艺专与后来的中央美术学院都应该感谢宋先生，因为他作了许多很实际而且很实在的事情，那是一个真正做实事的人。在当时，徐悲鸿先生在国立北平艺专可以说是最称心的时候，——他有权处理学校里面的事，他说了算。在徐悲鸿身边，有个核心圈，领导者是徐悲鸿，还有两个助手，即吴作人和宋步云。吴作人管教学工作，宋先生管行政工作，学校里行政工作无论大小事情他都得管，他管得很辛苦，很尽力。”
>
> “徐悲鸿能够把国立北平艺专办起来，而且是办的非常好，就因为他有个领导核心。这个核心是很重要的，要是没有那个领导核心的话，这个艺专办不起来，也办不好。所以能够把艺专办的这么好，为中央美术学院做了很好的准备工作，宋步云先生是个主要的支柱，吴作人先生在教务上面是一个很重要的支柱，他们可以说是徐悲鸿的两大臂膀，没有宋先生的话，国立北平艺专和中央美术学院，

不会是今天这个样子。所以我对他们的功劳，评价是很高的，它是个基础，要没有这个基础的话，光说了半天，也不行。柱石也好，基础也好，总而言之，宋步云先生是非常重要的奠基人，是中央美术学院的基石。”

宋步云到北平后便开始了紧张的筹备建校工作。初期的北平艺专校舍、经费、教员都极度匮乏，连教员宿舍和礼堂都没有，条件非常艰苦。他遵从徐悲鸿一切工作均以价廉为佳的要求，为将艺专创建为第一流艺术学府而四处奔走，筹措资金、聘请教员、解决师生宿舍和艺专校舍等，事无巨细，任劳任怨。

1946年，宋步云于国立北平艺专校旧址

由于在艺专复校前期的准备工作中需要购置大量的教学器材，解决教职员工宿舍，使原本就匮乏的经费更是捉襟见肘，再加之物价飞涨，开学时所拨给学校的经费迅速贬值。为解决学校经费严重不足，宋步云曾数次受徐悲鸿重托携校长亲笔手书，历经千难万险，前往南京国民政府教育部和有关部门请求追加经费，尽管多次受到有关公职人员的不友善对待，但在他的努力下，每次还是都能为艺专多追加回一些经费的。

在解决新聘教员的住房问题上可谓难上加难，本着徐校长“购置房舍既要好，又要廉价”的指示，宋步云四处奔波，耗尽心力，终于在学校旁边的贡院西大街购置下原日本洋行的一座二层楼房作为单身教员和学生的集体宿舍，楼上是教员住，楼下是学生住，并带有食堂等设施。随后又将分布于校址附近的如煤渣胡同、火神庙胡同、水磨胡同、罐儿胡同、洋溢胡同 14 号院和 47 号院、总布胡同、东总布胡同、大雅宝胡同、裱褙胡同、五老胡同等处四合院房产购买或租赁手续办理妥当，安排好应聘教职员工入住，为“艺专”准时、顺利开学提供了生活与物质上的保障。同时，他又为徐先生自费买下了东绶禄胡同宅院、为王临乙一家在学校附近买下住宅。由此表明了他的社会工作能力之强、辛劳勤奋之忘我以及真诚端正之人品。

与此同时，宋步云按照徐校长收复艺专校尉营胡同校舍“此事非同小可，关系到北平艺专能否顺利复校和艺专今后发展的问题，需要认真研究对待，尽快解决”的指示，为夺回校舍，给艺专教学营造良好的学习和生活环境，宋步云在徐悲鸿、李宗仁的支持下，数十次孤身前往盘踞在校尉胡同校舍的国民党驻军地。面对戒备森严驻军，他毫无畏惧，不顾个人安危与驻军战区司令官谭南光进行艰难谈判，多次受到军方的严厉斥责和威胁。更有甚者，他还曾被惹得恼羞成怒的谭南光用枪抵住胸口，呵斥、威胁地说“宋步云！你要是再来，我就毙了你！”

宋步云临危不乱，直视着谭南光的眼睛，掷地有声地说：“你枪毙了我，我为艺术而死，你会死得还不如我！”谭南光见宋步云这么不怕死，威胁不起作用，缓下口气不解地问：“为什么？”宋步云义正词严的回答说：“我受徐悲鸿先生、李宗仁先生委托而来，代表艺专收回本应属于艺专的校产，是正当要求。你们毫无道理地抢占了我们的校址，你们本就理亏，现在你还要枪毙我，你能交代得过去吗？你知法犯法势必逃不掉军法处置，不是死得还不如我吗？”

面对宋步云义正词严、据理力争的表述，谭南光理屈词穷，被迫重新回到谈判桌前。同时，他也很欣赏眼前这位外表看似文弱却内心强大的对手，钦佩他临危不惧、置生死于度外的凛然之气。感叹地说：“原本是想把你吓走就算了，没想到你一个看似文弱书生的样子，却有这么不怕死胆量，真是不容小觑！你若能到我手下供职就好了，我这里就缺像你这样不怕死，办事能力又强的人。”

期间，宋步云还多次在徐校长相约下前往国民政府主席、北平行辕主任李宗仁官邸，商谈收回北平艺专校舍之事。徐悲鸿与李宗仁早在20世纪30年代初就已结下深厚的友谊，九一八事变后，他前往广西与李宗仁、白崇禧等先生联名通电蒋介石要求一致抗日；抗战期间，他的爱国艺术活动得到过李宗仁的支持。这次登门拜访，提出了腾出驻军强占校址的要求，一开始李宗仁有些犯难，考虑要在北平城中心再找一处院落作驻军司令部是件很不容易的事，但见徐悲鸿和宋步云态度坚决，要求合理，他终于应允，表示动手做驻军的搬迁工作。不久，李宗仁向徐悲鸿提出需要送一些字画疏通有关人士的请求，徐悲鸿痛快地答应下来，马上动手画了数幅作品让宋步云送了过去。李宗仁先生欣赏完徐先生的作品后非常高兴，又邀请宋步云赠与他数幅西画作品留为纪念，宋步云也同样愉快地答应了下来。

期间，在徐先生、李宗仁托付下，他多次冲破重重险阻，独自前往李宗仁官邸，与手握重兵、态度蛮横的军人商谈归还艺专校舍事项，虽然期间受到了很多恐吓与呵斥，甚至威胁与谩骂，但他收付艺专校舍的坚定意志一直没有动摇过，最终迫使他们同意帮忙从中斡旋，将校尉营胡同校舍早日归还给北平艺专。

经过一年多的艰难卓绝的谈判，北平驻军终于答应归还北平艺专校址，但提出索要他的二十余幅西画作品以打点各关节。宋步云见有转机便爽快地答应下来，隔日便将索要画作尽数奉上，如此算来，加上之前谭南光及属下向他索取的绘画作品，宋步云仅为收回校址一事就无偿奉献出自己的西画作品多达数十幅，而他却无怨无悔，显而易见，他为北平艺专的创建，为中国美术事业的发展耗尽了自己的心力和才力，最终得到了谭南光“驻军马上迁出校尉营校址”的肯定答复。

随后谭南光又提出想求徐先生一幅墨宝留为纪念，宋步云转达后，徐先生高兴地应允了他的要求，第二天就请宋步云将连夜完成的墨宝送至谭南光处。经过不懈的努力，1947 年下半年后期，宋步云不负众望，圆满完成了徐校长和全体艺专师生对他的重托，最终将校舍夺回。

接收校舍后，宋步云立刻陪徐悲鸿去校址视察，视察中发现学校内没有一个可供全校职工搞活动的礼堂，缺少一个给师生提供文化娱乐的场所。徐先生随即与宋步云在现场商量，看怎么样能解决既少花钱，又能建起能容纳下全校师生礼堂的问题。宋步云提出是否能将现在陶瓷系停烧的瓷窑暂时拆除，利用它的砖瓦材料作为盖礼堂的主要建材，待以后学校有了经费再将瓷窑恢复。

徐先生对他的“急就章”表示赞同，并委托他尽快落实，争取在新学年开学前办妥。徐先生还兴高采烈地提议在礼堂门楣处镶上五个大字“德麟纪念堂”，以示感谢李宗仁鼎力相助。即日徐悲鸿便将连夜书写的“德麟纪念堂”横幅交到了宋步云手中。宋步云按照他的安排，本着节俭的要求与陶瓷系负责人商量拆除位于东郊的瓷窑。统一意见后，宋步云马上紧锣密鼓动工，赶在新学期开学之前在新校址上建起了一座可以容纳百余人的小礼堂。

1947 年，国立北平艺专迁入新校址后教员合影
前排右起：宋步云（右四）、徐悲鸿（右五）、萧淑芳（右六）、
吴作人（后排中）

宋步云在迁校工作中坚守徐校长一切从简的原则，遇到的困难可想而知。一开始联系想请驻军后勤部派车派人帮助搬迁，却以战事吃紧、无法抽调人力为由遭到回绝。无奈之下，为争取时间，只得在社会上低价雇来一批人组成搬家队。由于没有运输工具，只得采用现在很少有人见过的“窝拱”方式把全部教学用品从总布胡同搬运到校尉营新校址。他们将教学器材、石膏像、课椅床铺等物品顶在头上，手里还拎着其他小物件，组成浩浩荡荡的搬家大军。这时已是北平最冷的时节，北风呼啸，滴水成冰，而穿着单薄的搬家工人却忙得大汗淋漓，沿途吸引了不少市民驻足观看这奇特的搬家方式，对这蔚为壮观的“窝拱”搬家队伍啧啧称奇，还不时为他们叫好、鼓掌。

宋步云随后动员正在休寒假的艺专全体后勤人员到校，将搬过来的教学用品一一安排就位，其间，还吸引不少对新校址好奇的师生，前来参观、帮忙布置。与此同时，学校的小礼堂也在他不断地催促下完工。宋步云“粮草先行”、“秣马厉兵”，在倾其全力的奋争下，终于把建校的一切先期工作安排就绪，为艺专全体师生员工所期盼的新校址开学做好了准备。

在办学方针和启用教学人才上，徐悲鸿是有过深刻教训和启示的。1929 年 9 月，在蔡元培先生的推荐下徐悲鸿接任了北平大学艺术学院院长之职。赴任之初，他即意识到学校顽固守旧之风盛行，毅然选择了逆潮流而动，反对一味因循守旧的摹古、复古教学方法，斥责为“中国画学之颓败，至今日已极矣”。他从这种颓败画风中看到了中国画在感觉方式上存在着缺陷，在学校他大力提倡改革创新，锐意进取，提出吸收西画的先进经验和优秀技法，使之与中国文化传统相结合，复兴中国艺术“乃完全回到自然，师法造化”，这即是他锐意改革中国画，复兴中国艺术的切入点。

在用人方面，大胆启用生活于民间的美术家齐白石先生。徐先生欣赏齐白石深厚的艺术造诣，赞赏他的创作题材来源于生活，具有高度提炼、概括、饶有生气、不落古人俗套的特点，他“三顾茅庐”聘请白石先生出山，最终如愿聘他为艺术学院的教授，为学校教学注入了新鲜血液。

而徐悲鸿大胆的改革复兴中国艺术的思想和不拘一格的选用人才举措，遭到传统派的强烈反对，受到了重重阻挠。再加上他仅侧重于教学工作的开展，忽视了行政、后勤管理工作在学校教学工作中的重要作用，导致教学工作缺乏行政后勤部门的有效支持，各行政部门在协助教学工作中互相掣肘、推诿，原有的教员不服从教务安排，很多教务活动无法开展。徐悲鸿在任北平大学艺术学院院长之职后，深感孤掌难鸣，最终于年底愤然辞呈。

卢开祥在《宋步云先生和他的水彩画》中曾这样回忆：

> 1946 年抗日战争后，徐先生率吴作人、宋步云等人到北平接收国立艺术专科学校，徐先生担任校长。徐先生敢于用人之长，聘宋步云先生为副教授，兼任庶务主任，代理总务长；吴作人先生任教授，兼任教务长，他们两人成了徐悲鸿先生在创办国立北平艺专中的左膀右臂式的得力助手。宋先生到北平后，便开始了紧张的建校工作。他遵从徐先生一切工作均以价廉为佳的要求，四处奔走为师生购置住房、宿舍，并冒死从国民党驻军手中为艺专收回王府井校尉营的校舍，他把建校的一切先期工作安排就绪，使艺专如期顺利开课。可以说，宋步云先生为国立艺专和后来的中央美术学院的组建作出重大的贡献，是中央美术学院重要创建人之一。建校成功的主要原因是徐悲鸿先生接受了 1929 年的教训，由于当时行政、后勤工作不能保证教学的需要和没有一个团结一致的领导班子，是不可能立

足的，所以徐先生被北平的保守势力排挤出北平。现在徐先生有了主抓业务的教务长吴作人教授和主抓全校行政管理的宋步云副教授，形成以徐悲鸿为主的三足鼎立的坚强领导班子，所以徐先生便无后顾之忧了。在时局动荡、困难重重的环境中，他们将中国这一充满希望的艺术殿堂一步步推向新的时代。

有前车之鉴，此次徐悲鸿担任艺专校长后就明确了办校主旨，首先建立了一个强有力的领导班子，使学校业务有人抓，行政有人管；从而使徐先生在接收北平艺专后没有了后顾之忧。于是他集中全部精力在教学活动中，放手实施推广“尽精微致广大”的教学理念，把教学重点放在关注于素描教学与绘画造型上，致力于在教学和创作中达到精细微妙、广博深厚的艺术境界，积极提倡改革创新，锐意进取，努力推动他的中国画革新主张和复兴中国艺术思想，倡导师法造化，号召吸收西方艺术的一些先进经验和优秀的技法，使之与中国优秀文化艺术传统相结合。由于徐先生有了一个得心应手的领导班子，广罗锐意进取的艺术英才，使他的办学理念得到了充分有效地顺利推广。

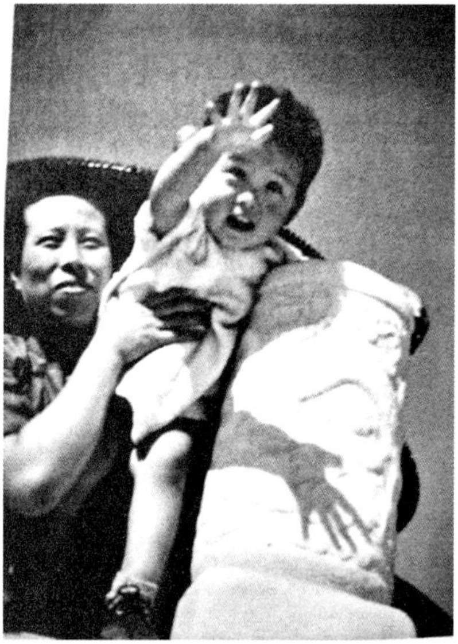

1946 年，高淑贞与长子宋慧京在天坛祈年殿前

复校开学之时，在家抚育孩子的高淑贞也欣喜地接到了“艺专”的聘书，负责筹备图书

馆扩充工作，以及“艺专”图书馆整理艺术资料和保护现存的大量历代字画及收藏品的管理工作，虽然此次没有能安排她到教学系里教书，但她还是兴高采烈地接受了徐先生的邀请。

早在重庆的时期，徐先生曾与宋步云、傅抱石聚会时，就曾与高淑贞有过很多接触。虽然当时她在家里带孩子忙家务，但她的学识才艺，娴熟的中西绘画技艺，端庄的人品，以及一手端正秀丽的毛笔字，很受徐先生器重，于是尽可能地帮助她在中央大学找一些翻译外文艺术资料、誊写、编辑教材和辅导学生的教学工作，让她有机会施展才华。

徐先生到重庆邀请宋步云一起来北平艺专时，同时也对高淑贞讲，找适当的机会一定邀请她到艺专从事教学工作。高淑贞到北平后，因在家抚育孩子，调养身体，错过了直接担任教员的机会，但徐先生还是一直惦念着此事，曾多次向宋步云打听高淑贞的近况，常提起邀请她到艺专工作的事情。

1946 年　人物速写作品

当徐先生了解到图书馆收藏了大量收藏品，感觉此事责任重大，再次和宋步云谈起让高淑贞来学校工作的事情，并提及：图书馆保存着数量可观的历代字画原作和收藏品，急需找到可靠细心的人负责清理、保管，同时图书馆还面临着筹备扩充的工作。考虑了很多人选，感觉高淑贞最适合担当此项任务。现在先让她干着，待以后找到合适、可靠的人选接替她，再让她到系里从事教学工作。当晚宋步云便和高淑贞谈起徐先生的想法，她不假思索地答应了下来。

很快徐先生便高兴地看到，高淑贞到图书馆后，带领同事们细心地清点整理学校保存的历代字画和全部收藏品，随后将所有藏品分门别类地保管起来，并对每件收藏品逐一做了说明。同时，她还施展外语长项，将陈压的外文艺术资料翻译并分类编目。当时，她怀孕挺着大肚子任劳任怨地工作着，她的工作业绩有目共睹，很快得到了学校领导以及同事们的信赖和肯定。

宋步云受命携全家由重庆赶赴北平进行建校工作，完全是凭借着徐先生对他的信任和重托，凭着他对美术教育事业的耿耿忠心。他深知到北平重新创办国立艺专，会有种种重大的艰苦难题横亘在自己面前。首先要为北平艺专教学营造良好的教学活动的基本设施，包括兴建校舍、教室、画室、礼堂、学生宿舍、操场等等，这些办校必备不可或缺的场所；二是要抓紧解决大量调进艺专的教师所需宿舍，为南来北进的教师及家属提供良好的安居环境，保证教学工作如期顺利开课，为徐悲鸿先生创办一流艺专打下必须的基础保障。

宋步云清楚自己所承担的责任，然而这一切对他来说绝非易事！这些难题对一个对北平政治斗争形势不熟知，对商界内情不清楚，对当地民情不通晓，没有任何深厚的社会根基和人脉基础的初来者而言，好似是一个迷魂阵。面对复校中牵扯的方方面面需要打通的各种社会关系环节，包括教育、财政、地方政府、司法、所辖地警务部门和各方面的社会关系，以及形形色色上下层人物和事情，为学校筹措更多的经费、夺回校尉营校舍等诸多问题，显而易见都是道道难题，是十分艰难的事情。而作为一个投身艺术事业的艺术家来说，甘愿放弃大部分创作时间，去搞事务性工作，不是抱着坚强的信念是根本不可能完成此项艰巨任务的。而宋步云为了报答徐先生的知遇之恩，为艺专的前程，为了中国美术事业的发展，他豁出去了。他为艺专建设周旋于上下层各色人之间，挣扎于千头万绪的事山物海之中，克服了常人难以想象的重重困难，闯过一道道难关，最终完成艺专的筹建工作。

美术理论家邵大箴在《杰出的画家、艺术教育家和活动家宋步云》一文中写道：

> “在我国现代美术史上，宋步云先生（1910—1992）的名字是不应该被我们忘记的。他不仅是一位杰出的、有多方面艺术才能的画家，在油画、水彩和中国画领域颇有建树，还创造了许多关注现实、关注人生，有进步内容的版画。同时，他也是一位具有献身精神的艺术教育家和富有艺术行政才干的艺术活动家。在艰苦的环境中，他协助徐悲鸿创办新的国立北平艺专，做出了重要的贡献。”
>
> “在极其困难的条件下，他为创建艺专做了许多繁重和琐碎的工作。其中特别要提到的是，在复校过程中，他在徐悲鸿的支持下，多方努力，克服重重阻力，排除国民党军区驻军的干扰，将李宗仁赠予徐悲鸿作为艺专新校舍用的王府井帅府园的楼舍、广场，改建为艺专的校舍，使学校的教学活动得以正常开展。他还悉心购买东城多处四合院落，作为教职员宿舍。宋步云所做的这些工作，为国立北平艺专以及之后的中央美术学院的建设，做了大量的奠基工作。他的这段辛劳和功绩，应该在中央美术学院校史上留下耀眼的一笔。”

1946 年，宋步云于长城

复校之初，事务性工作繁杂，教学工作繁重，千头万绪，无尽无休。徐校长不顾重病在身，事必躬亲。宋步云为徐先生的健康担忧，为尽量减轻徐先生的负荷，他不辞辛苦，在完成繁重教学和处理完日常事务之后，几乎每天晚上都要去徐先生家中汇报、请示工作。

徐校长对宋步云的辛劳看在眼里，怜惜在心，经常挽留他共进晚餐，边吃边谈。徐先生自己不抽烟不饮酒，但知道宋步云能喝酒，每次都拿出好酒款待，同时又关心地劝他少喝些对身体有益。他一边答应着，一边自斟自饮。此时，他充分地感受到徐先生对自己的理解和支持，再苦累，再艰难，再委屈都化为乌有，烟消却，云散尽……

廖静文的访谈录《这是历史，是不能遗忘的……》文章中涉及到这段历史：

我是在20世纪40年代的重庆认识宋步云的。以后，抗战胜利，悲鸿要到北京来接收北平艺专，他就需要请一些教授和管理人员，因为在重庆认识了宋步云，悲鸿感到宋步云的画也很好，感到他的管理能力也很强，所以悲鸿邀请宋步云到北平艺专来担任教学和管理工作。我记得，在重庆宋步云先生开画展，悲鸿去看画展，非常赞赏，而且买了他两幅水彩画，那两幅画悲鸿认为画得非常好。

悲鸿很赞赏他的绘画，特别欣赏他的水彩画。悲鸿感到，宋步云脑子非常灵活，在交谈里面，发现他有很有条理的管理思想，所以徐悲鸿到北平就邀请宋步云也到北平来，担任北平艺专的西画系副教授和北平艺专的管理工作。

我记得，悲鸿到北平来接收北平艺专，宋步云担任艺专的行政管理工作，所以常到我们家来，有的时候几乎每天都来，我们经常留他吃饭。他们在一起谈很多话，但也离不开北平艺专，谈北平艺专的教学、行政管理。总之，当时宋步云是我们家里的常客，来家也不用打电话，想来就来了，可以说在新中国成立前是悲鸿接触最多的人。那个时候北平艺专没有宿舍，悲鸿要替北平艺专买宿舍，都是宋步云先生去看了，然后到我们家来带悲鸿和我一起去看房子，看了很多房子，最后买了很多宿舍，让到北平艺专来担任教师和行政工作的人都有宿舍可以住，这些工作可以说都是宋步云做的。

从重庆到北平，一共有7个人跟悲鸿到北平来，其中就有宋步云先生，所以北平艺专复校的工作、行政工作绝大部分都是宋步云先生做的，这也可以说给悲鸿帮了很大的忙，所以我到今天我还能很清楚地记得宋步云先生，这都是半个世纪以前的事了。

悲鸿接办北平艺专，那是抗战胜利后的1946年，到现在半个世纪过去了，我也已经88岁了，我遗忘了很多人，但是没有遗忘宋步云先生，因为到北平艺专以后他对悲鸿执掌北平艺专的工作帮了很多忙，做了很大的贡献，所以我不会遗忘他。

悲鸿觉得宋步云不仅在艺术上有成就，而且为人很能干，很会办事，是一个品学兼优的画家。因为在悲鸿的学生里面，有画画画得好的，但是在管理上没有像宋步云先生那么样的人，所以悲鸿非常信任他，也非常感谢他，在悲鸿担任校长的时候，宋步云先生是他得力的助手。

宋步云在《仰之弥高　钻之弥坚》文中也写道：

在这个时期，我除教学外同时还兼任庶务主任，代理总务长的工作。因为徐先生经常抱病忙于教学和行政工作，因此我几乎天天晚上都要去徐先生家里汇报工作。先生常留我共进晚餐，边吃饭边商谈学校的各项工作。先生从不抽烟饮酒，他知道我爱喝酒，每次都让我喝一点，但总不忘嘱咐我："酒，不是好东西，少饮有益，不要多喝。"我一边答应不多喝，一边自斟自饮，先生爽朗地笑着……每忆及这些往事，我常常抑制不住内心的激动。

在复校的过程中，宋步云始终坚定地站在徐悲鸿一边，站在以徐悲鸿为首的进步师生阵营一边，竭尽全力地支持徐悲鸿的工作，他为创建全新的国立北平艺专，为发展中国美术教育事业，为后来的中央美术学院的组建呕心沥血，做了大量鲜为人知的工作，成为创建中国美术教学园地的重要奠基人之一。

隐秘于北平的地下斗争

宋步云凭借着孤身的勇气，最终冲破建校前期的众多难关，完成了赴京的使命，完全是得益于他自身为中国美术事业献身的坚强信念，得益于徐校长和全校师生的坚定支持和信任，得益于艺专毗邻的北京协和医院友邻和一些政治上进步、有丰富社会政治斗争经验、通晓北平世故的朋友和地下党人帮助和指点，使其成功起步，最终顺利完成建校工作。

宋步云性情活跃，为人热情豪爽，他广泛交结友人，但从不用公款送礼、请客吃饭，更不动用艺专的经费做交往的礼金。而宋步云在与友人的交往过程中，全凭以诚取信，以自己擅长的油画、水彩画艺术联谊友人，感谢朋友的鼎力相助，冒死掩护他们的生命安全，将他们从国民党特务追捕中援救出险境。

而原本在复校初期，为了打通社会上各方面的关系和联系工作的需要，徐校长准备特批给宋步云一笔数额不菲的活动经费，以疏通各种关键的环节。但宋步云考虑到学校经费紧张，需要用钱的地方非常多，便以：现在是复校阶段，所有地方都需要用钱，自己在艺专拿着副教授和行政管理负责人的双份薪酬，已经是艺专少数拿高薪酬的几个人之一，况且高淑贞也在学校工作，同时也拿着一份薪酬，还是将这些活动经费用在“艺专”复校最急需的地方。

1946 年，在颐和园
宋高坪（右一）、吴作人（右二）、宋慧京（右三）、
宋步云（右四）、肖淑芳（右五）、高淑贞（左一）

1946 年，宋步云与秦威在颐和园

徐先生见宋步云执意不肯接受，也就放弃了原先的打算，随后不由感慨地说：你为“艺专”想得太多了，这让我徐悲鸿实在过意不去，这次就算我再欠你一次人情，也算是“艺专”又欠你的一份人情。

由于工作的需要，宋步云在社会上的交往日益增多，逐渐地，他被活动在北平的中共地下党组织所关注、认识和了解。1946 年年末，就在宋步云忙于收复北平艺专校舍的同时，北平地下党组织委派地下党员主动与他取得了联系，经过严格的考察，在详尽地了解了他的经历后，提出希望，借助他在北平艺专的特殊身份作掩护，协助党做一些特殊的地下工作，并以秘密身份保护学校内进步师生的安全。

宋步云早已对国民党政府的统治不满，他曾经在回国后接触过中共党员，也曾要求赴解放区工作，对共产党人为信仰视死如归、大义凛然的精神尤为钦佩，于是没有任何顾虑，痛快地答应了地下党组织的要求。

之后，宋步云在中共地下党员钱开泰的介绍下，参加了由时任中共晋察冀解放区负责人刘澜涛、蓝公武领导的“冀热察华北分区行政公署工作团”的地下工作。常被委派利用他的工作关系和自己的特殊身份，去完成地下党交给的秘密工作任务，以至后来被委以重任，为地下党组织传递情报，掩护正在被国民党特务组织追捕的地下党员等秘密工作。他曾多次借助与北京协和医院、北京儿童医院、同仁医院的医务人员有深交之便，把被国民党特务追捕的地下工作者掩藏在学校或医院等处的地下管道、涵洞中，事后还冒着危险将他们送出戒备森严的北平城，使他们平安地回到解放区。在学校，他还受地下党的嘱托，长期以来利用自己的合法身份想尽办法保护进步师生免遭国民党特务的迫害。宋步云在完成此类难度大、风险高的秘密工作中，置个人及全家生命安危于不顾，胆大心细，很快得到了地下党组织的信任。

他在地下党“不要轻易地暴露自己的秘密身份”的指示下，以公开合法的身份保护学校进步师生，在社会上广交朋友所做的那些鲜为人知的秘密工作，却遭到了部分不了解内情的师生误解，而他们的误解，恰恰造成了一个曾经为中国美术事业作出过突出贡献的艺术家，遭受到长期排挤，失去了在院校教书育人和参与集体创作的权利和机会。但却最终造就出一位坚定不移地践行现实主义风格，师法自然、贴近大众生活，在诸多绘画领域中取得突出成就的，完美地创造出中西绘画相融的、具有东方神韵和鲜明个性化特征风貌的，且为人民所喜爱的艺术家。

许多与他相知、相熟的艺术家和朋友半开玩笑地说：你受到了误解却因祸得福，在历次政治运动中我们成了运动员，耽误了多少大好时光，业务也大都荒废了，而你却都躲过了，成为了艺术界令人羡慕的名副其实的逍遥派，使得你有更多的时间踏踏实实搞自己喜爱的艺术，创作出了不同凡响的艺术成就。

1946 年，徐先生一行人到北平后，国民党分子利用“中华全国美术会”下属“北平美术分会”，极力拉拢徐先生等一行人。而这个美术协会在艺术上一直是因循守旧、墨守成规，八股画风极其浓重，极力反对改革创新；在组织上受国民党中央文化运动委员会严格控制，其拥护蒋介石反共的立场世人皆知，早已被进步的艺术家们所唾弃。

徐悲鸿等人非常蔑视这个所谓的全国美术会分会，决定另起炉灶，创建一个与国民党控制的“中华全国美术会”相对峙的、主张锐意创新的协会组织。于是，徐悲鸿、吴作人、宋步云等人便聚在一起商议，不能再这样长期被国民党文化组织所控制和利用而成为他们政治上的宣传工具，一致同意退出这个原先在重庆加入的“中华全国美术会”。他们在北平发表联合声明，宣布与“中华全国美术会”决裂，集体退出该会组织，同时联合北平美术界进步人士成立了“北平美术作家协会”。

同年 10 月，以徐悲鸿为首的的进步艺术家组织起来，共同参与发起组织“北平美术作家协会”，协会聘请齐白石为荣誉会长，徐悲鸿为会长，吴作人任理事长，宋步云、刘铁华、李宗津任常务理事、执行会务，宋步云兼管协会的组织宣传和财务工作，邓以蛰、溥心畲等为名誉会员，会址设在洋溢胡同14号吴作人宅。

这时期，蒋介石政府并没有把注意力放在恢复国民经济上，却把全部精力放在抢占胜利成果上，不惜在国内挑起内战，军费开支不断增加，导致物价飞涨，民不聊生，危机四伏。

“北平美术作家协会”成立之时，进步的艺术家们看到社会的现状，同情底层老百姓的艰苦生活，为配合“北平美术作家协会”的成立和赈济北平市民，协会决定举办大型“济贫义卖展览会”。每名新当选协会的会员，都主动拿出数目不等的作品支持“北平美术作家协会”第一次公益活动。

义展开幕当天，得到北平艺术界和社会各界的广泛关注，全部展品很快被订购一空。义展闭幕后，宋步云在协会的委托下，将义展所得作为救济贫民基金，悉数捐赠给有关的慈善部门。他们赈济北平贫民的义展义卖活动，得到了北平各媒体的追踪报道，在社会上造成了巨大的影响。

协会此举深得广大艺术工作者们的赞同与支持。义展后，不少美术工作者深受感染，纷纷加入到这个新成立的、具有进步思想的艺术家团体中来，“北平美术作家协会”也因此充实了一批新生力量。

中央美术学院教授戴泽在《他是中央美术学院的基石》访谈录中描述了当时的情景：

> 在北平美术作家协会成立之前，有一个中华全国美术协会，它是国民党正式的美术家协会，是全国性的，它当然是听国民党的，当时主要负责人是张道藩。徐悲鸿总觉得跟他们不一样，所以另外成立了一个北平美术作家协会。成立时，宋先生前前后后照相，为历史留了宝贵史料。我记得协会成立时吃了一顿饭……那顿饭安排在吴作人先生的那个房间里，摆了一大桌。吃完饭宋先生还为到会的会员合影留念，如今，这张照片成为美术界的重要文物。
>
> 宋先生在北平美术作家协会是负责行政上的事情和财

务、经济上的管理。应该是很自然的，他顺手就管了。管一些事务性的事，重要活动他是召集人。

1946年12月，宋步云的第二个男孩降生了。徐悲鸿闻讯后与吴作人、王临乙、李宗津一起前往同仁医院祝贺，并践行在重庆时许下给孩子起名的诺言，递上了写有“宋慧成”名字的大红喜帖。徐先生说，步云的这个孩子是男孩，应该随他哥哥为“慧”字，“成”的含意是取降生在古都京城的谐音，预祝孩子未来事业有成。宋步云夫妇连声称好，甚是感激。

徐悲鸿还向众人谈起了关于给新生儿起名的趣事，“早在重庆时就已经说好由我给步云的孩子起名。到北平后，我问步云你打算给孩子起什么名？事有凑巧，他说叫‘庆平’，跟我给自己的孩子起的名字一摸一样。于是我们商量，我夫人要是生男孩，就叫‘庆平’，我再给步云的孩子另起名字；要是生女孩就把‘庆平’让给你们。没想到静文生的是个男孩，如前商定，我的孩子就捷足先登了。所以，今天我必须要不食前言，第一时间把红帖送过来。这下可是我主动‘送货’上门的，你们满意了吧？”

徐悲鸿接着又对宋步云说：“现在学校正是随时需要你尽心处理事务的时候，你们却住在北城鼓楼那么远，很多事情都需要你及时处理。现在你已经把该安排的教员都安排了，我要求你赶紧搬过来，搬到洋溢胡同14号吴作人、李宗津夫妇那个院，我看了，那里还有空房，淑贞出院前就搬过去，有什么事好随时找你。你现在身兼全校水彩课教学任务，又要抽出大量的时间负责学校的管理工作，实在太辛苦，再说高淑贞刚生完孩子，上班后天天来回跑那么远也太辛苦，将来孩子大点，也随时需要有人照顾，你们住的那么远怎么管。”

宋步云本想等安排完所有新聘用的教职员工以后，再安排自己的家，见徐先生态度如此坚决，也就没好再推辞。待高淑贞出院后，一家五口搬进了离旧艺专近在咫尺的洋溢胡同14号院，与好友吴作人和李宗津夫妇为邻。

树欲静而风不止，北平艺专内由国民党控制的训导处和三青团等反动势力见徐校长等艺术家在校影响力不断扩大，逐步站稳了脚跟，就连原先反对徐校长接管北平艺专的教师们也纷纷转向支持徐校长。他们见大势已去，不甘心自己的失败，又开始到处煽风点火，制造事端。他们向有关部门写信，诬告徐校长利用自己的权力在学校行政、教务关键部门重用自己人，开除为国民政府立过功的教员。随后，他们在北平国民党党部的指使下，开始猖狂地向徐校长领导的新艺专领导层发起了进攻，一场蓄谋已久的“倒徐运动”在反动势力的煽动下开始了。

1946年冬，在天坛公园，宋步云（右二）、王临乙（右一）、王合内（右三）

他们首先将黑手伸向了主管学校行政的宋步云，当时宋步云正在全副精力办理收复校尉营校址一事，他们就从阻止收回校址开刀，暗自跑到战区司令谭南光和他的副官那里，诬告徐悲鸿和宋步云，说他们要回校址的目的是要在北平城中心建立中共地下党的大本营，这不仅危害了党国利益，也给党国带来极大隐患，更不符合国民政府戡乱时期的要求，并以北平国民党党部的名义对他们施加压力。谭南光和他的副官久经沙场，且见多识广，并对宋步云的人品深有好感，面对他们漏洞百出的诬告和恐吓气愤之极，毫不客气地令士兵将他们轰出驻地，并警告他们若再来捣乱，就地正法，从此他们再也不敢登门找谭南光和副官的麻烦了。

见干扰不奏效，他们又在学校造谣惑众，散布宋步云在校长的指使下，动用学校大量资金给徐校长和王临乙等教员购置私人豪宅。为回击反动势力的谣言中伤，在徐校长的要求下，学校公开了各项经费开支使用明细清单，购房者也站出来证明为私人出资所得，是请宋步云代购办理的，谣言不攻自破。在铁的事实面前，全校师生清醒地识破了校内反动势力的险恶用心。

一招不灵再生一招，他们罗织出种种罪名：在徐校长的支持下，宋步云在艺专新聘用了大批左翼分子艺术家，委以教学和行政重任；恢复早已被学校除名的数名思想激进的学生学籍；挤压原有的艺专教学和行政人员，迫害为国民政府立过功的教员；不服从中央文化运动委员会的领导，组织左翼美术协会与政府指导的协会唱对台戏，宣传与戡乱时期格格不入的“左倾”思想；肆意贬低传统教学方式为因循守旧、墨守成规的八股画风；受徐校长的指使对三名日籍师生倍加保护和照顾……

关于“保护日籍师生”一条，其真相是在接收北平艺专的同时也接收了一位日籍留用教员，即著名的日本粉画鼻祖矢崎千代二先生。矢崎千代二在东京美术学院师从黑田清辉，主要从事油画创作，大正时期到世界各地旅行创作彩色粉笔画并创建了日本第一所彩色粉笔画协会。在北平被日军占领期间，矢崎先生曾在北平艺专任教，他痛恨军国主义，日本战败后他拒绝回国，将毕生创作的千余幅作品献给中国，由国民党教育部接收，北平艺专负责保管。因此，国民党教育部特批将他留用并聘为国立北平艺专讲师。徐先生历来对仁人志士豁达热情，他在接收北平艺专后得知在留用人员中有位日籍教员，于是约上宋步云亲自登门拜访，并予以安慰。当时矢崎千代二已年逾古稀，卧病在床，由他的两位女弟子侍奉。

徐悲鸿对矢崎先生的艺术成就和人品很敬重，与宋步云一起常去探望他。此外，宋步云夫妇还受徐先生嘱托悉心地照料他的生活起居，矢崎先生对此非常感动。1947 年 11 月，在病逝前，为表示感激之情，他欲将余下的百余幅粉画作品赠予徐悲鸿和宋步云留作纪念，却被他们婉言谢绝了。

矢崎先生在病榻上激动地嘱托弟子："你们将来如有机会回国的话，一定要把这里发生的事如实地告诉人们，牢记他们的恩德，努力使中日友好关系世世代代坚持下去。"

矢崎先生还信赖地拜托他们照顾他的二位女弟子，请在合适的机会将她们安全送回日本。不久，矢崎先生病逝于北平市立第三医院，徐悲鸿亲自为他安排后事，并嘱托宋步云妥善地安排好先生的两位女弟子回日。

矢崎先生去世后，在宋步云的积极努力下，两位女弟子携矢崎先生的骨灰和遗作搭上了最后一班遣送日籍人员的客轮回国，圆满地完成了矢崎先生的临终嘱托。几十年后，在得到宋步云去世的消息后，山口悦子怀着感恩之情发来唁电，表示哀悼。

在此可以清楚地看出，中日两国的艺术家们之间无国界之分，无门户偏见，他们都有着令人敬重的高尚品德，他们为中日两国人民的友谊和北平艺专的建设共同作出无私的奉献。

于是，艺专的新领导班子积极地进行反击，以事实说明问题，使艺专的全体师生很快地认清了反动势力的阴谋诡计，从而狠狠地打击了他们的嚣张气焰，有力地支持了宋步云的工作。

经过几番较量，艺专的反动势力感觉到要扳倒徐校长、推倒宋步云并不容易，于是转向对吴作人的攻击。1946 年年底，训导处和三青团的一伙人借着助学金分配问题有意制造事端，暗中唆使两名三青团骨干学生趁着夜深人静之时，偷偷在校园张贴轰吴作人下台的标语，在学校的漫画栏中粘贴罔顾事实、带有污蔑性质的小字报，要求学校彻查吴作人，撤销他教务主任职务。

第二天，吴作人看到那些对他人身攻击的标语，以及满篇不实之词的小字报后非常气愤，感觉到这是对他的诬陷之词，必须要反击不可，于是单枪匹马地闯进训导处，直截了当地质问训导处的负责人：这次三青团骨干学生在学校闹事究竟是怎么回事，你们知道不知道，是谁指使的，你们到底想干什么，并要求将那两名学生找出来，当面问清楚情况。

训导处的负责人根本没想到吴作人能单独闯过来，弄得非常狼狈，不知说什么是好，一会儿推脱不知道，一会儿又赌咒发誓以后再也不会发生这种事情了。最后见吴作人一再坚持非要与这两名学生见面，被迫尴尬地将张贴标语的三青团学生骨干成员找到教务处，听凭吴作人的发落。

吴作人严厉地批判了他们道听途说的错误，斥责了他们的不法行为，随后又耐心细致地给他们详细地讲明了政府发给助学金的标准和发放助学金的意义，要求他们以后不许再犯同一类型的幼稚错误，并妥善处理遗留下来的事情。

宋步云当天知道此事后怒不可遏，马上向徐先生汇报了情况。徐先生听罢，回想起这一段发生的事情，愤怒地要求宋步云立即处理好此事，如果他们不承认错误，马上按违反校纪校规处理，开除学籍。宋步云按徐校长的指示，严厉地批判了他们的错误，指出如果不妥善处理遗留下来的问题，马上按违反校纪校规开除学籍的规定处理，并要求他们向教务主任吴作人公开道歉。在他的严厉要求下，他们被迫承认了错误，很快将张贴的标语和小字报清除干净，并公开向吴作人道歉。

虽然以徐校长为首的进步力量取得了阶段性的胜利，校内的反动势力并不甘心失败，他们蠢蠢欲动，伺机再向吴作人发难。徐悲鸿为了保护吴作人，支持他应英国文化委员会邀请前往英国考察访问，暂避风头。同时，徐校长还宽慰吴作人不要为自己担心，李宗仁和傅作义都是他的朋友，反动势力不会贸然对自己下黑手的。

在吴作人临行前，徐校长交给他三项任务：①到国外图书馆为艺专购进一些画册和美术专业书籍；②邀请仍驻巴黎的滑田友回国到艺专任教；③临摹德拉克洛瓦的《但丁游地府》；还请他在回国途经香港时，找中华书局的舒先生取回他的《八十七神仙卷》。

临行前，吴作人特地邀请宋步云到家中彻夜长谈，拜托他在自己走后协助并参与学校的教务工作，在学校教学工作的决策上替徐校长多分担一些压力，随后向他详细地介绍了目前学校的教学情况。

1947 年初，吴作人出国之后，宋步云为了照顾徐校长的身体，主动协助他处理教务工作，为他分担压力，直到 1948 年 2 月吴作人归国。

吴作人回国当晚，宋步云受徐校长委托到吴作人家探望，他向吴作人详细地介绍了这一年多来艺专的教学和行政工作情况；讲述了这段时间北平所发生的“反饥饿、反内战、反迫害示威大游行”的细节；讲述了刚刚平息的、轰动全国的“国画论战”情况；讲述了收复校尉营校址的全过程；介绍了这一年来学校发生的大事小情……最后，他代表徐校长和全校师生热烈欢迎他的归来。

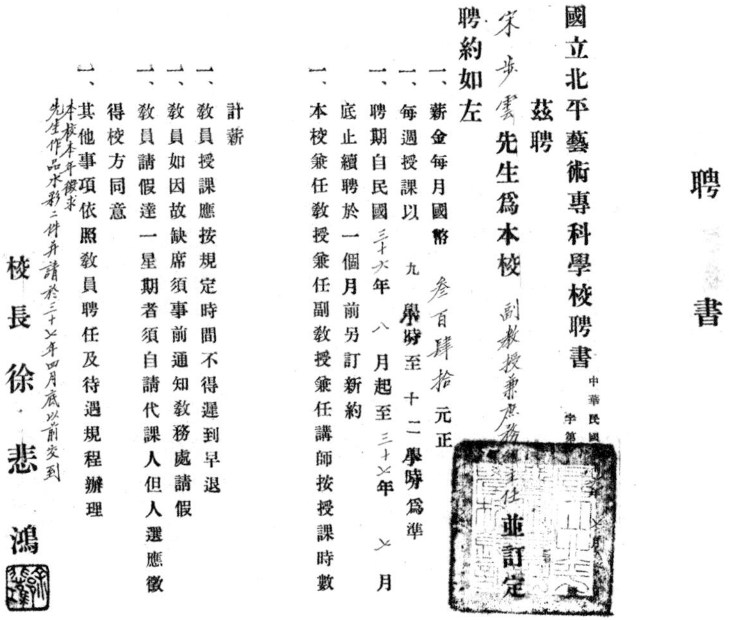
聘書

國立北平藝術專科學校聘書

中華民國 字第 號

茲聘

宋步雲先生為本校副教授兼教務主任並訂定

聘約如左

一、薪金每月國幣叁百肆拾元正

一、每週授課以九學時至十二學時為準

一、聘期自民國三十六年八月起至三十七年七月底止續聘於一個月前另訂新約

一、本校兼任教授兼任副教授兼任講師按授課時數計薪

一、教員授課應按規定時間不得遲到早退

一、教員如因故缺席須事前通知教務處請假

一、教員請假達一星期者須自請代課人但人選應徵得校方同意

一、其他事項依照教員聘任及待遇規程辦理

本校本年徵求先生作品水彩二件并請於三十七年四月底以前交到

校長 徐悲鴻

1948 年，宋步云国立北平艺术专科学校聘书

宋步云身为艺专行政工作中的主要负责人和人事负责人，非常清楚地了解每个教员和学生的基本情况，面对艺专复杂的斗争形势，在地下党组织的要求下，尽自己的一切力量，暗中保护学校的进步势力不受国民党政府特务迫害。

1947 年，随着人民解放战争的不断胜利，国民党统治区的政治、经济、教育危机日益严重。国民政府为了挽救军事上的败局，不断增加内战军费开支，导致物价上涨，甚至高过于抗战胜利前夕的物价水平。同时用于教育上的经费不断遭到消减，所有学校的师生都难以维持生计，尤其是给国统区内青年学子们的学习与生活，带来了无比的灾难。

5 月，在中共地下党组织的领导下，国统区的学生组织起来，爆发了大规模地反对国民党反动统治的运动。5 月 4 日上海学生举行了反内战、反压迫、反卖国的宣传和纪念五四运动的活动。清华大学、北京大学紧随其后，于 15 日正式喊出“反饥饿、反内战”的口号。清华大学发表《反饥饿反内战罢课宣言》，得到了包括北平艺专各校进步师生积极响应，先后宣布罢课。北平学生在罢课期间，各校组织宣传队走上街头，向各界群众宣传反饥饿反内战的内容。由于外出宣传的学生遭到反动势力的野蛮殴打，运动随后又加上了“反迫害”的内容。

自 5 月下旬到 6 月中旬，全国的爱国运动持续了一个月，“反饥饿、反内战、反迫害”的口号声相继响遍了国民党统治区六十多个大、中城市，几乎所有的大学生和大部分中学生都参加了斗争。全国各阶层人民也纷纷动员起来，积极声援爱国学生的正义斗争。而这次全国性的“反饥饿、反内战、反迫害”的爱国运动与人民解放战争紧密地配合在一起，有力地反击了蒋介石反动军队对解放区和东北地区的进攻，沉重地打击了国民党的反动统治势力，为全国最终的解放胜利作出了巨大贡献。

1947 年，宋步云在国立北平艺专旧址

宋步云在爱国运动的最初阶段就得到了“冀热察华北分区行政公署工作团”地下党组织的指示，要求他秘密联合学校的进步力量，最大可能地保护他们的生命安全。宋步云一直密切地关注着运动的发展，与徐校长旗帜鲜明地站在一起，全力以赴地保护进步师生的安全，秘密地对学校训导处和三青团反动势力设防，与他们阴谋迫害进步师生进行坚决的斗争。

5 月 20 日清晨，宋步云接到了地下党组织的可靠情报，国民党政府准备对当天的大游行进行镇压，要求宋步云设法保护艺专的学生，宋步云立即向徐先生汇报此事。随后，宋步云以他在北平艺专作为主要负责人的特殊身份和便利条件，动员布置艺专全体行政后勤部门人员，全力以赴保证参加游行的师生温饱供给，保证他们的安全，并制定了晚上封校门，学校和宿舍内二十四小时轮班巡逻的措施，还带头于夜间在学校值班，暗地里做了大量支持进步师生爱国行动，保护他们在学校内生命安全的工作。

大游行后的一天傍晚，宋步云再次得到地下党的可靠情报，通知他国民党宪兵和特务当天夜间准备在全市进行大搜捕，指示他想尽一切办法保护艺专的参加游行进步师生安全，必要时亲自护送他们撤离。宋步云得到情报后，马上布置学校的行政部门人员严守校门，没有他和徐校长的指示不许任何外来陌生人进入校园。随后他立即赶到徐先生家汇报了情况，徐先生委托他抓紧布置更加完善学校的保卫工作措施，保证住宿在校内所有参加游行的师生安全。

宋步云返回学校立即将留住校内和在附近居住的行政人员召集在一起，迅速布置任务，在校内严防死守，增加人员巡逻等措施。布置完具体防范任务后，宋步云发现训导处和三青团也在校内秘密撒下眼线，他怒不可遏，立即将训导处和三青团成员召集在一起，以徐校长的指示和学校领导的特殊身份，命令他们离开学校。面对宋步云严厉的态度，除训导处的负责人和极个别的三青团骨干成员赖着不走躲进训导处办公室外，其余反动势力成员都被赶出学校，或轰回宿舍不敢再露面。

当晚冯法禩等地下党人也通过另一条组织渠道，得到国民党宪兵和特务即将在全市进行大搜捕的紧急通知，要求他们立即转移。但由于获得情报时间较晚，所有城门已经关闭，市内的各路口开始戒严，向城外转移已是不可能了。于是参加了大游行的艺专教员冯法禩、高庄、齐振杞等人商议后，当日深夜冒着生命危险，搭车前往徐先生家中躲避。

徐先生早先已从宋步云那里得到了情报信息，有了思想准备，想好了应变的对策，只是没料到事态发展的这么严重。徐先生旋即给时任国民政府主席北平行辕主任的李宗仁先生打电话，一再强调说北平艺专内没有共产党人，要求国民党宪兵和特务不要搜查这里，不要影响学生们的学习与生活，并要求李宗仁先生一定要保证北平艺专的安全。李宗仁先生认真听完后，答应了徐先生的所有要求，保证负责艺专所有师生的安全。徐先生凭借着他的社会威望，以及与李宗仁先生的私人感情，使艺专进步师生得以平安度过国民党宪兵和特务的大搜捕，得到了强有力的政治庇护。

而训导处的负责人和三青团成员，见国民党宪兵和特务唯独没有对北平艺专进行搜捕，感到非常失落。他们不甘心失败，联名给南京教育部和有关部门写信要求彻查北平艺专参加示威大游行的师生，找出阻挠对艺专搜捕的幕后之手。教育部随即发函命令徐校长开除参加示威大游行的师生，点名要求解聘参加游行的冯法禩、高庄、李宗津、齐振杞等教员。随后国民党政府有关部门，也对徐校长和艺专领导施以高压，要求北平艺专对参加“反饥饿、反内战、反迫害”示威游行的学生，给予严厉处置。徐先生在艺专领导层的坚定支持下，坚决把这些命令顶了回去。

但由于形势所迫，在宋步云再次将从地下党获得的北平警备司令部很快要到艺专逮捕参加游行的学生的情报汇报给徐先生后，徐先生马上与宋步云分析了当前的形势，感觉仅凭他们的力量已经无法保障他们的安全，于是立即委托宋步云到学校提取部分经费发给学生做路费迅速离开学校远离北平。宋步云按照徐校长的指示，妥善安排了此事，使面临险境的师生安全离开北平，投奔到解放区。徐校长的一系列保护学生、支持教师的举措，得到了掌握学校财政和行政重权的宋步云竭尽全力地支持与应和，使之一一都得以顺利地实现。

徐校长见他们平安离开非常高兴，随后又对遗留下来的事情继续奔走，要求前来北平平抚清华、北大教员和学生的教育部长朱家骅，对北平艺专参加“反饥饿、反内战、反迫害”示威游行的教员和学生与其他院校一视同仁，决不允许开除教员和学生的事情在艺专发生，教育部长被迫做了肯定的回答。徐校长满意地带着胜利的消息回到艺专，公开为那些参加游行的教员颁发聘书。在全校进步师生的坚定支持下，最终挫败了艺专内反动势力的进攻，有效地保护了艺专进步师生免遭反动势力的迫害。

新旧国画论战

国民党政府有关部门一直不甘心他们在艺专的失败，暗中唆使学校训导处负责人和三青团骨干成员寻找各种机会制造事端，以最终达到挤走徐校长的目的。最终他们借助 10 月发生于北平的“国画论战”，认为找到了最佳的反击时机，于是趁吴作人还在欧洲考察、艺专领导层正处于组织力量最薄弱时期，开始向徐校长和艺专领导层发起全面进攻，又一场蓄谋已久的“倒徐运动”悄然而至。

1947 年秋，南京“国民党中央文化运动委员会”委派一名文化专员到北平，亲自策划、导演的第二场“倒徐运动”从此开始。他借用国民党政府领导的“中华全国美术会”分会“北平美术分会”向社会广泛散发“宣言”，大肆诽谤徐悲鸿借助美术界的势力和社会知名度有意贬毁中国文化传统，恶毒攻击现在的中国画是旧俗，绘画之风师古保守，因循守旧、墨守成规，八股画风极其浓重，没有一点生气，长此下去则是“文到八股，画到四王”，已经到了病入膏肓地步，点名道姓诬蔑徐悲鸿是摧残中国画的罪人。

为了配合诽谤徐悲鸿的“宣言”，他们又阴险地利用艺专偶然发生的“教师罢教”事件的机会，对徐先生恶语中伤，在北平掀起了“倒徐运动”的风波。10 月 2 日北平艺专国画组三位教授，因不满意徐校长减少授课时间、指定教学进度和国画授课范围等作法，逐提出“改善国画组设施”等四项要求。随后他们又对徐校长艺专教学理念、招生数量，以及“宁缺毋滥”的招生原则不满，认为徐校长不尊重他们的提案，为维护他们的“人格及尊严”，遂联合宣布“罢教”。

实际上徐校长早先对他们的艺术水平和教学能力，已经有过充分的肯定与评价，根本不存在他们认为的“针对某个群体，采取排斥挤压的做法”，只不过是互相在教学理念、摹古与革新的艺术思维上存在着不同见解而已。

早在半年前徐校长就曾经在撰写的《国立北平艺专美展评议》一文中评论到：

> 秦仲文先生此次出品中松瀑合幅极具气势，笔法老练，雪竹一幅尤见精能，皆是佳构；陆鸿年先生月林清影，俊逸天成；陈缘督先生人物，工力老到；李智超先生山水四幅，奄有石涛潮江之奇；王青芳先生之游鳞可与亚尘抗席……

显而易见，从评论中可清晰地明了徐校长一直为北平艺专能拥有这些艺术水平高超的教员而感到欣喜与满足。然而，由于教学理念与艺术观点的差异却导致了抵触和争论。

国民党政府抓住时机，利用“罢教”事件的偶然机会大肆炒作，凭借他们掌握的宣传机器捏造事实，肆意诽谤，恶毒攻击徐校长摧残中国画，迫害师生。他们别有用心地支持罢教行动，为他们打气，以无中生有、罔顾事实的方法欺世瞒人，最终使原本个别教员在教学上与学校产生的矛盾，演变成不同政治背景的团体间对立的社会事件，在北平掀起一场影响全国的、声势浩大的关于国画创作方法及理论上不同观点的论争，双方激辩的言辞，参战人物都成为了轰动社会、轰动艺术界的新闻。这场长达数月的论战，也成为了中国现代美术发展史上一个重要事件，在社会上产生了深远的影响。

罢教次日，“北平美术分会”授意在中山公园“来今雨轩”召开记者会，协会副理事长首先亮出姿态，表明支持三位教授艺术立场，指出自己的声援并非因私人感情对徐悲鸿先生不满。他认为西画是写实的，以形似为主，而国画是写意的，以韵味为主，“徐氏专骛形似近乎与照相争巧拙，国画以韵味胜乃民族艺术风格”。在会上，协会散发传单和宣言谴责徐悲鸿为首的“北平美术作家协会”是分裂美术界的罪魁祸首，甚至对着记者高喊“徐悲鸿摧残国画，是有预谋毁灭中国艺术的阴谋”。会后，在报刊上刊登了《反对徐悲鸿摧残国画》的文章。

宋步云在第一时间目睹了罢教事件过程，在徐校长的委托下，立即安排国画组其他教员代课，使学校的教学工作未被干扰，正常进行。同时，安抚那些心情有些浮躁的学生，不要受此事件纷扰安心学习，学校将妥善处理此事，不会因此事耽误大家学业的。宋步云也注意到了学校的反动势力正在蠢蠢欲动，到处煽风点火，以不实之词蛊惑一些不明真相的师生，准备以罢课声援罢教，妄图扰乱艺专的教学秩序。宋步云及时地发现了他们的阴谋活动后，以徐校长的名义责成他们不要搞小动作，严厉指出唆使学生罢课是不得人心的，重申对于一切胆敢尝试违反校纪校规的人，无论是谁绝不留情面，一律按照开除条例处理。面对宋步云的严厉斥责那些反动势力的成员无计可施，只得静观事态变化伺机而动。宋步云的有效干预得到了广大师生的支持，最终使学校度过了因罢教事件而引起的危机。

与此同时，宋步云将罢教事件通过秘密渠道通报给北平地下党组织，很快得到指示，让他尽最大力量稳定学校教学秩序，联合进步师生、美术社团及社会各界进步人士声援徐校长，对国民党政府支持的“北平美术分会”予以坚决的反击。随后地下组织人士通过各种渠道，展开了声援徐校长的反击行动。

宋步云在接到地下党组织的指示后，立即向徐校长汇报了情况，同时与徐校长商议确定了准备以牙还牙的反击方案，以及登报发表声明和联系召开记者招待会的事宜。之后宋步云立即行动起来，邀请北平各报社和宣传机构，以及外埠驻北平新闻团体参加记者招待会；在艺专联络进步的师生，安排声援徐校长具体事宜；随后又联系“北平美术作家协会”及全体会员，以及中国美术学院，形成了声势浩大的，以徐悲鸿为代表的北平艺专、北平美术作家协会、中国美术学院三大团体，对国民党政府支持的“中华全国美术会”分会“北平美术分会”开始进行坚决地反击。

徐先生早在二十世纪二十年年代初，就在发表的《中国画改良论》文中，提出“古法佳者守之，垂绝者继之，不佳者改之，未足者增之，西方画之可采入者融之”的著名主张，提倡写实，反对抄袭，并提出“改之方法：学习、物质（绘画工具）、破除派别。”而就徐悲鸿此次论战而言，也是先生继二十年代末全国第一届美术展览时与徐志摩论战中，发表《惑》《惑之不解》等文中，明确倡导现实主义。三十年代初与刘海粟论战中，在《申报》发表的《画范·序》一文中提出：“新七法：①位置得宜，②比例准确，③黑白分明，④动作或姿态天然，⑤轻重和谐，⑥性格毕现，⑦传神阿堵”之后的，另一次“道不同而言各异”的论战。不过此次论战他不再是自己孤军奋斗，而是有了一个以北平艺专、北平美术作家协会、中国美术学院三大团队为坚强基础，广大师生和艺术家作为后盾的强大团结集体一同参战。

宋步云和进步师生在此次“国画论战”中始终坚定地站在徐校长一边，在宋步云积极联络和精心安排下，10 月 15 日，三大团体联合在中山公园音乐堂召开记者会。全北平的报社及外埠各驻北平的新闻团体均派记者到场，各界有关人士、协会会员、艺专师生也前来参加，声援以徐悲鸿为代表的艺术革新势力，反击国民党政府支持的“北平美术分会”的攻击和诽谤。偌大的中山公园音乐堂被挤得满满当当，稍微来迟的人只能站在露天会场外聆听事实真相。

1948 年 5 月，宋步云在中山公园中山堂展览会现场前

记者会开始后徐校长率先发言，以翔实的事实澄清真相，阐明维护全新的教学理念，驳斥“北平美术分会”故意编造的不实之词，反击指责他是“摧残国画”、“分裂美术界”罪魁祸首的惑言。

首先，徐校长以不可争辩的事实驳诉并揭露了“北平美术分会”在“宣言”传单中关于“北平艺专国画系本学期只录取五名学生和学习三年素描”的谎言。他说：“此次录取国画系学生十三人，超过其所举之数一倍多，此固非为满足名额，全凭成绩，倘成绩不佳，或竟一人不取……本校去年改为五年制，国画、西画、雕塑、图案在第一、二学年共同修习素描，第三年分班，已呈教育部在案。传单所举三年素描，显非事实，仅举两点，均为无的放矢……至于国画，仅为艺专学科之一部，征诸国家之需要，与学生之志愿，皆愿摹写人民生活，无一人愿意模仿古人作品为足者……建立新中国画既非改良，亦非中西合璧，仅直接师化造化而已，但所谓师化造化者，非一空言即能兑现，而诬注重素描便会像郎世宁或日本画者，乃是一套模仿古人之成见……”

接着，在记者的提问中，徐校长还进一步阐述了以素描为一切造型艺术之基础的改革内容，毫不示弱地以不争的事实反驳了《反对徐悲鸿摧残国画》文章中对他的人身攻击。他还谈到自到北平以后“为本校拥有创作艺术水准高超教员而欢喜自豪的心境。然而，今非昔比，教学方式与艺术观念相左，道不同而言各异。”

最后，徐校长坚决表示美术创作一定要走“师造化”的现实主义之路，强调艺术要与生活相关，提倡国画既要学“荆关董巨”，要学“元四家”，也要反对过分泥古。进一步指出“绘画要有生气，否则‘文到八股，画到四王’将病入膏肓。”同时也谈到了北平艺专在教学上，同样也要求学油画的学生也必须学习国画，学习国画的学生也要接受素描基础课程的必要性。

随后，艺专学生代表也在这次记者招待会上现身说法，说明北平艺专在国画课教学上的特色和观念上的改革，是使国画更接近于生活，革除了某些中国画创作中被架空的内容；在绘画技术上进行有效地改革，提倡以素描为基础教学课程，从而打破一味临摹古画的恶习。并以事实说明这些教学中改革的内容深受学生们的欢迎，明确表示支持本校教学改革的内容和立场。

记者招待会的召开，使人们清醒地认识到，国民党隐藏在“北平美术分会”的反动势力极力挑起的这场“国画论战”的险恶用心。

记者会后，国民党政府有关部门见败局已定，为挽回失利的局面，指使所控制的各地报纸和宣传机构大搞一言堂，对徐校长在记者招待会上发表演讲的内容一概不允许全文刊登。他们不惜要尽各种手段，断章取义，混淆视听，更有甚者竟采取下流的手段进行谩骂和人身攻击。

在三大团体和进步人士的合力支持下，部分新闻机构、报刊顶住压力，陆续发表了徐悲鸿的《新国画建立之步骤》《当前中国之艺术问题》等文章。文章中明确地阐明主张，以素描为一切造型艺术之基础的教学理念，重申注重素描严格训练的必要性，他提倡师法造化，反对一味描摹古人，指出："艺术家应与科学家同样有求真的精神"，"若此时再不振奋，起而师法造化，寻求真理……艺术必亡。"并以事实反击了"北平美术分会"对他的人身攻击。

三大团体和原中华全国美术会留平会员，同时也在组织上、思想上以及行动上都与徐先生站在一起，积极地加入到论战的行列中，以事实说明一味临慕古画的弊端，对"北平美术分会"偏颇的态度，予以坚决的反击和驳斥。他们一致认为，徐先生在继承中国古代画论中关于"师法造化"的优良传统上，进一步强调了艺术家应该追求真理、挖掘人生，以至于达到艺术上真善美的和谐统一，赞赏先生现实主义的美术理论，是对现今美术教育事业所作出的突出贡献。

与此同时，宋步云出面促成了刘铁华、黄养辉等十六位美术家，以中华全国美术会留平会员的名义发表联合声明，认为："中华全国美术会留平分会在国画理论上如有殊见时，尽可善意建议，不应以分会名义，发表宣言，攻击私人。""国画应否改革之争，即成过去，中国自明以降，即陷入'师古'的泥沼，如不自拔，终必坠落绝境，今北平美术会在国画理论上，既有殊见，尽可在理论上多所发表，或善意建议，岂可滥发宣言，肆意毁谤同一团体中之理事……"他们以明确的态度响应徐校长改革创新美术教育事业的理念。

在宋步云、刘铁华等艺术家的积极斡旋下，终于扭转了北平"一言堂"局面，于 1947 年 10 月下旬分别在南京的《中央日报》、外埠分社在北平创办的《华北日报》、《新民报》等报刊上登载了"国画论战"实录。随后北平各家报刊纷纷发表评论，转载了徐悲鸿的《新国画建立之步骤》《当前中国之艺术问题》等文章，全文刊载了中华全国美术会留平会员刘铁华、黄养辉等十六人发表的联合声明，反对采取人身攻击、诋毁持不同观念者。一场声势浩大的国画论战就这样从北平展开及至轰动全国。

北平艺专师生在这场持续数月的“国画论战”中，始终紧紧地团结在徐校长周围，不受外界舆论干扰继续坚持正常上课。同学们在旷日持久的论战中更深刻地认识了它的复杂性和深远意义。此间，宋步云不敢有丝毫大意，时刻提防着反动势力的动向，防范他们的小动作，在进步师生的支持下，有力地配合了徐校长的反击。

由于得到广大文艺工作者和进步力量的广泛支持，以徐悲鸿为代表的革新派势力在这场新旧“国画论战”中的社会影响越来越大。而这样的结果也最终使国民党反动势力欲借罢教事件剪除异己的如意算盘彻底落空。

但是，反动势力仍不甘罢休，他们继续以莫须有的罪名向南京国民党政府告状，甚至向南京教育部、北平警备司令部密告，诬陷徐悲鸿“窝藏异党和民盟分子”，妄图从政治上把艺专的领导以及追求进步、追求真理的教职员工置于死地，致使艺专的生死斗争仍在延续着。

1948 年初，“新旧国画论战”暂告一段落，为力求证实：“古法之佳者守之，垂绝者继之，不佳者改之，未足者增之，西方画之可采入者融之”，以及对民族艺术加以取舍与改良，中西方艺术互补“西方艺术上之所短，正是东方艺术之所长；东方艺术之所短，正是西方艺术之所长，短长互补，世界新艺术之产生，正在目前，惟视吾人努力之方针耳”正确的艺术道路，徐悲鸿与宋步云以及“北平美术作家协会”理事们商议后决定于春季以三大团体名义联合举办画展，并委托宋步云负责筹办事宜。

正巧同年 2 月，吴作人顺利完成了赴欧洲访问考察归国，他在了解完艺专这一年多来所发生的一切事情后，立即与宋步云完成艺专的教务工作交接，马上公开宣布支持徐校长革新教学工作的立场，捍卫徐校长的教学方针。

在宋步云多方联系下，最终确定联合画展于5月1日在中山公园中山堂举行，“北平美术作家协会”的会员和“中国美术学院”、“北平国立艺专”三大团体的艺术家们积极响应，送来大批参展作品。由于参展单位经费严重不足，宋步云本着一切从简的原则，从联系木工做画框，接收作品，制作展板，直到约请记者和有关各界人士，刊登消息都是自己动手。

由于作品众多展厅面积大，特意还做了许多有两米多高的木板屏风，把展厅隔成许多小隔断。布展时三大团体的艺术家积极参与，宋步云、吴作人、李宗津、戴泽等一起到场参加布展，艺专的学生也闻讯赶来帮忙。经大家的努力下，终于在半夜时分布置完毕。此时公园大门已被锁上，大家被迫又返回展厅在主席台挤在一起席地而卧。吴作人不顾疲倦，饶有兴致的给大家唱起自己拿手的昆曲，博得一片喝彩声。第二天一早徐先生赶到现场，巡视完后表示非常满意，仅对个别作品稍做些局部的调整。

亲历当时这段历史的中央美术学院教授戴泽先生，在《他是中央美术学院的基石》访谈录中回忆：

> 那是一个很大的展览会，在中山堂，地方非常大。做了很多的木头板子屏风，有两米高吧。把中山堂隔成许多小隔断。隔开以后，就把画搬进去，当时有吴作人，有李宗津，有我，展览布展到很晚，我是年轻人，所以我在那一直没完没了地搬过来，搬过去都到了半夜，好像最后是在主席台上面睡觉了。我记得吴作人感觉很累、很疲倦，他一高兴，就唱起昆曲来了。第二天徐悲鸿来了，对展览会作了些调整，对当时的北京来说是很大的一个展览，参展和观展的人很多。宋先生送展的画是《白皮松》等三幅作品。布展的时候他也来了，他当时还是领导。

在紧张的筹备和精心的策划布置下，由“北平美术作家协会”、“中国美术学院”、“北平国立艺专”三大团体联合举办的画展如期举行。而这次画展对当时的北平来说，也算得上是一个大规模的展览，又加之数月以来在北平发生的“国画论战”造成的深远影响，因此展览消息一经传出，便在北平城产生了轰动效应，引起了社会的广泛关注。

联合画展开幕后，吸引了广大观众、北平艺术界人士和美术爱好者前来参观，各新闻媒体进行了大篇幅的报道。观众们面对充满表现大自然、表现人民群众生活的优美画面，非常感动，使观众更进一步充分理解了徐先生所倡导的对民族艺术加以取舍与改良，中西方艺术互补“古法之佳者守之，垂绝者继之，不佳者改之，未足者增之，西方画之可采入者融之”，“……短长互补，世界新艺术之产生，正在目前，惟视吾人努力之方针耳”是一条完全正确的艺术道路。同时画展也是对数月以来“师古与师化自然”的论战，做了一个有力的形象总结，充分地证实了徐先生所倡导的在艺术上走现实主义道路是正确的。

与此同时，“北平美术分会”在中山公园来今雨轩举办的描摹古人的作品展览，由于远离社会生活，缺乏自然气息，以一味临慕古画，玩弄笔墨为消遣，此展应和者寥寥，社会上鲜有提及，最终在与三大团体的联合展览的比较中，很快便败下阵来，提前收场。

宋步云在这次作为论战的终结性的联合画展上，提供了《白皮松》《女人像》等幅描写北平风貌和人们生活的油画作品，受到美术界和观众的的高度评价和喜爱。徐悲鸿对宋步云的参展作品倍加赞赏，尤以对油画《白皮松》喜爱有加，当着众多参观者赞赏到“杰作本天成，妙手偶得之”，亲自决定由北平艺专收藏，以作为学校教学中典范之作，现珍藏于中央美术学院美术馆。

1948 年 5 月，宋步云在展览会与油画作品《白皮松》合影

5 月 7 日，徐悲鸿在天津《益世报》发表了《介绍几位作家的作品》一文评价此次展览诸家诸作，其中有“宋步云之《白皮松》，妙手偶得；另一女人像亦妙。”之句。

宋步云在整个的这场“新旧国画论战”中，为保卫辛苦创建起的全新的北平艺专，在徐校长遭遇到敌对势力毁灭性的打击之时；在徐先生反击由南京国民党政府操纵下的一场对现实主义艺术扼杀的围攻和剿杀的斗争中；在政治环境、物资条件处于极度弱势和艰苦的情势下，对这场黎明前的黑暗，更是在对反动势力垂死挣扎的斗争中，他始终坚定地站在徐悲鸿先生一边，排除一切困难，全力以赴支持徐先生的艺术教育革新工作。他在自己的岗位上做了大量的非凡工作，而这些鲜为人知的组织、宣传、教务、行政工作，是对那些颠倒黑白，罔顾事实，掌控一些舆论宣传工具的别有用心之人，形成一道真正反击反动势力的不可逾越、摧杀的坚强后盾和屏障。

廖静文在访谈录《这是历史，是不能遗忘的……》中说道：

在解放以前，悲鸿到北平来，当时北平有一个美术协会，后来吴作人、宋步云他们都赞成不要跟国民党的美术协会在一起，协助悲鸿成立了“北平美术作家协会”。后来悲鸿就担任北平美术作家协会的会长，就为这个事，北平美术分会曾经发宣言反对悲鸿。当时在国民党统治区，北平在美术界也有两派的斗争，一派是倾向共产党的，一派是倾向国民党的，这两派的斗争虽然不是泾渭分明的，实际上两个不同的协会的成立，就说明了斗争的现象。

悲鸿成立美术作家协会，也有一些事务工作要做，宋步云就帮助做这些事务工作。怎么组织大家，怎么样成立理事会，在这部分工作上，宋步云还是出了很大的力的。

后来，因为有原来的北平美术界保守的老画家反对悲鸿，说他分裂美术界，成立“北平美术作家协会”，而且到国民党政府去告状，还发宣言说悲鸿摧残国画。所以悲鸿就决定开一个画展让大家看，北平艺专教授们的画怎么样，这样可以用事实说话，究竟是摧残了国画还是发展了国画，这就是在北平中山公园举行画展的原因。当时画展展出了大量的北平艺专教师们的画，这些国画都跟老的国画不一样，都能推陈出新，在国画上有了更大的发展，这就是用事实说话。这个展览的影响很大，所以后来投考北平艺专的人特别多。

这次画展宋步云先生的画中有一幅《白皮松》，悲鸿非常称赞，因为白皮松在别的地方都没有看见过，就只有在北平有白皮松，所以悲鸿说宋步云的白皮松表现了北平的特点，而且画得非常美。宋步云的水彩和油画都是和悲鸿的主张一样，所以这个白皮松既表现北平的特点，而且画面又很美，所以悲鸿说它“杰作本天成，妙手偶得之”。

繁重的教学工作

在工作中宋步云清醒地认识到，徐悲鸿平生致力于美术教育事业，创造出一整套明确、完整的美术教育理论主张；先生强调师化自然，重视艺术创作中基本技能训练，提倡借鉴古今中外技法经验；他在创办艺术院校的教学体制上，采用学年制、年级制、学分制和画室制等多项结合体方法；他要求艺术系学生要有广博的知识、深厚的文化修养、熟练地掌握创作技法，在业务上打下坚实的专业基础，这是艺术事业发展的根本需要；同时先生在教育方法上，要求学生们要有独立思考能力，创作中发挥个性化的自主创造精神，努力使学子们得到全方位的发展，培养学生个性化的创造能力。在先生一系列进步的教育方针指导下，先后培养出一批如吴作人、艾中信、韦启美、侯一民、李天祥、靳尚谊、詹建俊等成就卓然的艺术家、美术教育家，而先生所建立起来的完整的美术教育体系，一直延续至今的中国美术教育事业中，并仍具有强大的影响力。

同一时期，高淑贞生下第二个女儿，女儿的降生给全家带来了无尽的快乐，宋步云见她经常睁着圆圆的大眼睛看着周围，不逗且笑的小小脸庞上，时常露出像阳光般的灿烂笑容，于是兴奋地给她起名叫宋高阳，希望她有一个阳光般的生活和灿烂的人生。

宋步云协助徐校长接收艺专的同时还承担着艺术系各年级的教学任务，每周要完成近二十课时的水彩画教学课程和管理两个校外教师画室的工作，以及繁琐沉重的学校行政事务，使得他几乎没有闲暇时间顾及自己的艺术创作，更没有精力顾及家庭。即使是抽时间创作的作品，绝大部分也都是为了联系复校的各方面工作事宜，毫不吝惜地将这些精心创作的心爱的作品送与对方，仅为了收回校尉营胡同校址，疏通各个环节，就先后送出了他早期的艺术作品达数十余幅，为学校联系其他工作而送出去的作品，更是不胜枚举。

这对一个初到北平参加复校工作，在本地没有任何根基和社会基础的艺术家来说，付出的贡献和心力是可想而知的，更别说同时还默默地付出了那么多自己热爱的艺术品，如果没有一种坚强的信念，是根本做不出来这样的事情的。更何况他虽然为了北平艺专复校，为中央美院建校办了那么多的事情，最后却遭受到莫名其妙的排挤，被打入了另册，只是源于他是徐校长最为信任与器重的得力助手，因此才遭此厄运。这对一个勇于献身中国艺术发展事业的艺术家来说，是非常不公正、不公平的。

这样的结果对一般人来说，是根本无法接受的，而宋步云却以宽广豁达的胸怀，坦然、平静地面对、接受了，并且在十分不利的环境下，他以自己坚强的毅力和不懈的努力，最终创作出非常突出的艺术成就。这完全可以看得出作为一个艺术家，作为一个对艺术事业的发展不懈追求的人，凭借着自己的努力克服重重困难，一直践行着徐先生对他提出坚持走现实主义创作道路的要求，以及永不服输的坚定信念与对徐先生的承诺所支撑的结果。

在宋步云接受的徐校长聘书上，清晰地印有每周完成近二十课时的印章，这超过了绝大多数教员的课时安排，源于徐校长对他的要求超过对一般教员，希望作为校领导的宋步云以身作则，带领全校教职员把北平艺专创办成为一所一流的艺术院校。宋步云在工作中没有辜负徐校长和全校师生的期望，不仅圆满地完成了复校的艰辛工作，还出色地完成了给他安排的教学任务。

在教学过程中，他仍延续着以往的教学方法，更加注重学生们对大自然的了解与认识，努力加强同学们观察力和自主性，着重培养学生们的艺术修养。除了极个别的课程安排于课堂教学外，其余时间都是带着同学，到市内、郊区亲临大自然实地写生授课，指导学生写生作画。面对大自然，他现身说法，一边让同学们观摩他的创作手法，一边讲解怎样掌握水彩水分与基础速写技法在作品构成的重要作用，又一边引导学生观察描绘对象在时间变换时，大块面和色调的瞬息变化，把握所绘对象大的结构与构图构成。力图通过不同技法示范表述，使同学们娴熟地掌握，并利用手中的绘画工具和材料，充分地了解色彩对大自然的表现力，加强他们对所绘不同创作对象的发现与认识，着力培养同学们的创造性和发明力。在给同学们模拟创作的同时，他利用不同技法和创作技巧手段的示范，自然连带出相关联的中外知名的画派、画家，以及有关联的画史与画论，使同学们在观摩创作技法示范的同时，牢牢地记住那些与之有相关联的中外绘画水彩画基础理论的内容。宋步云灵活的教学方法，受到同学们的喜爱和欢迎。

画家卢开祥在《宋步云先生和他的水彩画》记述中回忆到：

> 我到北平后，又到艺专上学，宋先生是我们的水彩画老师。我非常高兴，那时我对水彩画怀有极大的兴趣，那时上水彩课除了在教室画静物外，宋先生还常带我们到北海画白塔，到团城画白皮松，也到中南海、故宫等地画水彩写生。他教学经验丰富，循循善诱、诲人不倦，深受学生的尊敬和爱戴。

中央美术学院教授戴泽在《他是中央美术学院的基石》访谈录中回忆：

宋先生教写生课，还有风景，带学生出去写生，所以北海、什刹海溜冰场、鼓楼等等都是由他画出来的。卢开祥是他的学生，他跟宋先生学水彩，已经去世了。宋先生学生很多啊，现在都是大名家，他们都应该是宋先生的学生。他的学生人数很多，在中央美术学院有，在天津也有，有的还分到八一电影制片厂，艺专的学生在台湾的也不少，像李永钟，是个女的，陶瓷系的，在台湾搞得挺不错。

宋先生当年在西画组教课、任教，西画组的所有学生他都是教的。学校其他专业学生的水彩课也是他教，风景课是要出去写生的。每个年级他都要带，那是很辛苦的，我也跟他出去画过写生，好像是在北京黄村，时间大概在1949年。

宋先生教写生的时候，每个学生的画都要看，然后提修改意见。学生们对宋先生的教学很欢迎。

现在我们看到的宋步云仅保留下来的那些20世纪40年代在北平创作的《故都瑞雪》《白皮松》《午门》《中山公园》《欢庆解放》《读报女孩》《岁寒三九雪》《自画像》《画家之妻高淑贞》《有酒瓶的静物》《初秋》《景山瑞雪》《旧北海大桥》等油画精品，都是那个时期利用教学时间和假期创作的。而作为专职教授水彩画的副教授来说，他早在重庆时期，就早已具备了能达到迅疾创作出水彩画作品的能力，但却未能保留下来一幅作品。宋步云把当时所创作的水彩画作品和许多油画作品，无偿地捐献给了发展北平艺专的教育事业中，而他所做出的这些无私地贡献，恰恰又都是在不为外人和后人所知晓的情况下，在默默无声中心甘情愿奉献的。

在复校工作同时，宋步云仍然时常拿自己的新作请徐先生指教，先生对作品中发现的点滴瑕疵都及时予以指出，特别强调在创作的风景画中，还需要留意树的造型，鼓励他反复观察揣摩比较，在精微处下工夫，并亲手予以示范，先生对他的每一点进步都是关怀备至的。

先生还嘱托他：我来到北平以后，看到北平有那么多风格各异的古建筑，丰富多彩的人文景观，美丽的自然风光，很是感动，但又非常担心不知道什么时候这些东西会遭到人为的破坏。我一直想集中精力把它们都画下来，给后人留下一些美好的记忆。但现在看起来实在是心有余而力不足，不能再外出写生了。你要答应我，用你的画笔把这些北平的历史文化，古都风貌都一一记录下来，传承给后人，使他们铭记住北平曾经的古老与壮阔、美好与秀丽。

徐先生见宋步云因为忙于学校的工作，抽不出更多的时间去搞艺术创作，时常语重心长地对他说：你的油画和水彩画已达到相当的水平，是经过长期不断努力的结果，不能因为工作压力过重的原因而轻易放弃自己热爱的艺术创作。希望你不要受外界过多的影响和干扰，继续沿着“师化自然”的现实主义的道路走下去，努力发展中国的美术事业。

宋步云铭记住徐先生的嘱托，即使是在深受不公正的待遇和强大的政治压力下，始终践行着对徐先生承诺的诺言，一直不懈地努力，坚持进行实践与探索，最终取得了令人瞩目的艺术成就，完成了徐先生对他赋予的期望。

同时宋步云在北平与李苦禅先生重逢，并与一同在北平艺专任职的吴作人、齐白石、黄宾虹等先生，都有密切往来，他们既是新、老同事，又都是老朋友。宋步云到北平除了帮助徐悲鸿先生复校和搞教学、创作外，就是与他们生活、工作在一起，并相互交往甚密。他们时常聚在教员画室一起搞创作，一块儿切磋技法，交流经验，交换心得，相互传授中西绘画的技艺；他们对宋步云创作中国画的绘画理念和技法都产生了很大的影响。

北平艺专搬到校尉营新校址后，很多职工提议是否能就近到邻近医院就医。宋步云经过多方联系，最终与位于东交民巷的北平医院联系上，经过几番协商，送给他们多幅油画和水彩画作品，最后院方同意接受“艺专”教员以平价方式看病的要求。但谁也没想到，很快因一次医疗事故纠纷，使双方的口头协议被迫中止。1948 年中旬，艺专教员齐振杞因内痔到北平医院手术治疗，因外科主任错误诊治，内外科互相扯皮，耽误了救治时间，不治身亡。“艺专”随即组成以徐校长、吴作人、宋步云、叶浅予等为主要成员的二十余人治丧善后委员会，全权委托宋步云代表艺专与医院交涉此事。医院开始不承认是医疗事故，一味推脱是自然死亡，没有医院的责任。宋步云代表“艺专”与医院据理力争，最后在掌握了确凿证据后，对簿公堂，指控他们玩忽职守、过失杀人、并附带民事赔偿。徐校长和宋步云出庭与北平医院外科主任杨静波、院长韩云峰对质，院方最终在尸检报告的事实面前，被迫承认是医疗事故，但责任人一直赖着不肯赔偿。此后宋步云多次代表“艺专”和家属到医院催讨但都无果而返。北平解放后“艺专”重立此案，杨静波家属这才对死者家属进行了赔偿。而此次医疗事故也使“艺专”教员平价在此看病的口头协议被迫中止。

为了使学校教员能及时方便的看上病，宋步云随后利用与协和医院熟悉的关系，商议是否能接受学校职工廉价在此看病。但协和医院是美国人开办的教会医院，多是给达官显贵看病，就医门槛和收费标准非常高，最终无果而返。

虽然没达成协议，但协和医院还是对学校给予了很大帮助的。为了掌握人体动态结构，艺术院校学生上素描基础课需要学习艺用人体解剖，但学校没有人体骨骼，市面又无处可买，没有参照物人体解剖课无法完成。宋步云得知此事后向医院求援。但协和医院当时只有两副人体骨骼，需要在医疗和教学上使用，于是双方达成采取变通的方式借给艺专，即根据双方的具体情况穿插使用人体骨骼教具，这样，暂时解决了艺专人体解剖课的难题。

宋步云见总是借人体骨骼上课不是永久的办法，于是找到好友北平第三市立医院院长徐政闻先生帮忙。徐政闻院长闻之是教学之用，毫不犹豫地将自己从国外带回的，由私人保存的一具人体骨骼，无偿地送给了学校，从而使艺专告别了借人体骨骼上课的历史。徐先生闻之徐政闻院长慷慨相助十分感动，激动地说：“赠我以瓜，报之以李”，于是挥毫泼墨画了一帧大幅奔马，请宋步云给徐院长送过去。没过多久，协和医院也从国外又买了几副人体骨骼，并主动地送给学校一副。

北平解放前夕，协和医院担心如果国民党政府不同意北平和平解放方案，一旦发生火力对抗将会殃及到医院大夫和病人的生命安全，便与宋步云协商，若发生意外能不能将大夫和病人疏散到学校操场。宋步云与徐校长商量后，同意了他们的请求，还请他们实地考察了安置现场；协和医院也承诺一旦发生断水停电，医院会用他们自备水井的水源和发电设备供给学校教学生活急需之用。敲定了双方的协作事宜，他们顺势提出“我们久仰徐校长之盛名，能否请先生为我们画一匹马?”先生笑允，随即画马相赠。值得庆幸的是北平和平解放，战火并没有燃烧起来。

北平和平解放不久，一天宋步云在喜鹊胡同眼病专家田大夫家中小酌闲聊，一位身材魁梧的解放军军官，在两名士兵的陪伴下不期而至，前来田大夫府上拜望，寒暄后便帅气的脱下身着的军大衣，随便搬来一把椅子坐在桌旁，豪爽的与他们一起推杯换盏闲聊起来。随后，田大夫给他们互相做了介绍，宋步云得知这位军官是协和医院第一任军代表、兼党委书记李毅先生，对方也同时了解了宋步云的身份。在闲聊中两人相互感觉脾气秉性相投，随后便经常来往，最终成为好友。以后他们一直保持着密切的往来，即使是在宋步云被排挤的那段时间里，李毅先生仍然对宋步云十分尊重，坚定相信宋步云没有问题，并对他给予精神上的支持。他们只要有机会便悄悄互相走动、相互鼓励，他们之间深厚的友谊，一直保持到两位老人相继告别人世为止。

阻止学校南迁

1948年，国民党政府挑起全面内战二年后，国共双方兵力对比发生巨变。东北人民解放军经过“三下江南”、“四保临江”，大大削弱了东北敌军有生力量。国民党军队被分割、压缩在沈阳、长春、锦州三个首尾互不相连地区，处于崩溃状态。中共中央决定抓住有利时机，进行战略决战，首先指向东北战场，一场震惊中外的“辽沈战役”即将打响。

解放军在东北的胜利捷报频频传来，北平市民按捺不住激情，互相传递胜利的信息。随着解放战争浪潮席卷全国，面对节节败退的局面，蒋介石政府和盘踞在北平城的国民党军政部门惶惶不可终日，为挽回行将崩溃的败局，一方面频繁调动军队，欲与解放军在广阔的战场上进行决战；另一方面在全国各地对进步势力进行残酷镇压。国民党政府在北平成立了“北平高等特种刑事法庭”，宪兵队和特务肆意抓人，搜捕地下党人和进步学生，白色恐怖笼罩着整个北平。

面对此，在中共地下党组织领导下，北平大专院校学生和东北学生于1948年7月9日举行了声势浩大的“东北华北学生反剿民要活命大游行”，抗议蒋介石政府的剿民政策。“反剿民”示威游行后，国民党政府开始对北平进步学生进行大规模搜捕。

在中共中央党史研究室编辑的《中共党史资料》中对这一段历史有着详尽的记述：

> 北平一直是爱国学生民主运动的中心，风起云涌的学潮使国民党反动派丧魂落魄，必欲镇压下去而后快。1948年7月31日，国民党教育部给各大专院校发出密令：务望各校当局鉴于局势严重，将校内共产党嫌疑分子或接近共产党别有企图分子，不论员生均应视为危害分子，在此暑期内分别处理，务望肃清。
>
> 北平市于8月19日开始了大逮捕。这天清晨，国民党的军（陆军）、警（警察）、宪（宪兵）、特（特务）大举出动，将北大、清华、师大、燕京、中法、辅仁、铁道学院、朝阳学院、华北学院、北平艺专、中国大学等11所大专院校所有的校门统统包围封锁，并在各个街道张贴布告，以杀气腾腾的语言告示逮捕共产党学生，还在各个城门设卡，由军警逐个盘查过往行人，一时间白色恐怖笼罩着全城。
>
> 当天，北平国民党的报纸《华北日报》以《传讯匪谍今开始》的大字标题，刊登了“中央社”讯：“北平高等特种刑事法庭奉行政院命令清除潜伏后方匪谍后，特依职权检举各院校之职业学生，依法传讯其情节重大且有逃亡之虞者，依法签发拘票径予拘捕。”下面列举了各院校拘传名单，共250人；8月20日，又公布了第二批名单，共75人。
>
> 面对气势汹汹、突如其来的大迫害，中共北平学生工作委员会和各院校地下党组织沉着应战。他们冷静地分析

了形势和被拘传名单，断定国民党特务机关并没有掌握地下党在各院校的组织系统线索。列入黑名单的大都是在历次学生运动中出头露面的人，其中有地下党员和“民青”与“民联”的盟员，也有思想进步的学生。在动员群众开展反迫害、反逮捕斗争的同时，要求迅速把上了黑名单的党员、盟员和进步学生撤离学校，转移到解放区去，以保证他们的生命安全。在地下党和学生自治会领导下，各院校学生英勇顽强又机智巧妙地运用多种方法，进行了反逮捕斗争，使列入黑名单的党员、盟员和进步学生大部分安全转移。但是，也有一部分列入黑名单的学生在校园内外落入敌人的魔掌，还有一些未列入黑名单的学生也被逮捕了。总计被捕学生达100多人。

宋步云在暑假期间得到国民党政府准备对进步学生镇压的消息后，立即通过秘密渠道通报给中共地下党组织，很快得到地下党组织的回复，要他尽快联系徐悲鸿校长，尽一切可能通知到所有被通缉的学生，尽最大可能保证他们的安全，并设法将他们护送出北平。

但由于事发突然，又逢暑期，学生们都已离校回家，很难取得联系，宋步云立即将此情况向徐校长做了汇报。徐校长随即委托他设法联系到这些学生，若需转移费用可从校经费中提取。但由于是暑期无法一一取得联系，北平艺专遭通缉的十余名地下党学生成员和进步青年，虽然大多数通过秘密渠道安全转移出北平，但仍先后有四名参加地下党外围组织“民青”的学生，在校外被宪兵、特务逮捕投入监狱。

当徐校长和宋步云得知四名学生遭到不测后马上商量对策，宋步云动用在北平的各种社会关系，大费周折，终于打听到他们的下落，经过数月的奔走疏通，在地下党组织的协助和徐校长的出面保释下，其中两名被营救出狱。

此次大搜捕给艺专的进步力量造成了一定程度的破坏，以训导处和三青团为代表的反动势力趁机夺取了校内学生自治会和一些团体的领导权，并勒令学生自发组织的左翼团体报社、剧团解散，反动势力同时给国民党党部写告发信，诬告徐悲鸿和校领导层保护校内的“民青”、“民联”成员，欲将艺专的进步力量一举肃清。

全校进步师生不畏反动势力和白色恐怖所恐吓，紧密团结在徐校长周围，以创作漫画等各种宣传形式，反击校内反动势力猖狂进攻。在反击反动势力的斗争中，宋步云得到地下党和徐校长的指示，时刻注意校内反动势力动向，秘密保护进步师生安全。

一天深夜，宋步云在家中突然听到急促的敲门声，当他拉开屋门，中共地下党人士钱开泰领着一名地下党员随即闪进屋内，焦急地告诉宋步云这位地下党同志遭到国民党政府的通缉，军警和特务正在追捕他。现在城内已全部戒严，各路口都有军警把守，城门也已关闭，无法将他护送出城，为保护他的安全，必须马上设法将他隐藏起来，请你尽快找机会将他迅速安全护送出北平。

宋步云得知情况紧急，考虑到各处白色恐怖势力活动非常猖獗，又加上半夜三更几个人一块外出目标太大，在家中躲避比到其他地方相对还安全些，于是置个人和全家性命安危而不顾，将他隐蔽在屋内的壁柜中。钱开泰见一切安排妥当，叮嘱了他几句，便悄然消失在夜幕下。

第二天，宋步云经过精心安排，临时将带学生在市内公园授课的计划，改成到郊区写生作画，将那位地下党人化装成艺专学生的模样混在学生队伍里，与上实践课的学生一起，徒步闯过了崇文门和永定门的关卡，躲过国民党军警和特务重重盘问和搜查，历尽周折，终于安全地将他护送到北平南郊大兴解放区。望着不知姓名的地下党员逐渐消失的背影，宋步云这才松了一口气，将攥满汗水的双手轻轻张开。

1948 年　油画稿《钟鼓楼》

1948 年下半年，经过和平解放长春、攻占沈阳、攻克锦州等诸多著名战役，人民解放军取得了辉煌胜利，随即东北人民解放军浩浩荡荡地进军关内，在京津广袤地区摆下了围歼国民党军队的战场，“平津战役”即将打响。北平外围解放军部队准时进入阵地，由远处传来隆隆的攻城炮声和响亮的冲锋号声，使北平市民欢欣鼓舞。

随着解放战争不断地向前推进，石家庄，保定、新保安、张家口、承德、山海关、秦皇岛相继解放，切断了国民党驻军向南、向东逃跑的通道，北平与天津已成不能相顾的孤城，盘踞在北平城里的国民党军政部门惶惶不可终日，政府官员们纷纷向南逃亡。

与此同时，国民党政府着手筹划将北平一批高等院校、名牌大学，以及北平文化艺术界知名人士南迁至南京。北平艺专也接到南京政府发来的电报，要求学校做好南迁的准备，计划在不带家属的前提下，将艺专美术界、音乐界的艺术家和学校全部财产及器材一同南迁至南京，同时给学校划拨了一笔数额不菲的“应变费”，命令学校马上成立“应变委员会”，做好南迁的筹备工作。

根据南京国民政府的要求，北平艺专成立了以徐先生为首的，学校主要领导和各部门负责人，以及学生代表参加的“应变委员会”，宋步云与吴作人身为艺专的主要领导，身兼学校的行政和教务重要职务，自然当选为艺专“应变委员会”的主要成员，同时徐先生还委托宋步云全权负责“应变费”的统筹管理与利用。

宋步云得知南迁的消息后，马上向地下党组织汇报。就在国民党南京政府筹划将北平各大专院校南迁，北平依旧笼罩在国民党白色恐怖黑暗统治之时，9 月初的一天傍晚，地下党组织成员携带着秘密指示，潜入进北平来到宋步云家中，向他转达了中国共产党冀热察华北分区行署主任蓝公武和原中国共产党晋察冀负责人刘澜涛从解放区带来的指示，要求他向徐悲鸿先生真诚地转达我党“挽留徐悲鸿先生”的诚意。同时要求宋步云“想尽一切办法将徐悲鸿先生和北平艺专美术界与音乐界的艺术人才挽留在北平；协助徐悲鸿先生阻止学校南迁；无论发生什么情况，一定要组建一支可靠的护校队伍，保护校产，保护师生们的生命安全，尽最大可能完整保护好学校的全部档案资料，以迎接北平的胜利解放。”来人随后又代表蓝公武、刘澜涛，向他布置了具体的步骤与措施，以及在发生几种其他变故情况下，怎样具体实施其后的几点方案要求。

宋步云接到地下党的指示后，于当天夜晚前往东受禄胡同徐先生家中，将党的意愿和指示转达给了徐先生。徐先生仔细听完后，目不转睛地盯着宋步云，非常高兴地说：“我原先就不打算南迁，我要留在北平，与北平艺专的师生们一起留在北平，迎接北平胜利解放。请你转告蓝公武、刘澜涛先生，让他们代为转告中共领导，在解放北平时，一定要保护好北平的文物古迹，使之免遭战火破坏”。

后来宋步云从徐先生那里知道，在他传递中共地下党领导“挽留徐悲鸿先生”指示的头一天，中共地下党已先期委派徐悲鸿的老友田汉秘密潜入北平，与他会见，转达了毛泽东主席和周恩来先生对他的问候，并嘱咐他在任何情况下都不要离开北平。

这天晚上，宋步云十分高兴的是，他完成了地下党组织交给的此项重大任务，并为徐先生坚决抵制“南迁”的态度而欣喜。徐先生同样也更为宋步云受到中共冀热察华北分区行署的重视，以重托方式传递共产党组织盛情挽留他而万分高兴，更加深了对宋步云政治背景的了解与信任。徐先生透过烛光，看着宋步云被映红的双颊，喜色也不禁染上眉梢，欣喜地庆幸自己没看错这个德艺双馨的年轻艺术家。

这个夜晚，他们两个人借着烛光，仔细研究、商量应对阻止学校南迁的办法，分析可能发生的情况和问题，对挽留艺术家，组建护校队，保护校产和师生的安全，以及学校档案资料及历代藏品，一一作了具体的研究和布置，并委托宋步云全权负责处理上述事项。

之后，徐先生将吴作人半夜也请到家中，向他介绍了刚才与宋步云商量的结果，在征得吴作人同意后，接着徐先生又向宋步云、吴作人征寻如何处理“应变费”的意见。

宋步云考虑再三后提出：既然这笔“应变费”已经拨来就不要退回去了，以免南京政府徒生疑心节外生枝。咱们是否能将这笔“应变费”采购一批小米，一部分平均分发给学校职工以备不时之需，剩余部分留作学生的口粮。我们做到有备无患，一旦发生战事，在断粮的情况下不至于让师生和家属马上饿肚子。徐悲鸿和吴作人连称“好主意，这样一举两得，既可免除南京政府疑心，又可解师生缺粮的燃眉之急。”当下，徐悲鸿即做出决定将这笔“应变费”全部购买成小米，除留部分作学生口粮外，其余分发给每位职工。此事的落实也委托宋步云去办理。

随后，他们一起商量怎样在即将召开的艺专“应变会议”上，提出阻止学校南迁的办法，以得到与会大多数师生的支持。经过讨论，徐先生向他们布置抵制南迁的对策：第一步先采取拖延策略，以静制动视情势再说；第二步在迫不得已的情况下，召开“应变会议”，具体安排是：首先由他公布有关南京政府要求学校南迁的消息，随后征询大家意见，最后与会者进行表决。在征询意见这个关键环节，宋步云和吴作人分工合作互相策应。宋步云对艺专的情况了解得最清楚，要“先发制人”，掌握主动权，赶在反动势力人士前抢先发言，阐述清楚反对南迁的理由；吴作人紧随其后策应并支持宋步云的陈述，并做补充说明反对学校南迁的理由；这样就可以将“应变会议”调子定下来。再加上多数与会教职员工和学生都是支持反对南迁计划的，所以我们有足够把握，争取到绝大多数的票数，最终阻止南迁学校的计划。

当时艺专情况非常复杂，训导处负责人和三青团学生，以及音乐系极个别的反动成员，在学校人数虽不多，但影响力却不小。他们见学校领导班子对南京政府要求学校南迁迟迟没有什么反应，于是妄想单干，企图将音乐系的艺术人才全部挖走。于是指使其骨干成员制造声势，到处煽风点火，公开与进步师生在学校礼堂发生有关是否南迁的大辩论，并频繁催促学校马上执行南京政府南迁的命令。

在学校领导层采取拖延战术和多数师生的声讨中，他们的阴谋没能得逞，被迫收敛了嚣张气焰，开始在下面搞起小动作，给国民党党部写信，状告徐校长及学校领导成员与共产党相互策应，阻挠学校南迁，拒不执行政府南迁的命令，对要求执行南京政府南迁计划的教员打击报复。但此时的国民党党部已自顾不暇，忙着筹划怎么外逃的打算，根本没有心思顾及艺专是否南迁之事，只是表面上加紧催促学校赶紧做出南迁计划。

面对学校错综复杂的形势，徐悲鸿要求宋步云和吴作人广泛联系进步师生；尽力挽留那些摇摆不定的艺术家不要随那些人外逃。对学校极少数反动势力的骨干分子，时刻注意他们的动向，不要让他们拉走更多教员，加强学校防范力度，防止他们在外逃时，破坏或携带走学校的财产。

第二天，宋步云通过地下党组织，汇报了挽留徐先生的情况和商定的抵制南迁具体措施，以及艺专师生对南迁的态度和校内进步势力与反动势力斗争的情况。同时向地下党组织转达了徐先生的嘱托和愿望。

宋步云和吴作人回学校后，开始按照徐校长布置的方案执行，在学校所有重要岗位上，暗中布置可靠职工严密设防；秘密成立以学校职工为主的护校队，在校内实行 24 小时巡逻，加强对要害部门，以及保管档案资料和保存收藏品的库房巡视力度；广泛联络全校进步师生，将他们紧密地团结在徐先生周围；对极个别的反动势力成员加强防范；私下与还在犹豫不决的艺术家联系，耐心说服他们不要对蒋介石政府再存幻想，腐败的政权行将土崩瓦解，跟随他们南逃没有前途。经过耐心劝说，终于挽留下那些举棋不定、心存幻想的艺术家留下来与广大师生一起迎接北平解放

与此同时，校内的地下党组织也做了大量的工作，争取了绝大部分师生的支持，并成立了以地下党员学生为主的秘密护校队伍，从侧面保证了学校反对南迁工作的实施。

此时北平已成为孤城，南苑和西苑两个机场已被人民解放军炮火封锁，外逃的空中通道被堵死。国民党南京政府为抢夺北平的大批文物，撤退政府官员及其家属，接走文化艺术教育界知名人士和艺术家，竟悍然在北平城里的天坛和东单广场砍伐了大批树木，先后修建了两处临时机场。北平知名人士中北京大学校长胡适第一个搭乘飞机逃往南京，随后国民党政府和教育部又先后派专机接走了清华大学校长、北平师范大学校长等文化教育界的知名人士及其家属，他们还派人为徐悲鸿送来了两张专机机票，欲迫使他首先南下。北平社会呈现出一片混乱状况。

国民党教育部欲将艺专全部美术界、音乐界的中坚力量，以及全体师生和全部财产及器材一同撤往南京，见艺专领导层迟迟没有动静，感觉迁校计划已发生变故，同时接到来自艺专密函，状告徐校长和学校领导层阻止学校南迁。于是国民党当局急忙连续催促艺

专执行南迁计划，策划先把徐悲鸿接走，在艺专群龙无首的情况下，再实施第二步，将艺专全部迁至南京。并暗中唆使艺专的国民党分子在校内发动“南迁运动”，抵制校内反对南迁的左翼势力影响，策动更多的艺术家南逃。在这种情况下，艺专广大师生紧密地团结在徐校长的周围，同校内反动势力进行坚决的斗争。

徐悲鸿等艺专领导层见召开“应变委员会”会议的时机已到，决定按照预先制定的反对南迁策略马上召开会议。会议由徐校长主持，参加会议的有“应变委员会”成员吴作人、宋步云、王临乙、艾中信、冯法禩、叶浅予、李桦、范志超和音乐系、训导处的负责人，以及学生代表李天祥等二十余人。

徐校长首先向在座的人说明南京政府要求学校制定南迁计划，之后请大家讨论是否执行该命令？按照徐校长事先布置的“要先入为主，抢在国民党分子前面发言，不要让他们抢先定调子的原则”，宋步云率先发言。他以到北平后重建艺专的过程为鉴，从方方面面陈述了自己深刻体会和艰辛，以及反对南迁的理由：提到为夺回校尉营校舍与国民党驻军战区司令及相关人士冒死斗争，最后争回校址之险难；说到为各地调入艺专的老师准备住房之辛苦；谈到费尽周折数次前往南京追加办学经费之艰难；历数了购置教学设备、器材经费之匮乏；他还苦诉如何费尽九牛二虎之力，从全国各地把聘请的教职工和家属接到北平之艰辛；随后又说我们独自南逃，总不能为保全自己而抛家舍业、弃年迈父母和幼小子女不顾为代价吧！最后，他动情地说，即使是我们真的南迁至南京，又有谁能保证何时才能再建起另一个北平艺专呢？

宋步云激动地把反对南迁的理由陈述得井井有条、清清楚楚。接着吴作人发言坚决支持宋步云的阐述，并进一步补充了反对南迁的理由。随后与会的各部门负责人和学生代表纷纷表态，绝大多数反对南迁，仅有个别人主张南迁，但应和者寥寥。最终在“应变委员会”扩大会议上反对南迁的意见形成一边倒的局面，徐校长见状当即发言，支持大多数与会者阐述留在北平、反对南迁的主张。最后集体表决，结果是反对南迁的票数以压倒多数占了上风。

随后，徐校长宣布，经校务会决定将南京政府划拨的“应变费”全部购买成小米，除一部分留作学生的口粮外，其余分发给每个职工以备不时之需。并说明：我们做到有备无患，是为了防止一旦战事发生，在断粮的情况下不至于师生和家属马上饿肚子；另外，在今后一段时期内，我们要想再得到经费是很困难的，所以这些分发的粮食也算是学校变相作为职工的津贴，一次性发放给全体职工，希望全校师生与我们一起共渡难关。

在“应变委员会”扩大会议之后，校务会议正式通过北平艺专不南迁的决议。训导处的负责人和那些反动势力成员见南迁计划无法得逞，只得灰溜溜地南逃了。

随后，徐校长在主持召开的校务扩大会议上，正式宣布通过北平艺专不南迁的决议。旋即，宋步云根据校务会议精神，公开迅速组织起包括进步教职员工和学生共同参加的护校队伍，加强校内全天候巡逻，对各个要害部门严防死守。作为护校队伍的负责人，他率先垂范，始终职守在第一线，虽然此时他的家已从洋溢胡同搬到煤渣胡同，与学校近在咫尺，他却一直住在学校，一日三餐都是由高淑贞或子女送来，为了减轻徐校长的负担，他夜夜亲自带班，加强对学校巡视。

与此同时，宋步云与有关粮食部门联系，将“应变费”全部购买成小米，为全校师生基本生活做了充足的物资准备。

廖静文在访谈录《这是历史，是不能遗忘的……》中有如下记述：

> 在北平面临解放的前夕，有的人愿意迁校，因为当时南京国民党的教育部要求北平艺专迁到南京去，但是宋步云先生是支持悲鸿不迁校的，他赞成留在北平迎接北平解放。当时有的人，像音乐系有些人，音乐系系主任都是赞成迁校的，但是宋步云先生支持悲鸿不要迁校，并且把解

放区的消息带给悲鸿，说解放区是非常希望悲鸿留在北平的。当时宋步云说，蓝公武同志希望他留下来；另外也还有田汉化装进城来跟悲鸿说，毛主席、周总理都嘱咐他，要把徐悲鸿留下来。所以当时悲鸿接触了这么多人，把解放区的消息带过来，悲鸿就坚定地留在北平。留在北平不是很容易的，因为大家知道当时长春被围困，老百姓没有饭吃，没有粮食，粮食进不了城。所以当时宋步云也帮助把国民党寄来搬家的钱去买了很多小米，这些小米就是预备如果围城的时候可以给学生们吃，也可以给教授吃，就是为围城的时候的物资做准备，宋步云先生在这方面做了很多工作。

因为当时在学校，有少数人反对留在北平，所以悲鸿和宋步云先生、吴作人先生在家里商量怎么样留在北平，要他们多做工作。后来开会的时候，悲鸿发言，说我们不打算搬到南方去，但是当时人要讲民主，要在会上表决，要大家发言，赞不赞成留在北平。

当时，赞成留在北平的人多，像宋步云先生、吴作人先生都是赞成留在北平的，也有赞成迁到南方去的，这毕竟是少数，后来表决的时候连学生代表也都赞成留在北平，就多数通过留在北平不迁校。

迎接北平解放

一天深夜，徐校长到校视察护校情况，慰问值班人员。当他发现宋步云的身影闪现在其中时，连忙招呼他过来说："今晚我来值一次班，你也该回趟家了，省得淑贞和孩子们惦记着，你要是再不回去，孩子们都快不认识你了"。说着，徐悲鸿走到宋步云面前，拍着他的肩膀说，"还不赶紧把发给你的粮食拿回去，给高淑贞和孩子们亮一手！"

宋步云深知徐先生身体不好，不忍心让他受累，执意不肯走，一再劝先生先回家，自己抽工夫回去。徐悲鸿见状略带嗔怒地说："我命令你赶紧回家，今晚我是不会走的，你自己看着办吧。"徐先生真诚的态度让宋步云一时间不知说什么好，在徐校长一再催促下，他只得叮嘱了护校队其他成员几句，满怀深情地给徐先生行了一个鞠躬礼，随后消失在夜幕中。

这时，平津战役已打响，胜利捷报频传，人民解放军已把北平包围，成为最后的孤城。清晰的枪炮声，嘹亮的军号声不时传出，北平城郊国民党守军已被肃清，人民群众得到胜利的消息无不欢欣鼓舞，而驻守在市内的国民党军却像热锅上的蚂蚁无计可施。面对强大的人民解放军的军事力量，守军长官傅作义在和平解放与负隅顽抗之间举棋不定，他清醒地意识到既没有抵抗的军事资本，撤退之路又全部被封死已无路可逃，已到了山穷水尽的地步。而这时北京城内形势也日趋紧张，生活用品奇缺，物价直线上升，中共地下党在市内的公开活动日趋频繁，人民群众反抗情绪日益高涨。国民党守军虽仍还在北平城内不时出现，但在人民群众眼里，已经是“兔子尾巴长不了啦”，北平解放之日指日可待，人们已满怀激情地做好了迎接北平解放的准备。

随着中共地下党不断加大策反力度，守军内部反战情绪日益显现，不断有部队倒戈投诚。傅作义终于认清了形势，审时度势地开始与地下党和进步人士接触，为了最后下定放弃抵抗的决心，广泛地听取了部下和外界人士的意见，并在中南海邀请了北平一些学者、社会名流，向他们征询意见，徐悲鸿也在被邀请之列。

会议开始后，与会者不明其意，谁也没敢冒失发言，毕竟傅作义还手握生杀大权。冷场了一段时间后，徐悲鸿第一个站起发言，他以洪亮而有力的声音说道：“时至今日，傅将军还能对蒋介石抱有什么幻想呢？况且，北平是一座文化名城，为了保全北平的古老文化，也为了使生灵免遭涂炭，我希望傅将军能顾全大局，顺从民意，和平解放北平。”徐悲鸿的冒险直言鼓舞了在座的人们，大家随即纷纷发言，希望傅作义先生放弃抵抗，以和平的方式解放北平，不要做历史的罪人。

傅作义将军听罢，经过深思熟虑后，最终采纳了学者、名流们的意见，主动与共产党合作，在守军部队和广大人民群众的支持下，于 1 月 15 日，傅作义的谈判代表、华北“剿匪”副总司令邓宝珊在《北平和平解放协议》草案上签字，与中共领导下的人民军队达成协议，将古都北平完整地交回到人民的手中。

1949 年北平城的春天来得特别早，一件件喜事接踵而至，北平市民奔走相告兴奋地传递着国共双方达成了北平和平解放协议，解放军即将进城接管国民党防务的消息。人们为再也不受国民党政权黑暗统治之苦，为胜利的曙光就在眼前欢欣鼓舞。北平各界人士和各院校师生积极行动起来，纷纷参加到秧歌舞排练和打锣鼓舞点的练习中，为迎接北平解放这一激动人心的时刻做着充分准备工作。

此时，宋步云激动地想尽快早点看到人民解放军大军的英姿，借着带同学外出写生的机会，冒着凛冽寒风走出国民党重兵把守的永定门和西直门，一出“国统区”，但见人民解放军已兵临城下，大兴大红门、黄村，海淀白石桥、青龙桥、香山等地到处是戴着狗皮帽子的东北人民解放军，数不清的炮口直指北平城，攻下北平已如探囊取物一般。见此情景，宋步云异常激动，真想拉着解放军的手说声“解放军同志我不想再回去了，让我留下吧。”但他看到围在身边的同学们，于是强咽下已到嘴边的肺腑之言。

1949 年 1 月 31 日，中国人民解放军正式接管北平城。宋步云和高淑贞与北平艺专师生们迫不及待地走上街头，敲锣打鼓，载歌载舞地庆祝北平和平解放，并在全城张贴临时赶制出的迎接解放军的第一批木刻传单，艺专教员李桦的《人民解放军是人民的军队》就是其中一幅。

随后宋步云带着高淑贞于正午前赶到西直门，亲眼目睹了人民解放军接管北平城的仪式。中午时分，几辆敞篷美式吉普从白石桥开到西直门，靠在城墙下，身穿黄绿军装的人民解放军军人，迈着整齐的步伐走到城门前，与身穿灰色军装的国民党守军投诚部队官兵互致持枪礼后换防，国民党守军撤离城门，在场的人们激动万分，情不自禁地爆发出雷鸣般的掌声和呐喊声，“人民解放军万岁”的口号声响彻天际，这时冬日的太阳把威武的军人和城下停靠的汽车一起笼罩在一片金辉中。

事隔三天，中国人民解放军在正阳门正式举行了庄严的入城仪式。伴随着北平人民喜悦的欢呼声，人民解放军雄赳赳、气昂昂从永定门、正阳门一路开进了古老的北平城，庄严的入城仪式，揭开了这座古老都城历史新篇章。

1949 年 2 月 3 日，农历正月初六，这一天北风呼啸，滴水成冰，但寒冷的气温并没有丝毫消减北平人们欢庆人民解放军入城的热情。沉寂多年的古城沸腾了，大街小巷、胡同内外，老人和孩子、男人和女人、青年人和壮年人涌出家门欢迎人民军队入城，他们挥舞着彩旗，敲锣打鼓，扭着秧歌，庆祝属于人民自己的节日。

这天，宋步云和高淑贞与北平艺专的大批师生们，一早就敲着锣、打着鼓，涌到解放军入城必经之路的正阳门外大街上，亲眼目睹了全副武装列队前进的中国人民解放军，英姿飒爽地迈着矫健的步伐，排着整齐的队伍进入北平城的场景。入城部队分两路，一路由南苑出发，从永定门入城，另一路从西直门入城。

当隆隆的炮兵部队和坦克部队的车队从眼前经过时，他们不顾激动的热泪在脸狭上随意流淌，随着周围雷鸣般的口号，一同高喊着：中国人民解放军万岁！中国共产党万岁！毛主席万岁！宋步云为了看清入城仪式真切场面，感受第一眼激动人心的印象，不顾一切地拉着高淑贞挤到欢迎人群的队伍最前面，他们与周围欢迎人群一起，伴着军乐曲调挥舞着旗帜就地扭了起来，接着又与周围群众和学生自发组成的秧歌队和锣鼓队一起，载歌载舞跳起了秧歌舞，随着鼓声唱起《团结就是力量》《解放区的天》等歌曲，一起高喊着：天亮了！解放了！北平解放了！

入城队伍浩浩荡荡，从上午 10 点一直走到下午 4 点，隆重热烈的入城仪式结束后，欢庆的人群仍久久不忍散去，热烈的场面一直持续到深夜，在古老的正阳门外大街上人群如海，欢乐如潮，人民子弟兵和北平百姓交汇成入城仪式最伟大、最壮观的场面，这一最激动人心时刻，永远地载入中华民族百年来英勇斗争的历史史册，光照人间。

欢乐的情绪到达顶点，群众连夜自发地举行庆祝北平解放大游行。尽管严冬的夜晚寒风呼啸，大风把黄土细沙扬得满天飞窜，但它却没能掩遮住冲天的鞭炮声、锣鼓声和人们振臂高呼的口号声。人们高昂的歌声“解放区的天是明亮的天，解放区的人民好喜欢……”响彻了整个北平城。宋步云和高淑贞与欢庆的群众一起，不知疲倦地敲锣打鼓，载歌载舞地扭着秧歌舞，以及其激昂亢奋的欢乐心情，尽情宣泄着内心的愉悦。

解放军顺利进入北平城，分散到市内各处驻扎下来。北平艺专附近也驻扎着解放军部队。开始人们有些好奇地站在远处观察他们的一举一动，一些胆大的靠近部队和他们打招呼。但见士兵们每天按时起床、开饭、集合、训练，巡逻，有条不紊的干着自己的事情，对老百姓秋毫无犯，从不打扰人们的生活。很多市民主动将过年省下的食品作为慰问品送给他们，却都被婉言退回，人们此时真切地感觉到这才是人民的军队。

在此期间，人们最担心影响北平市民生活的事情并没有发生，电灯照样亮，自来水照样流，商店照常营业，天桥卖艺的把式照常耍着杂耍，学校也照常开课……样样都在有序进行着。唯一变化就是北平老百姓可以在任何时间、任何地点自由出入，不必再担忧受到国民党军警特务宵禁、盘查的干扰，人们有了一份安全感，可以最大限度的安享自由生活，这使长期处于国民党政府黑暗统治下的北平市民格外欣喜，从内心深处喜欢上了自己的子弟兵。

在中国人民解放军举行庄严的入城仪式后数日，宋步云在学校即接到驻北平人民解放军军事管制委员会总部的紧急通知：要求北平艺专配合 2 月 12 日（正月十五）举行的“庆祝北平解放大会”宣传工作，创作一批我党政军领导人的画像，悬挂在天安门城楼上。

接到此项紧急任务后，宋步云马上找到吴作人一起去徐校长住所汇报。他们一致认为此项工作是新成立的人民政府对艺专的信任，也是艺专接受的第一个政治任务，决不可掉以轻心。由于时间紧任务重，他们在徐校长家召开了紧急校务会，商量并布置具体事宜。会议决定宋步云全权负责此项工作，由吴作人负责联系西画系艾中信、滑田友、戴泽、董希文等画家组成“天安门庆典绘画创作组”，共同完成此专项任务。

宋步云和吴作人回校后，马上按徐先生布置的任务，组成创作工作组，开始紧张的筹备工作。吴作人联系画家，宋步云负责购置创作的颜料、画布，跑了很多地方才把所需的各种材料购齐。由于市面上没有那么大的画框，临时请木匠赶制出 11 个八尺多高，六多尺宽的巨形画框。

为了试验绷在画框上画布的松紧度的效果，宋步云提前画了一幅毛泽东主席画像。当一切准备工作停当后，已是 2 月 11 日清晨，宋步云随即布置任务，将毛泽东主席，朱总司令、林彪、聂荣臻、叶剑英等党政军领导人的画片，分发给每个画家分别创作，其中：吴作人画了毛泽东主席画像；艾中信画了朱总司令；董希文画了毛泽东主席画像；戴泽画了林彪画像；滑田友画了一幅《耕者有其田》；其余画家分别画了聂荣臻、叶剑英等军政领导人的画像，宋步云在同一个时间段又创作了一幅朱德画像。经过众人紧张的创作，终于将预定的 11 幅党政军领导人的水粉画肖像作品顺利完成，这时已是 12 日的上午，离“庆祝北平解放大会”的召开时间，仅剩下不到 5 个小时的时间了。

随后，画家们在宋步云的指挥下与艺专四十余名教职员工一起抬着刚刚完成的 11 幅巨幅画像，在迎风飘扬的校旗引导下浩浩荡荡地开赴天安门。沿途群众已经把通往天安门的道路挤得满满当当，当看见运画队伍在校旗引导下走过来时，人民群众不由得欢呼雀跃，热烈鼓掌，燃起鞭炮，自觉地让出通道，目送运画队伍通过。

画家们和天安门的工作人员一起将画像搬上天安门城楼，并稳稳地悬挂在城楼上，城楼正中大殿上悬挂的是毛泽东主席巨幅画像，城门上挂着“庆祝北平解放大会”金字红地横幅，横幅中间是“工、农、兵、学、商”塑像，塑像中工人和农民高举着斧头与镰刀；横幅两旁的红墙上分别悬挂起艺专艺术家们创作的 5 幅党政军领导人的巨幅画像。当 11 幅画像全部悬挂在天安门城楼上时引起了在场的成千上万人的注意，人们报以热烈的掌声和欢呼声。这是毛泽东主席画像第一次悬挂上天安门城楼，这也是在天安门城楼历史上，第一次出现我国党政军领导人的画像，同时也是在天安门城楼上有史以来，悬挂人物肖像最多的一次，而且也是唯一的一次。

1949 年 2 月 12 日，北平和平解放大会现场，天安门城楼上悬挂起由吴作人、宋步云、艾中信、董希文、戴泽、滑田友等创作的十一幅领袖画像

当一切布置完毕已接近正午时分，离大会正式召开仅剩下 1 个多小时。宋步云和艺专教职员工们站在金水桥上抬头望着天安门城楼，欣赏着经过他们辛勤劳动完成的胜利成果，不由得互相握手致贺，庆祝圆满地完成了此项党和人民交给的重大政治任务。庆祝大会开完后，北平艺专教授和老师们精心绘制的这批党和国家领导人巨幅肖像作品，被有关部门妥善安置在天安门墙下和中山公园大门两侧，供市民观赏，听取人民群众意见，以作进一步修改和完善。在这些画作之中，有宋步云的精心之作和他为完成这次艰巨的政治任务所凝结的汗水。这批艺术巨作，同样也成为宣传党的历史最早一批珍贵力作。

戴泽在他的回忆文章《宋步云与徐悲鸿一缅怀宋步云先生》中谈到：

在迎接解放军入城时，我们教师画了十一幅两米高的水粉画。现在还记得吴作人先生画毛主席，艾中信先生画朱总司令，我也画了一幅，滑田友先生画了一幅《耕者有其田》，宋先生画了一幅毛主席像、一幅朱总司令像。第二天我们把画抬到天安门，挂在围墙上，画画的准备工作都是宋先生做的。

当时迎接人民解放军，艺专当时非常热情来欢迎。老师也是一样，画了很多人像，包括有毛主席，朱总司令，我当时画的是林彪，画画的时候要准备颜料、画布，时间也很紧张，这些准备工作跟那些买东西，跑来跑去，都是宋老师做的，他很努力，很热情在弄，对于北平的解放他是很欢迎的，也是很努力的。

宋步云和艺专的老师们身处于欢乐的中心，他们随着各单位和市民组成的秧歌队载歌载舞，不由自主地跟着扭起秧歌舞。解放后的北平在很短的时间内，工厂做工的工人、大中学校的学生，以及经商的小贩和市民们都学会了扭秧歌，他们随着舞曲舞点，扭着秧歌到解放军部队前面慰问表演。每个演出团队，都赢得了在场的解放军官兵和市民们热烈地掌声和部队官兵雄壮歌声回谢。一些学校的学生们，挥舞着自己精心制作的、上面绣着“建设新北平”醒目的大字的红色游龙，飞舞地游走在人民群众的中间，博得了周围群众持续不断地喝彩声。

中午时分，天空飘满了雪花，但这没阻挡不住人们参加大会的热情。下午一时整，“庆祝北平解放大会”在雄壮的军乐声和震耳欲聋的礼炮声中开始。大会首先通过了主席团名单，主持人宣布开会并激动地说：“今天的北平各界庆祝解放大会有力地说明了全市人民的团结、兴奋和欢欣。不过，我们要知道正在土崩瓦解的国民党反动派，在美帝国主义指使下还想用阴谋手段来欺骗人民，我们不能让他们再有任何喘息的机会，不能让蒋管区的同胞再长期受苦，全国同胞要团结起来，拥护毛主席的八条主张，反对假和平，争取真和平！”

大会首先由北平市军事管制委员会主任兼北平市长叶剑英讲话。他庄严宣告“北平市人民政府成立了！北平市人民第一次有了自己的政权机构，古都北平获得了新生！”

在一片庆祝北平市人民政府成立的欢呼声中，叶剑英又以十分激动的心情向全体市民宣布“让我们在自由的天空、自由的城市里边来庆祝北平人民自己的伟大胜利。这是北平人民第一次获得真正的自由和民主，北平的和平解放为中国人民解放事业创造了新的榜样。这是与中国共产党正确的领导、人民领袖毛泽东的战略天才，以及人民解放军的英勇善战不可分离的。”

叶剑英的讲话再一次博得了热烈而持久的掌声，人们握手相庆，庆祝北平市人民政府的成立。

紧接着各界人民群众代表发言庆祝北平人民政府的成立，随后各单位向中国人民解放军献锦旗。随着军乐声奏起，全体参加大会的二十余万人报以雷鸣般的掌声，人们脸上流露出兴奋欢乐的笑容，表现出我党、我军和人民群众的空前团结，全场随即爆发出响彻云霄的口号声“中国共产党万岁！中国人民解放军万岁！中华民族解放万岁！毛主席万岁！”

主席团宣布大会结束，庆祝北平解放大游行开始，这时天空露出了璀璨的阳光。二十万人队伍浩大洪流，以八路纵队行列开始向前移动，人们挥舞着旗帜，燃放着鞭炮，敲锣打鼓，扭着秧歌，载歌载舞地从天安门出发，浩浩荡荡的游行队伍里，唱起了“东方红，太阳升，中国出了个毛泽东……”的歌曲，随后在西单牌楼游行队伍分成了东西两路。宋步云和艺专的教员们走在东路队伍的前列，边走边唱，以极其兴奋的心情，昂首阔步走过一直被驻外领使馆长期占据，“中国人禁止入内”的西交民巷使馆区，唱着歌经过前门，手挽着手自豪地再穿过东交民巷使馆区，一路上他们高喊着欢庆胜利的口号，并从内心深处，迸发出中国人民耻辱的日子已经一去不复返了，北平的天亮了，北平终于解放了的最强音，人们欢悦之情不言而喻。歌声也同时伴随着西路的游行队伍，经西四牌楼、新街口，一直唱到西直门。快乐的人们沉浸于兴奋和激动之中，锣鼓、鞭炮喧嚣之声一直持续到深夜，响彻在古都北平的上空。

宋步云被人们热烈情绪深深地感染，脑子里开始构思创作一幅表现人们热烈庆祝北平解放场面的大型油画，向五一国际劳动节献礼。回到家后，他凭借清晰的记忆，马上绘制出了许多人们在欢庆胜利时，敲锣打鼓，扭着秧歌，载歌载舞场面的速写稿。在接下来的一个月的时间里，他以一直不能平复的兴奋心情，满怀热烈感情创作出一幅三尺多长，二尺多宽的油画《欢庆解放》。

该作品刻画了在具有古都北平象征意义的天安门城楼下，无数欢庆胜利的人们载歌载舞的欢乐场面。该作品以天安门红墙作为远景，画面展现了广阔的空间，在红墙的映衬下，人们于兴奋中敲着锣，打着鼓，扭起秧歌，许多身穿工人服装的人们，不由自主地手挽着手，叠起了三层罗汉塔，站在最上面的工人，手中高举起象征党旗标志的镰刀斧头，展现了歌颂中国共产党伟大的场面。整个画面生动自然地再现了人民群众庆祝北平解放的热烈激情。画中所绘的人物虽然众多有近百人，但每个人动作都是非常自然生动，使读者观其画犹如身临其境一般。作品暖色的色调，更烘托出庆祝场面的热烈气氛和宽阔的场面。徐先生和艺专的老师们见到此幅作品，称赞无论是构图，还是人物的表情动态，以及对环境的渲染，都显示出作者油画的深厚造诣，称该作品是一幅现实主义的代表作。

该作品完成后，宋步云原本打算在此基础上，再创作一幅巨型油画，献给新成立的北平人民政府，以表达自己喜悦之情，此想法得到徐先生和艺专老师们的赞同。但随后发生的事情，使他的良好愿望最终没有得以实现。而此幅油画作品，承载着艺术家第一时间的记忆和中国革命的历史痕迹，她作为真实地反映四十年代的那段历史，再现广大人民群众欢庆解放的愉悦心情，代表中国早期油画水平的作品，一直受到艺术家们和人民群众的喜爱与重视。

蒙受不白之冤

宋步云、吴作人等艺术家出色地完成了为“庆祝北平解放大会”创作党政军领导人巨幅肖像的政治任务后，得到了北平军事管制委员会、北平市人民政府和徐悲鸿校长的充分肯定。徐悲鸿随后又见到宋步云新近创作出的油画，更为欣喜，他对宋步云说道：现在可好了，那些捣乱的人都跑了，没有人再能干扰我们的工作了。现在建校工作基本告一段落，当务之急是要将北平艺专完整地交到新政府的手中。接下来要办的最重要的事情就是你要赶紧把艺专的全面工作抓起来，配合我一道尽快地将艺专办成国内一流的艺术大学。我现在感觉身体很不好，你从现在起要放手开展工作，替我再多分担一些工作上的压力，今后还要有更重要的担子让你挑呢，你一定要做好心理准备。我相信你有这方面的能力，也有这方面的魄力，一定能将艺专今后的事情办好。

接着，徐悲鸿又嘱咐他无论在什么环境下，无论工作担子有多重都不要轻易放弃自己的专业。对徐先生发自肺腑之言，宋步云十分感动，为了能尽量减轻徐先生的工作压力和精神负担，于是答应了徐先生对他的要求。

不久，“艺专”全校师生终于欣喜地盼来了军管会进驻学校。1949 年 3 月 8 日，中国人民解放军北平军事管制委员会主任叶剑英签署命令，委派以华北大学三部沙可夫为军代表、艾青、江丰、王朝闻、李焕之为成员的文化接管小组进驻北平艺专负责商议并办理接管事宜。徐校长马上让宋步云准备好学校所有的档案资料以及财务账目、财产清单；让吴作人准备好学校的教务情况，准备一并移交给军管会文化接管小组。

隔了一天，在军管会文化接管小组召集的第一次校务会议上，徐校长首先介绍了艺专的整体情况，并代表学校将全部的档案资料、财务账目、财产清单、教务工作情况一并移交给军管会小组，同时也代表全校师生将北平艺专完整地交到了人民政府的手中，在与会者热烈的掌声中，移交工作顺利结束。随后分别由宋步云和吴作人等介绍了学校的行政工作和教务工作的情况。沙可夫代表军管会小组表示感谢，随后宣布进入摸清学校状况阶段，要求艺专校领导成员放下包袱，继续按部就班的工作。

1950 年，宋步云在十三陵

接下来，军管会又分头找学校领导成员谈话，宋步云在单独谈话中，更详细地介绍了学校行政工作以及学校人事、财务、档案资料、财产和收藏品的情况。军管会对宋步云的汇报表示满意，并叮嘱他一定要放下思想包袱把学校的各项行政工作抓好。

紧接着军管会再度召开校务会议，对艺专以往的工作表示满意，同时也对学校领导成员能主动配合军管会调查表示感谢，并再一次要求大家放下思想包袱，努力工作，积极完成教学计划。

随后学校的各项行政工作和教学计划全部按部就班的开展，全校的一切工作和学习都正常进行。在此期间军管会小组成员，分别与几乎全校的师生都谈了话，基本上把学校的工作和构成情况摸了一遍。

3月下旬，军代表沙可夫的工作告一段落离校，由艾青接替沙可夫工作，执行军代表权力。一天，徐悲鸿、吴作人和宋步云被通知参加军管会文化接管小组扩大会议，会议由执行军代表主持。首先他谈了现在艺专工作的情况，表示很满意。随后又说：最近我们在学校广泛地了解了情况，掌握了大量的材料，现在有人反映，在艺专留下来人中大多数同志是好的，是愿意和人民政府合作的，同样也是愿意接受思想改造的。但还有些人不然，他们包裹着各种各样的外衣，混在教职员工队伍中，甚至还在艺专领导层当中。

会议室里顿时鸦雀无声，参加扩大会议的徐悲鸿、吴作人和宋步云三位艺专领导都不明其意，面面相觑，感觉他话中有话，似有所指，但又不知他说的到底是何意。徐校长听罢认为是对学校的莫大侮辱，气愤地反问道："你说的话要有事实根据，不能凭空捏造，你一定要把这件事情说清楚，到底是谁混在学校领导层中?"

听到徐校长的质问，执行军代表顿了顿，在会上宣布：根据有关群众的反映，宋步云社会交往复杂，在北平艺专工作期间经常与国民党高层人物往来，保护被遣返的日籍教员等等，对他的政治立场表示怀疑。

宋步云闻听对他的无端指责，怒不可遏，当即霍然站起，正色地申明道，自己政治立场没有任何问题，并对所谓的其他问题一一进行辩驳，要求学校军管会文化接管小组和党组织详细核查，并予以澄清。

执行军代表听了宋步云的申辩后不以为然，并指出在这里没人能证明你说的情况是否真实。令执行军代表和所有人意想不到的事情发生了，只见徐悲鸿当即拍案而起，表明自己可以为宋步云作证，他断然地说："宋步云没有政治历史问题，我可以为他担保。我几十年来一直搞艺术，从未参加过任何政治团体，更没有为任何人做过政治担保。今天，我只为宋步云做担保：他没有任何政治历史问题！你们对他所罗列的这些事情经过我都知道，但你们只是听了片面之词，与事实完全不符！"

徐校长对这些所罗织的所谓"罪状"一一进行驳斥。并说明如果没有宋步云在社会上的广泛联系，如果他不与那些国民党高层人物来往，我们北平艺专是根本无法生存下去的，更不要说会有现在的规模。况且那些人当中还包括李宗仁等先生，很多都是我所熟悉的，也是我介绍给他去联系的，全都为了艺专的建校需要。还有，如果没有他去冒死与国民党驻军司令谭南光谈判，校尉营胡同的校址，也是根本不可能要得回来的。没有他在学校豁出命来保护、营救学校的进步师生，不知道会有多少人遭到国民党军警特务的迫害。他在协助地下党工作的几年里，校园内一直没有发生过进步师生遭到国民党军警特务逮捕的事情，这充分地证明了宋步云并没有那些人所指责的政治问题。

徐校长一再重申，"宋步云不但无过，反而有功，他对北平艺专建校，为阻止学校南迁，为保护校产，都立下了汗马功劳。"

随后徐校长又指出，宋步云办事非常认真，每次在为学校办一件事都要事先向我请示以后再去办，办事的经过和所花掉的费用都会拉出清单向我汇报。他为艺专购置的那些宿舍和教学用品，每一笔费用都是清清楚楚、明明白白的。在学校建校之初，经费非常紧张，为了学校的建设，在我的委托下，他历尽千辛万苦，数次孤身一人前往南京，要求教育部和有关财政部门追加学校经费，受了很多委屈，但每次都追加回一些经费，使复校期间的财政困难得以缓解。他为艺专建设可谓是倾尽全力，就连在建校之初，学校准备特批给他一笔建校活动经费，但他都为学校着想，考虑到艺专在复校期间经费紧张，所有地方都需要用钱，坚决被他拒绝了。他在工作中不但没有私自花掉学校的一分钱，反而为了学校的建设默默地送出去自己数不清的画作，为了建校他呕心沥血。现在学校的所有财务账目早已完整地交到你们的手中，你们可以派人仔细认真地核查，如果当中发现任何问题，我愿意由我们共同担责。

执行军代表和学校军管会文化接管小组成员，听了宋步云的申诉和徐校长的担保后，商量了一下，并未考虑他们的上述意见。随后执行军代表代表军管会宣布：暂时停止宋步云学校担任的一切行政领导职务，继续完成他的教学任务。会后，宋步云主动将自己分管的学校行政工作全部移交给军管会文化接管小组。

在以后的日子里，宋步云一边端正态度积极配合学校军管会对他的审查，一边强压心中的委屈，努力完成学校的教学任务，他一如既往地带着学生们去写生，认真传授绘画技艺，他要以行动证明自己的无辜，洗却对自己的不公。

有一段时间，他对自己所遭受到的不公和莫须有的指责非常气愤，不由得产生了离开学校的念头。徐悲鸿知道后严厉地指出：你要是现在离开学校，只能证明你的软弱。你以为离开学校就能证明自己的清白了？你错了，恰恰相反，只能让人感觉到你确实是有问题的。你以为这样就能逃避得了吗？你又错了，你是逃避不了的，反而让不明真相的人更感觉到你有错误。人不可有傲气，但不可无傲骨，既然事情发生了，就要挺直腰板勇敢地去面对，用事实证明你自己是没有任何问题的。我相信你是无辜的，学校的绝大多数师生也相信你是无辜的。你要坚信事情总有一天是会被澄清的。逃避是没有用的，你要勇敢地直面问题，想办法去解决问题，要让所有的人都知道你是清白无辜的，也要相信政府一定会还你一个清白。我相信你有这个决心，也有这个能力，一定会洗刷掉栽赃到你身上的不白之冤的。

徐悲鸿的一席话使宋步云茅塞顿开，他认识到逃避是错误的，更坚定了他要洗刷掉自己身上不白之冤的决心，更加主动配合组织对他的审查工作。经过学校军管会小组的严格审查，很快所有的问题都被澄清，宋步云在欣喜之余，不由得感谢徐先生和那些坚信自己没有问题的学校师生们的支持。

随着宋步云的问题被逐步澄清，有关恢复他行政领导职务的争论又在徐校长和执行军代表之间展开。徐校长认为宋步云完全是被无端冤枉的，既然问题都已澄清，理应尽快恢复他的行政领导职务，以向全校师生证明他的清白。军管会代表则认为虽然他在艺专工作期间的问题已经得到澄清，但他们反映宋步云历史不清楚的问题，尚还未得出最后结论。他们一再强调军管会文化接管小组本着对党组织和学校负责的态度，也本着对宋步云个人负责的态度，还要继续审查，待审查清楚后再重新考虑任用之事。

于是4月下旬，经过艺专军管会文化接管小组的联系，安排宋步云到位于北平西郊的“华北人民革命大学”参加第一期干训班插班学习。宋步云以平和的心态接受了组织的安排。

华北人民革命大学是在始建于1948年8月河北正定中共华北局主办的“华北大学”基础上，于1949年2月创建的，校址设于北平西郊万寿山湖畔之西苑，是除中共党政军领导机关外从解放区进城的最大单位。全国解放前夕，党中央鉴于新中国成立必须要有自己的干部队伍去接收旧政府人员，便在各大行政区（华北、华东、西南、中南、华南、东北）先后成立了革命大学，吸纳大量知识分子入学。平津解放后，全国解放在即，为了进行改革及建设新中国，迫切需要大量的干部和人才，中共中央华北局有鉴于此和落实中央的精神，特在北平建立了华北人民革命大学。

华北人民革命大学是中共华北局1949年在平津解放后成立的第一所大学，学校在为新政权大量培养革命建设工作干部的同时，还要将招募人员头脑中存在的各种非无产阶级思想、小资产阶级思想清洗掉，用共产主义革命思想取而代之。华北人民革命大学就是一所为刚刚成立的新政府培养新时代有所为的知识分子，培养管理和专业人才的马列主义学校。凡政府部门准备任用的青年学生和各级党政干部，以及新政府留用的旧政府人员，都首先要被送到华北人民革命大学进行马列主义思想理论学习和思想改造。

华北人民革命大学（以下简称“革大”）校长刘澜涛，副校长胡锡奎，学校组织设校长副校长教育长各一人，下设教务处、政治处、校务处和一个校部办公室，校部是全校最高领导机关，下设四个部，一个分校；每部设教育、组织、总务三科及秘书室，受部主任领导；每部有十个班（只第一部是九个班），每班有学员二百五十人左右，以二十四、五人为一大组，每组分为三个互助学习小组，作为自修互助学习的单位。全班共十个大组；班是直接领导学员学习生活的基础组织，设正副班主任及干事六、七人；班主任掌握全班情况，指导学员学习，干事指导学员，协助组织学员学习、生活及一切课外文化娱乐活动；小组设正副组长，由同学中选举，协助班干部组织领导学员学习与生活。

全校共有各类干部及工作人员一千余人，其中老干部约占三分之二，大多数是在第一次大革命十年内战时期和抗战初期就已参加革命、受过长期斗争锻炼的同志。革大的办学宗旨是培养新民主主义新中国所需要的军事、政治、经济、文化及群众工作等方面的干部。主要学习课目为中国革命的理论，马克思列宁主义的理论，中国共产党的组织和历史，以及政治、军事、经济、文化、土地、民族等各项政策。大学从全国各地共招收学员一万两千余人，分别安排在北平、天津两地。学员中学生出身的占大多数，工厂、机关职员和教师次之，此外还有一小部分商贩、旧军人和失业工人等。学校实行供给制，入学后，学员的所有膳宿、制服、文具、讲义等费用全部由本校供给。学员毕业后均由学校介绍、分配以适当的革命工作。

宋步云来到革大后，第一眼就新奇地看到悬挂在操场上的“忠诚、团结、朴实、虚心”八个大字校训，展现在华北人民革命大学校旗旁，还横挂着两幅巨大的标语“正确运用批评与自我批评，加强团结，改善工作”和“学习马列主义毛泽东思想，建立为人民服务的革命人生观”，这些对他来讲显得既庄严，又特别新鲜与陌生。

宋步云马上被分配入班，便开始了紧张的学员集中学习与集体生活。学校早期生活很艰苦，学员们被分成若干班，数十个小组，每组大约有十个人。他们的教室也兼宿舍使用。这里原本是军队营房条件非常简陋，既没有床铺，也没有课桌椅，每天大家集中上完大课回来后，便席地而坐学习或讨论。男生晚上就在教室里展开苇席打地铺，早上起床后第一件事就是要先打好背包，卷起苇席，将房间打扫干净恢复教室的功能。女生有统一宿舍条件稍微好一些，虽然也没有任何桌椅，但是都有一个统一的大通铺，能睡下七八个人，各自可以把随身携带的衣物统一放在床头上方，也不用每天打背包。

学校实行军事化管理，有严格的作息时间，早上 5:30 起床，6:00上早操、集中训练，7:30 吃早饭，8:00 集中学习，12:00 吃午饭、午休，13:30 集中或分组学习，17:30 吃晚饭，18:30 自习，22:00 熄灯。宋步云告别集体生活已有二十年之久，对这种集中学习生活感觉特别新鲜。当他上午报完到后，第一次穿上统一的黄色服装，排着队唱着歌走进食堂，看到偌大的饭厅里几十张餐桌上摆放着同样的饭菜，一盆小米饭，一盆不带油腥的菜汤和一碟咸菜。学员分组围坐在桌旁，由临时组长给同桌学员统一盛好饭菜后，大家一起动筷子，鸦雀无声地就着咸菜、喝着菜汤、很快扒啦完自己碗里的小米饭。

当天下午宋步云平生第一次随学员们一起，拿着教科书、笔记本和笔，排着队唱着歌一起到操场上大课。操场上已经挤满了身穿统一黄色制服的学员，大家原地踏步喊着口号，操场上卷起了漫天黄色尘土，令人窒息，但激动热烈的场面，又令学员们感动。主持人宣布开课，学员们齐刷刷地坐到黄土裸露的地面上，再一次掀起了大片黄尘。

大课由解放区的著名理论家艾思奇讲授《社会发展史》课程，从猿到人一劳动创造世界一生产力与生产关系一社会主义革命一新民主主义革命；结合马克思主义辩证唯物主义的基础课本《大众哲学》，讲解学习重点和集体主义的重要性。在暖洋洋初春的阳光下，宋步云随着艾思奇的讲演，详细迅速地做着笔记，他感觉到自己应该加强政治学习，提高马克思主义理论水平。

听完大课后，学员们回到教室分组讨论，宋步云首先抛砖引玉畅谈了学习社会发展史的感想和集体主义的必要性，得到了自修互助学习组和大班的好评。在以后学习了《论国家和政治》；社会思想意识问题等课程；聆听了马列主义学院教育长杨献珍主讲的《历史唯物主义》讲座；以及其他专家讲授的课程。薄一波的政治形势；黄敬的人生观问题；安子文的介绍中国共产党；冯文彬、陆平的建团报告；还有马列学院许多同志的班联课；宋平的介绍苏联青年团；刘宁一的世界各国情况和中国革命胜利对于世界的影响；以及郭沫若先生介绍苏联等的讲演。宋步云每次都是边认真听他们授课，边做大量的笔记，在短短三个多月的学习时间里，他记下了三大本十几万字读书笔记和学习心得体会，仅此认真学习的态度，便能映证出其端人正士的本色，以及心地坦荡的品质，这在他无数篇整齐的蝇头小楷中便足以能体现出来。

宋步云还凭借着以往丰富的工作经验和管理能力，主动带头畅谈学习体会，介绍学习经验，辅导组内文化水平较低的其他学员学习，很快得到了本互助学习组学员们的信任，被增选为该学习组的组长。他努力进行世界观改造，积极参加政治理论学习，开展批评与自我批评，在学校领导的帮助下，他的政治思想觉悟得到很大提高。不久学校分部以他作为积极改造世界观的典型，向革大校领导做了汇报。

期间，经过革大内查外调，很快得到了中共冀热察华北分区行署主任的蓝公武同志，中国共产党原北方局的领导人、兼华北革命大学校长的刘澜涛同志和郭沫若先生对他既往历史的证明；中共冀热察华北分区行政公署给华北人民革命大学出具了文字证明材料，证明宋步云在1946年参加了中共冀热察华北分区行政公署领导的地下党工作，出色完成了地下党组织交给他的各项工作任务。同时，得到他各时期的老师、同学、同事及好友们的信息反馈，从而澄清了北平艺专军代表对他的疑问。

1949年8月初，宋步云正式接到革大政治部的通知，宣布他以优异的学习成绩和政治表现提前毕业了。随后学校领导把他找去征求他的意见，希望他能留下来在革大从事管理工作。但宋步云当时考虑自己的专业是从事美术教育工作的，于是向“革大”领导说明了自己的想法，想回北平艺专继续从事发展美术教育事业的工作。他的想法得到了校领导的理解与支持，并鼓励他一定要加强学习，努力工作，推动中国美术事业的发展。

1950年，宋步云与高淑贞在天安门前合影

宋步云满怀喜悦的心情告别了革大，回到亲人和朋友们身边，激动地告诉他们之前指责他的所有问题都已澄清了，组织决定让他回学校继续工作。他来到学校，将革大颁发的毕业证书交给学校军管会，并提出恢复工作的要求。此时正值学校放暑假期间，学校军管会代表让他先回家准备，待开学再作安排。

然而让宋步云和学校师生们没想到的是，在徐校长外出开会之际，学校军管会文化接管小组召开了临时扩大会议，会议邀请吴作人列席参加，主要内容是决定北平艺专教员的去留问题，第一项议程是研究寿石工、齐白石先生等去留的问题，最后除齐白石先生被军代表艾青保留下来以外，其余六七名教员都被解聘。随后布置下学期的学校教学工作和政治思想教育工作。

会议最后，执行军代表宣布还有一个议题，是对宋步云留用问题进行讨论。吴作人听罢率先发言：宋步云的所有问题已澄清，徐校长为他做了担保，学校应该恢复他的工作，关于他的事情等徐校长回来再决定。而军管会有的成员提出：有些师生反映徐校长过分倚重和使用自己人，宋步云在艺专执掌着学校的行政大权，如若恢复他的工作势必将导致其他工作无法开展，更何况他的工作已由多人接管，恢复他的工作对学校牵涉太大。

而与会的军管会小组其他成员和吴作人提出了不同的意见：现在艺专师资力量缺乏，应该先让他回系里搞教学工作，其他的事情等徐校长回来再说。然而军管会商量后，没有采纳大多数与会者“先让宋步云回系里搞教学工作”的建议，最后执行军代表宣布决定：将宋步云调离北平艺专。

当宋步云满怀热忱等待回学校工作消息的时候，却出乎意料地得到了校军管会将其强行调离北平艺专的通知。宋步云得到通知后，在迷惘和气愤中，不由得对艺专做出的这一不负责任决定非常失望，考虑到再找他们理论已经没有任何意义，还会给徐校长增添更多烦恼，于是他竟做出了出乎所有人意料的决定，不再找艺专争辩此事。他满怀失望心情，在受到了不公正的排挤后，悄然告别了他费尽心力与徐悲鸿等同仁一起创建的北平艺专和即将成立的中央美术学院。

然而，对于宋步云被强行调离美院的决定，校军管会一直未向全体师生作任何解释，也未留下将其强行调离的相关材料。于是在之后的数十年里，有关宋步云离开美院之事一直是个谜案，业内对他离去存在许多版本的演绎。对此，廖静文先生在访谈录《这是历史，是不能遗忘的……》中给出了明确的答案，揭开了这一尘封了五十年的历史谜团。

> 解放初期，因为北平艺专一直有着一些斗争，有的人是非常拥护悲鸿的，也对宋步云有好感；但是有一些人，也会有另外的看法，当年对悲鸿不敢怎么样，但是对宋步云他们就表示不太欢迎。这样宋步云先生自己感觉到了，他就跟悲鸿说，他不想留在北平艺专了，但是悲鸿一直挽留他，希望他留下。可是后来北平艺专也有党派来的军代表，有很多事就要听军代表的话。军代表刚刚来，不太了解过去的情况，只接受当时有些人反映的情况，那些对宋步云不满的人就向军代表反映，不希望宋步云留在北平艺专。当时悲鸿是大力保宋步云的，说他没有问题，当时解放初期，毕竟是军代表说了算，所以宋步云先生最后还是离开北平艺专了。尽管他为北平艺专做了那么多工作，所以悲鸿觉得也很对不起他。悲鸿对宋步云离开北平艺专是有惜别的心情的，是依依不舍的。
>
> 管行政工作是很难的工作，不可能做到人人满意，比如分房子，有的人分得多一点，有的人分得少一点，都有具体情况，当然得罪人。任何一个单位做行政工作的人，不可能每个人都满意，因为你要坚持原则就不可能去迁就每一个人，这就是宋步云先生得罪人的原因，他坚持原则就必定会得罪人，所以有好多人不愿意干行政工作，就愿意教书。但是在悲鸿担任校长的时候，宋步云先生为了减少悲鸿工作上的困难，自己不顾别人对他的看法怎么样，

也不怕得罪人，就担任起行政工作来，他是心甘情愿地为悲鸿工作，这也是让悲鸿感激的，也是让我很感激的，所以我至今怀念宋步云先生。

当悲鸿去世以后，宋步云先生还到家里来看我，表示了他的关怀，尽管他不在北平艺专了，他还可以作为一个朋友来关心，所以我也很感谢他。

悲鸿认识宋步云先生是在重庆，因为在重庆有交往，所以才对宋步云先生有所了解，既在艺术上，也在为人上，悲鸿觉得宋步云先生都是不错的，所以才请他到北平来担任那么重要的工作。现在回想起来，宋步云先生的确在北平艺专，悲鸿担任校长的时候，做了很多很大的贡献，这是历史，是不能遗忘的。

践行徐公嘱托

宋步云离开艺专不久，经徐悲鸿推荐到中央人民政府文化部科学技术普及局工作兼科普杂志美术编辑。

新中国成立后，中央政府对全国科学技术普及工作非常重视，首先在文化部设立了科学技术普及局，主要负责领导、管理全国的科普工作。随之中央各部门和地方政府纷纷设立了科普管理机构。社会各界包括科学技术界、媒体宣传领域、城乡社区、机关企事业单位等也都行动起来。国家设立专项经费在全国各地建立了一批科普场馆以支持中央政府推广科普的工作。

宋步云任职后，他们的主要工作负责从国家政府至地方乡镇，从机关事业单位到工矿企业和农村，进行政策引导和督促检查，指导和宣传建立各级科普机构，使之尽快地深入到社会的每一个角落，以最广泛的形式，达到社会化、群众化、经常化。充分利用各种渠道和媒体信息，广泛宣传科学思想、科学精神、科学方法，以最终达到推进科技进步和社会发展，提高人们科学文化素质，加强各级领导干部以及科技工作管理者自身的科学文化素养。

为推动全国范围内开展科普工作，宋步云和美术组的同事们一起长期深入到全国各地，负责指导各地区不同单位，以图文并茂的宣传形式，开展大众化通俗易懂的群众宣传活动，使科普社会群众化工作迅速推广到每一个角落。同时他们还肩负着创办全国指导性的科普刊物，培训各地主要宣传骨干，指导协助他们举办科普宣传活动，数年间全国各地先后成立了科普宣传机构和刊物。这一时期宋步云还应一些地方政府邀请创作了许多领导人物画像。

1950 年，宋步云（前中）与文化部科普局同事在十三陵考察

在这个时期，国内外发生了许多重大的事情。1950 年 6 月朝鲜战争爆发，11 月中国人民志愿军开赴前线与朝鲜人民军并肩作战，向以美军为首的联合国军队发起了坚决地反攻。文化部率先行动起来，美术、戏剧、音乐、文学界文艺工作者积极响应，以各种文化艺术宣传形式声援抗美援朝。

宋步云也和美术组的同事们一起以高昂的热情，投入到声援抗美援朝的宣传活动中。他们以绘画的形式，创作宣传画、漫画、插图画，宋步云创作出多幅志愿军战士英勇反击美帝侵略军的大幅宣传画和歌颂志愿军空军英雄的连环画《志愿军空军英雄赵宝桐》。同时他和家人一起响应全社会的号召，积极参加爱国公约、捐献飞机大炮和优待烈军属三大活动，数次将部分月度薪金捐献给国家，以实际行动支援抗美援朝斗争。

1951 年，宋步云在徐悲鸿油画作品《毛主席和人民在一起》前

在这个时期，他还从事科普教育工作，创作了许多“除四害讲卫生”、“全国卫生防疫”、“交通安全”等普及提高全民教育的巨幅宣传画和宣传挂图。

由于过多的事务性工作使他抽不出任何时间搞自己的绘画创作，看到身边的师生们创作出许多描绘新时代的艺术作品，他内心时常有一种焦灼感。而徐先生也为他长期脱离开美术创作中心表示担忧，于是与宋步云谈话：现在你有很大的优势，可以不受任何形式的限制与束缚，有更多的时间更灵活地搞多种内容、体裁的创作。希望你现在利用这些宝贵的时间与机会集中精力，更多地在不同的艺术形式探索中下工夫，不要再过多地受外界的影响和干扰，继续沿着现实主义的艺术创作道路走下去，努力推动中国美术事业的发展。希望你今后能沿着这条道路发展下去，我相信你会这样做的，也相信你有这方面的能力，一定会取得成功的。一直以来你是我寄予很大希望的人，希望你要继续画下去，完成我想做但没能做到的事情。

1951 年春节，于徐悲鸿故居东受禄 16 号前

左起滑田友、宋高坪（宋步云之女)、徐悲鸿、廖静文、孙宗慰、萧淑芳、宋步云、高淑贞、吴作人。

徐悲鸿嘱咐他要用自己的画笔将北京的历史文化、古都风貌都记录下来，传承给后来人。面对徐先生的殷切期望宋步云非常感动，为了报答徐先生对他的无私帮助和知遇之恩，毫不犹豫地答应了徐先生对他的要求，同时关切地嘱咐徐先生一定要保重好身体。于是他重振起精神，放弃了无谓的烦恼，重振旗鼓，以多种绘画形式描绘祖国山川、北京古都风貌、历史变迁，颂扬各条战线取得的丰硕成果，歌颂英雄人物。

而宋步云万万没料到，徐先生与他这次诚恳的长谈，竟成为先生对他最后的临终嘱托。数日后，1953 年 9 月 23 日，徐悲鸿在担任中国文学艺术工作者第二次代表大会执行主席期间，于会议召开的当天晚上突发脑溢血被送进北京医院抢救。宋步云在第一时间得到消息赶往医院陪护，他一边安慰廖静文，一边协助联系治疗检查事宜。赶到医院的人们见徐先生病情危重，都非常焦急，一再催促值班大夫赶紧救治，而接诊大夫答复医院已派人到西郊友谊宾馆去接苏联专家了。眼见徐悲鸿病情急剧加重，很快陷入昏迷，所有人都在翘首以盼，然而，苏联专家却姗姗来迟，经一番检查后苏联专家开始抢救，采取的方法是手臂放血，头枕冰袋，注射强心剂等，方法简单，结果不佳。

周恩来总理得知后紧急委派卫生部副部长傅连璋到北京医院督促治疗，并亲自派大夫到医院会诊，但由于错过了最佳抢救时间，一切都为时晚矣。在场的人接到徐悲鸿的病危通知书后都不敢相信这一残酷的现实，仍然守候在医院，企盼奇迹的发生。宋步云满怀悲痛，亲历了两天多的抢救过程，他极力控制悲伤，陪伴在廖静文的身边安慰她，照顾她，内心也在焦急地期盼着徐先生病情会发生好转。但残酷的现实最终把人们的良好愿望碾得粉碎，徐先生因病情过重于 9 月 26 日凌晨 2 时辞世，享年 58 岁。

宋步云强抑悲伤，将身体虚弱的廖静文送回家，接着他又返回医院与美院的老师们一起为徐悲鸿理妆，协助雕塑系工人们翻制面膜。当天下午正赶上周恩来总理前来吊唁，他亲耳聆听到周恩来沉痛地对随同来的文化部副部长周扬说，徐悲鸿的死是巨大的损失。为什么他要带病去开会呢？以后再也不允许这样的事情发生了。周总理嘱咐周扬守候徐悲鸿遗体入殓。随后郭沫若等国家党政领导人前来吊唁，文化部部长沈雁冰、徐悲鸿生前友好郑振铎、田汉、叶恭绰等也纷纷前来吊唁。在现场，郭沫若见到宋步云正在协助治丧工作，走过来紧握他的手询问抢救过程，以及治丧工作中所遇到的困难，临走时嘱咐他在这段期间一定要照顾好徐夫人。

9月28日，宋步云以徐先生生前好友和学生的名义，怀着悲痛的心情陪伴廖先生参加人民政府、中国文学艺术工作者第二次代表大会在八宝山革命烈士公墓举行的公祭仪式。出席仪式的有全国文代会的全体代表、文化艺术界人士、中央美院师生以及其生前好友。安葬仪式在苍松翠柏围绕的革命公墓西区举行，当徐先生的灵柩缓缓落入墓穴，与会人士不由得流下了伤心的眼泪，纷纷将手中的鲜花默默献给这位为中国美术事业发展而献身的艺术家。

为缅怀徐悲鸿对中国美术事业所做出的贡献，中国美术家协会、中央美术学院在安葬仪式后开展了一系列纪念活动。

1953年12月11日在中央美院大礼堂举行纪念大会。大会由江丰主持，吴作人介绍徐悲鸿的生平，说“徐悲鸿坚持现实主义艺术道路，有精湛的写实技巧和深广的艺术修养……”文化部副部长周扬发言，称“徐先生是中国人民的杰出画家、卓越的艺术教育家，是严格彻底的现实主义艺术家。他勤练笃学的艺术态度和培养青年的热情都是后人应该学习的。”

次日，中国美术家协会、中央美术学院在北京中山公园中山堂举办“徐悲鸿遗作展览会”，展出了徐悲鸿1921－1953年不同时期的艺术作品二百余件，展会每天有数千人参观，他们为祖国能有一个如此伟大的艺术家而感到自豪。周恩来总理也亲自到场参观，并给予高度评价。当他看到徐悲鸿手书的鲁迅诗句“横眉冷对千夫指，俯首甘为孺子牛”时，感慨地说，徐悲鸿先生便是有这种精神的人，他指示要为徐悲鸿建立纪念馆。不久，就派人送来了他手书的“悲鸿故居”匾额题款。

由周恩来总理批准建立的“徐悲鸿纪念馆”定址于徐悲鸿故居，即北京市东城区东受禄街十六号，筹备工作紧锣密鼓地开始，一个有十余人组成的筹备小组成立了，宋步云也在其中，主要负责置办展柜、布置展馆工作。

徐悲鸿在1952年第一次患脑溢血时就曾留下遗嘱，嘱托廖静文在他百年之后不要将他的作品分散，要全部捐给国家。遵照他的遗愿，廖静文将徐悲鸿一生创作余存的1 200余件作品、珍藏的历代名家书画1 000余件以及大量的图书、画册、碑帖等全部捐献给了国家。

1954年，人民政府在“悲鸿故居”的基础上建立了“徐悲鸿纪念馆”，郭沫若亲笔题写匾额，馆长由吴作人兼任。同年10月10日，“徐悲鸿纪念馆”正式对外开放，这是新中国建立的第一座美术家个人纪念馆，1957年廖静文亲任馆长至今。1966年“文革”开始之后，北京地铁工程正巧从该址地下经过，原纪念馆被拆除大半。为防止馆内藏品损毁遗失，周恩来总理亲自命令将所有藏品暂时保存在故宫太和殿内。

徐悲鸿去世后，宋步云一方面受郭沫若先生的重托，经常到徐府探望廖静文和年幼的孩子们。自此他每年都要去看望廖先生，他们在一起谈各种见闻，一起谈祖国建设，一起谈画界的各种事情和风潮，但从来不谈所遭受到的委屈，他有更多的事情要做，使人们感觉到他把所有的委屈和不愉快都忘了，已将它们抛到九霄云外。在以后的一段时间里，他常独自骑着自行车前往八宝山烈士陵园了解徐悲鸿墓地的修建情况，并与工人们一起竖立起刻有“画家徐悲鸿之墓”的大理石墓碑。

徐先生的突然离世，深深地刺痛了宋步云的心，他回想起徐先生对他临终前的嘱托，深感自己所遭受的委屈已经算不了什么问题，于是鼓励自己一定要振作起来，继承先生的遗志，完成先生未了的心愿。在徐先生墓碑竖立起的当天，他从自己精心栽培的鲜花中精选出六盆摆放在墓地基座周边的六个石墩上，恭恭敬敬地向徐悲鸿墓三鞠躬。他在墓碑前静默了很久，发誓一定履行对先生的承诺，践行先生的嘱托，努力推动美术事业在中国的发展。

从那以后，宋步云在每年的清明节和先生忌日都要去墓地祭扫，追思往事，报告成果，诉说困惑，表达欣喜。以后便形成了惯例，一直持续到二十世纪八十年代后期他重病缠身止。

1966 年夏，“文革”开始，红卫兵“破四旧”，中央美院个别人受极“左”思潮影响批斗文艺界人士，就连去逝多年的徐悲鸿也不放过。虽然毛泽东、周恩来都曾对徐悲鸿作过肯定，但仍遭到攻击被扣上“反动学术权威”的帽子。

宋步云听说有些地方把已故的、遭到批判的逝者的墓碑推倒，甚至被掘开。宋步云预感到徐悲鸿的墓地也有可能遭毁，于是，他冒着被揪斗的危险在徐悲鸿忌日那天瞒着家人和朋友骑车赶到八宝山革命烈士公墓。

刚到墓地，他就被眼前的景象惊呆了，烈士公墓的大门歪倒在一侧，墓地里空无一人，到处张贴着大字报，松树上挂满了标语。许多墓碑被推倒或被砸断，有的墓碑上逝者名字被打上叉子，有的墓碑和墓座上被泼满颜料，贴着标语和大字报，原本庄严肃穆的陵园被破坏得凌乱不堪，惨不忍睹。

宋步云来到徐悲鸿的墓地前，见到墓碑基座上也被泼上了颜料，上贴“打倒反动学术权威徐悲鸿”、“打倒资产阶级孝子贤孙徐悲鸿”等标语，墓碑也被拦腰砸断，大半截已不知去向。

宋步云见状愤怒万分，于是他做出了惊人的决定，一定要将徐先生的墓地清理打扫干净，恢复原貌。他冒着可能被批斗，甚至被打成现行反革命投入监狱的危险，找到墓地管理处，向留守的工作人员寻借水盆和清理工具。当墓地工作人员了解到他的意图后都惊吓不已，好意劝他打消念头，马上离开这个是非之地，别让红卫兵撞上。他们说，现在这种状况连我们都不敢去清理，你一旦被红卫兵撞上那可是非同小可的事情！

1954 年 10 月，徐悲鸿纪念馆于徐悲鸿故居落成，筹委会成员合影
前排：傅抱石（右三）、廖静文（右四）、萧淑芳（右五）、吴作人（右七）
后排：宋步云（右二）、王式廓（右三）

工作人员的劝说并没有动摇宋步云的决心，他一再承诺一旦出事绝不会连累到他们。正当他开始打扫墓地时，天上不知什么时候飘来乌云，随后淅淅沥沥地下起了小雨。他感觉似乎是老天有知在保护着自己，于是，他冒雨用了大半天时间把墓地及周边的浊物清理干净。在还工具时，又询问工作人员是否知道墓碑的上半截扔到哪去了。墓地管理人员非常佩服他的胆量和他对逝者的爱戴，冒险带他到被收拢的碎石堆里寻找。

这时天空的乌云开始飘散，一缕阳光透过乌云洒向大地。他在碎石堆里仔细翻找辨认，功夫不负有心人，最后在一堆准备要拉走丢弃的石料堆里，终于将徐先生墓碑的上半截找到。随后他又与工作人员一起，将它妥善地搬到一个犄角旮旯安全处隐藏起来，以免再次丢失，待以后有机会时再作安置。事情办妥后已是日薄西山，宋步云身披余晖离开了墓地。

时隔多年后，在宋步云的帮助下，将被砸断的墓碑从隐藏处找出来，于1979年由中国美术家协会、中央美院、徐悲鸿纪念馆联合对徐先生墓碑进行修复，墓碑被接好后重新竖立于墓前。

1973年，周总理指示要重建“徐悲鸿纪念馆”。遵照总理指示，新馆选址于新街口北大街53号，从计划到完工历时近十年，经过几番周折新馆终于落成。

新馆正式落成后，开始了紧张的筹备、布置工作。新馆的展出面积比原馆大得多，共有七个展室陈列展出徐悲鸿不同时期的油画、国画、素描、书法作品和历代藏画藏品。廖馆长将宋步云请来征求意见，并希望他鼎力相助，为纪念馆多提供些徐悲鸿的历史资料，以进一步充实丰富展出内容。同时也希望他能捐赠自己的绘画作品，支援“徐悲鸿纪念馆”的发展建设。

宋步云了解了廖先生意图后，感觉这是很好的想法，便毫不犹豫地答应了廖先生提出的要求，马上回去将一直珍藏在自己身边的他亲自拍摄的与徐先生有关的历史照片底片，毫无保留地捐献给徐悲鸿纪念馆，极大地丰富了徐先生馆藏的历史资料，被纪念馆长期展示，同时他还将精心创作的艺术作品一并捐献给纪念馆。自此这批四五十年代的美术界历史团体照片，在以后的数十多年里，一直被美术界的各种纪念活动所采用，同时也为各类文字记载这段历史的书刊、报纸、发行物，无数次转载和选用，极大地充实和丰富了二十世纪现代中国美术史的历史资料。

正如美术史学家范迪安在《宋步云的艺术之路——纪念宋步云诞辰九十周年艺术研讨会》中谈到的：

> 宋先生三十年代回国，带回来一台莱卡相机，他是在当时中国画家中不多的拥有一架莱卡相机的人。他用这架相机为早年留学、艺术活动以及家人留下了许多照片。他留下的三四十年代画家群体的珍贵照片，对二十世纪美术史研究又是一个重要的贡献。

徐先生去世后，宋步云很快调整了心态，全身心地投入到完成徐先生的遗愿中。他用画笔满怀深情地描绘故都风貌，抒写新北京的日新月异的变化，为后来人留下了许多永恒的记忆。虽然在此期间，时常有从外地来北京开会或办事的故交，傅抱石、陈之佛、郑乃光、沈福文、王先坡、丰子恺等人，知道他受到不公正排挤后，为他打抱不平，极力地劝说他离开北京到外地去发展。有的友人还提出有重要的职务可以为他安置，但倔强的宋步云都不为所动，以要兑现徐先生的重托，完成自己许下的将北京古老的历史文化传承下去的诺言为由，婉言谢绝了故友们隆重邀请的好意，依然故我的留在北京搞自己心仪的创作，几乎将北京的所有名胜古迹和建国后的十大建筑，以及标志性的建筑都画遍了。

1954 年，宋步云在十三陵采风

在宋步云的工作室里摆放最多的是他的油画、水彩画作品。题材大多表现北京风貌的风景画，景山、颐和园、北海、中山公园、故宫、午门、天坛、动物园、香山、碧云寺、卧佛寺、圆明园、八大处、十三陵、琉璃塔、古观象台、北海大桥，团城、景山后大街、须弥春、五塔寺、劳动人民文化宫、卢沟桥、军事博物馆、工人体育馆、工人体育场、美术馆、崇文门、东直门、鼓楼、农展馆、雪后长安街、后海、八一湖等等，林林总总，琳琅满目，简直就是在给人们讲述一篇古都北京的历史故事和记述新北京城市建筑的一幅巨型风景画。这里面体现着画家对北京的热爱，对新生活的向往，对人生平和达观的态度，以及信手写来的充满愉悦和激情的感觉；也更多地饱含着对徐先生的怀念与对徐先生的承诺，以及沿着现实主义的艺术创作道路一直走下去的坚定不变的信念与意志。

同时，在他的工作室中，也有很多表现现实主题的人物创作、静物写生和国画作品。而作为工作室中的主人宋步云来说，也揭示了他不是仅沉迷于风景画的创作，还始终伴随着时代的脚步，创作了许多与时代同舞的，具有鲜明时代感的作品。

宋步云自从离开了单位，就成为了职业画家，虽然暂时少了些固定收入，但他靠绘画所得和高淑贞的薪金仍然保持住了一家人以往的生活水平。宋步云到北平后便与白石先生的弟子许麟庐相识，常受齐白石、徐悲鸿及其他艺术家之托将画作送往他管理的和平画店寄售，经常往来彼此相知甚深，也与和平画店、北京画店的店员非常熟悉，因此在他离开单位的一段时间里自然便成为那里的常客。那时北京业内人都知道，在画店的橱窗里总能看到宋步云的水彩静物和风景油画，画价有时还标的很高。同时他仍担任着科协主办的《科学大众》《知识就是力量》等科普刊物特约编辑之职，每期为其供稿；北京艺术师范学院、北京师范学院、清华大学建筑系等美术专科院系定期邀请他教授水彩画课程，也有许多固定进项。总体算来，他每月的收入仍有二百多，除部分留作家庭开支外，余下的由自己支配，或买绘画材料，或与朋友聚会，平日生活中少了许多单位中人际关系间的纷争与烦恼，日子过得很平实，也很“逍遥”。

飞鸿踏雪自留痕

虽然无端蒙冤，宋步云却并没有被击倒，而是以淡泊面对世俗，以坦荡面对现实，他仍一如既往地宽厚待人，交了众多的朋友。即使听到艺术界的各种传闻、看到个别不明真相的人抛过来的莫名其妙目光，他都一笑而过。他耿直、刚毅、强悍的性格中不乏诙谐与幽默，他以天真乐观的态度拥抱新生活，彰显出他的生命活力，获得朋友们对他的信任、尊重和爱戴。

朋友的支持和对艺术的挚爱成为他的精神支柱，使他不再为外界所动，不论遇到什么困难，身处何种境地，依然保持着大度与乐观，自强不息，笔耕不辍。为践行徐悲鸿的遗愿，他在艺术创作上继续探索中西结合，培养年轻艺术人才，经过不懈的努力，他在艺术领域沉淀了厚重的能量，最终锻造成为虽身处民间却为大众所喜爱的、艺术上有极高造诣的艺术家。

正如廖静文后来在访谈录《这是历史，是不能遗忘的……》一文中所记述的：

当年宋步云先生在离开北平艺专以后也受过一些委屈，

当他来看我时从来不谈这些，我们谈的只是对共产党的拥护，对绘画的创作以及美术界的一些情况，可见宋步云先生虽然离开北平艺专，但是他还是很关怀美术界的情况。

很多年后，我知道宋步云先生得到了很公正的待遇，恢复了他的教授职务，恢复了他的名誉，我也为他高兴！这以后看见宋步云先生又画了很多画，表现他在任何时候都没有放弃他的艺术创作，这种精神是很了不起的。就是不管有没有困难，即使是在有困难的时候，也能坚持不懈地作为一个画家努力进行创作。

我想宋步云先生的伟大之处就在他对艺术的热爱，在艺术上的成就，这是我们今天有目共睹的，我也为他高兴。即使宋步云先生已经不在人间，但是他的艺术、他的作品仍然留给我们很美好的享受。不止我，很多人都很钦佩宋步云先生的艺术成就，他的艺术成就是任何人剥夺不了的，也是万古长青的。

宋步云在前门饭店与朋友合影

右起：傅抱石、金淑秋、宋高坪、宋步云、宋立、沈左尧、关山月

这一时期，宋步云始终把握时代的脉搏，创作出反映新时期祖国日新月异变化的许多作品。自此他长期从事“中华全国科学普及协会”的工作，编绘农业科学、医学卫生教育等方面的挂图和宣传画；为《科学大众》《知识就是力量》等刊物设计封面及插图，出版了百余幅作品。在北京正阳门马路一侧竖立的宋步云绘制的《同志，你为除四害做了什么?》巨型宣传画，画面上人物手指的方向即使你无论走到什么方位都好像在指向你，人们路过无不啧啧称奇“真神了!”，其实，宋步云只是把焦点放在了人物的指尖上罢了。

1954年至1966年间，他还先后受铁道部、煤炭部、水电部、卫生部、轻工业部、全国黄河治理委员会、宁夏回族自治区政府、公安系统、中国人民解放军总参谋部等中央部委办、省政府和社会单位邀请，长期到工矿企业、水利施工工地体验生活，创作写实作品，他深入开滦煤矿、十三陵水库工地、三门峡、刘家峡水库工地、宁夏地区、公安战线、军营中与工人、勘探队员、公安干警、部队战士一起劳动，一起生活，创作出许多表现新时期新面貌的大型油画作品。他受这些单位的委托培养了许多艺术宣传骨干，还受聘兼任了这些单位的美术顾问。

1956年，宋步云与创作的油画作品《抢险》

1954 年，宋步云应全国黄河治理委员会之邀，与黄河治理委员会水利枢纽工程勘探队一起顺黄河而上，在河南、甘肃、青海黄河两岸千余公里河岸旁留下了大量的油画写生稿。随后他又深入到三门峡、刘家峡水利工程工地与那里的工人们一起施工劳动，打眼放炮。他有感于工人们在奔腾咆哮的黄河上不顾个人生命安危，攀绳索、乘渡船炸开堵塞于河道中心的巨石的劳动场面，按耐不住创作冲动，于 1954 年至 1957 年间陆续创作出以治理黄河为主题的五幅大型油画（270 cm×180 cm）《旧时代黄河流域的旱灾》、《蒋匪帮轰炸花园口》、《勘测三门峡》、《抢险》、《洪峰测流》。这些作品是画家的亲身经历和感受，是对人们根治黄河水患的伟大壮举所谱写的首首赞歌。其中《抢险》可谓上乘佳作，狂风暴雨中黄河狂野奔腾大施淫威，人们在罕见的洪水面前毫无畏惧，奋不顾身，这些激动人心的场面在作品中得到充分展现。作品人物形象突出，刻画鲜明有力，表现了人定胜天的威力。这五幅大型油画作品曾参加“黄河水利委员会”举办的展览，原作由该会收藏。1959 年他再次受邀创作了以治理黄河为题材的油画作品《黄河支流》，并参加有关单位庆祝国庆十周年展览。

1957 年，宋步云应煤炭工业部邀请创作以煤矿工人新旧生活为主题的绘画作品。为此，他先后数次前往河北开滦煤矿体验生活，与工人同吃同住数月。他下到数十米深的矿井下，在掌子面挥镐采矿挖煤，体验了工人们在宽阔的新巷道中工作的喜悦与辛劳，在旧掌子面狭窄、简陋的工作环境下艰难与危险。在劳动中，他搜集绘制了大量的速写、油画人物动态素材画像画稿。先后利用近一年的时间创作出两幅表现解放前后煤矿工人工作、生活的巨幅油画《旧时代的煤矿工人》、《新中国，新矿工》（277 cm×162 cm），作品完成后被煤炭部选送参加美术展览，后被煤炭部有关部门收藏。

1958 年，宋步云受铁道部之邀，配合宣传三门峡水库修建，政府改造陇海铁路工程取得的伟大成就，先后前往陕西、山西、河南、湖北、四川等地采风，他深入到秦岭、大巴山之间以及襄樊、十堰、宜昌、武汉、三门峡等地的铁路工地，沿京广线逐一路体验生活，与铁路工人们一起在大山深处开山铺路，涉水架桥，打洞放炮，推车运石，之后，他创作出两幅大型油画《开山》、《辟路》（327 cm×227 cm）。作品以描绘云雾缭绕的崇山峻岭为画面主体，奔流湍急的江水从陡峭山崖一泻千里，铁路工人或攀缘在陡峭山坡，或弯腰于隧道洞口铺设路轨，架设桥梁，彰显了铁路建设者们不畏艰难，顽强拼搏的英勇气概，作品被铁道部有关部门收藏。

1957 年，宋步云与长子宋慧京在什刹海冰场

同年，宋步云再次受水电部邀请创作表现以修建十三陵水库为内容的作品。正值初夏时节，他在水库工地与数十万劳动大军一起奋战六十多个昼夜，头顶烈日挖土、挑土、砸夯；午休时抓空现场水彩写生；晚上收工后不顾疲倦为劳动者画像。他在有限的时间内画下了大量的速写、素描稿和油画肖像。在工棚中，他创作了多幅以“鼓足干劲，力争上游”、“移山造海，众志成城”为主题的国画作品，被工地的宣传部门张贴到报栏最显眼的位置，并且受到了参加义务劳动的党和国家领导人的接见与赞扬。

水库工地条件艰苦，住的是简易板房地铺，吃的是馒头咸菜素菜，宋步云在热火朝天的氛围下始终保持着高昂的劲头，每天劳动八小时，从未以自己是被邀请来搞创作的艺术家，而搞特殊化迟到早退。驻地离水库工地有四五公里远，每天清晨，当出工的号声响起，他便与劳动者们一起扛着红旗走向工地。有时他还延时收工，在施工现场支起画架，挑灯夜战，创作了很多激动人心的夜战油画和水彩画写生稿。

6 月下旬，十三陵水库施工胜利竣工后，他回到城里，开始着手创作赋有鲜明时代特征、颂扬水库施工工程热火朝天工作场面的作品。7 月 1 日，宋步云荣幸地接到水电部的邀请，参加由人民政府举行的十三陵水库落成典礼。当他再次来到十三陵水库，看到浇灌着无数劳动者辛勤汗水，也融入自己艰辛劳动的近 30 米高，全长 600 多米的雄伟大坝，向长龙一般巍然屹立于两山之间，不禁流下了热泪。庆贺大典结束后，宋步云便紧张地投入到创作之中，先后完成了多幅表现十三陵水库施工场面的大型油画，如《沸腾的水利工地》《十三陵水库工地》《夜战》以及《劳动模范马庆芝》《青年突击队长》等油画肖像，其中《沸腾的水利工地》《十三陵水库工地》《夜战》等作品被水电部收藏。

1958 年，为新中国成立十周年扩建刘胡兰纪念馆的需要，宋步云应山西省委之邀前往刘胡兰烈士故乡文水县云周西村体验生活，创作绘画作品。他与乡亲们同吃同住，先后采访了刘胡兰父亲刘景谦、继母胡文秀、大妹妹刘爱兰以及村长、村支书、村民，详细地了解了刘胡兰的成长、牺牲过程，也采访了与刘胡兰一同牺牲的其他几位烈士的亲属和当事人，为日后创作大型油画作品掌握了第一手素材。他夜以继日地画烈士家属和村民肖像，留下了一批素描和油画肖像作品。

1958 年，宋步云（后排左二）在刘胡兰故乡文水县云周西村体验生活

为了更清晰地再现英雄牺牲时的情景，他还邀请了很多村民，随他一起到烈士牺牲的观音庙现场，再现了当时的场景。在现场他产生了第一构思的感觉，当即绘制草图，回驻地后进行再加工，初步完成了作品的构架。他了解到刘胡兰与她的妹妹刘爱兰气质相像，决定以妹妹为原型塑造大型油画《刘胡兰》。

在云周西村体验生活的四十多天时间里，宋步云曾多次前往刘胡兰纪念馆参观烈士遗物、文献资料、事迹展览以及党和国家领导人为烈士题词的手书。这些资料深深地打动了他，烈士视死如归、英勇无畏的精神使他产生了强烈的创作冲动。他默立于观音庙刘胡兰牺牲现场、刘胡兰烈士墓前、烈士被捕的“生死树”下、毛泽东题词“生得伟大，死得光荣”的纪念碑旁，凭吊，哀思，同时也在脑海中构思作品。

之后，宋步云在文水县用了数月时间为刘胡兰纪念馆创作了大型油画《刘胡兰》和《刘胡兰肖像》。大型油画《刘胡兰》是一幅歌颂刘胡兰烈士的力作，表现了年仅十五岁的女英雄面对叛徒的出卖，不畏阎锡山反动派的严刑拷打，面对敌人高高抬起的铡刀视死如归的大无畏革命精神。画面以村边观音庙为背景，低垂的乌云笼罩着整个刑场，场面人物众多，表情丰富。画面中心刘胡兰高大伟岸的身躯与反动派军官猥亵佝偻的身影形成了强烈的反差，另一侧的乡亲们悲愤交加，怒视着敌人。刘胡兰眼望乌云，泰然地告别父母乡亲，告别养育她的家乡土地，昂首挺胸、大义凛然地向着已被烈士鲜血染红的铡刀走去。她微张的嘴唇似乎在向父老乡亲们高喊着“永别了，乡亲们，战斗吧，同志们，敌人的末日不远了，胜利一定是我们的”；高呼着“中国共产党万岁！毛主席万岁！”。作品完成后，获得了山西省委、省政府以及有关部门负责人的好评，被刘胡兰纪念馆永久收藏。

宋步云回到北京后又应中共中央宣传部的要求再创作一幅与《刘胡兰》题材相同的大型油画，参加在北京行将举办的庆祝中华人民共和国成立十周年和纪念刘胡兰烈士英勇就义十周年的宣传活动。宋步云顾不上休息又投入到大型油画《英勇就义》（270 cm×180 cm）的创作中。经过近半年的紧张工作，终于在1959年中旬结束了大型油画《刘胡兰》的姊妹篇《英勇就义》的创作。

油画《英勇就义》在表现手法上要比《刘胡兰》看上去洒脱、粗率些。画面在乌云密布的天空中透出几抹微红，它象征着国民党的黑暗统治就要土崩瓦解，胜利曙光即将到来。画家以虚实对比的方式表现众多人物之间的关系，形象生动，表情丰富，前面的群众怒视着敌人，用躯体掩护着后面的英雄家属和乡亲，后面和远处的人物朦朦胧胧地延展至远方，从而开阔了景深，增强了画面的时空距离感。

刘胡兰微泛红晕的脸颊上露出坚毅的表情，齐肩短发被凛冽的寒风吹起，英雄的双手被捆绑在身后，她视死如归，昂首挺胸地向着已被烈士鲜血染红了的铡刀走去。她的高大形象与反动军官的凶狠猥琐形成了鲜明对比；而她青色的夹衣、灰色的乡民群体与匪军黄色军衣之间在色调上形成了强烈的视觉反差，构成了两大色块的对抗；在表现手法上也有很大不同，英雄的形象在画面中更为鲜明，英雄脚下的积雪布满杂乱无章的脚印，而积雪和遥远的群山采用中国画平远留白的手法，更突显画面的恢宏气势。

宋步云在该画的创作中大胆尝试中西艺术融汇，突破了 20 世纪 50 年代盛行于国内的、取自苏联的创作大幅主题画的大空间，大场面的细致描摹，尝试着在大场面的油画中引进中国绘画的元素，虽然与当时的艺术倾向有一定的抵触，但它所产生的艺术效果仍得到了业内的高度评价。

1959 年初，由中国美术家协会推荐、人民大会堂管理局批准，宋步云被聘为北京人民大会堂宁夏厅的总设计师兼美术顾问。

根据周恩来总理的意见，人民大会堂设置的各省会议厅均由归属方自行设计布置。而作为少数民族聚集区的宁夏是我国唯一的回族自治区，自治区政府和当地干部群众极其重视这个窗口的建立，自然希望把自己的“客厅”布置得既新颖别致，又具有浓郁的民族特色。

宋步云在接受任务后，由人民大会堂管理局工作人员和宁夏回族自治区政府有关人士陪伴，前往正在紧张施工的人民大会堂工地参观。他为眼前蔚为壮观的建筑所震撼。随后又受到管理局和宁夏政府负责人的接见，详细地向他介绍了设计方案的建议以及政府的想法，希望宁夏厅的设计布置突出民族特色和地方风格。之后，他满怀热情地投入到实地考察和设计中。

自治区政府对人民大会堂宁夏厅布置工作非常热心，也对宁夏厅的设计十分重视，委以时任宁夏回族自治区委员、办公厅秘书长黑伯理负责担纲。宋步云每次到银川都得到宁夏领导和办公厅秘书长黑伯理的热情接见，并找来民俗专家向他详细介绍当地民族信仰、习惯和礼仪，一起研究具体方案，仔细倾听他的建议和想法。

1959 年，宋步云在六盘山上作画

宋步云在设计宁夏厅的方案中，先后提出了很多合理化建议，其中许多建议被自治区采纳。当他身临六盘山和贺兰山时被那里雄伟壮观的气势深深感动，不由得产生用贺兰山的岩石镌刻上毛泽东在长征中翻越六盘山时写下的诗篇《清平乐·六盘山》装饰宁夏厅，使其更赋时代感的想法。他以提案的形式向自治区作了详细的说明，很快得到了认可。最后自治区领导确定宁夏厅最佳设计方案，要加上以贺兰石雕刻的这首诗词，再配上一幅毛泽东率工农红军长征翻越六盘山的大型油画。随后方案报请人民大会堂管理局获得批准。于是在自治区领导委托下，宋步云又肩负起到贺兰山山区寻找石料、指导采石的任务。

当时的宁夏回族自治区社会形势严峻，三年灾荒期间自治区东乡县地区部分灾区有极少数人阴谋企图叛乱。在中央政府的指导下，自治区组成慰问团深入东乡县灾区，在基层开展思想感化工作，平息了一场一触即发的叛乱，增强了各民族的团结。而宋步云要去的正是这个危险的地方，为确保他的安全，政府派出多名武装人员陪同他一起前往。

作为宁夏厅总设计师，为了体现少数民族的民族特色和民族风格，宋步云先后不辞辛苦八次前往宁夏体验生活，走遍了自治区的城市、县镇、乡村，攀高山，临大漠，访草原，深入到少数民族家庭、边远牧场搜集了大量图片和文字资料。为完成宁夏厅的总设计，在宁夏腾格里沙漠深处、贺兰山石矿、六盘山毛主席书诗旧址，红军长征路线上，无处不留下他的身影。由于当时很多人烟稀少的边远地区和贺兰山、六盘山等高山地带交通还没有开通，他只得与随行的人员们一起，以步代车或骑毛驴前往目的地，因而也就有了八次骑毛驴，攀登贺兰山、六盘山之事。

当时宁夏路况极差，很多地方仍然还是当年红军长征时踩出的羊肠小道，曲折陡峭，有些地方根本无路可循，只能踩着黄羊和山中野兽踏出的时隐时现、断断续续的小路循路而行，有些陡峭地带连毛驴都不敢走，人通过不敢往下看，只得从毛驴背上下来徒手攀登，毛驴就由十几名陪同、向导前面用劲拉着，后面使劲推着弄上山，实在上不去的地方，便请居住于山中的村民，把携带的物品扛上山。即便在这样艰难、险峻的环境下，他仍然去过许多乡镇村庄体验生活，搜集素材，写生作画，并在凛冽的严寒和狂风肆虐的环境下，创作了《六盘山》(56 cm×80 cm）等一批油画作品。

为寻找雕刻石料，他寻遍贺兰山采集样本，为谨慎起见，他采集了众多不同质地、颜色的石材，供自治区有关领导选择，在确定一种灰褐色石材后，又亲临现场指导采石队劈山择石，选择了数块完整的巨大石料运抵银川。

自治区政府对雕刻诗词十分重视，他们派人专程到中国军事博物馆和中央档案馆查找毛泽东《清平乐・六盘山》的手稿，但因该词是毛泽东经过六盘山时在马背上即兴而作，手稿已很难找到。自治区政府只得请董必武出面由毛泽东重新书写《清平乐・六盘山》词。1961 年 8 月 25 日，董必武致信毛泽东“我受宁夏回族自治区人委一位同志之托，转恳您将在六盘山的清平乐写一纸给宁夏。日前，宁夏来信催问，无奈，只得请你费神随笔一挥为盼!”毛泽东于1961年9月8日在江西庐山召开中央工作会议期间重书《清平乐·六盘山》词，并将人民文学出版社的版本中“旄头漫卷西风”句改为“红旗漫卷西风”。毛泽东在给董必武的复信中说“遵嘱写了六盘山一词，如以为可用，请转付宁夏同志。如不可用，可以再写。顺祝健康!”董老从庐山回到北京后即请秘书致电自治区政府的有关同志，通知此事已办妥。

石料运抵银川后，宋步云又与自治区政府请来的工艺美术师阎子江、阎子洋、关富强等人一起设计毛泽东《清平乐·六盘山》词的石屏雕刻方案，随后将贺兰山石料全部运抵北京，在德胜门附近的北京雕刻厂进行加工。几位工艺美术家经过数月雕制，终于将这首词镌刻在灰褐色的贺兰山石板上，凹刻入石屏上的毛泽东手书字体在石屏中呈现出丹霞石紫红色本色，显得格外古朴自然、厚重大方。随后他们又精心选择了暗红色楠木做边框，将长3米、宽1米、厚10公分的石屏镶嵌其中，最终安置在了北京人民大会堂宁夏厅中，与毛泽东率工农红军长征翻越六盘山的大型油画作品相映生辉。

宋步云在宁夏体验生活期间了解到当地人们生活比较困难，尤其是边远地区生活更为艰难，产生了以自己微薄之力帮助一部分年轻人的想法，得到了自治区政府的积极支持。于是，他挑选了五名家境较困难且赋有美术天赋的青年人做助手，将他们带到北京，由自己出资让他们在北京工作生活。为了尽快使他们适应新的工作和学习环境，他倾其精力予以关心和照顾。不久，其中三位青年由于民族习惯不适应提出回家的想法，于是又由他出资将他们送回宁夏。在以后的日子里，宋步云对留下来的金淑秋、胡文善两位青年人更是倍加呵护，送他们到美术院校学习，介绍他们到中国美术馆工作，最终使他们安心在北京发展自己的专业特长。

为顺利开展宁夏厅的布置工作，宋步云在王府井八面槽承租了一套房子，作为个人工作室，平日可以在这里安心搞设计，召集与设计有关的会议，也就是在这里最终完成了宁夏厅的设计任务。而这个属于私人的工作室在以后三十多年时间里成为他艺术创作的重要组成部分，也饱含了他与朋友们的深厚情谊。在这里承载着他艺术创作的艰辛与成功的喜悦，以及无数鲜为人知的故事，见证了一个艺术家后半生的历程。

设计布置宁夏厅事宜得到了各方面的支持与帮助，同时受到各级领导的关怀与重视，经常有人前来了解设计方案和装潢施工的进度。中央政府领导董必武、周恩来、陈毅以及主持民族宗教工作的习仲勋、全国人大副委员长郭沫若、人大会堂总指挥北京市委书记万里也多次亲临现场视察，听取汇报，提出建议，并对设计与施工方案，提出了许多建设性修改建议。周恩来、习仲勋对总体设计方案尤其重视，关注各项细节，如厅顶部绘制的伊斯兰教图纹的色彩、柱子头上的装饰、民族特征的灯饰、沙发扶手的造型、茶几的样式、地毯的图案等等，都一一提出详尽的建议。他们嘱咐宋步云等工作人员一定要将我国唯一的回族自治区的会议厅建设成为既典雅别致，又具有浓郁的民族特色和地方风格的少数民族对外交流窗口，要让所有的少数民族来宾到这里后有宾至如归的亲切感。他们还指示身边随行的工作人员和管理局的同志，要尽最大可能做好后勤保障和材料运输工作，帮助他们解决设计和装潢施工中所遇到的一切问题。

经过近四年的精心设计准备工作，会议厅装潢任务终于在于1963年初圆满完成。展现在人们面前的宁夏厅，是几经修改完善的最佳方案，将回族人民喜爱的素色调元素注入会议厅，既新颖又典雅极具浓郁的民族民间特色。经过中央政府和自治区有关领导的严格审查，最终获得了通过，并得到了党和国家领导人的好评。

1959年他在忙于宁夏厅时恰巧碰上好友傅抱石和关山月，他们正在为人民大会堂创作巨幅国画《江山如此多娇》。好友相聚分外高兴，此后的一段时间里，他们每天晚上在完成工作后便相约或一起前往宋步云家中，或聚会驻地，把酒彻夜畅叙，互相传递美术界信息，探讨画艺，说到兴奋时便铺纸即兴创作，高兴得不亦乐乎。在相聚之时，他们彼此了解到在接受人民大会堂工作任务后，都或多或少有些心理压力，担心如果任务完成不好，将会有损于国家声誉与尊严。于是他们互相鼓励，排解压力，调整心态，放下包袱，尽全力去完成人大会堂交付的艰巨任务。

1959年9月中旬，在宋步云准备前往宁夏体验生活时，傅抱石和关山月创作的巨幅国画《江山如此多娇》已完成，他们相聚在迎宾厅的巨幅画作前合影留念。第二年宋步云在贺兰山采集石料样本时，珍藏了两块与雕制毛泽东《清平乐·六盘山》相同的灰褐色石材留为纪念，并将它们制成两方砚台带回北京，刚好遇到傅抱石来京开会，见到用贺兰石细腻石质制成的砚台非常喜欢，提笔在两方砚盖上分别写下“步云”二字，又在砚底题上“步云制此余始用之”字样，随后让其弟子沈左尧凹刻入贺兰石砚上，宋步云将其中一方砚赠予傅抱石，另一方留作自用。八十年代，傅抱石纪念馆在南京落成后，他又将一直保存的这方贺兰石砚献给了纪念馆，以铭示对老朋友的殷切怀念。

1959年，宋步云、傅抱石、沈左尧于北京民族饭店合影

以后每当宋步云到人民大会堂工作或出席活动时，都要来到《江山如此多娇》巨幅画作前，久久地凝视着画面上连绵不断的云海、日出、长江、黄河、皑皑长城白雪，好像依稀看到好友站在梯子和凳子上挥舞画笔的场景。他浮想联翩，感慨万端，心中不免腾升出一种诗情画意，口中喃喃道：每忆布衣交，同气相持久。哀哀嘤其兮，求闻故友邀……

1960 年，宋步云在为宁夏厅设计工作之余，又经中国美术家协会推荐，接受北京市公安系统邀请，担任北京市公安局交通安全委员会美术顾问，着手为公安系统的美术工作者，系统编制课程教材，教授美术课程，传授美术专业理论基础知识和绘画技法，至 1966 年的数年间，宋步云先后为公安系统培养了许多美术骨干人才。期间，他受北京某专业出版社之邀，撰写了十余万字的《水彩画创作技法》一书，即高等院校水彩画专业创作课程教学方法。从传统水彩画技法出发，以自己长达二十余年的教学体会以及三十余年来的创作经验入手，以通俗易懂、图文并茂的形式详尽地介绍了水彩画的创作步骤，此书稿交由该出版社准备出版发行。但不巧正赶上十年动乱开始，花费数年心血写就的书稿，不仅未能出版发行而且还因出版社管理混乱而遗失，使之宝贵的美术资料付之东流。

在任美术顾问期间，他为宣传交通安全工作绘制了《宁停三分，不抢一秒》《儿童过马路要有成年人带领》等巨型广告宣传画，分别竖立于北京西单路口和正义路北口路西一侧。因为它们十分巨大，为节约费用，他不顾危险蹬着梯子挥笔制作。其中《儿童过马路要有成年人带领》完成后一段时间里还引起一些争议，画面是一位年轻的妈妈领着孩子走在斑马线上，妈妈上身是黄颜色短衣，下身是黑色裙子。有领导质疑颜色不好看，他耐心地解释说，黄与黑是最强对比色，很远的地方看去都会很醒目的。有关领导将信将疑，站在远处一试，果然如此。两幅巨型宣传画完工后，干警们无不交口称赞。而“宁停三分，不抢一秒”、“儿童过马路要有成年人带领”、“一看，二慢，三通过”等交通安全警示语的使用，一直延续至今。

1961年，由吴作人、傅抱石介绍，宋步云加入了中国美术家协会。

1961年　油画《哑叭河抢险》

1961年至1963年间，为颂扬人民警察不顾个人安危跳入奔腾咆哮的特大洪水中，营救遭洪水围困于公交汽车内数十名乘客的英勇事迹，他创作了大型油画《哑叭河抢险》（270 cm×180 cm）和《哑叭河抢险》局部（60 cm×72 cm），并写生创作了一系列民警抢救群众的油画肖像。《哑叭河抢险》被选送参加全国展览，随后被公安系统有关部门永久收藏。2000年北京市警察博物馆建成，《哑叭河抢险》（局部）被收藏并永久陈列。2011年《哑叭河抢险》与《女民警》的复制作品在“北京交通警察博物馆”展出。

同时宋步云还受到北京市公安局热情邀请，深入到基层派出所和交通队体验生活，创作了一批以表现基层干警工作为创作主题的油画作品《女民警》《父与子》《卢沟晓月》《同志，请不要骑车带人》《思》等，在社会上引起了很大的反响。而宋步云在担任公安系统美术顾问的工作经历，使他与公安系统干警们建立起深厚的友情，以致在特殊时期他遭受到冲击时，有众多人士挺身而出保护他，使他最终躲过了致命的冲击，避免了人生中的又一次大劫难。

20 世纪 60 年代　油画《女民警》

20 世纪 60 年代，为配合开展全民国防教育，增强国防意识，掌握国防知识，提高应对战时工作的需要，1965 年至 1966 年间，宋步云受中国人民解放军总参谋部的邀请创作与国防教育知识有关的系列挂图。他深入到人民解放军某部体验生活，了解防空知识和武器性能及武装器械使用常识，配合开展全民国防教育普及宣传工作，绘制了多套防空知识挂图、军械使用常识挂图和防空知识画册，并在社会上公开出版发行。

在他以热烈的心情融于自然社会，拥抱更大的艺术创作世界时，许多不太了解他经历的人会认为：宋步云被强迫离开自己热爱的教育事业、脱离开集体讨论主题作品题材创作，以及离开了熟悉的艺术大环境后，一定会陷于思想苦闷、沉沦和生活窘迫中。他们无从了解他在蹉跎岁月中，因为被误解而蒙冤受屈的日子里，他是怎样生活，又是怎样克服各种有形或无形的政治压力，并且还能创造出如此之高的艺术成就的。在极左政策的大环境下，有多少人在遭受到人生挫折后归于沉寂，更有甚者人去踪灭，只给世人空留下一丝追思的记忆。

而宋步云实际情况却恰恰相反，在经过很短一段的情绪调整后，凭着坚强的毅力和顽强的性格，很快扫去留在心中的阴霾，依然故我地沉浸于艺术再创造之中，以更阳光的心态，拥抱无限广阔的艺术创作生活，拥抱新时代。他紧随着时代的脚步，创作出了众多与时代同步的艺术作品，他把握住了社会的发展方向，得到了社会的认可。当人们走进宋步云的工作室，便足以窥到一斑，感受到他一直是在艺术之海中畅游的另一番风景。呈现在世人面前的是，与常人想象完全不同的另一种艺术气派，展示了他在人生后四十年，整个艺术探索发展历程。而他宽坦的胸襟与豪放温厚的性格却始终不改，一如既往。

他并没有因为自己遭到无端冤枉，受到不公正排挤，而陷入痛苦和无端的烦恼中，也从来没有埋怨过谁对他不好和对他不公，只是憋着一股不成功不罢休的尽头，在艺术创作上一刻不停歇地往前走，用自己朴厚的胸怀和细致耐心的教育方式，辅导追求艺术发展的青年学子。他对周围所有人不论职务高低、不分身份贵贱都非常好，充分体现了老一代山东人朴实温厚的性格。即使是在朋友提及那些不愉快的往事时，他也都是不屑一顾揶揄而大度地说：不要怨恨那些不明真相的人，因为他们并不清楚当时地下斗争的复杂情况和我所做的那些不能为外人所知的秘密工作。现在事情都搞清楚了，何必再去追究以往的是非，有什么必要再陷于无端的怨恨和烦恼之中，还是宽容理解为怀吧，大家一起向前看。有时还咏上一段《货郎旦》四折词“又谁知苍天有眼，偏争他来早来迟，到今日冤冤相报，解愁眉顿作欢眉”。

而在这一时期，中央政府许多重要机关和要害部门，对他不断地发出热烈的邀请，让他担任重要的创作宣传工作和担纲教育培训工作，同时给予他丰厚的薪酬待遇，从另一个侧面印证了组织对他政治上是充分肯定的，使他得以卸下了思想包袱，最终创造出了不同凡响的艺术成果。

20 世纪 60 年代，宋步云在北京郊区卧佛寺采风

宋步云在完成组织安排的繁重工作之余，利用闲暇时间，还创作了大批记录北京风貌的艺术作品。他热爱大自然赐予世间的美好，不辞辛劳地行走于大自然之间，他行万里路，将自己的身心扑在描绘表现大自然的美上。他经常独自或带着孩子、学生骑着自行车，朝阴暮晖地往返于卢沟桥、十三陵、八大处、香山、颐和园之间，北京城的自然景观和人文景区处无不留下他辛勤的踪迹。他常常披着晨光，去描绘日出的风光；在骄阳似火的烈日下，静候着夕阳的灿烂。在《晨光》中，我们能够看到在朝霞中跳跃升起的日出；在《夕阳》里人们能见到晚霞的暮霭中灿烂的落日余晖。在这些作品中能够让人们真切地呼吸到凌晨空气的凉爽，感受到红日落山暮霭降临后余热的温馨。而他描写故都风貌中的名胜古迹《卢沟晓月》《卢沟桥之春》《故宫》《俯瞰故宫》《故宫外景》《天坛》《回音壁》《古观象台》《北海大桥》《团城》《须弥春》《劳动人民文化宫》《崇文门旧貌》《古建遗迹》《画中游》《五塔寺》《碧云寺》《古观象台》《中山公园》《十三陵》《舍利塔》《碧云寺》等作品，充分地表现出他为国不遗余力的务实精神。

他以极大的热情拥抱新的生活，并被20世纪50年代北京快速城市建设的强健步伐所深深地震撼，他以极其喜悦的心情，将首都欣欣向荣建设的情景挥笔保留下来。《哈德门》前正在兴建中的《新侨饭店》大楼；《黄昏》画面中的主体是刚刚竣工的《军事博物馆》的雄姿；刚刚落成的《农展馆》《工人体育场》《中国美术馆》，都在宋步云的描绘中留下了原始的记忆。甚至就连人们生活中习以为常的场景《瑞雪初霁》《停车场一瞥》《走人行道》《阳春雪》《夕阳》《八一湖畔》，都被艺术家确定为创作水彩画的主题，表现出了宋步云时刻把创作的焦点，放置于北京的日新月异的点滴变化之间，使他的艺术创作更贴近于大众化的生活，贴近时代脉搏。在这些作品描绘的主题中，充分地表现出画家对新中国的热爱，对美好新生活的向往，对新生活欣喜的热情态度，以及信手拈来充满热烈之情的感受；同时这里面也隐含着对徐先生的承诺，以及作者坚持走现实主义艺术创作道路的信念与决心。

中央美术学院院长、美术理论家范迪安在《宋步云先生的历史性贡献》中写道：

> 宋步云先生对生活是充满热爱的。他力求把风景当作生活主题来画，风景写生的视野不仅仅在于景色本身，还在于景色的时代气氛和环境，例如画颐和园《盛夏》

(1953)、画中山公园的《中山公园茶座》(1957)、画什刹海的《什刹海游泳场》(1960)。这些作品可以说是风景写生，也可以说是场景写生，真是有风（俗）又有景（观）。在其中，他画了大量的人物，用游泳的、闲憩的、游园的人群渲染成热烈的场面。这种写生与“创作”已几无差异，注入了画家明确的主题意识。只是他并没有刻意调动手法烘托出主体人物，而是以平视生活的视角形成大的空间容量，画下生活原本的气息。远隔几十年看这样的作品，让人看到了当时社会精神生活的单纯与人际关系的和谐，在里面，就有着时代的新质。

宋步云的油画风格是鲜明的。他在日本学的绘画，技巧上有重外光色彩的相对轻松的造型特点，这是油画由欧入日之后形成的体例。他对光影的敏感连接了印象派的画风，从20世纪40年代的《白皮松》中，可见他已十分擅长表现逆光景色中的色彩关系，在后来的作品中，这种技巧和个性更加娴熟。他是用色彩述说心曲的画家诗人。

宋步云先生的人生际遇和此中况味又有多少人能体会到，但是他以对自然与艺术的热爱这种朴实的信念战胜了穷愁困厄的历程，却在画中体现了出来。他认认真真地为新时代新生活写照的态度，表现了知识分子艺术家坦然和真诚的情怀。在他的全部作品中，我对《故宫》(1960)一幅尤其感动，那是从景山上尽收紫禁城和新北京的视点，画面展开了特别宽广的空间，温暖而沉着的色调画出了故宫的辉煌，那种大视野的空间所具有的现代感几乎是今天的年轻画家才有的，那种信手写来的感觉中充满了激情。如果没有一种对人生的达观，又如何能取来这方绚烂的篇章。他为我们留下了当年的风景，也让我们透过他的作品，看到了中国油画的另一番风景。

从宋步云这一长达十余年的时间所创作的西画作品里，人们可以明显并清晰地感觉到，这又是艺术家另一个创作的鼎盛时期。他在繁重的工作之余，排除外界的一切纷扰，在油画和水彩画的写生创作上，尤其是在为后人留下的北京古都的美好的记忆中，都真切地保留下了北京这个既古老又崭新的都市的历史风貌，而其中作品所拥有的崭新的风景画样式，更透溢出了另一番艺术历史文化的价值。从这些五六十年代的风景画中，人们还能透过作品表现手法和创作技巧，穿透中国的文化历史，从中深刻地领悟到，五六十年代中国油画的独特风貌，也从中彰显出其艺术造诣之深厚，个性风格之高标独行，创作领域之宽广，精品数量之丰厚。

正如美术理论家孙美兰在《中国气派的大师宋步云》一文中所评述的：

> 宋步云油画，几经劫难，余留作品，仍属可观。其油画首次面世，赏者得窥庐山真面目，是一大幸事。如果说，四十年代初的早期油画《嘉陵江》《山城》《摆渡》《盘溪》，为战争年代雾重庆留下了深沉、苍茫、具有历史感的真情、真景图画；那么，抗战胜利，四十年代中期，宋步云一家移居北京，就成为他艺术生涯的新起点。作为油画家，可以说，他最早将视线聚焦美丽古都北京，专注于观察、了悟那些象征中国人文精神的古园林、古建筑和历史宗教胜迹，用他萦牵梦迴的北京情结；用他精湛的油画新形式、新技巧、新语言、新手法，表现大北京的中国气派、民族品位、时代风度，构成规模可观的北京系列油画作品，创作时间持续约十七年之久。1947 年至 1964 年，所作油画作品构成整整一个系列，既称得上“一个系列”，本身就自然呈现一位画家超乎寻常的魄力、眼力、功力和创造性实力。
>
> 陪伴天安门而独立的中山公园，作为具有近现代民主主义革命意义的大型公园，是纪念孙中山先生的胜地之一。

油画《中山公园》取景于一个诱人的视角，透过古柏劲枝，隐约看到“三洞门”红墙金瓦，进而将翠柏、春花、游人，极富灵感又从容和谐地组织在画面里。《中山公园茶座》，呈现了20世纪50年代末具有京味特色、不可重复的景观，亲和、古朴、游园恬息、茶座澹饮的情趣，尽收眼底。后来的北京，此情此景，不复重见了。酷似姐妹篇的两幅油画风景，通过精心选择的景观，以各自特有的色调营造着春、夏之交的游园气氛，为北京人的文化生活留下真诚、精彩的一笔。

《天坛》《传音壁》，用了明暗不同的靛蓝色，表现北京极具有象征意味的恢宏建筑：阳光下宝石蓝三层圆顶的天坛，汉白玉栏杆、石阶，在晴空白云衬托下显得无比庄严，呈现着中国式、高贵华丽的美。著名的传音壁，蓝紫色琉璃瓦，似在强调着它的神秘感，“传音、听音”的人群、迷醉于“现代声学游戏”，又透露着天真、好奇的童心。画家此时，当是进入了“有我之境”。

《天文台》选材选景极为独特，画家以油画彩笔处理中国古代金属科技制品的本领更令人称异。你看那线条圆转，流动交叉的庞然球体，仿佛在天文台上以巨大力度旋转着。你看那一条条昂首的中国龙，向着天空竞相游动，好像正在翻腾起天象风云！画家也许是在用他的作画过程导引观画者进入画境，和他共同体悟中国先人的智慧。

颐和园、碧云寺、五塔寺、舍利塔，对于向往北京郊区名胜的游人，耳熟能详，或曾身历其境。出人意料，画家用他轻快的笔触，类似中国画“点虱法”，将那些闪耀在阳光下的琉璃瓦，金黄的、蓝紫的、翠绿的以及镶嵌在琉璃瓦中间的红墙，表现得那样灿烂多姿，令人迷醉！

发端于1947年的《白皮松》，直到1953年，八年中完成四幅连作。灵感来自景山、团城的白皮松，应该是宋师油画精品中极为独特的题材，其构思之新颖，艺术表现之原创性，整体上一气呵成，淋漓痛快，无与伦比。徐悲鸿大师曾自称“鉴赏第一，作画第二”，面对宋步云油画《白皮松》不禁赞曰：“杰作本天成，妙手偶得之”，亲荐中央美院陈列馆收藏，成为传世之范。

横长型的大幅油画《俯瞰故宫》（1964），可以说是“北京油画系列”精品中的精品，这时宋步云进入天命之年，“师造化、法心源、夺天工”的现实主义之路，促使他进入个人风格成熟之境。单以色调而论，故宫作为中景主建筑群，它以亮红色成为“画眼”，横向扩展着金色为基准的暖调。近景，以树丛为主旋律，横向扩展着暗绿色为基准的冷调。冷暖色调对比之间，一条贯通东、西的大道，隐约着北京一个现代化城市的活力。天空在云层霞蔚中变幻无穷，和远方似有似无的建筑轮廓融为一体，在迷茫中消失！和谐的色彩交响，舒缓起伏的旋律节奏之美，只有音乐能匹配他的动情力。整体视野，高屋建瓴，无疑是宋步云油画的巅峰之作。

而此幅油画作品，承载着艺术家萦牵梦迴的北京情结，赞美既古老又崭新的都市的历史风貌，真实地反映出二十世纪六十年代故都的历史变迁，再现艺术家面对历史文化和欣欣向荣建设发展由心底发出的愉悦情怀。它代表了当年中国写生油画作品的水平，一直受到艺术家们和人民群众的喜爱与重视，现被中国美术馆永久珍藏。

同时人们在观赏他的风景写生画之余，也能见到他很多表现现实生活主题的人物作品、历史题材的创作以及静物写生和国画作品。从中也能够了解到，他在这一时期，已经逐渐开启了中国传统画技法与西方绘画创作技巧相融合的探索历程。虽然在这一初始阶段，他在将两者之间相融合的过程中，还没有能熟练地把握住中西艺术相互交融的媒介和寻找出自然融合的办法，但在大家都忙于大搞阶级斗争而分列站队时，他却因为为一些重要的执政部门工作，处于一种相对自由和逍遥的阶段，使之有更多的时间，可以集中精力去找寻、开拓中西艺术结合的创作梦想。他在油画、水彩和国画融汇的交合点上不停顿地摸索，积聚经验，为日后进一步探索中西艺术相结合之路，扫清了不同画种之间的连接障碍，达到了铺垫积累、汲取营养，摸索经验的起步过程，最终使他取得了令世人瞩目的艺术成就。

情感漫忆拾零

宋步云在艺术上所取得的成就，是与妻子高淑贞的全力支持分不开的。无论宋步云身处顺境或逆境，始终都心甘情愿地追随着他，在生活上和精神上都给予无微不至的照料和安抚。早在高淑贞少女时期，便受到宋步云的影响，并被他豁达、豪爽的性格与聪明才智牢牢吸引，产生了充分地信任感。在宋步云的帮助下，她考取了北平京华艺专，又勇敢地冲破了封建大家庭约束的藩篱，摆脱了封建礼教思想束缚的禁锢，抛弃了优越的家庭生活环境，义无反顾地追随他步入了杭州国立艺专艺术殿堂，并在宋步云无微不至地关怀照顾下，走上了艺术道路，同时也对他产生了爱慕之情。在不懈的努力下，逐渐向人们彰显出她是一位勤奋的画家，同时又是一位多才多艺，且赋有表演天赋的艺术家。

随后她又与宋步云及“艺专”的同学们一起远渡重洋到日本深造，打下了坚实的美术创作基础和艺术理论根基。在留学期间，与宋步云一起参加了“中华留日戏剧协会”，共同参加了《雷雨》和《五奎桥》的演出。她还冒着被敌对国迫害和驱逐出境的危险，经常与宋步云假借夫妻的名义，在东京自家寓所，秘密召开由左翼文化团体组织的“文化座谈会”、“读书会”学习活动。

1933年，高淑贞（左一）宋步云（左二）与杭州艺专同学在西湖

1935年，宋步云与高淑贞在日本东京公园

七七事变后，他们毅然中断了学业，归国参加抗日救亡运动，从事过很多抗日宣传活动。1938 年于武汉期间，在好友们的见证下高淑贞与宋步云终结伉俪，为了不在战乱的环境下相分离，她选择了放弃在戏剧方面发展的机遇，始终伴随在宋步云的左右，相互之间不离不弃。在重庆，他们相濡以沫，共同度过了一段漫长艰难的岁月，为了抚育下一代，她还暂时放弃了教书育人和艺术创作的机会，过上了相夫教子的生活，抗战后携全家一同来到北平。

1946 年应徐悲鸿之邀，高淑贞来到北平国立艺专工作。为了强化图书馆的管理，徐悲鸿特意将这位谙熟艺术、工作细心的女艺术家安排在图书馆，负责筹备扩充艺专图书馆，管理艺专的收藏品，整理古籍书籍，从事研究工作。虽然她未能从事她心爱的绘画创作，但她的辛劳，对艺专和中央美术学院的教学、创作和研究，做出了默默无闻的贡献。她兢兢业业的工作态度和无私服务于读者的精神，给学校的师生们留下难忘的记忆。

解放前夕，她还与宋步云冒着身家性命的危险，掩护隐蔽在家中的中共地下党工作人员，安全躲过国民党的大搜捕；并协助宋步云照顾徐先生委托的日本著名反战画家矢崎千代二先生的生活。

新中国诞生后，她顶住了宋步云二度受到排挤的思想压力，更没有因为自己曾经留学于日本，擅长搞艺术创作而对图书馆工作稍有怠慢，全身心扑在中央美术学院图书馆的发展事业和建设上。她对自己的工作任劳任怨，一丝不苟，默默忍受着体弱多病的折磨，承受着社会上的偏见，出色完成组织交给的各项任务和负责收集、保藏、整理、分编古代美术文物资料、线装书刊及采编、出纳的工作，为中央美术学院图书馆的发展事业和辅助教学工作，做出了重要贡献。同时她还利用自己掌握的美术绘画专业知识，为师生们提供学习和研究便利，她的奉献和敬业精神，得到了师生们的一致认可，并无私地将自己掌握的图书管理专业技能和经验毫无保留地传授给其他工作人员，曾多次被单位评为先进工作者。

1947 年，宋步云、高淑贞全家人在颐和园

美术史学家邵大箴在《杰出的画家、艺术教育家和活动家宋步云》一文中最后提到：

> 我 1960 年来中央美术学院工作时，高女士仍任职于图书馆，我与她有多年的工作联系。在我的印象中，她是一位有文化修养、待人热情、工作认真、尽心尽责的优秀图书馆管理员。她虽然未能从事她心爱的绘画创作，但她的辛劳，对于中央美术学院的教学、创作和研究，做了默默无闻的贡献。她无私服务读者的精神，也给人们留下难忘的记忆。
>
> 人们会永远记住杰出艺术家、艺术教育家和艺术活动家宋步云的名字和他创造的业绩。人们也会感谢高淑贞女士一生平凡而辛勤的劳动。

1957年，高淑贞协助吴作人、萧淑芳、艾中信等人进行北京天文馆壁画绘制工作。五十年代末，她接受组织委派教授埃及王储夫妇中国语音教学的任务。她以极其认真的态度授课，圆满地完成了任务，获得中央美院和政府外事部门的嘉奖。在以后很长时间里，王储夫妇一直与她保持着书信往来，直至1966年“文革”开始。十年动乱初期，她面对打砸抢的威胁，临危不惧坚守在岗位上，与同志们一起保护馆藏文物，锁死库房大门，将为数众多的打砸抢人员轰出去，避免了国家财产的损毁。在妥善隐藏好馆藏文物后，他们已经无法冲出被打砸抢人员堵住的大门，只能出险招从离地面两米多高处跳窗而出，结果大多数人受了伤，高淑贞最后一个跳出，且伤势最重，摔伤了腿和腰，留下了永久的伤痛。

20世纪50年代末，高淑贞教授埃及王储夫妇中国语言
高淑贞（右二）、图玛德（右三）、黑白（右四）

北平解放初期，宋步云蒙冤受到排挤后，美院一时间有许多风言风语传到高淑贞耳朵里，她对这些传言并不在乎，因为她非常清楚宋步云的整个历史经历，知道那些传言是不明真相的人凭空捏造出来的。但使她不明白的是，为什么宋步云为美院做了那么多事情，为了建校和阻止学校南迁，在国民党实行白色恐怖的统治时期，参加了地下党组织的秘密工作，冒着生命危险保护学校的进步师生和掩护地下党员，可到最后却遭到莫名其妙的暗算，受到不公平的待遇……多次想找组织理论此事，却都被弄得寒了心的宋步云拦住了，但她心里始终纠结着。在此期间，徐悲鸿、吴作人、李苦禅和其他好友都很关心她，在工作和生活上尽最大可能照顾她，不断劝慰她，使她被扰乱了的心绪慢慢得以平复。

宋步云恢复工作后，由于工作性质的原因，经常要出差到全国各地，指导地方开展科学技术的普及宣传工作，家务事儿便都一股脑地落在高淑贞一个人的肩上。这时高淑贞肩负着事业、家庭两副重担，在自己的工作岗位上尽心尽责，尽最大可能为教师和学生提供学习、研究的便利，从没向组织提出过任何特殊的要求，还婉言谢绝了学校领导对她提供的只上白天班的照顾，与其他工作人员同样晚上照常值班。

她平常要忙活孩子们的一日三餐，照顾稍大点已上学的孩子平日的起居，送他们上学和辅导功课，还要时刻关心照料留在家中的一对幼小子女的日常生活，繁重的家务生活使她忙得不可开交。虽然这时家庭收入没有降低过，属于衣食无忧，但繁重的家庭负担一直在消耗着她身体的能量。

面对繁重的家务和一群淘气不懂事的孩子，给她造成很大的精神负担，更使她得不到片刻喘息时间，又加之过去在长期战乱时期，一直没有将身体调理好，本身底子就很差，工作压力又大，逐渐拖垮了她的身体。而不服输的性格，使她从未向周围的同事们透露过不适，也没有因为身体不好而耽误工作，感觉自己还年轻扛扛就能过去，平日就这样拖着沉重的身子，忍受着体弱多病的折磨。后因为宋步云再度受到排挤，又赶上徐先生不幸过世，这些不幸的事情一股脑地压在她的身上，在精神上受到了沉重的打击，她再也承受不住这些压力，终于倒下大病一场，待初愈后，却落下严重的妇科病病根久治不愈。

宋步云非常着急，陪她四处求医看病，遍访了林巧稚、严仁英、施今墨、萧龙友、孔伯华、汪逢春、关幼波等北京名医，吃了无数中药和西药也没有最后根治。有大夫劝她再生一个孩子也许能治愈，在大夫极力劝说下，夫妇俩决定遵医嘱试试看。

1954 年 12 月，他们有了第三个儿子，取名宋小弟。意外得了这个小儿子，高淑贞喜出望外，精神好了许多，身体也感觉比从前好了许多，家人见状别提多高兴了。老来得子，全家人对宋小弟极尽呵护，体贴照顾得无微不至，什么都紧着他，最后连哥哥、姐姐和大院的小伙伴们都有些嫉妒了。

高淑贞与幼子宋立

而事实证明自从有了宋小弟，增加了家庭的负担，高淑贞的病更严重了。但不管怎么说，不管如何阴差阳错，他来到了这个世间，父母生他养他，辛苦地把他拉扯大，使他长大成人，让他在这个世间享尽了无穷尽的父母疼爱和家的温馨，他们的怜爱之情、养育之恩致使他终身不忘。而他也确实没有辜负父母的抚爱和对他的希望，始终伴随在父母的身边尽自己的孝道，照顾他们的晚年生活，一直到最后将他们养老送终。

在孩子们的印象中父母一直都非常忙，平日只有母亲照顾他们。父亲经常出差，一出门就是很长一段时间不着家。即使他不出差，平常也是早出晚归，很少有节假日歇一歇。即便他稍微回来得早一些，也会有很多朋友前来造访，他们聚在一起谈工作，聊艺术创作和美术界发展的事情，或小酌慢饮一直谈到深夜。

宋步云是个有情趣的人，他爱好广泛，爬山、游泳、滑冰，打鱼、摸虾样样精通，只要有时间他便带着全家去郊外野游，这时是一家人最高兴的时候，母亲坐在地上微笑地一边看着孩子们玩耍，一边手中织着毛活。父亲则在一旁边写生创作，边指导孩子画画。孩子们在他们的注视下，或放风筝、推铁环、抽汉奸，或在旁边游泳、滑冰，或在自然水域打鱼、摸虾，玩得不亦乐乎。

宋步云、高淑贞夫妇带孩子们游览北海公园

宋步云总是说：游泳必须学精，它既可锻炼身体，又可保护生命安全，溜冰能锻炼人的意志，不管摔得多疼都要勇敢地站起来。所以，他在教孩子们游泳、溜冰时，既认真又严格，即便呛得直流眼泪也不许上岸；在冰面上摔倒了，不许哭，爬起来接着滑，以此锻炼孩子们的意志，所以孩子们从小都喜欢运动，意志力也都很坚强。

三年自然灾害期间，为了能给家人改善生活，宋步云自己编织渔网打鱼。他编网与其他人不同，网眼宽大，还振振有词地说：织网不能织绝户网，大小一块打，以后还能有鱼吗？

他编织渔网的梭子是用竹片雕刻的，再经过精心打磨，制作出的梭子非常精美，跟工艺品差不多；网线是从商店买的；渔网下的铅坠是他用废弃的油画颜料铅皮熔化后浇入自制的模具里制作成的。宋步云就这样编织了一张丈八的大旋网和一大、一小两张粘网。有一次宋步云带着大儿子慧京到南郊永定河去打鱼，见到那里水清见底，鱼儿穿梭，于是父子俩人忙不迭地摆开架势撒网打鱼，结果由于技术不佳且网眼过大，眼见扣上的鱼从网中胜利大逃亡干着急没办法，结果最终一无所获，无奈回家路上从其他打渔人手中买了两斤鱼回家交差。还有一次到东郊打鱼，也是照样一无所获，返回途中发现一小河沟里有鱼，父子俩挽起裤腿，把河沟两头用石头和泥沙堵上，下去摸了不少鱼满载而归。以后宋步云和几个爱凑热闹的朋友一起，经常结伴到水库中打鱼，每次都有很大的收获。这几张渔网给全家带来了无尽的欢乐和美好的回忆，它们一直被保留到20世纪90年代末，后因搬家而不知去向。

在孩子们的眼里，父亲是个富有亲情、无所不能之人。最重要的是父母都是开明之人，对孩子们的发展从不过多干涉，只要子女们品行端正，学习认真，任凭其按照自己的喜好发展。二十世纪五六十年代中国工农业建设进入蓬勃发展时期，各领域急需大量专业技术人才，子女们积极响应国家号召，主动放弃艺术上的深造机会，将发展方向定位于科学技术事业。虽然夫妇俩都希望子女能成为艺术的继承人，但他们还是尊重子女们的自主选择，从没有将自己的意志强加给他们，也没有刻意规划他们的发展轨迹，相反，在子女们所选择的道路上给与支持和鼓励，引导下一代在事业上取得收获。六十年代，大女儿宋高坪毕业于天津大学建筑系，大儿子宋慧京考取清华大学动力机械系，二儿子宋慧成、小女儿宋高阳分别就读北京二中、北京师大女附中。良好的家庭教育，正确的引导，彰显了宋步云和高淑贞夫妇在教育和指导下一代上取得的骄人成果。

宋步云除了对他们学习、生活倍加关心外，还在百忙之中抽时间积极配合他们学校的活动。学校领导和老师知道他们的父亲是画家，曾多次登门求助为学校创作英雄画像，孩子们也时常给父亲带回任务请他为学校墙报画画，有些作品还成为印刷品分发到其他学校，更是让老师们刮目相看。同学们都说“还是你们的爸爸好”，此时孩子们也为有这位什么都能干的父亲而自豪。

宋步云非常看重家庭亲情，经常给家人带来意外惊喜。每逢三八妇女节，总是为与他相伴数十载的妻子挑选一件精美的礼物，孩子们至今还记得，一次父亲送给母亲的礼物是一条深绿色的纱巾，隐约可见墨绘的抽象图案，母亲把它披在肩上显得格外漂亮。她非常喜欢这件礼物，一直珍藏在身边，每逢重大纪念日，她都会把它烫平披在肩上。宋步云用这条精心选择的纱巾表达了对妻子的浓厚爱意和无限感激之情。

孩子们也还清晰地记得，每逢学期结束是他们最开心的时刻。父亲把孩子们聚到一起评定成绩，“论功行赏”。孩子们把成绩册摊开，父亲面对成绩册作简短讲评，三言两语后宣布评比结果，然后分等级赠送“礼物”。父亲的“礼物”无论贵贱轻重，在孩子们的眼里都是重奖。这种赠送“礼物”的温馨寄予着无限希望，也饱含着无限亲情，而这种父子亲情是难以用语言表述的。

20 世纪 70 年代初，插队的宋高阳和宋慧成分别回京，开始在父亲的引领下步入艺术殿堂，父亲严格要求他们从基础开始，苦练素描和速写基本功。他还特地给孩子们搬来维纳斯石膏像，亲自示范，讲解素描知识和技法。

每逢纪念日，高淑贞都将爱人送的深绿色纱巾烫平披在肩上

宋步云常常对他们说："拳不离手，曲不离口。画画也是如此，要笔不离手，没有其他捷径可走，只有勤学苦练才行，并嘱咐他们画画一定要仔细观察，准确把握所描绘对象，找出它们不同体位的各自特点，掌握好它明暗转折的微妙关系，特别要整体掌握好大的结构，要善于琢磨，勤学苦练，反复地画，画坏了没关系，总结经验再接着画，只有多画才能出好成绩。

"一个被描写对象，从不同角度观察，每个面都有它自己的特点。即使是阴暗面色彩也有丰富变化，也受明暗比较、外光影响，要仔细观察，不要感觉把它画得很暗才能出效果。即便是物体投影，也不都是一种颜色，也受侧光和外光影响，也有明暗关系变化，要善于捕捉、观察，追求作品的最高境界。"

他给孩子们手工自制外出写生用的速写隔离夹，亲手调好松香水给素描稿喷定画液。孩子们都自觉地抽出时间到车站、医院、学校画写生肖像，他们如醉如痴，刻苦努力，一个个速写本画得满满当当，越积越多，晚上请父亲点评指导，每当父亲发现优秀作品时总是给予赞扬，并鼓励他们说：就这样画下去，你们终会成为好画家的。

孩子们不但能及时得到父亲的指导，也时常能得到来家做客的王式廓、李斛等大画家们指点，他们在基础绘画上有了可喜的进步。一次，王式廓来家串门，他一声不响地站在孩子们身边看画画，随口说道“不简单嘛”。孩子们才发现王伯伯，连忙恭请指教。王伯伯说，“不错，果然是名师出高徒啊，看得出你们都有绘画的天赋。”

宋慧成当时还在山西插队，农闲时才能回京一次，时间有限，但父亲对他的关心却不减分毫，每次都仔细点评他带回来的作品，临走时也总要嘱咐他多画画，别把基本功荒废掉。宋高阳病退回京后分配到中学任美术教员，父亲不管再忙也要随时检查她的习作，“要抓住大的形”，“要注意整体”，这是父亲每次必要强调的话。当女儿从父亲的眼神中读出“满意”两字时，心里有说不出的畅快，恨不能马上动手再画一幅习作。

宋步云爱孩子，对他们的点滴进步都予以鼓励，但对他们走的弯路却决不姑息。不过，他的施教是幽默而温馨的。一次，宋高阳外出画了一幅秋景写生油画，回家后看着总觉得有些别扭，却不知毛病出自哪里，她放下画作便匆匆上班去了。晚上回家再看那幅画，沉闷的远景已经豁然开朗。父亲手执刮刀，边改边说：前景还行，远景我替你刮下来“半斤”颜料！说完，他又蘸了些颜料，寥寥几笔，画面远景就出现了一池碧水，与前景金黄交相辉映。宋步云告诉她，画远景和暗面用色要薄，有时甚至要刮出画布底子，再加上几笔就会很生动；不分青红皂白，用色处处都厚，反倒会失去空间关系和表现力。他还边教边告诫说，无论是习作还是创作，都要讲究艺术性，都必须避免俗气、匠气。经他手改过的画远景透明了，空间浩渺，美感大增。父亲的话振聋发聩，令高阳的困惑感顿时消散。当然，她还进而读懂了父亲的这些话对自己人生的点悟。

有时父亲的鼓励是无言的，平日再忙，他的视线一刻也没离开过儿女的绘画艺术。有时孩子们把不满意的油画肖像随手丢放一旁，不久便发现父亲郑重其事地把它们装进画框，有些还挂在家中最显眼的墙上。宋步云酷爱收集画框，许多镂刻得十分讲究，还有很多画框是他亲手自制的，有着难忘的故事，现在却配给孩子们的习作，这里面饱含着多少父亲对孩子们的期待啊。

宋步云还常常带孩子们到大自然中去写生。宋高阳跟父亲学画的第一堂课就是风景写生。她至今还清楚地记得，在日坛公园里，不经意间父亲已经选择好位置，只挤上七八种颜料，然后用宽大的笔触潇洒的在油画布上熟练地挥来走去，随后用小笔挑出树枝、亭榭，转眼间色彩凝重的画面神奇地呈现在眼前，宋高阳仔细端详着画作，品味着天空、山坡、树林、亭榭与自然之间的差异。父亲看出了她的心思，说，画画立意构图要有新意，不能抄袭自然，要敢于取舍，要懂得提炼。

1976 年的深秋，宋步云带孩子们去香山写生。北京香山红叶蔚为壮观，正是入画好时节。右侧有两棵枫树色彩绚烂，十分夺目，他全然不顾晚秋的寒凉，支起画架，席地而坐，一笔一笔把颜色在画面上摆好，随后用刮刀抹上暗红色……而画中的枫树好似身着盛装的新娘，多姿多彩，扫尽了深秋的萧瑟。那是火红的乐章，也是秋天的奏鸣曲，更是一位老艺术家渴望艺术春天的心声，与漫山红遍的秋景相比，他的这幅《香山深秋》更显得绚丽而富有生机。

宋步云对孩子们说：“画家就是要有一双敏锐的、随时能捕捉到美的眼睛，去芜存菁，集美入画，构图不能一般化，色彩更不能照搬，这正是绘画艺术与照片的最大区别。写生的过程是创作的过程，世界上所有绘画大师都是这样做的。”

看着满山的红叶璨若霞火，他把自己的感悟说给孩子们“真实的叶子有大红、红黄、红橙等多浓烈色，别人画红叶也多采用暖红，而我采用的是冷红，不但同样可以表现出秋色，反而更显秋之沉稳厚重，没有浮躁的火气。”

父亲的这番传教使孩子们体会到绘画艺术的精髓不是简单地描

摹，在于取舍，在于如何深刻体现事物的内涵和境界。这是宋步云给孩子们以身施教上的最后一次油画风景写生实践课，也是宋步云油画的封笔之作。

有艺术家对此画做出如下评价："此幅作品看起来那么阳光、那么年轻，没有一点陈腐之气。完全看不出是出自于已愈花甲之年老艺术家之手，充分反映出作者本身非常阳光的心态。一幅画的情感与情调取决于画家的内涵，可见一幅画的色彩关系是多么重要，能折射出作者创作它时的心情。"

主雅客来勤，宋步云也十分看重友情，家里常常高朋满座。有时还带着孩子们去看望李苦禅、华君武、董寿平、许麟庐、沈左尧、胡爽庵诸位先生以及终生对他鼎力相助的吴作人先生。也时常带孩子们去宾馆看望来北京开会办事的傅抱石、丰子恺、王仙坡、沈福文、于希宁、郑乃珖等先生。他和朋友们之间的深厚友情，点点滴滴、潜移默化地影响和教育着孩子们。而这些享誉海内外的艺术家们也向孩子们展示了他们的大家风范，李苦禅耄耋之年仍是那么睿智，思维敏捷，对以往的事情始终保持着清晰的记忆，并依旧每天临习正楷，绘画创作；而吴作人、董寿平、许麟庐、胡爽庵等更是古稀不老，每日笔耕不辍，他们的勤勉，不服老的劲头都令孩子们深感惊叹。

宋步云珍视朋友之间的情谊，令他的朋友和子女们仍至今感怀难忘。宋步云与王式廓既是少年时代的同学，也是一起从水深火热中闯过来的朋友，两人可以称得上是莫逆之交。即使是在战争年代他们之间也有书信往来，四十多年来他们一直保持着密切的关系。即便是在宋步云受到了不公正的排挤后，王式廓依然相信他，敬重他，在精神上给予他支持和鼓励，并时刻关注他的艺术发展。他们常聚在一起谈论美术界的新情况，探讨艺术创新。他还经常把宋步云的孩子们叫到家中给他做模特，为他们画像，他的著名油画作品《血衣》中有的人物形象就是根据他们的原形创作出来的。至今孩子们的手中还保留着伯伯当年的画作，视为珍贵的纪念品保存在身边。

宋步云带女儿宋高阳到吴作人家做客

“文革”开始不久，王式廓和妻子吴咸遭受到残酷迫害，被长期关进美院的牛棚接受审查，但他仍保持着山东人的本色，没有在威逼下屈服。宋步云得知他们夫妻遭到迫害后，及时向他们家属伸出友谊之手，不断在精神上和物质上给予他们应有的帮助。面对王式廓专案调查组多波次找他反复调查，宋步云始终都是按事实说话，即使遭到专案组的威逼恐吓和严厉斥责，他也不说一句与既往史实相违背的话。他曾经在专案组严厉的“宋步云你必须要老老实实交代你们交往的既往历史情况，如不老实一经查出必将自取灭亡”的斥责声中，再也压抑不住心中的怒火，不由自主和他们发生激烈地争吵：“既然你们向我了解情况，我只能向组织反映当时真实的历史情况，我这样是对组织负责任。如果你们认为我说的与事实不符，那就请你们另外去找别人调查好了，以后不要再向我了解。你们再找我也还是这些，不会有新东西，也根本别指望从我这里能得到你们挖空心思想要得到的和根本就没有发生的那些莫须有的新情况。”

七十年代初，王式廓终于被放出牛棚，并于 1973 年 4 月，接受中国革命历史博物馆油画《血衣》的创作任务，赶赴河南安阳、巩县等地搜集素材。在二十多天的时间里，他每天忍受着病痛的折磨，超长时间工作，创作出几十幅农民肖像画。5 月 22 日下午，在为当地农民画头像时，因劳累过度倒在油画架旁，经当地医院抢救无效，不幸与世长辞。

消息传到北京，宋步云在得到噩耗后第一时间赶到好友家中表示慰问，连夜找书法家写挽幛。当家属焦急地告诉他：因为事发突然，弄得家里措手不及，现在家里还没有为他准备出遗像，翻箱倒柜甚至连一张稍微大一点的照片都没有。临时找出来几张一寸底片，拿到照相馆的人家说底片太模糊，放大后效果也不会好，况且要等好长时间。

宋步云听罢马上安慰他们别着急，随后要过底片仔细查看，确实都不太清楚，而且底片上面还有很多划痕。但事情已经逼到这份上了，没有遗像不但不能开追悼会，况且对他们家里也是根本说不过去的事情。宋步云一边安慰他们别着急，一边挑选底片，挑选半天，其中有一二张免冠底片，但由于太模糊实在没法用，没有别的办法，宋步云在征得家属同意后，从中选择了一张最清楚，王式廓头戴帽子身穿呢大衣的一张底片，随后说：这事交给我了，你们别着急，我来给你们放，最多明后两天一准把遗像放出来。

说罢宋步云赶回家叫起已经入睡的小弟当助手，两人连夜骑车赶到工作室。他们赶到工作室已是半夜时分，放大这么大的照片必须有很大的显影和定影设备，但工作室里最大的只有脸盆，没办法只好半夜三更敲邻居家的屋门，把他们从睡梦中叫醒，借了两个洗澡的大木盆。随后宋步云在微弱的台灯下仔细地修底片，又找出仅存的几张 24 寸放大纸，将显影、定影各冲泡了一大盆。

宋步云的暗室面积不大，平日放 12 寸照片在桌子上操作，勉强二人能错开，放这么大的照片显然距离不够，他们就在桌上架上一把椅子，把放大镜头拧到最大，但测试后距离还是不够，于是索性将试纸铺在地上，经过多次测试达到了理想距离。为了将照片放得更清楚些，宋步云将莱卡照相机的镜头卸下来，安放在放大机上。

随后他们在各个部位开始试验放大小样，达到最佳效果。开始放大时，又出现新问题，放大纸铺开后总是不平整，压了这边又翘起那边。于是宋步云将单面医用胶布改做成双面胶带，把放大纸牢牢地粘在地上，放大一次成功。但接下来又发生一个问题，装显影、定影的容器还是不够大，纸张不能全部浸泡其中，他俩只得一边不断地来回挪动浸泡在药液中的像纸，一边用沾满药液的棉花在纸面上擦摸，折腾得两人通身大汗。待一切就绪，上光又是个问题，于是小弟站在椅子上把放大好的照片高高举起，宋步云将桌子上的玻璃板洗净擦干贴上照片擀光。当一切工作都完成后，已接近正午时分。这时俩人才感到浑身发冷，由于沾了半天冰凉的药液，刚才又忙活得出了一身大汗，虽然已进入夏日，但室内还是相当阴冷，他们一块冻得感冒发烧了。

宋步云找了几片药二人吃下后稍事休息，顾不上一夜疲劳和因感冒引起的周身不适，翻出很多窄边的画框，在一旁比来比去，最后将选好的画框原色打磨掉，涂上暗色涂料。又找来纤维板做底板，还找了块大玻璃将它拉好装上，镜框就这样做成。随后宋步云将上好光的照片铺在桌上，一手拿笔，一手举着放大镜，开始对放大好的照片，进行认真细致地修版，终于在夜阑星稀时，完成了放大照片的全部工作。

当天夜里，他们将装在镜框里的遗像送到好友的家中，展现在家属面前的王式廓遗像照片非常清晰，看不出一点修过版的痕迹，令家属非常满意。面对照片上的逝者，全家人和前来的吊唁者无不怅然泪下。而他们父子两人在完成照片的放大事情后，都大病了一场。在以后四十多年出版的有关纪念王式廓的刊物资料、网上主页和各类活动中，都能见到这幅照片的身影，它饱含了亲人的无限思念，也寄托了好友深厚的友谊之情。

工作室轶事

宋步云的工作室在城中心的王府井左近，是一个三合院，有北房三间、耳房一间，前廊，高台级，木地板，条件尚可。三间北房连通着，耳房不太大被割成两间，外间为冲洗照片用的暗室，里间为卫生间，室内有上下水很方便。在当年能有个人画室的画家在北京还是不多的，其他画家见此无不眼羡。

宋步云的工作室简直像个小艺术馆，摆满了他的作品。有挂在墙上的，有在架子上的，有戳在地上的，几乎占满了所有的墙面，更多的是在壁柜里摞着。还有许多是他雕刻的作品和在全国各地搜集来的、朋友送的瓶瓶罐罐、石膏像、泥塑像散乱地放在柜子上。桌子上的几个镇尺非常奇特，它们很沉，是几只宋步云用硬木雕刻的动物，造型准确生动，神态自然活泼，动作惟妙惟肖，皮毛清晰可见。两只悠然自得的狗熊，憨态可掬地扭动着肥硕的身躯缓慢地行走，一只向左仰着头，一只向右仰着头；一对打斗中的烈马后腿直立，翘着尾巴，高扬着向外踢蹬的前腿，青筋蹦跳着的脖子上棕毛炸立，高昂扭曲的头各自分别向一边稍歪，突出的眼球使劲瞪着，鼻孔向外翻，嘴大张着露出长短不齐的牙齿。它们的脚都深深地踏进厚重的锡陀底盘里，那是宋步云将使完了的颜料锡管，经高温融化后浇注的。柜子上摆着装饰画收音机、瓶盖做的台灯、椰壳制成的笔筒里插着自制改良的毛笔、暖水瓶塞做的人体动态模型、电线编的花蓝花架、竹片弹簧做成的鱼具，琳琅满目，招人喜爱，朋友若索要，他便拱手相送。

1981 年，宋步云在工作室

画室里摆放最多的是表现北京风貌的油画、水彩画，其次是人物和静物写生画以及国画。最显眼的当属西墙架子上的一幅金碧辉煌的《紫禁城全景图》，长四米，是在油画《俯瞰故宫》原作基础上耗时一年多再创作出的一幅巨型油画。作品从景山上大视野空间，高视角鸟瞰故宫全景巨幅油画，画面展开了特别宽广的空间，整个画面以正对着的故宫北宫门到天安门为中轴，东西对称，从北往南画，两边平均分布着故宫红墙和园内建筑，虽然是背光面，但暗红色表现得很亮，而亮部的橙黄、橙红基色既协调又不火气，整个画面温暖而沉着的色调渲染出故宫恢弘的气势和紫禁城的辉煌。远处老城区与长安街的新建筑物隐隐呈现于灰黄色的雾霭中，它体现了古老的中国已然屹立在东方，犹如中华民族的一首赞美诗。有了可心的画室，宋步云画起画来更富有激情，正是这个画室使他如鱼得水，创作出更丰盈的作品，迎来其绘画艺术一个又一个不断延展的高峰。

工作室外有两块空地被他拾掇得有模有样，种着从宁夏带回来的三四棵枸杞树，长得很大，红红的枸杞挂满枝条；两棵从南方移来的芭蕉树有房檐那么高，三四米长的大叶子间挂着一串串青绿的小芭蕉；几根绳子挂在屋檐的椽子上，茁壮的葫芦、南瓜藤蔓攀爬到屋顶；指头粗的西红柿秧结满了红绿相间的西红柿；大泥盆中几尾金鱼在盛开的荷花下摇曳着柔纱般大尾巴，忽隐忽现；几个大花盆里分别种植着棕树、无花果树、夹竹桃，夹竹桃枝头盛开着粉色的花；无花果树上挂满了撑的快要爆破皮的深紫色果实，令人垂涎欲滴，摘下入口，唇齿生香。

宋步云在工作室院内修剪枸杞树

宋步云特别勤勉，在工作室时总是看到他在不停地画，有时画油画，有时画水彩画，有时画国画。他还经常受一些单位的邀请，创作了大量用于在社会宣传的宣传画作品。如防空系列挂图、卫生系列挂图、交通安全系列挂图、科普知识系列作品等等，这些作品影响广博，甚至影响了几代人。而令人不可思议的是，当年他笔下描绘的事物与当下现实生活中的事物竟会如此贴近，譬如磁悬浮列车、高速铁路、地铁、卫星、火箭、宇航船、登月球、气垫船、激光战、水力气坝、高速公路、城市高架桥、电子通信、微波炉、核能发电站、海水淡化、伽玛刀等等，这在世界科技仍不算发达的五六十年代是难以想象的，至于他是怎么想出来的，有谁能解释得了呢？或许是生活的巧合，也或许是作为艺术家潜质上所具有的特有的非凡想象力吧！

宋步云涉猎的绘画题材广泛，有人物、静物、风景。他的创作不落窠臼，随意而率真，平实而生动，油画《哑叭河抢险》《同志，请不要骑车带人》中，生活在身边的小弟即是小模特入画。他“随遇而安”，信手拈来，几块芝麻饼，一盘红樱桃，一碟彩色玻璃纸糖果，一个哈密瓜，一堆西红柿，还有西瓜、蜜桃、葡萄、鲜花、螃蟹、坛子、瓶罐这些生活中常见之物，经他描绘也都成了艺术品。他的水彩画静物，如《水果》《绿筠朱实》《蜜桃》《戒烟糖》《早餐》《静物》《哈密瓜》《西红柿》《直到心红始成熟》《冬瓜》等作品，无不以丰富的光色变化赋予自然之物以灵动之气，鲜活跃然纸上，清香扑面而来。

有些果蔬买来时非常新鲜，经过创作多幅作品后，有的蔫了，有的烂了，每每这时他会有些伤感地注目着为他的绘画“献身”的“模特儿”，迟疑片刻之后，喟叹地摇摇头，既舍不得扔掉，又不忍心吃掉，宋步云视物为友的复杂心情，当时尚幼的小弟难以理解，及大，他才慢慢地认识到父亲是个性情中人，不愿暴殄天物，世间任何物品都有其存在的价值，更何况是为他的创作而“献身”的天造物呢。

1983 年，宋步云在工作室创作

小弟特别愿意跟父亲去画室，那里有很多新鲜玩意，又可以在一边静静地看画画。父亲经常笑眯眯地抚摸着他的头，问作业做完了没有，饿不饿，他便搂着父亲的脖子撒娇。有时父亲也戏谑一把，用画笔在他的脸上画上几道，他就嚷嚷着跳起，抢过画笔在父亲的脸上、工作服上乱涂、乱抹，两个花脸在屋里打着，笑着……至今想来恍若昨天事。在父亲去世整理遗物时，他轻轻抚摸着被涂抹的工作服，似乎还能感觉到父亲的体温，他多么想再回到那温馨的时刻！然而，慈父已永远离去了，他不禁怅然若失，悲上心头。

宋步云为人豪放、热情。他结交的朋友数不胜数，有画家、作家、演员、大夫、将军，还有许多学生……

宋步云是当时艺术家中极少有独立空间并且可以自由创作的人。他的画室离王府井大街很近，朋友路过总愿意来聊聊天，歇歇脚，赶上饭点也少不了酌上三五杯，畅谈一番国事、家事、天下事，欣赏一下他的近作。那时常来画室做客的有李苦禅、吴作人、华君武、沈左尧、胡爽庵、卢光照、邵宇、王临乙、王式廓、李可染、董寿平、朱丹、黄胄、许麟庐、老舍、胡絜青、李斛、秦威等艺术家，还有到北京出差顺访的傅抱石、丰子恺、王仙坡、于希宁、沈福文、郑乃珖等。

宋步云在租下画室之初即前往毗邻的丰富胡同“丹柿小院”登门拜望老舍夫妇。老舍在攀谈中得知他的画室近在咫尺，马上起身前去参观。

早在武汉期间，宋步云就在郭沫若等好友的引荐下与时任“中华全国文艺界抗敌协会”常务理事兼总务部主任的老舍相识。重庆期间，他们又并肩为抗日救亡运动做宣传工作。老舍为贯彻中国共产党提出的团结一切力量共同抗日的统一战线、为保障文化艺术界人士的权益与顽固势力进行不懈的斗争，他不甘只做单纯的作家，而是以手中之笔作为战斗武器进行文艺创作，成为了社会活动家，成为了一位了不起的民主斗士。宋步云受先生的影响参加抗日宣传活动，经常为《抗战画刊》《抗战漫画》《抗到底》《新华日报》《武汉日报》等进步期刊投稿，在这些刊物中也时常能拜读到老舍发表的针砭时弊的文章。他与进步的艺术家一起积极推动新兴木刻版画发展，也得到了老舍的支持。他作为《抗建通俗画刊》的编辑，负责组稿，与老舍保持着密切的往来，几乎每期都刊有老舍的评论以及散文、小说等文章。通过老舍，宋步云还结识了他的夫人胡絜青。她擅长书画，20 世纪 30 年代拜齐白石、于非闇大家学习，在花卉、翎毛、草虫写意画和工笔画技法上形成了自己的风格，尤为擅长画“岁寒三友”题材的画。

抗战胜利后，他们曾有过短暂的分别，宋步云随徐悲鸿北上，老舍应邀远赴美国讲学。北平解放不久，他应周恩来之邀回国，任北京市文联主席。在一次北京文艺界活动中再次与宋步云相聚，自此他们恢复了往来。每当老舍夫妇来，他都要沏上一壶酽茶招待，他们边品茗，边谈诗，边论画。每逢春节，胡絜青还会端来一小罐亲手制作的芥末墩让他和家人品尝。宋步云也时常到“丹柿小院”

与老舍夫妇畅谈。有时他们两家人相约一起到人艺看老舍本子改编的《茶馆》《龙须沟》《春华秋实》等剧目，宋步云为先生的艺术才华所折服。

20 世纪 60 年代，傅抱石到宋步云工作室探访

“文革”初期，老舍受到残酷迫害，含冤自沉于北京太平湖。宋步云惊闻噩耗万箭穿心，于当晚冒着危险到“丹柿小院”慰问胡絜青，表达哀思。胡絜青不无埋怨地说“老宋的冤屈有多大，老舍是知道的，现在老宋你还活着，他有什么想不开非要去死呢!”此后的岁月中，胡絜青一如既往到画室交流国画技法和经验，之间的友谊并未因老舍的故去而终止。即使在八十年代末，“丹柿小院”被辟为老舍故居后，胡絜青迁居安定门内西河沿，之间距离远了，走动也不方便了，但彼此仍旧挂念着，互通书信，互致问候。1987 年，宋步云举办从艺六十年回顾展时，已愈八旬的胡絜青在家人的搀扶下亲临现场参观，他们之间的深厚友谊一直保持到相继离世。

平日里画室到访者很多，有时好像约好了似的，前后脚来了好多朋友，有走着来的，有骑车来的，还有的是坐小轿车来的。他们都不急于进屋，在外面欣赏宋步云的小花园，纷纷留念拍照。有的摘下熟透了的枸杞、无花果和西红柿尝尝鲜，笑声、咀嚼声、连同夸赞声不绝于耳。每当这时，宋步云都忍俊不禁，于是忙不迭地摘下一大盆果蔬，洗干净后端进屋里，他们才有说有笑地一起跟进屋，一下子便把原本还算宽敞的房子挤得满满当当。椅子不够了，有站着的，有的索性拿几本书垫在地上席地而坐，说说到各地去的见闻，谈谈时世。有时还在他的工作室聚餐，一般都是他们事先准备好了的，带来许多水果、熟食，提来活鱼等食品。宋步云出生在海边，做鱼是他的擅长，从收拾整桶的鱼，到一大蒸锅热气腾腾清炖鱼汤端上桌，用不了多长时间。奶白色的浓汤上飘着些许香菜末和葱花，香味扑鼻，引人食欲大开。于是朋友们也顾不得再说笑，赶紧把准备的各种吃食、烟酒打开。发现饭碗不够，把画盘拿来洗洗当饭碗；筷子不够更有绝的，找来粗细一样的画笔，将笔竿洗干净就当筷子用，大家凑合着斜着身子围在小茶几四周，茶几上堆满了生熟食品，喜爱喝一口的把酒杯只能放在地上，每人手里端着大小不一不同花色盛满鱼肉的碗，手里举着长短不齐品质不同的筷子，尽管条件局促，大家依旧大快朵颐，津津有味地品尝着美食，说着，笑着，时不时冒出来一两句笑话、幽默段子让食客们差点笑喷了。

酒酣之时，群情亢奋，大合唱便一首接一首地唱起来，从中国民歌到俄罗斯民歌；从《义勇军进行曲》到《喀秋莎》；从《东方红》到《金日成将军之歌》。大合唱刚结束，诗歌朗诵会又开始了，古体诗现代诗一块上，你诵“明月几时有”，他诵“大江东去浪涛尽”；从“黄河之水天上来”到“海燕叫着冲向天空”；时不时还冒出自编的打油诗，让大家忍俊不禁；稍微安静片刻，有人轻声哼起京剧段子，接着京剧、越剧、评剧、昆曲、黄梅戏唱段轮番登场，《四郎探母》《黛玉葬花》《空城计》，到了兴头上，票友们随着韵律的节奏，闭上眼摇头晃脑点着脚、拍着腿、敲着碗跟着打合拍，唱到韵脚处大家还齐声叫好；有的朋友耐不住寂寞，索性站起身子表演一段，只是因为嘴里还嚼着东西，经常走了板、岔了声、跑了调，把大家逗得前仰后合差点岔了气。有的朋友吃得尽兴了走到画案旁，抻出宣纸，在一片喝彩声中，挥毫泼墨，尽洒豪情。

第　页共　页

步云老友：

听克营电告您近天上协和化疗。年纪较大，恢复不能如中青年，望"既来之，则安之"，畅朗豁达，和疾病作斗争，终能战而胜之。

你以往身体很康泰，越是身体好的，得病越突然，我觉得诸友忽然有病的概况，大概如此，反不如整天吃小药的人，小心保健，这也是常情。我诚恳热挚你能放宽心思，你不怕它，它必怕你，许多人就是这样度过来的。我最近也因气压低，湿潮闷闷，心脏不畅，正服汤药调治，又因出无车，不敢挤公共汽车，遣小女舒立前趋探慰，代我深切致意！祝及早康复！全家福！絜青叩 8月6日

北京市京昌印刷厂出品 八五·二

1985 年，胡絜青致函宋步云

直到现在，每当小弟回想起那些热闹的场景来都会回味良久。当年画室聚餐者当中很多人已是驰名中外的艺术巨匠，文坛掣肘，指挥千军万马的将军，执掌重权的政要，他们甘愿挤在逼仄的小屋

里，围坐在小茶几旁边，端着临时用画具改造的碗筷，吃着自带的食物，说着笑着，唱着闹着，谈古论今，讨论时世，切磋技艺。他们之间没有任何拘谨，没有任何架子，没有身份地位之分，充分展露出人性之天籁，童真之无邪，兄弟之情谊，坦腹之真诚。这些在艺术家群休中发生的趣事是真实的生活剪影，也是历史的美好记忆。

宋步云为人豪爽，乐于助人，凡经济困难者他都愿意倾囊相助，把他人事当己事认真对待，竭力去做，朋友们有口皆碑，都欣赏他的人品，愿意和他交往。即便是他珍爱的画作，只要能给朋友解困，能助朋友一臂之力，他都毫不吝啬奉出，并且不求回报。有时朋友办事紧迫，来不及画，他也会大方地摘下挂在画室墙上的精品救急，朋友们心里都清楚那是他的得意之作，往往不忍拿走。有的朋友虽然当时拿走了，但过后找了替代品又主动把画作送回来，宋步云见到“失而复得”的画作掩饰不住兴奋，当着朋友的面立刻捧起作品仔细端详，久久舍不得放下，好像一松手就会消失一样，更像是看到走失已久的孩子不期而归。

迷茫岁月之苦斗

在父母的精心呵护下，孩子们愉快地生活，无忧无虑地成长，细细地品味着父母双亲对他们的疼爱和家的温馨，这时宋慧成和宋高阳已开始紧张地准备大学备考，在激动与兴奋中进入到最后的冲刺阶段。原本可以没有任何烦恼，全家可以在幸福和甜蜜中度过美好的年代，但社会开始骚动了，政治风向发生了令所有人都震惊的变化，迷茫和紧张的情绪渗透到每一个角落，慢慢地在人们脸上显现出来，它冲击着每一个人的灵魂，也毫不例外地影响到他们的家庭，一场震惊中外的“文革”开始了，大中学校陆续停课，很少能凑在一起的孩子们不再去学校了，但时常有同学来家里，他们在一起有时窃窃私语，有时激烈辩论，有时外出不知去向。宋步云夫妇对孩子们提心吊胆，生怕惹出事端，每当孩子们出门时都不厌其烦地叮嘱他们别在外面惹事，不能干违法之事，不能参与打砸抢活动，更不能做辜负朋友们的事情。

“文革”之初，宋步云虽没有马上受到冲击，但他却心头笼罩着阴霾，茫然而悲愤地看着周围发生的一切。他看到了老友逐一被抄家，被揪斗，甚至有的朋友不忍受辱含恨弃世。一些揪出的“牛鬼蛇神”被剃了阴阳头，宋步云预感到不知何时也会大祸临头，为避免受侮辱，他买来一把推子对着镜子动手剃头，正好赶上二儿子从学校回家来协助他完成，这是宋步云第一次剃光头。高淑贞回家时见状吓出一身冷汗，以为出事了，宋步云解释说，与其让别人剃得人不人鬼不鬼的，倒不如自己提前预防着。说着他用手胡撸胡撸光溜溜的头，调侃道：你看这多利落，好凉快，接着苦笑了几声。

1960年代，宋步云长女宋高坪在春雨胡同旧宅前

随后，经常有调查组找宋步云外调，他们之间多次发生激烈争吵，扰得家里不得安生。调查组多次高声恫吓：你必须老实交代所调查的问题。宋步云则始终不改口风，正色回答道：我说的都是事实，我不能昧着良心凭空捏造子虚乌有的事情，我这样做正是对组织和他人负责。

那时，孩子们经常看到母亲坐在床边满面愁容，父亲在叹息，压低嗓音在向母亲说着什么，母亲用忧虑的眼神凝视着他，任凭眼泪流淌。

不久，宋步云同样也受到了冲击，造反派在美术馆贴出宋步云的大字报，街门口也贴着大字报。在查抄工作室时，他们见到宋步云正在给有关单位绘制的领袖像，没敢过分造次，只是随便地在室内各处翻了翻，对墙上挂着的几幅静物画和那幅无处藏的故宫全景巨幅油画稍有微词，称是宣扬帝王将相、宣传封资修的作品，勒令其马上毁掉。正在这时，住地派出所干警闻讯赶来，在他们有效地干预和耐心地说服下，红卫兵喊了几句口号便悻悻地离开了，临走时顺手砸碎了一只宋步云珍藏多年的宋代大青瓷瓶。值得庆幸的是，他们没有发现宋步云事先藏在壁柜夹层中的那些绘画作品，使它们得以完整地保存下来，最终得以公之于世。事后他从心里由衷地感谢那些及时赶来，为他解围的公安干警。

当时，有一个宣传单位急需五六百幅套色水印毛主席像，找过多家印刷厂求援，但由于时间紧，印量少，版面要求高，找人雕刻制版难度大等原因被厂家回绝。后经朋友介绍请宋步云帮忙。

宋步云考虑了一会儿，接下了这项难度很高的工作，随即查找资料，将硬塑料板割成大小相等的几块，在上面不断地画，不断地修改，定稿后用刻刀准确、熟练、快速地刻出七块套版，几乎没有任何复刀，一气呵成。他手中的刻刀就向长了眼睛一样游刃有余，圆润、力道的点、线、面随着刻刀轻巧地划过，不断地显现出来。小弟看着他快速地运刀几乎都惊呆了，没想到父亲还有这么一手，手法这么老道，下刀这么精准。为固定宣纸，宋步云又找来一些木条和三合板，做成比套版稍大的印刷盒；又请人做了十几根石质上色棒，分量很沉，有点像药房捣中药用的捣子，圆头上还包裹着厚厚的海绵。

为了准确地把握套印颜料的浓稠度，避免浪费纸张，宋步云就在裁剩下的宣纸边角料上反复实验，很快掌握了上色浓稠度的规律，当第一张套色印刷版画毛主席像印制成功时，宋步云十分兴奋，困难就像被驯服了的猛虎最终在他的面前低下了头。在试印了十几张后，他请单位的领导来审查，他们看了非常满意，对在如此简陋的环境下，制版印刷出这么精美的作品而啧啧称奇，连说“没想到”，——没想到这么快就刻完了版，没想到印刷得这么精美。他们当场敲定不必修版即可开印。怕他一人忙不过来，临时决定留下两名工作人员协助印刷。他们的好意被宋步云谢绝了，表示在两个月内保证完成任务。印刷是很毁版的，为安全起见，宋步云随后又照着原版刻了几套，果不其然后来全都派上了用场。

为了让水色更自然融合，宋步云想了很多办法，采用画国画的方法，在前一道水色还没有干透的情况下，接着再印下一版，使整个画面水色自然交融，形象更加逼真。制作时他采取批量印刷的方法，一般从早上开始印刷一批，每批二十幅左右，流水作业，第一张水色快干透时马上印下一版，待七块套色版画印完已是掌灯时分，整日基本上没有休息时间。看着父亲疲劳的样子，陪伴在侧的小弟特别心疼，很想替他分担一点，父亲却总是笑着说不累。后来，父亲手把手教小弟一些上色技巧，如头发、衣服等简单部位就让他上色，以换取父亲片刻喘息时间，看到自己也能出把力，小弟特有成就感，内心得到了满足。

印刷的过程要比预想快得多，当最后一幅完成时，宋步云如释重负，他放下沉重的上色棒端详着作品，脸上露出愉快的笑容。

随后，宋步云兴奋地从柜中拿出珍藏已久的佳酿，用茶杯倒了一大杯，还给儿子倒了一小杯，他大口畅饮着，其高兴劲儿小弟已是许久没有见到过了。以往父亲严禁孩子们喝酒，即使逢年过节也不允许，今个真是破例了。小弟那时小不知白酒有多厉害，平常看父亲和朋友们喝酒都像没事人似的，感觉没事，父亲还没来得及拦，他便端起酒杯一饮而尽。只感觉一团火从牙齿到舌头一直灌进喉咙、食道直到胃里，把他辣得龇牙咧嘴的，鼻涕、眼泪一块儿流，父亲看见他被辣成这样，哈哈大笑，一直笑弯了腰。旋即赶紧让小弟喝水，吃东西，疼爱的埋怨他不该喝得这么猛，要慢慢饮。

那个时期，宋步云开始画领袖像，有时实在憋不住了也会偷偷拉上窗帘画一些静物。在那个以阶级斗争为纲的年代里，出去写生是“四旧”，画静物同样也是“四旧”，要是画与政治形势相抵触的东西，一旦被发现那可是非同小可的事情。有的朋友发现他在偷偷画静物，善意劝他别给自己和家人找麻烦，不能画写生、静物，就画领袖像，还能发挥你的特长。于是他接受了朋友们的建议，画了许多毛泽东、周恩来、朱德等领袖人物的肖像和工农兵题材的作品。

宋步云一改以往大笔触创作人物画和景物的风格，采用细腻笔触描绘人物形象，严谨的构图，准确的造型，沉着的色调，将所绘人物形象表现得饱满、生动、自然。他笔下的人物都淡淡地露出微笑，显示出领袖人物的魄力与自信，脸上的暖色调在背景沉稳色调的烘托下显得神采奕奕，容光焕发。不少单位和个人闻听消息后纷至沓来，请他画领袖像。在那个迷茫、纷乱的年代，有人主动找他画画，给他创造绘画机会，使他能名正言顺的进行美术创作，是他求之不得的事情。这与其他美术家境遇相比，不能不说是一份幸运。

宋步云一直将美术创作视为生命的重要部分，他对美术事业的炽热情感早已融化流淌于血液中，他天天画，走到哪画到哪，对他来讲宁可废寝忘食，不可一日不画。甚至在受到排挤时也没放下他手中的画笔，即使晚年重病缠身，放疗、化疗使他身体虚弱得几乎站不起来，还是顽强地作画，他把绘画作为自己的生命支柱永不放弃，直到生命的终结。

宋步云画的领袖像，有小幅的，有大幅的，也有巨型的，当时很多单位都在大门口的位置竖有巨幅毛泽东像，至少有五六米高，有的甚至更大。宋步云耗时四年时间为三四个单位画过巨型的毛泽东画像，孩子们有的随父亲到过现场，有的因为路远没去过。也就是因为当年宋步云为这些机关、单位画主席像，他得到了应有的保护，使他再也未受到更严厉的政治迫害。

画巨型肖像画，先期选稿最为重要，一旦定稿放大后中途很难进行局部结构修改，而这些巨型领袖肖像画有的还是在长安街沿线单位。因此宋步云当时承担

1969 年，宋步云在天安门前

的政治压力何其沉重，所以，他在接受这些任务后格外慎重。他会根据邀请单位提供的素材查找相关的资料，认真思考如何才能通过人物的外在表情传达出他的内心世界，从而最大限度地感动群众。他在构思后反复进行小图创作，写出详尽的文字说明交付邀请方审核，再根据他们提出的意见进行修改，最后定稿。他画的那几幅巨型领袖像，有的是穿便装的正面半身肖像，还有的是穿军装的正面半身肖像。

画巨型油画肖像需要强有力的体质和足够的毅力，其艰辛困苦是常人难以想象的。它不像一般肖像那么容易整体把握，由于创作面进深过近，只能照顾到局部，整体效果看不出来；人物造型、形象表情、比例关系不易观察；明暗转折不容易表现。要克服这些不利的因素，除了要无数次从高架子爬上爬下到很远处观察大效果，还要掌握颜料在不同材质墙体上的浓稠度，另外在露天作业还得能抗得起风吹雨打日晒，这一切都对画家体力与耐力是极大的考验。

孩子们曾跟父亲去的是长安街沿线那个邀请单位现场，画的是毛泽东穿便装的正面半身肖像，是父亲经过再创作画的。画面背景是蓝天，毛泽东穿着淡灰色的便装，慈祥地微笑着目视前方，人物肖像几乎占据了五分之四的空间，在背景的映衬下，毛泽东身材显得特别高大、魁梧。

现场在正对着大门口不远的办公楼前，砌了一座有约七米高、五米多宽的洋灰水泥墙。墙体下方有半米多高的底座，四周有突出来的边框，墙体正面用油画颜料已处理过，就好像在地上戳起一个巨大的画框。“画框”前面搭起一米宽的脚手架，上方是遮阳棚，中间有包裹着塑料布的二三层脚手板，上面铺着防滑垫，背后栓有安全绳。

只见父亲走近“画框”，仔细看了看，用手摸了摸墙体，然后用画笔沾上油画颜料在上面反复涂抹调试，他看似已胸有成竹了。原本孩子们谁也没看到过父亲画这么大的画，只听说过其他人在解放区或在大跃进时期画过墙头画，也看到过一些单位的巨型毛主席画像。今天得以大开眼界，不禁为父亲担心起来，这么大的画面，又是在墙上画，仅凭一人力量能完成吗？后来才知道，他们的父亲不但画过，而且还画过不少，不过那都是发生在抗战时期的事情了。当年宋步云为了宣传抗日，在南昌、武汉、重庆等地利用粉画颜料，油画颜料，甚至粉笔、大白在墙上都画过大小不一的宣传画。

宋步云天天去现场作画，没有节假日之分。当时社会很乱，已出现无政府的苗头，邀请单位也担心出意外，又心疼他起早贪黑往返劳顿，劝他住在现场或每天派车接送。宋步云当时担心家里和工作室随时有可能发生意外，婉言谢绝了他们的好意，每天照旧骑车去现场，有时顶风冒雨很晚才回到家。他绘制的速度很快，因为孩子们去的次数不太多，每次去都惊讶地发现有很大的变化。他在作画现场非常忙，在架子上一手端着大调色板，一手拿着特号大画笔，一刻不停顿地画着，他不停地挪动位置、变换姿势，上上下下，挥汗如雨，几乎达到忘我的程度。一天下来，年近六十的他身疲力竭，端饭碗的手都会不自主地抖动不已。

宋步云画得很快，把原定于年底完成的巨型肖像画创作计划一再提前。临近十一前两天，邀请单位为巨型毛泽东肖像举行揭幕仪式，宋步云被邀请剪彩。现场红旗飘飘，人头攒动，当大红的丝绸帷幕从巨型毛泽东肖像上方缓缓滑落时，人们不由得惊呆了，毛泽东神采奕奕地目视前方，碧空如洗的蓝天与画面背景的蓝天自然融合于一体，使领袖身材显得异常魁梧、高大。全场爆发出雷鸣般的掌声，宋步云的脸上也露出了久违的笑意。

当历史的脚步慢慢地走过，阴霾在人们的心头逐渐散去，此时已将步入七十年代，人们开始逐渐恢复理智，生活趋向平稳，紧张情绪也慢慢平缓下来。与宋步云多年未曾谋面的李苦禅、吴作人等师友纷纷解除了隔离审查，恢复了人身自由，趁着还未恢复工作之暇开始彼此走动，相互慰问，倾诉几年来的遭遇和苦闷。

李苦禅、吴作人在“文革”开始时就被打成“反动学术权威”，遭到抄家批斗，并被关入“牛棚”，他们的心智受尽了折磨，但性格倔犟的先生们一直从没有屈服过。即使身陷囹圄之中，他们仍顶着沉重的政治压力，始终保持着乐观的态度，他们曾将被强迫扫楼道、清理厕所这种劳动改造形式，视为是锻炼身体机会，互相之间不断地鼓励着，在长期失去人身自由的关押中，对未来从没有丧失过信心。为使大家能排遣心中的郁闷，苦禅先生时常为大家偷偷地唱几段戏，还趁着有大把的空闲机会，每天在室内角落里静静站桩练功锻炼身体。在解除隔离不久李先生与学校师生一起，被下放到河北省磁县部队“五七”干校劳动，年逾古稀的李先生在繁重的劳动中，因不堪重负多次晕倒。于第二年因年事已高、体弱多病逐一人调回北京，指令在学校传达室看大门，不久被强令退休。而其妻李慧文与高淑贞仍留在“五七”干校。

李苦禅回京后，妻儿都不在身边，一人孤苦伶仃生活，于是常独自前往宋步云画室，排遣孤独感和心中郁闷情绪。他们在一起互相诉说过去和近年来遭遇，现在社会状况，探讨以后艺术发展形势，他们在一起有说不尽的话题。李苦禅看到他除了画领袖像外，已开始着手进行国画创作，非常高兴，于是不吝指导、传授写意画要点，使宋步云获益良多。

宋步云和李若禅的命运有许多相似之处，都是在解放初期受到不公正待遇。宋步云曾受到排挤，先生也在他离开中央美院后不久被剥夺了教书育人的权利，在李若禅受到不公正待遇的日子里得到了徐悲鸿、齐白石以及宋步云的心理安慰，同时得到了许麟庐与“和平画店”给他的许多温暖。由于他对组织决定不服，于是上书毛泽东。比宋步云幸运的是不久毛泽东即致信徐校长和有关部门要求解决此事，并亲派秘书登门探望，随后先生被调入民族美术研究所任研究员。六十年代先生又因为教学内容的原因，再次受到中央美院不公正待遇，遭到批判；文革时期又受到残酷政治迫害

一天，李苦禅兴致勃勃地来到宋步云画室，告诉他周恩来请一批老画家给涉外宾馆和驻外使领馆作画，他也在被邀请之列，还有李可染、郑乃珖、黄胄、许麟庐、宗其香等数十位画家参加，其中

一些画家在被点名后已经从“五七”干校回来了，过两天就要集中到北京饭店报到。宋步云听到这个好消息深感振奋，似乎看到了曙光。在这些被国务院抽调的画家集中创作期间，李苦禅等老友常抽空到他的画室来放松一下，聊会儿天。看到朋友们心情明朗起来，他的心里极为宽慰。

谁料，这批曾被文化部审查通过的美术作品却成为“四人帮”攻击周恩来的把柄。他们别有用心地借题发挥，借着1974年批林批孔运动，唆使文化部亲信采取欺骗手段从国际俱乐部、北京饭店、荣宝斋、文物商店、北京画院、美术学院等单位以借画为由挑选了200余幅画作布置成“黑画展”。他们打着所谓反击美术领域黑线回潮以及批林批孔联系美术战线实际的幌子，策动了一场声势浩大的批判“黑画”闹剧。他们不断造势用以掩盖他们批判周恩来的更大阴谋。虽然“四人帮”的阴谋最终未能得逞，但对看到曙光的艺术家们来说犹如兜头向他们泼了一盆凉水，浇灭了重新燃起的希望之火。而这场让善良人始料未及的批判“黑画”运动，对他们来说不啻是又一次致命打击，在心理上再次造成巨大的阴影，使他们陷于茫然和惶恐之中，以致在很长一段时间里每每当谈及此事，人们都有一种无以遏制的愤怒与无奈，即使过去了多年仍心有余悸。

中西合璧结“桃圣”硕果

在极左年代里，宋步云遭到排挤，被迫从一个致力于努力推动中国美术事业发展的先锋战士逐渐淡出了中国美术界的中心，回归到民间。除了行内人和曾有过接触的人知道他是搞西画出身外，在相当长的时间里许多人误以为他是画国画的，“蟠桃画得特别好，非常有特点，与别人画得不一样，但不是纯中国画”，甚至有同道也如是说。从历史角度看，这不足为奇，因为他们并不了解宋步云的艺术经历，没见过他的其他作品，他们之间有着时代和年龄上的代沟。当然，最为重要的是他在受到不公正待遇后，长期处于“孤舟野渡独自横”的境地，只能孤军奋战，为人处事低调，在复杂的社会大环境中“隐忍”埋头创作自己喜爱的作品。

了解宋步云的人都知道，在他步入晚年，尤其是重病手术之后，油画创作已体力不支，但他仍坚持水彩画创作，同时又重拾起国画，将中西绘画融会贯通，创作出有别他人的作品。他的中国画通常是依据西画视角来通过水墨在宣纸上表现光和色，他独到的中国画的表现手法并非另类，亦非不伦不类，而是基于西画的功底独辟蹊径，独树艺术“语言”，是在他漫长艺术实践所衍生的、极富生命活力的一种表现形式，而正是他的油画对他的中国画起着莫大的影响。他的中西结合拉近了中西画的距离，是当代艺术对中国画不同阶段发展的有效探索。

在纪念宋步云诞辰九十周年、一百周年的时候，曾两度将尘封已久的油画作品公诸于世，面对如此水平之高、题材之广、数量之巨、年代之久远的油画作品，人们不禁啧啧称奇，它们是历史的画卷，是旧重庆、旧北平、新北京的缩影，而人们还不知展出的这些油画作品，只不过是宋步云笔下现存的一部分而已。

这也许正是历史的必然，在动荡的年代里，许多绘画大家同样有着被世人片面甚或曲解的过程，就如同提到徐悲鸿画马，提到吴作人画骆驼，提到林风眠画花鸟一样，却不知他们的经历都有一个共同之点，既有坚实的中国文化基础，又深受西方艺术影响，接受过正规的西方艺术教育，并以研习西方美术，复兴中国美术为己任，他们用毕生的经历致力于中西绘画的探索和创新。

美术评论家刘晓路在《宋步云先生的早期油画》中评述道：

> 无可置疑，宋步云的早期油画是中国近代油画的杰出代表，他善画各种题材，其历程经过了人物、静物、风景三个阶段。然而，为什么画家在艺术生涯的后期却主要转入中国画和水彩画的创作呢？我想这是时代使然。与宋步云同期或更早赴日本、欧美学习油画的先辈，如李叔同、高剑父、林风眠、关良、胡根天、徐悲鸿、刘海粟、吕凤子、丁衍庸、朱屺瞻、吴作人，几乎无一例外地在以后转入中国画创作。他们本来就是以学习西画来改造中国画为己任的，他们的油画基础，以及相应的审美观念和表现手法给中国画的创作带来了新的生机和活力。同样，宋步云的早期油画对他以后的中国画、水彩画创作也有着积极的影响。他的中国画、水彩画在观察方法，在对光和色彩的运用上，在对空气、透视的表现上，无不可以看到他早期

油画的基因。画家把中西绘画的长处融合起来，再对中国画进行新的拓展。这也是他的中国画、水彩画区别于其他画家的重要特征。

宋步云画中国画有其深厚的历史渊源，早年从师林风眠、李苦禅学中国画；留日期间接受了罗丹弟子中村研一的东西方文化交流、创新的全新理念，并与在日的傅抱石、秦威、高淑贞、郭沫若等交流中西绘画融会发展之路；抗战时期在武汉、重庆等地和傅抱石、徐悲鸿、陈之佛、吴作人、林风眠、张大千、黄君璧、丰子恺等同事和朋友工作生活在一起，切磋技法，交换心得，相互传授中西绘画技艺；在北平与徐悲鸿、吴作人、齐白石、张大千、黄宾虹、李苦禅等先生成为同事，教学相长，对他创作中国画产生了深刻的影响。

宋步云说过："我的艺术爱好广泛，我虽学习的是油画，水彩画，而对国画研究的兴趣也很高。早在四十年代，在重庆国立中央大学艺术系工作期间，在山水画方面曾受挚友傅抱石先生鼓励与其切磋，更得徐悲鸿先生在十数年中对我艺术创作上随时予以指导，在我走向'洋为中用，古为今用'时，首先深谙中国绘画传统创作与技法，然后相融在中西绘画之中，而达到艺术创新的开端。"

宋步云的蟠桃画是他晚年国画的标志物，有其偶然性，也有其必然性。在那个令人迷茫的年代里，他始终不知疲倦地为别人画，也为自己画，从绘画中寻找快乐，扫却烦恼，寻觅生命的支点……他逐渐将视线转向中国画的创新上，重新拿起毛笔，大胆改革，融入西画技法和元素，以全新的中国画面貌展现于世，这一突破实现了"衰年变法"的可能。

动乱的十年，在别人都忙于阶级斗争时他却成了"逍遥派"，少了外界的干扰，使他得以重燃理想的火花，实践中西绘画的融合，开启了他艺术生涯中的新阶段。早在四五十年代，他就在徐悲鸿的建议下产生了致力于中西绘画融合的想法，但由于工作繁忙而搁置。

宋步云正是在这个时期开始了他的蟠桃题材的创作。一天，小弟随父亲来到画室，正遇几位老友来访，交谈中宋步云猛然想起一位老友的生日应该就在今天，核实后他诚恳地说："送别的礼物是来不及了，你就挑一幅画吧。"

老友看中了一幅水彩桃画，却不肯夺爱，因为他知道那是宋步云的得意之作。最后，宋步云变通地建议，"既然如此，我就现场画一幅国画寿桃吧。"

不一会儿工夫，宋步云画了一幅与吴昌硕风格相似的大寿桃，在场的老友们连说"画得太好了，真像吴昌硕的寿桃。"

宋步云很欣赏吴昌硕的老辣笔法，身边总放着他的画册，不时地揣摩，不论是创作风格还是表现手法都较比接近。然而，老友们"画得真像吴昌硕的寿桃"这句赞扬话非但没使他兴奋起来，反而刺痛了他的心。小弟瞥见了父亲脸上掠过的一丝不易被人察觉的阴郁。

送走朋友后，宋步云陷入了沉思，小弟不解地问父亲："你不高兴吗？不是画得挺好的吗？"

父亲摇摇头说："那是别人的。"

这句简短的话令小弟很是费解，他无法理解个中意味。

宋步云画桃还有一段既有趣又感伤的故事。在六十年代末、七十年代初，原本人多热闹的大家庭忽然变得冷冷清清，妻子去了"五七干校"，大女儿宋高坪、大儿子宋慧京分配到东北工作，二儿子宋慧成、小女儿宋高阳分别在山西和内蒙农村插队，小儿子宋小弟分配到郊区工厂，偌大的七口之家只剩宋步云一人。那年中秋节，也是他的生日，孤独的他感慨万千，好不伤怀！他突发奇想，何不自娱自乐，自己给自己做寿呢？

于是，他铺纸酝酿，既然要做寿，一定要画寿桃。可怎么画呢？他自四十年代就一直憧憬中西绘画融合，期待找到一种独特的办法表现崭新的意境。他认为这种新画法既要有水彩特色，又要有国画的水墨韵味。黄宾虹用积墨积色法画山水，用破墨、破水法一遍一遍积上去，自己能否用积色法结合水彩多次渲染，而非采用常人的点虱法？这种构思在他脑海里掠过，就像划过夜空的流星发出耀眼的光芒。他不由得眼前一亮，发现了契合点：用水彩技法画桃，用水墨技法画枝叶。他毫无迟疑地一挥而就，片刻间，几个白里透红、水灵灵的蟠桃耀然纸上，一幅《多寿图》诞生了。论色彩，水彩水墨结合在宣纸上融会贯通达到了无以复加的效果，给人以心旷神怡之感；论构图，形成了他独特的艳而不媚、亲切可人的风格，他的这种蟠桃几乎无人能仿，西画者画不了那样的枝干和叶子，国画者也画不出那样的桃色。经过他的不断尝试，取得了理想的结果，成功的喜悦驱走了他的伤感，这“专属”的、吉祥如意的寿桃从此陪伴着他一直走到生命的尽头。

当宋小弟再次走进父亲的画室时，他惊喜地看到墙上、地上铺满了蟠桃图，不仅为父亲的辛勤而感怀，也为父亲的锐意改革精神所打动。他回味着父亲的那句短语，似乎明白了一切。他仔细地分析着作品与以往在表现形式上的不同，观察着在透视、构图、色彩、明暗关系上的变化。他站在个人的欣赏角度认为这些作品要比父亲送给老友的那幅好看多了。

宋步云一生喜爱与蟠桃有关的事物，他爱桃、画桃、喜食桃。六十年代，在他的许多水彩静物中就经常出现蟠桃身影，他把那些熟透了的、毛茸茸的蟠桃画得那样生动逼真，赋予了鲜活的灵气，使观者好似闻到了芬芳气息，而这些早年的蟠桃写生画为他日后的彩墨蟠桃画做了稳实的铺垫。

回忆写生桃的过程也很有趣，那还是在小女宋高阳开始学画时。一天，她在车站给一位果农画速写。画完后，“模特儿”请求把那张习作送给他，他自我介绍说：“我是西北旺果园的技术员，我们果园依山傍水，风景很美，欢迎你和家人来果园看桃，画画。”

夏末，宋步云在女儿的陪伴下一起去果园。“模特儿”如约开着拖拉机将他们接到丰收在即的桃园，只见累累蜜桃压弯了果枝，抬眼望去，迤逦开去，无边无际，翠峦、蓝天，白云，与桃园中的的蟠桃交相辉映，瑰丽的景致巧夺天工，令人心驰神往。桃香沁人心脾，令人微醺陶醉。

宋步云好似发现了新大陆，他兴奋地指着一株丰硕的桃树对高阳说："瞧，它的主干和枝干连接得真有特点，有画意!"说罢，他打开速写本捕捉最具"画意"的部分落笔。他是来赏蟠桃的，也是来寻找最真实、最生动的创作灵感的。

这次桃园之行使他满载而归。他不满足于对寿桃的最初画法，他要寻找到更新颖的绘画语言来表达他对"桃园"所给予他的新感受。在他之前有赵之谦、吴昌硕、齐白石，他们都是画桃高手，把这个题材画到了极致，如今要想再创新意该有多难！想到此，不服输的他被此高难度激发了斗志，他绞尽脑汁，多方构想，最终在脑海里闪现出了全新的立意、构图和画法，那一丛丛、一簇簇的硕果带给他的正是入画《万寿图》中阳光般的夺目，是生机与活力，是希望与美好，也是他深入桃园写生后的升华！这种升华来源于自然，来源于生活，更来源于他毕生的艺术沉淀和不知疲倦的思考。他画的蟠桃色彩越发鲜亮，笔触越发酣畅，构图越发巧妙，内涵越发深邃，充分表现出老艺术家对美好生活的向往与追求。他为自己的蟠桃图题名为《多寿图》，自号为"多寿园主"，还常于画上题"善者多寿"款，顺意他对世间善良人们的祈福。同时，他以物托志，以所绘的蟠桃象征祖国蒸蒸日上，寄托着人们对美好生活的想往。

以后，每逢桃花盛开或果实累累季节，宋步云都会不失时机地到桃园写生，究竟去过多少次，就连一直陪同他的女儿也记不清了。直到今天，宋步云的子女们依然企盼着春秋的到来，依然憧憬着在和煦的阳光下欣赏桃花烂漫，在沁人心脾的果香中触摸挂满枝头的大桃。在此情此景中，他们隐约可以看见父亲在花丛中、在蟠桃旁的身影。父亲仿佛背着画箧，手持速写本从桃林中向他们徐徐走来，他与桃林融为一处，他就是桃树，桃树就是他。

20 世纪 80 年代，宋步云在画室作画

谈到宋步云的晚年，专家们说得最多的就是他画的蟠桃了，他们送给他响亮的美称“桃圣”，传颂他有关桃画的佳话。

美术评论家翟墨很多年前曾说过：

我以为宋先生是一线贯通五项全能的艺术家。一线贯通指的是他的一生贯穿追求爱国、追求进步，追求人格的完善；另一方面对艺术孜孜不倦的创新精神。看展览我的直觉不错，特别欣赏他的水彩画，达到了中国为数不多的高水平。从水彩画往两头追述，仔细看他的油画，如《白皮松》用光，他的水平相当高。往后追述，他的水彩画有用刀刮出来的，还有的是用彩笔倒过来刮出来的，他的中国画有水彩画的透亮。他五项全能，还有好多版画、雕塑没有展出，希望以后能展出。他学通了，又互相渗透、互相改造，他沿着笔意写实的路子，一步步走完了自己的一生，最后桃子可以作为他的标志，是一生结出的硕果。

我一个局外人，非常欣赏他的桃子，很到位。从中国画笔墨来讲看他的桃叶很到位，桃子的造型有油画的造型功力，色彩有水彩的透亮，体现出油画、水彩、国画三方面功能的精华集中在他的寿桃上，拿到世界上没有和任何画家雷同。如果说徐悲鸿的马、齐白石的虾是他们的标志，宋步云的桃也是他的标志，成为无愧于艺术之林的标志。

宋步云画的寿桃确实与吴昌硕、齐白石不一样，在画法上运用西法，同时也充分发挥了国画毛笔的表现力。作品中的蟠桃比真实的桃子要大得多，丰满得多，也鲜明透亮得多；它们红中透绿，绿中泛白，充盈着饱满的水分，沉甸甸的重量，表皮上带着厚厚的细腻柔软的茸毛；在西画色彩和国画笔墨相互交融的、遒劲有力的枝干和苍老飘动的叶子自然穿插下，蟠桃显得格外醒目。它们无论是在质感的表现上，还是在量感的厚重上都表现得特别自然充分。色彩鲜嫩的果实，逼真的蟠桃形象令观者人见人喜，大有垂涎之感。因此，有人形容他笔下的蟠桃是世外仙桃，是从天庭王母娘娘瑶池采来的仙桃，是齐天大圣孙悟空见到的仙桃，是送给人间的、沾着七仙女仙气的仙桃。

“仙桃”吸引来四方宾客，争相上门索求，一时间应接不暇。

也就是在这时，宋步云的妻子病倒了。1972 年初，高淑贞从干校回来参加复校工作，第一天上班便被人骑车撞伤，脚踝韧带撕裂，并扯下一小片骨头。经过治疗骨折虽然好了，但发现身上总是水肿，肿得双腿和身上都发亮，手放在腿上再抬起来便留下深深的手印，很久不能复原。由于复校工作太忙，高淑贞顾不得去医院检查，每天拖着患病的身体坚持上班。

宋步云非常着急，但高淑贞总是找各种理由拖着，宋步云看实在劝不动她，便死拉活拽地把高淑贞拖到医院，检查结果为肾小球肾炎，尿蛋白四个“+”号，潜血满视野，还有大量的管形，已有早期尿毒症的征兆，病情非常严重。大夫埋怨陪她来的宋步云，这病非一年半载发展到这种程度，怎么拖到这么严重才来，并暗示可能治不好了，要家属有思想准备。

在宋步云积极联系下，高淑贞终于顺利住进医院，开始接受正规的治疗。经过及时的治疗，高淑贞度过了危险期，病情得到有效的缓解。

出院后，积极配合中西医结合治疗，宋步云陪她便访了中西医肾病专家，排队抓药、熬药，根据大夫提供的营养配方采购营养品，到各地弄来治肾病的紧缺药材。

经过宋步云和全家几年的精心细致呵护与正规治疗，高淑贞肾病竟奇迹般的痊愈，没留下任何后遗症。连长期给她治病的大夫都很惊讶，这么重的病症能痊愈，且没留后遗症，简直就是奇迹，若不是积极地治疗，精心地呵护，是根本不可能发生的事情。

宋步云为了感谢一切帮助过的人，怀着感激之情为每位认真地创作了不止一幅的蟠桃图，还特意题跋“善者多寿”四个大字，以表谢意。

宋步云创造它们并在上面题跋祝福条款，能看得出蕴涵着深刻含义，饱含深情地为朋友、为好人、为家人衷心祈祷祝福，对精神的启迪和引导，对理想、对现实的祝愿；它蕴含着对生命意义的思索，象征着青春、生命的不朽和对生活的美好礼赞。

朋友们欣赏他的作品，看到他创作的蟠桃图纷纷求画。宋步云看到老朋友们都喜欢他的作品，兴奋地有求必应。他就这样在亢奋中不停地画着，又在循环往复中不断地探索，不断地实践，最终使蟠桃图日臻完美，终于达到了无出左右的境界。

美术理论家水天中在《画家宋步云》一文中评述他的蟠桃图：

> 在宋步云的各色绘画作品中，最受欢迎的是他所画的蟠桃。赞赏者的兴趣和画家的兴趣，都源于共同的文化传

统。桃树源产中国，自古以来是中国人心目中的嘉木。“桃之夭夭，灼灼其华”，它象征着青春和生命的不朽；古人称理想的乐土为‘桃源’，以广植桃李喻扶掖后进；以桃木为人形，为印玺，为符板，可以避邪、驱鬼……一切与桃相联系的词语，都有美好的寓意，而桃自然成为中国画家喜爱的题材。但对现代画家来说，在有了吴昌硕、齐白石这样善画仙桃的大师之后，要在这方面有所创树，诚属不易。宋步云的有利条件是具有西画功底，可以在发挥国画笔墨表现力的同时充分表现桃子的质感，量感。

他画桃绝不止于物质特征的表达，他所画的桃子比真实的桃子更大，更鲜明，更为累累。它们已经不仅是供人食用的水果，而是一种理想和祝愿。如果彩色照片上桃子的逼真形象可以使人馋涎欲滴的话，画上的桃子给观众的却是精神方面的启示和引导，是对生命、对美好生活的礼赞。他常常把鲜嫩的果实和苍老的枝叶组织在同一画面之中，其中也许蕴含着画家对生命意义的思索吧！

宋步云深知在这样一个迷茫的年代里，被人如此重视是多么来之不易，又是多么难能可贵，对多少人来说这完全是一种奢求。当时还有很多人仍在被隔离，或闲置在家中一直没恢复工作，现在他能遇上这么好的创作机会，能不兴奋，能不高兴吗！

宋步云也就是这样一直不停顿地尝试着，他在摸索中绘画，在探索中创新。他以西画的视角，通过光和色彩的关系，空气和透视的变化，同中国画的笔墨联系在一起，在相互交融中创作中国画。他运用油画和水彩画的构图、造型、明暗关系的处理，追求表现物体质感和量感的西洋画创作手法，结合中国画的表现形式、表现手法，去搞技法创新，终于创造了有别于他人的中国画之路，在人们面前展现了一幅全新的画面。反之又将中国画的空间、留白、笔墨运用到西画中，更增强了油画和水彩画的简捷、空间距离和空灵感。

1986 年，宋步云与国画作品《善者多寿》

宋步云创作的国画作品讲求构图、造型、色彩关系的变化，追求西画表现形式，感觉好像是在宣纸上画西洋画。他的国画题材多种多样非常广泛，不刻意画什么，不拘泥描绘对象，很多被描绘的物体就是身边的东西，是信手拈来随兴之作。山水、人物、花草、静物、植物、建筑、长城都能在他的作品常有表现，甚至朋友送的糖果、鲜花、盆栽花草；买的蔬菜、瓜果、鱼虾，也都成为创作的对象，几乎是看见什么画什么。综观宋步云的国画代表作，大多是随处可见的物品，有的还是人们不经意或常常被忽略的物品。

春风雨露雪沉冤

宋步云在“孤军作战”中度过了十年骚动期，随着“四人帮”的倒台，长期被压抑的苦闷和迷茫心绪终于得以释放，普天同庆之际，他即兴创作国画作品《横行一时如春梦》，并题款识“眼前道路无经纬，皮裹春秋空黑黄。丙辰年除四害乘兴之作。”作品得到了好友们的热烈追捧，纷纷请他创作以除四害为主题的作品。

喜悦的心情激励他更加辛勤创作，在届时已年近古稀的艺术之路上，他焕发出第二次青春，走向另一个创作的鼎盛时期。他以坚实而紧迫的步伐，创造出更光辉的艺术成果。

1978 年党的十一届三中全会做出决定，为建国以来造成的冤、假、错案予以彻底平反。同年全国范围的复查工作开始，这时高淑贞虽已步入花甲之年，但仍还在中央美术学院图书馆坚持工作，她看到美术学院许多冤、假、错案都逐一落实政策并给他们恢复工作，不由得联想到爱人蒙冤近三十年，他曾经为筹建中央美术学院做出过特殊的贡献，他什么问题都没有，却蒙冤受辱，纯属是冤案，不知是否属于复查范围。高淑贞的心事很快被图书馆的同事和学校的老师察觉，他们鼓励高淑贞把宋步云冤案始末写成材料，交到中央美术学院党委。

三十年的沉冤能得以申诉，这个消息让全家人激动不已，让这个家庭看到了希望，燃起对未来新生活的憧憬。宋步云立刻着手撰写了厚厚的申诉材料交给中央美术学院党委。很快，美术学院党委将宋步云的申诉上报文化部复查委员会。小女宋高阳义不容辞地承担起去文化部复查办公室替父申冤的任务。

宋高阳怀着忐忑不安的心情来到坐落在东四东大街的文化部，在二楼“文化部复查办公室”门前，她有些犹豫了。生活中的她，涉事不深，因为有哥哥、姐姐，她从没有独自担当过什么大事。而这次，重任偏偏落在她的肩头。一种莫名其妙的担心和踌躇使她停下了脚步……猛一抬头，眼前出现了一张和蔼的、年轻美丽的面孔，她温和地问：“小同志，找我们有事吗?”如此亲切的声音让高阳忐忑不安的心安静下来。她坦然地说明来意，讲述了父亲的冤案。接待宋高阳的是复查办公室的工作人员，她说：“刚才看见你在门口张望的样子，就联想起我自己为父亲申冤时的情景，因此特别同情你。你放心，我们会尽快把你的来访和你所谈到的关于宋老的情况向复查办领导汇报。”

几天后，文化部复查委员会主任何长庆约宋高阳去谈话。何长庆为人豪爽，他开门见山告诉高阳，宋老的申诉材料已经看过，宋老是德高望重的艺术家，徐悲鸿如此器重他并委以重任。我们很了解徐悲鸿，他是一个眼里不揉沙子的人，他的气节和眼力是众世所公认的，可以看出，宋老是一位值得他信任的艺术家和得力助手，也理应值得我们信任和尊敬。这次复查建国三十年以来的冤、假、错案，党的政策是不让一个好人受冤枉，无论时间多长，只要是冤、假、错案，我们都会以实事求是的原则调查，做出公正的结论，全面落实党的知识分子政策。在美术界我们按照中央的政策精神，给江丰同志落实政策，并恢复他中央美术学院院长职务。同时解放了一批受江丰的问题牵连的干部、教师和艺术家。请你转告宋老请他放心，我们会尽快展开关于宋老申诉的调查工作。你来复查办找我们，为父申冤，这让我很感动，你是好样的。不像有些子女，当父母出了问题，立刻与父母划清界限。也谢谢你们一家人对我们的信任。这一席话让高阳的种种疑虑烟消云散。

宋高阳回家迫不及待地向父母诉说了到文化部复查办公室的经过，并转达了何长庆主任的问候。宋步云得知他的申诉已被受理，他心中纠结了近三十年的郁闷一扫而光，他那与生具有的、敢爱敢恨的性格中，他那从不掩饰的眼光中，流露出发自内心的、欲见希望的喜悦，一鼓作气地投入到艺术创作中。爱人高淑贞也舒展了眉头，连声说："真没想到，这么多年了，还能立案解决你爸的冤案，真是来之不易，我们赶上好时候了！"

过了一段时间，文化部复查办公室请宋步云和高阳与何长庆主任见面。何主任见到宋步云立刻开诚布公地说："经文化部复查委员会调查核实，您在政治、历史、经济几个方面都没有问题。您对筹建中央美术学院，对北平解放事业是有功之臣。这么多年让您蒙冤受辱遭受到不公正待遇，受了很多委屈，现在经文化部党组和中央美术学院党委决定，为您在中央美术学院彻底恢复名誉、落实政策。您是有建树的大艺术家，今后，您可以心情愉快地作画，我们希望看到您创作出更多更好的绘画作品，繁荣中华民族的文化艺术。"

听着何长庆主任朴实、亲切的话语，宋步云心潮澎湃，难以抑制感激之情。沉冤三十年，如今党中央拨乱反正，才能得以澄清。这喜讯来的太突然、太意外了，他一时激动得无从诉说，紧紧握住何主任的双手……在他的一生中，经历过无数的困境与不幸，他从不落泪，他有着坚强的脊梁骨，始终昂着骄傲的头，用画笔谱写着他那富贵不能淫，贫贱不能移，威武不能屈的艺术人生。今天，在他生命临近第七十个年头，面对秉公执法的何长庆主任，他的眼睛湿润了……在这间朴素的办公室里，不知还有多少人曾落下感激的眼泪，有多少家庭获得新生。

接下来，何主任介绍了调查过程。在文化部党组织为宋步云平反过程中，一开始便遇到了麻烦，找不到制造冤案的任何书面材料，经过不懈努力，最后复查委员会抓住冤案中的点滴线索，顺藤摸瓜，找到曾经任职于中央美术学院军管会文化接管小组相关人士和时任军代表的艾青同志，详细了解了当年冤案发生的整个过程，他们都积极协助复查委员会的调查出具了详尽的书面材料。

艾青同志在了解清楚调查组的意图后，令在场的人没想到的是他没作任何考虑，非常爽直地开口就说道，宋步云是个好同志，很了不起，他为美院办了那么多事，当时我们有些事知道，也有很多事情不知道。解放初期的北平很乱也很复杂，社会上有很多隐藏下来的国民党特务和破坏分子，必须要谨慎从事。学校当时有些人反映，宋步云社会关系复杂，怀疑他的政治立场有问题，于是学校军管会作出决定，将他停职。经过学校军管会的严格审查后，没发现宋步云在北平艺专工作时期有政治和经济上的问题。为了恢复他在艺专的工作，学校军管会决定将宋步云送到华北革命大学学习。原本要恢复他在美院的工作，后学校有人提出："徐悲鸿校长过分倚重和使用自己的人，宋步云在艺专执掌着学校的行政大权，全校的人事、财务，行政都是由他一人管理，他的权力太大，如果恢复了他的工作，将来我们在学校无法开展工作。况且现在也无法安排他适当的工作，他以往的工作已经由数人分别接管，恢复他的工作对学校影响太大。"于是最后经军管会文化接收小组的决定，将他调离中央美院。但出乎我们意料，他并没有再找我们评理，而是平静地离开了美院，这使我们感觉到很意外，现在想想他那时是怀着无比失望地心情离开的。徐校长回国知道此事后，与我大吵了一架，同时讲了宋步云在地下党的领导下，曾经为美院做过的许多事情，我们这时才感觉到对宋步云的处理决定可能是错了，但组织的决定在当时个人是无法改变的。后来在学校的工作中，一直感觉到与徐校长有隔阂，我们猜想这些可能都是因为对宋步云所作出的错误决定造成的后果分不开的。

以后我也曾向徐校长打听过宋步云的情况，听说徐校长在宋步云离开美院不久，便推荐他到文化部工作，这样才使我放点心，以后因组织调动我离开了美院。宋步云为美院办了那么多事情，是因为我们工作上的原因，使他受了那么多的委屈，但他从来没有抱怨过，依然相信党，相信人民政府。他一直坚持着搞艺术创作，并且非常努力，我后来经常在书刊报纸上看到刊登他的作品，为他的努力和取得的成就很开心。宋步云虽然受了那么多委屈，但他仍然在艺术上依然取得了那么大的成就，这不是一般常人所能做到的，而宋步云却凭借着顽强的毅力做到了。他非常了不起，我从心底里由衷地佩服他。

为配合文化部复查委员会落实政策调查，北京市公安局东城区分局领导王维茂和他领导下的公安局同志，本着坚持实事求是，严把政策关的原则，为此他们抽调了得力干警，做了大量严格细致的内查外调工作，以及调查研究工作，当年介绍宋步云参加“中共冀热察华北分区行政公署工作团”地下革命工作的中共党员钱开泰，宋步云各时期的老师、同学、同事与好友们，以及他曾工作过的相关单位都主动配合政府部门的调查，均出具了详实的书面材料。北京市公安局东城区分局在严格调查研究工作基础上，最后出具了符合历史事实的证明材料，得出宋步云没有任何政治问题的公正结论，为十一届三中全会后，全国性的平反冤、假、错案中文化部重新审查宋步云冤案的工作提供了最有力的、真实的证据。证明宋步云政治、历史是清楚的，没有任何问题。解放前，宋步云冒着生命危险为党做过许多工作。解放后，他为社会主义祖国和文化艺术事业做了大量有益的工作。

文化部复查委员会与中央美术学院领导交换了意见，解放初期，宋步云受到不公正的待遇，被解职，被迫离开中央美术学院。经文化部复查委员会调查核实，认为当年对宋步云的解职决定是错误的，应予以彻底平反，中央美术学院为他恢复名誉，重新回归中央美术学院，恢复高教六级、副教授职称。

党的十一届三中全会的拨乱反正给宋步云带来了春风、雨露和阳光，他在政治上被彻底平反，名誉和地位得到恢复。他把这个好消息告诉了吴作人、李苦禅、李可染、华君武、胡爽庵、邵宇、董寿平、朱丹、黄胄、许麟庐、胡絜青、廖静文、秦威等好友，与他们共同分享迟来的喜悦。大家都为他恢复名誉和复职感到高兴，也为他能在逆境中百折不挠取得的艺术成就而赞赏。

随后在1983年，宋步云作为有杰出成就的中国著名画家，被统战部、文化部党委统战部列为高级统战对象。文化部按有关规定再次为他落实政策，享受高教五级教授及离休干部待遇，为此文化部党委统战部做了许多工作。吴作人知悉此事后无限感慨地说："1946年宋步云随徐悲鸿来北平接管国立北平艺专时，就是副教授，这都三十多年了，早就应该评为教授了。"1985年，宋步云被国务院办公厅聘为中央文史研究馆馆员，国务院总理李鹏同志亲自为他签发了聘书，并对他在艺术上取得的成就做了充分的肯定。在中央文史研究馆、统战部、文化部党委统战部和中央美术学院的关怀下，宋步云迎来了生命中最辉煌的创作高峰。

古稀之年迎来艺术创作鼎盛期

在即将步入八十年代时刻，年届古稀的宋步云再获“新生”，重拾美好，可谓老骥伏枥，志在千里，向着他又一个创作顶峰奋进攀登。他说：“研究艺术不是为了个人享受，而是为了社会发展，为广大人民服务的。只有认清这个方向，在艺术创作上才能健康的发展。”他时不我待，更加努力地画着，探索着，随之工作也愈加繁忙。不断有人来求画，不断有本地的和外地的单位邀请他去讲学，他的社会活动不断增加，担任的职务也越来越多。他经常深入到各地体验生活进行创作，经常一出去就是两三个月，多则一年半载。家人和朋友担心他，劝他多休息，别累垮了身体。他却总是乐呵呵地回答说没事，不用担心。

纵观宋步云 1979 年以后的艺术历程，可以感觉到的是老艺术家继艰苦岁月，携笔夹纸，足迹踏遍巴山蜀水；建国后，为工作行走大半个中国；在新时期，以古稀之年，续写的又一新篇章。他在繁忙中挤出时间继续置身大自然之中汲取能量，他放足于东北、福建、山东等地探胜撷景，北国大地、南国沧海、东南边陲都留下了他的足迹，留下了大量讴歌祖国山河的佳作，并在中国绘画艺术上，进行着有胆识的尝试和独创性的探索与追求。他把全部精力融入于中西方艺术结合之中，进入了中国画创作鼎盛时期，最终创造出一派崭新风格的具有民族气派的艺术作品。

1986年，宋步云在兴城古城墙上作画

宋步云在《从艺六十年回顾纪略》中表述道：

> 由八十年代起，随着拨乱反正迎来好的政治局面，精神大为焕发。我怀着极其愉快的心情踏遍长城内外、大江南北，博览了祖国的大好河山，长白山林、天池瀑布、镜泊湖光、蓬莱仙岛，沿大连黄海经东海到南海的风光无一不入我的笔下。

他不顾年高体弱数度登临北京的群山之巅，创作了《长城》《居庸关》《万里关山迎朝阳》《风云长护古雄关》《幽燕锋火忆当年》《峻岭雄关》《长陵一览》《古墓逢春》《画中游》等数十幅名胜画卷，将巍峨的长城，青松掩映下的十三陵、昆明湖畔的画中游楼阁等胜景放置笔墨的艺术氛围之中。

宋步云的绘画作品意境高远，淳朴自然，立意新颖，契合时代精神，反映了民族的、民间的审美情趣。他在《从艺六十年回顾纪略》中说道：

“美术是一种造型艺术，没有型就谈不上美，美为人人所爱，你的艺术要为人民服务，作品必须有形有色，做到真善美。尤其在国画方面，不论你如何去创新，决不能脱离开祖国传统的笔墨，中国传统的笔墨也是我国绝无仅有的，倘若抛弃中国的笔墨去创新，作品就不能称为国画创作。我在国画创作上除重视传统笔墨外，还运用了外国的焦点透视、投影，光与色彩的明暗对比而构成每幅作品，如《万里关山迎朝阳》《万寿图》等作品可以说明。相反我把国画简练色调和强有力的笔墨用在水彩画的创作中，再加上水彩画特有的韵味而形成，如《镜泊湖》《鼓浪屿》等作。”

“我作画，不论中西画，从不囿于成法，作中国画所用的笔墨虽师古，而不泥古，更不效仿他人。为求水彩画的效果，有时先从深色及枯笔入手，画面留适当空白，我引用中国画的笔法和意境，作出的作品有它独特的韵味，如《静月潭》。在作国画中运用水彩技法时，首先要知道，水彩色是在画纸表面流动，画完以后仍有色彩流动之感，看起来作品非常生动。而中国画是用宣纸，水彩色很自然地在纸内运行着，因此要先掌握它的性能。在重墨、焦墨基础上，运用水彩技法着色，寻求水彩的韵味，之后结合国画的皴、擦、点、染而成预期效果，形成我的风格特色，如《寒林落晖》。

“我作水彩画从不臆造，每幅作品都是由写生得来的。国画也都是根据写生的稿子进行创作的。色彩的渲染是靠水彩来参考的，如此画法是由八十年代开始试作的。”

1982年夏，宋步云受吉林省政府之邀，准备创作以长白山为主题的巨幅国画《长白山天池》。他携家人奔赴实地写生作画，由夏秋至冬春，历时一年多，踏遍了长白山原始森林、名川大山，创作了大量水彩、写生与国画作品。

仅以长白山天池为例，费时十余日，以不同角度写其身姿。其间，他在宋小弟的陪同下曾冒着岩石随时崩塌的危险，沿瀑布脚踩乱石来到天池边；他曾不畏狂风骤雨或大雪冰雹登临天池山头；他曾蹒跚地走到中朝界碑前、涉过湍急河流进入原始森林深处、深入到气象站和高山冰场之中……他对长白山的雄姿和美景赞叹不已，尤其对山中的激流、瀑布、栎桦林更是情有独钟，满怀激情地创作了《乱石飞流》、《天池冠桥》、《原始森林》、《飞瀑》、《高山冰场》、《岳桦林》等水彩写生图。

1982年，宋步云（左二）、吴作人（左三）、侯一民（左四）、冯法祼（左五）在长白山

期间，宋步云意外地在长白山与前来采风的吴作人、冯法禩、侯一民等先生相逢，在这仙境之地不期而遇，宋步云欣喜之余特赋《天池游记》诗一首：

相伴长白山，林海水连天。曲径通仙境，天池浴天仙。
踏上长白山，坡曲行程难。吉普龙飞舞，五脏腑内翻。
巍巍长白山，苍松刺破天。三江天池水，朝阳嬉清泉。
林尽检查口，革命遗迹留。抗联从此过，子孙不断头。
下榻岳桦馆，原始森林间。开窗观瀑布，出门嬉清泉。
庭前有巨石，观瀑余拟辞。作人兴所至，欣然而书之。
白河清澈急，游客皆曲指。晨起齐相聚，盥洗在清溪。
电视拍成片，瀑布难画完。晴雨瞬万变，驱寒浴温泉。
站在天池边，未见其真面。身置彩云中，亦未成神仙。
云雾弥满天，疾风刺骨寒。盼晴已绝望，垂首扫兴还。
八月十日间，作人同上山。畅谈中作画，坠间倒空翻。
众友齐惊喊，金龙勋救挽。幸得山灵佑，老身未伤残。
步行再攀山，曲径欲通天。踏上天池水，作画聚野餐。
耸立天池岸，遥望国境线。清清碧绿水，一半属朝鲜。
四次登天池，飞沙迎面击。一人难坐立，法禩命相依。
伏地作速写，瞬时风雨急。气象站暂避，险成落汤鸡。
美景意忘返，回程日落山。岐曲羊肠路，难顾筋骨酸。
彻夜潇上雨，板房难成眠。披衣对溪坐，修真似半仙。
进山十四天，拟居数十年。处处皆仙境，游子乐忘还。
八月十九日，凌晨辞天池。松江午便宴，投宿在延吉。

吴作人也欣然书写“观瀑”二字以应和。他们相携多次登上山顶俯瞰天池碧水，写生作画；一起在瀑布下野炊聚餐，观孩子们水中戏游。他们在高山、密林、瀑布、激流之间一起浏览美景，抚今追昔，感慨万千。

在长白山，宋步云听工作人员介绍抗战期间有位抗联女战士为掩护伤病员而壮烈牺牲的事迹。人们赋予了美好的描绘，“不久在女抗联战士牺牲的地方，数十株高大的松树纷纷脱落粗糙的树皮，换上如少女般细嫩‘皮肤’。为此，后人就将这数十株松树称之为‘美人松’。”这一传说打动了宋步云，他走进茫茫林海寻到“美人松”，并创作了水彩画《松号美人思烈士》。

与吴作人等先生告别后，一行人受邀去延吉市小住，沿市内布尔哈通河溯流而上数十里，远山近水，彩云缥缈，美不胜收，他创作了《延吉郊原》等多幅水彩画。随后远赴珲春市、图们市，登临制高点远眺中苏朝三国交界处，在图们江岸坡上创作了水彩画《图们江畔》

在长春南郊静月潭水库，宋步云被那里的瑰丽景致所吸引，画兴勃发，但当作画时才发现没带水，陪同人员给他开启汽水代用，完成了水彩画《静月潭》，结果出乎意料，水色在画面上自然融合，一泓湖水平滑如镜，坡岸草植蓊郁，远山朦胧隐现于雾霭之中。为突出以一泓湖水的反光效果，他借用传统写意“虚空”的表现手法，不着任何色彩呈现出湖面，强化空灵、清远的距离感，充分地体现了中西绘画相互借鉴的特点。他水分控制得当，水色在纸间自然渗化成形，将光与色、线与白自然融汇，构成了画面的韵律节奏，这幅作品成为他的主要代表作之一。

宋步云创作的《人间重晚晴》《南湖夕阳》《寒林落晖》三幅国画都是描绘北国严冬落日的余晖，主体虽均为夕阳和白桦林，但冰封的南湖、茫茫的草原，特别是在大自然的光色下物体产生的微妙变化使得三幅画各具不同色调。它们与传统的“断肠人在天涯”的《寒林图》意境迥异，非但无萧瑟凄苦之感，相反却蕴涵着无限的生机，表达他借景抒发人生感悟、充满夕阳无限好的真情实感。他将水彩画迅捷的快板转变为中国写意画的轻柔缓板；画面上方黄金分割线的红日、天际边暮霭的余晖、归巢的晚鸦、寒雪中的白桦林，在“吟诵”的过程中将客观景物化作主体心灵的音符，一笔一画都寄托着浓浓的人间情味。

其中《寒林落晖》堪称精品，绚丽典雅的色彩、夕阳下的寒冬茫茫草原和白桦林带给观者一片温馨，意味隽永。他以水彩画技法的表现形式将中国画的视觉效果与印象派的色彩透视法融会合一，加大了表现意识。作品中不讲求轮廓线的勾勒，而偏重于型与色的关系，通过色彩的变化，对物象的原形特征加以特殊描写，形象地表达出所绘物象的神韵。

此次黑山白水之行使宋步云收获颇丰，标志着他在艺术风格上的标新立异，换言之，他创出了自己独特的路子，取得了突破性的成果。他发挥了熟谙西画的优势，将水彩融入国画的笔墨之中，在主题、构图、风格和笔墨意趣上皆显示出个性化特征。其间他创作的国画作品有《高山冰场》《金银松下吊英魂》《栎桦松》《初日照疏林》《雾色泉声》《万木清寂听泉声》《抗联从此通过》《南湖夕阳》《人间重晚晴》《寒林落晖》《迷离风雪隐天池》《雾色泉声》《天池晴雪》《风云长护古雄关》《朝阳嬉清泉》《天池飞瀑》等。

宋步云回到长春后，便投入创作巨幅国画《长白山天池》前期的准备工作，为了更精确地掌握冬季东北的特点和长白山雪松的姿态，于初冬时节再赴吉林、哈尔滨等地写生作画，为创作巨幅国画搜集了大量的素材。在此期间，他历经数月，创作了《迷离风雪隐天池》《天池晴雪》《巍巍长白山》等多幅以天池为主题的大型国画作品。在它们的基础上几易其稿，最终创作出巨幅国画《长白山天池》（380 cm×460 cm）。画中湛蓝的天池似一面明镜，被绵延起伏的山岭托举于画面的顶端，瀑布飞流直下与中景连接消失于缥缈的浮云中，茫茫山林、层峦叠嶂，挺拔高耸的松林成荫，整个画面气势恢弘，深远幽邃。站在画前，如临其境，古老的中华大地一派勃勃生机、欣欣向荣的面貌，展现了画家坦荡的胸襟和寄情河山的情怀。画中的题诗“巍巍长白山，林海浪滔天，三江天池水，飞瀑落人间。踏上天池岸，晴雨瞬万变，跨云游仙境，碧水浴天仙。”更加渲染出他的浪漫情愫，也升华了作品内在的诗情画意。最终，宋步云绘制的巨幅国画《长白山天池》悬挂在长白山宾馆大堂中。

1982 年，宋步云创作巨幅国画《长白山天池》

在该巨作即将完成时，宋步云于 6 月 11 日突然闻讯李苦禅先生病逝噩耗，他不敢相信这是真的，就在数月前回京时还携小女宋高阳到先生府上去拜望他。为没能及时赶回来，参加于元月十三日由中国美术家协会、北京美协、中央美术学院联合在北京饭店举办的庆祝先生八十六岁寿辰、从事美术教育六十周年的大型茶话会而懊悔。先生却豁达坦然地说：没关系，还有九十寿辰呢。

宋步云回忆起上次见面时的情景，先生耄耋之年仍坚持临帖，作画，听师母李慧文讲他去年曾拄杖去深圳、珠海、广州、苏州等地参观，并在广州美院讲学，回京后连续作画，终因劳累过度患脑血栓住院两个月。出院后进行康复训练，现已经好多了。宋步云听罢劝先生注意身体，量力而行。先生却笑呵呵地说："别听她的，没那么严重，我每天在他们的管制下做康复活动，现在都已恢复了，估计活百岁是没问题的。"

那天，先生还饶有兴致地听宋步云东北写生作画的介绍，嘱咐他一定要坚持下去，将民族文化推向更高的境界。临别时，两人还互相嘱咐一定要注意身体，相约找机会一起回山东老家去看看大海。

万万没料到这次见面竟然是师徒二人的生死诀别，五十多年来发生的各种事情、先生对自己的关怀与帮助，以及在蒙冤受屈之时对自己的鼓励……一帧帧画面在宋步云的脑海中再现，他不由得怅然泪下。

宋步云当即决定返京去见恩师最后一面，回京后，他不顾旅途劳累赶到先生家慰问师母及家人。数日后，他与各界数百人一同参加了在八宝山举行的追悼大会，共同缅怀苦禅先生对中国美术事业做出的贡献。在向先生遗体告别时，他老泪纵横，站立许久，向恩师遗体三鞠躬。回家的路上他一声不响，呆呆地望着车窗外，恩师的离世对他是一次沉重的打击。隔日，他不顾家人劝阻返回长春继续完成那幅巨作。

七月上旬，宋步云返回京城不久即被统战部、文化部列为国家级统战对象，经文化部特批，再次为他落实政策，提升为教授。

同年夏天，应文化部统战部之邀，宋步云携妻与胡絜青、叶浅予、袁运甫、白淑湘等十余人同赴大连棒棰岛疗养，他在棒棰岛、老虎滩、星海公园、野鸽岭、傅家庄、旅顺码头、白玉山、炮台山等地写生作画三周，创作了《棒锤岛早潮》《黄海之晨》《海滨暮色》等十余幅水彩画。他常在沙滩散步，信手捡拾圆形卵石，绘上寿桃，把"石桃"送给同行的朋友们，以祝福千年寿。期间，他将《岛上风光》及国画《多寿图》赠予热情接待他们的棒锤岛宾馆。

1983 年，宋步云（左一）、叶浅予（左二）、胡絜青（左三）在大连

随后，他应邀只身前往青岛采风，在那里受到了家乡人民的热情款待。胶东半岛是宋步云的故乡，面对家乡的山水，他欣喜若狂，恨不能一举写尽海滨风光。在青岛的一个多月里他连续创作了二十余幅水彩写生风景画，其中代表作有《崂山避雨》《海滨浴场》《花石楼》《青岛》《青岛栈桥》《小青岛》等，无不饱含着宋步云对故土的热爱与深情。

早在 20 世纪 30 年代初，宋步云到青岛写生作画时即被崂山美景牢牢吸引。他只身漫步于崂山山间小路上，一边是惊涛拍岸，碧海连天；另一边是郁郁葱葱，青松怪石，在奇特景色之中他感到神清气爽，心胸豁达，发誓将来有机会一定要用画笔尽写崂山美景。

此次青岛之行，为达夙愿他数次前往崂山，恰逢雨季天公不作美，崂山之巅总是阴雨绵绵，云雾笼罩，结果都是无功而返。一次赶上晴天再登崂山，于太清宫小憩，主持在与他攀谈中了解到他的身世和来意后，热情邀请他在寺中小住并引导到附近写生作画。这里石峰耸立，山高林密，向前眺望群峦下伏，峭壑深邃，竹树葱茏、绿荫掩映，景色极其优美。陪同介绍这里每当朝晖夕阳，霞光变幻无穷，是赏景最佳地方。刚欲作画，没想到顷刻之间大雨倾盆，他们只得慌忙躲进明霞洞中避雨。眼望洞外雨帘中雾霭缥缈的崂山，引得他不顾衣服被打湿，接用顺崖壁淌流下来的泉水调色，欣然写生《崂山避雨》一帧。

1983 年，宋步云在青岛海边

不久夜幕降临，一行人在太清宫寺院工作人员引领下冒雨步入寺中，受到主持的热情款待，并将事先热好的烧酒端于他们面前，让一行人驱寒，宾主落座一起畅谈崂山美景和沿途见闻。不久大雨逐渐停歇，乌云渐次飘散，天空放晴，一轮金色的圆月斜挂于海天之间，将山下碧波浩渺的水面照得金光闪烁。于是在主持的陪伴下，一行人登临太清宫高处观看海上月出的奇观。只见四周万籁俱寂，光洁的月亮被一团金辉托出海面，溶溶月色倾洒海面上，浮光潋滟，玉壶冰镜。岸边清风掠竹，细浪轻拍，景色幽奇绝伦，主持介绍这便是闻名遐迩的崂山十二景之一“太清水月”，明月金辉使崂山和山下的水面变化无穷，正是别有一番情趣。为答谢主人的热情款待，宋步云连夜作墨竹一幅送予主持。

第二天，原本计划趁早登主峰作画，但却又赶上阴雨霾霾的天气，能见度非常低，于是他们被迫打消了登“崂顶”观看“云海奇观”、“旭照奇观”、“彩球奇观”的“巨峰旭照”主峰三大奇观的想法，婉言谢绝了主持的挽留，在寺内工作人员引领下冒着小雨绕道下清宫抵达山下。一路上清新的微风带来丝丝咸腥海风；周边树木花草被连日雨水洗涤得青翠悦目；沿途峭壁之上水流飞溅，瀑布千条，将光秃秃的崖石沐浴得湿漉光润，更使崂山别有一番水天如画的情趣。

一行人途经位于崂山南麓八水河中游的龙潭瀑又名玉龙瀑，但见八水河经过前日大雨洗礼，水位陡涨，汹涌的河水至此处跌落于深潭发出轰鸣，瀑布如蛟龙般飞流直下，吐雾喷雨，水汽连天，景色蔚为壮观。工作人员激动地介绍，这即是崂山难得一见的十二景之一“龙潭喷雨”，只有在暴雨过后才能欣赏到，所以很少有游客能看见。他们在瀑布下观赏逗留之后，互相搀扶着淌过瀑布之下没膝的河水，告别了送行的寺内工作人员，一路下山回到市区。

在宾馆宋步云为《崂山避雨》一作附写打油诗《崂山游》一首：

八月力主游崂山，三人同行志相连。拦车未楼黄鱼待，太清宫殿举杯欢。攀上崂山雨连绵，怒咒崂山为涝山。朝观日出成泡影，气煞立强和小炼。

十月中旬，宋步云回京稍微休息后再作《万里关山迎朝阳》、《幽燕锋火忆当年》等一批国画作品。不久又被聘为中国老年书画研究会顾问、中山书画社及北京市东城区书画协会常务理事，并应邀参加一些社会团体举办的各类大型讲学活动。

美术理论家邵大箴在《杰出的画家、艺术教育家和活动家宋步云》一文中评论：

宋步云的水彩画创作从未中断过，这期间他的技巧更为成熟，水与彩、笔线与色面的结合更加自如，画风更为潇洒自由，融中西画法于一炉，又有鲜明的写意特征，表现出大家风范。

打倒“四人帮”之后，宋步云在古稀之年焕发起艺术青春，以极大的热情投入艺术创作，尤其在中国画和水彩画创作上硕果累累。虽然宋步云很早就学习过中国画，并不时画些小品，但专心致志地从事中国画创作则是从七十年代开始的。这时，他研究花鸟和山水，尤对以桃为主题的创作产生浓厚的兴趣。1980年，经国家文化部落实政策，恢复中央美术学院教授职称，按离休干部待遇，使这位年近古稀的老艺术家重新焕发起艺术活力，在国画和水彩领域奋力拼搏，再现自己的艺术辉煌。他先后到吉林长白山、辽宁兴城、大连棒棰岛、青岛、烟台、威海、厦门等地写生，从大自然中吸取灵感和搜集素材，创作了许多水彩和国画作品。他大胆地把西画的某些造型手法和丰富、响亮的色彩运用于水墨、彩墨之中，并巧妙地将西画的对景写生与传统绘画写印象、写感觉的方法结合在一起，创造出自己独特的风格，丰富了传统中国画的表现语言。

宋步云的作品以其热烈而率真的感情打动观众的心灵。他不刻意求新，他本着自己的天性与良知，默默地耕耘，在朴素、真挚与自然的语言中表现他内心真切的感受。他的艺术创造跳动着时代的节奏，有鲜明的民族气派，有强烈的个性。他的艺术是新的。”

余晖璀璨战病魔

由于过度劳累，宋步云开始不断地咳嗽，却没能引起重视。1984年春，为庆祝建国三十五周年，他应山东省政府邀请赴济南、曲阜、泰安、菏泽等地写生作画。同时为省政府创作八尺国画《多寿图》，另作《寿桃》一幅作为国礼赠送前来参加建国三十五周年庆祝活动的新加坡总理李光耀。五月初回京后参加了“爱我中华，修我长城”义卖捐画活动；为全国残疾人福利基金会捐画筹募基金；为老山前线战士赠送国画作品《关山月》；为香港培桥中学捐赠《多寿图》等一系列义捐活动。同月贵州省遵义市市政府邀请他为“遵义会议纪念馆”创作国画，同时邀请他赴贵写生作画。

为贵州之行，宋步云事先接受了家人体检建议，结果被确诊为肺癌，需要马上住院接受手术治疗。当他知晓身患绝症后仍报以幽默和乐观的态度，在做开胸大手术之前多次感谢前来探望的亲朋，并宽慰他们放心，称自己早已是死过多回的人了，发生再大的事也能承受得住。而当妻子高淑贞询问他病情时，他总是说，别担心，没事的，只是拉个结核瘤子而已，过两天就能出院。

住院期间他还不忘做上几首诗来调侃病魔，足以窥出当时他达观的心态。

《咏柳》诗：

春光明媚信天游，白絮如雪逐风流，万紫千红盖大地，苍松扶岩独欣柳。

《良医颂》诗：

降魔神医属国俊，施术超凡癌除根。医德技深究何许，曲指当代越古人。

为了打发在医院等候手术的寂寞，初进病房时他做的头一件事就是将病房改为画室，餐桌成了画案，到处摆放着特意拿来的画板、速写本和颜料，让主管病房的医生和护士看着都纳罕。他常常当面夸赞他们的医术和护理医术，幽默的言谈笑语就像相声演员的“抖包袱”给主管病房的医生和护士带来愉悦，还抽空给他们作画，写个四六句，以至于探望他的人往来不断，而一向严守院规的护士对这位可爱的老人也是“网开一面”。他们对他就像对待自己的长辈，只要有空儿都愿意到他的病房探望一下，聊会儿天，或陪他到花园里转转，放松一下工作当中紧张的心情。

当年协和医院病友、原北京市红十字中心的李晓燕大夫在中国人物网（2010 年 1 月 2 日）刊发《生活中给了我难忘帮助的人——我的忘年交宋老》一文，描写了宋步云住院时的“活跃”场景：“我坐在床边的椅子上，想理一下自己的情绪，但很快被不远处的一群人吸引了。显然来访那个隔间的人太多，里面容不下，这让只身一人的我感到更加孤独。没想到这群人离开不久，又来了一群人，为了分散自己的恶劣情绪，我开始揣测起这位幸运的病人来。从来访者看，有衣冠楚楚的领导层人物，也有衣着时尚的年轻一族；有仪态文雅的知识分子，也有异国装扮的海外人士。因为病人总是被人群包围着，所以看不清病人的真面目。我周围的病人们也三三两两地聚在一起，对着这些轮番变换的人群窃窃私语。本能告诉我这位病人可能是个‘人物’，但他是什么‘人物’呢？访者如此五花八门，我对这位病人发生了好奇。”

在给宋步云做手术时，医生发现病灶部位仅在肺叶尖上，如全部切除会造成大创面对高龄人康复不妥，于是采取了局部切除的保守方式，结果却埋下了祸根。

1984 年，宋步云术前在协和医院花园写生

宋步云从来都不习惯闲着，在康复期除了积极配合治疗，便是在家写诗作画。在住院期间他就一直惦记为“遵义会议纪念馆”创作国画之事，他也深知手术后不宜辛劳远赴贵州创作写生，在他出院后不久，便偷偷溜回画室完成了承诺，创作六尺国画《硕果》一幅，并致函遵义会议纪念馆：

遵义会议纪念馆负责同志：

值遵义会议五十周年之际，我十分荣幸接受贵纪念馆之邀，谨作《硕果》一帧以纪念我党历史上这个值得纪念的伟大的日子。

我亲身经历旧中国的黑暗和帝国主义对中国的侵略，

耳闻目睹并亲身参加中国共产党领导的革命斗争。抚今追昔，激动之情难以自禁，作蟠桃五个，象征遵义会议胜利召开五十年之意。时间所限，作品水平未能尽如我愿，敬祈惠教！

专此顺颂！

宋步云

一九八四年八月一日于中央美术学院

九月末，他作国画《万寿图》庆祝建国三十五周年，画上题写诗一首："四八甲子年，建国三五春。硕果庆盛事，政得万人心。"

此后，宋步云逐渐恢复了以往的忙碌生活，先后完成了国画作品《多寿图》《万寿图》《幽燕烽火忆当年》《风云常护古雄关》《龙塞咽喉》《秦时明月汉时关》《银河落九天》等十余幅作品。国画《月季》堪称他花卉画中的杰作，作于大手术前，他闲庭信步于医院院内，忽被怒放的月季所吸引，信手速写后回病房创作而成。笔墨简练，神形兼备，带刺的月季傲然婷立，绽开的花朵、微风中摆动的枝叶充分反映了他身染重疾，吉凶未卜的情况下的豁达胸怀和宁静心态。在患病中他的另一幅力作《关山月》是赠送给老山前线战士们的，澹澹月光下的长城烽火台和连绵的塞北山峰，寄托着他对扼守南疆的英雄儿女的惦念之情。

病愈的他则更忙了，忙于参加各种社会活动，为许多单位创作了不少巨型美术作品，有些作品还被中央政府作为国礼馈赠给外国元首，他完全把大夫和亲朋"注意休息"的叮嘱抛在了脑后。

1985 年除夕之夜，到处是火树银花，人们都在自己家中忙碌着年夜饭，可偏偏家中不见了宋步云的身影，全家人四处寻找，最后小女儿好不容易在工作室寻觅到他，只见他正在埋头全神贯注创作国画《花中高士》，画中皑皑白雪覆盖在铁骨枝头，梅花在雪压的枝杈上似锦怒放，在背景暖红色的太阳映衬下，彰显出花中高士异常傲骨旺盛的生命力。作品完成后，他顺手在上面题诗"不甘今岁空逝去，除夕之夜痛作梅"。画案一边墙上还悬挂着的他手书"勤奋"。

国庆三十周年，宋步云全家合影

望着父亲刚刚做完大手术瘦削的背影，宋高阳不知不觉地流下了眼泪。这时宋步云才发现小女一直默默地站在身边，对她笑了笑说：“什么时候来的，我一点不知道。你们都忙着做年夜饭，反正我也帮不上什么忙，就过来画张画，算是给过年添个彩儿。大家都到齐了吧，走，回家吃饭去。”说罢他摘下刚完成的力作，给小女擦干泪水，有说有笑地欣赏着沿路上燃放的各种彩花一起回家过年。

春节过后，宋步云被国务院办公厅聘为中央文史研究馆馆员，李鹏总理亲颁聘书表彰他为中国美术事业做出的杰出贡献。

同年春，宋步云又登上长城，再作《峻岭雄关》《万里关山迎朝阳》等八幅长城图巨作。代表作《万里关山迎朝阳》的画面上并没有出现旭日，但从箭楼、群山、松柏上尚未退尽的晨曦中却惟妙地表现了旭日东升的那个时刻，烘托出万里雄关的巍峨壮丽。期间，他还应文化部之邀创作大幅国画《中巴友谊万古长青》文化部作为国礼馈赠巴基斯坦政府。

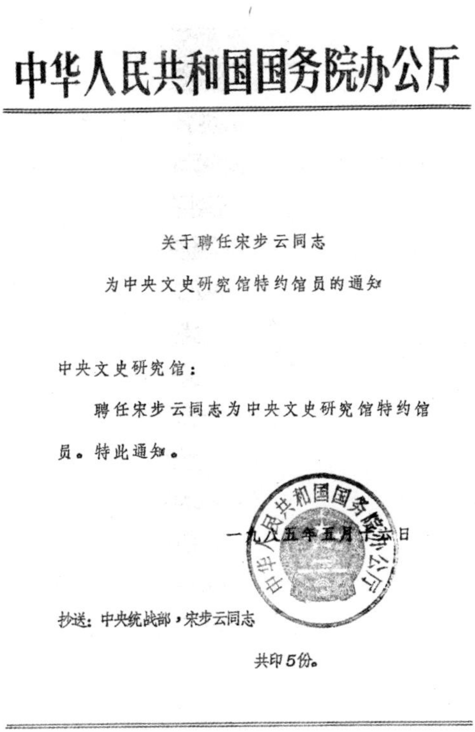

中华人民共和国国务院办公厅

关于聘任宋步云同志

为中央文史研究馆特约馆员的通知

中央文史研究馆：

聘任宋步云同志为中央文史研究馆特约馆员。特此通知。

一九八五年五月十六日

抄送：中央统战部，宋步云同志

共印5份。

1985年，宋步云被国务院办公厅聘为中央文史研究馆馆员

这一阶段，宋步云的中国画有不少是写实花卉，如窗前的《枸杞》，庭院的《藤萝》，亲手培植的《玫瑰香》，案头的《哈密瓜》，瓷花盆中的《水仙》，友人赠送的盆花《朱顶红》，女儿从长春带来的《君子兰》等等，都跃然纸上。他最常画的要数翠竹和雪梅，这与他一生淡泊明志、刚直不阿的性格密不可分。他笔下的竹清俊秀雅，色调明朗，带有劲节凌空气势。他常以“乘东风破逆流一叶轻舟”或“高节清风”作为题跋，与他的《藤萝》上的题跋“攀附非吾志，清寒只自知”、《白雪红梅》题跋“有梅无雪不精神，有雪无诗俗了人。日暮诗成天又雪，与梅并作十分春。”有异曲同工之妙，托意画家之冰魂铁骨的性格，朔风磨砺的气质，和顽强抗争的生命力。

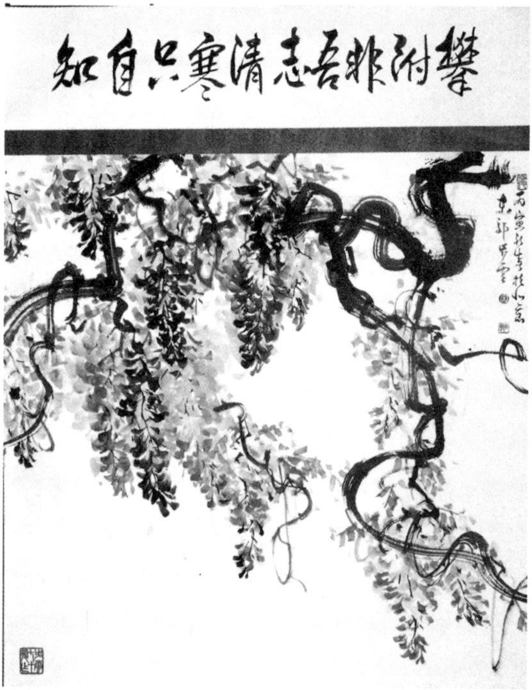

1986 年　国画作品《藤萝》

在得知宋步云身患癌症做完大手术的消息后，吴作人、李可染、叶浅予等先生相约来到画室探望。他们畅谈许久，从武汉、重庆的抗战文化到鲁迅的新兴木刻运动；从重庆中央大学、重庆艺专的教学到北平艺专、中央美院的建校；从迎接北平解放到邓小平的改革开放；从解放初期的鼓励科学普及运动到历次政治运动，抚今追昔，感慨万千。

随后，他们欣赏了宋步云近几年来的绘画作品，在看到他 1980 年所作的《适时而食》时不禁拍手叫绝。一把散开的水萝卜鲜活逼真，质感饱满地呈现在众人眼前，西画光的表现手法与国画的水墨效果融合，标志着国画改革的成功。面对此作品，大家不由得谈起十年动乱对美术教育事业的践踏以及他们的坎坷境遇。宋步云大有感慨，遂在画上题写了四言诗一首："适时而食，以堆论值。十年动乱，知识背时。生活悲惨，幸免无事。忆若写照，贻来者识。"

宋步云国画作品上的边款和题跋都有一个突出的共性，即从不挪用现成诗句，而是依据画的内涵、凭自我的真情实感附诗落墨，使画的内容与题跋、诗句贴切、和谐。对此，宋步云在《从艺六十年回顾纪略》一文中做过注脚：

> 画上的题字总是因画面所需临赋之，只是即兴抒情而已。我在小时候读过几年私塾，严格地写过几年正楷字，读过四书五经、唐诗等。我从不因诗而作画，而是因画而成诗的。更不愿用古人的成诗去配画，我愿意因自己的画需要才配诗，比较切题。我作国画也很少请别人代为题字，别人的字虽好，但与自己的画面难以协调。

1985 年 7 月，宋步云于徐悲鸿诞辰九十周年前夕向徐悲鸿纪念馆赠送国画《桃李满天下》，并致函如下：

徐悲鸿先生诞辰九十周年纪念大会

暨廖静文馆长：

值徐先生诞辰九十周年，谨献上《桃李满天下》蟠桃图一帧，以志纪念。余初识徐先生自迄四十余载，往事如烟，岁月蹉跎，每思及先生凛然正气，浩若长虹，谆谆善诱，心长语重，总不能自已，万端感恩系，挥就此作，聊表缅怀之寸心。

画硕桃有九，喻先生福寿九十，先生开拓之艺术事业，虽屡经坎坷，而万世流芳。硕桃丰盈，累累坠枝，喻先生一代宗师，苦心孤诣，而终于桃李天下。桃树干挺而果实，喻先生植艺术之根于华夏沃土，渴求进取，博采众长，锲而不舍，其精神已为艺术界之国人发扬光大矣。

余绘此帧，幸得先生生前挚友刘金涛先生精心装裱，更使硕桃增华，亦共表吾侪感念徐先生情也。

后生

宋步云谨贺

一九八五年七月十二日于北京

同年夏，宋步云应文化部统战部之邀携妻与卢光照、资华筠等数十位艺术家赴烟台、威海疗养，中途受海军某部之邀携家人赴长岛、蓬莱、招远、青岛等地游览、写生三月有余。

他在刘公岛创作水彩画《黄海之滨》，在长岛创作了多幅水彩画作品，在蓬莱阁创作了《蓬莱仙境》。在前往青岛的路上，受到招远市有关部门的热情接待，小住数日，参观了金矿的整个采金和提炼过程。在去往青岛的沿途上，他被家乡的经济发展、农村新面貌所吸引，一路目不暇接，走走停停。经过半个多月的行程终于抵达青岛，入住八大关荣成路一幢花岗岩建造的石楼里，这里闹中取静，环境优美，离第一、二海水浴场和那栋闻名遐迩的花石楼近在咫尺。舒适温润的海洋性气候非常适宜他的身体康复。

1985年，宋步云与高淑贞在烟台海滨

在青岛修养期间，宋步云与久未谋面的好友郑乃珖意外重逢。他们一起漫步于海滩，回顾如烟往事，一同登崂山写生，携手去海军潜艇基地体验军旅生活，在人们惊诧于大海中畅游。两位老人冒着肆虐的台风互相搀扶着，屹立于海滨崖头，观看海面上卷起的巨澜……期间，他作《崂山》《海滨浴场》《青岛海滨》等二十余幅水彩画。

初冬，宋步云回到京城，创作了一批国画作品，如《水仙》《朱顶红》《藤萝》《君子兰》《白葡萄》《秋实》《善者多寿》《清风高节》等。

1986 年 6 月，宋步云作为杭州艺专李苦禅第一届毕业生中唯一在世的弟子赴济南出席李苦禅纪念馆开幕式，赠予纪念馆国画《桃李满天下》一幅，并致函如下：

致函李苦禅纪念馆：

时值人民美术教育家、国画大师李苦禅先生纪念馆建立之际，谨献《桃李满天下》图以示纪念。

先生于三十年代在杭州国立艺专执教，余习国画启蒙之师，朝夕相处、受益匪浅。抗战胜利后，先生即应徐悲鸿先生聘，任北平国立艺专、中央美术学院教授职，毕生从事美术教育达六十年之久，授业门生普及天下。余与先生相处二十余载，先生凛然正气，浩若长虹，谆谆善诱，语重心长，每思及此，感慨万端。今逢建立纪念馆落成之时，敬绘此帧聊表缅怀之情。此硕桃有六，喻先生从事艺术教育六十年，开拓之艺术事业，虽屡经坎坷，但先生临大节而不为夺之风为世人所敬佩。先生一生苦心孤诣，植艺术之根于华夏沃土，画风独树一帜，硕果丰盈，为祖国美术史章增谱新篇桃李天下。一代宗师，当万古流芳。

谨致李苦禅纪念馆

后生宋步云恭贺

一九八六年六月于北京中央美术学院

1986 年，宋步云在济南李苦禅纪念馆

1986 年，宋步云在威海海滩作画

之后，宋步云受中央文史馆之邀再携妻女赴山东烟台、威海写生数周。这是他四年连续第五次回到故土，每次他都满怀深情地将艺术奉献给生他、养他、让他无限眷恋的母亲大地。在烟台海滨，他沿海岸沙滩漫步，寻找最美的创作点。这里既无暗礁又无渔船，能画什么呢？他追求的是平中见奇，天空中缓缓漂移的白云，半隐半现从云层缝隙中射出的一束耀眼的阳光，被暖色晕染的云层，波光粼粼的浩瀚海面，看似平常的场景在他的笔下蔚然成就一幅美妙绝伦的《海空逆光》画卷。

宋步云对身边的女儿高阳说："美，是无处不在的，就看你有没有发掘美的一双慧眼了。"他在写生创作中再一次以平实的、有启发意义的话语点拨了女儿对环境的观察力。当高阳还在回味着父亲的一番话时，父亲转了个方向，又创作了一幅《烟台一角》。此次之旅，宋步云创作了《威海》等一批水彩画作品。

回京后，恰逢中央文史馆建馆三十五周年纪念日，为此他奉上大幅国画《寿桃》，题款识："文史建馆三五秋，硕果累累不胜收。群贤挥毫诞辰祝，沐浴洗心献寿桃"。

不久，宋步云又应文化部统战部之邀携妻女与秦岭云、英若诚、沙博理、姬麒麟等艺术家一起远赴黑龙江疗养写生三周，游览了镜泊湖、毛公山，吊水楼瀑布，深入到湿地、火山、熔岩台地、原始森林腹地，登千米高山观看镜泊湖火山口，下熔岩隧道探奇地下森林，他年迈抱恙之举令随行的小伙子也瞠目结舌。期间他创作了《镜泊湖飞瀑》、《镜泊湖滨》等二十多幅水彩画。

他创作的《镜泊湖飞瀑》采用大面积留白的方式来表现吊水楼瀑布。他一边画一边对女儿说："水彩画也像国画一样要讲究空白来表现意境，这样做会使瀑布更显气势。我的另一幅《静月潭》水彩画也同样采取了留白方式，使一潭湖水更宁静传神，这种神韵得益于中国画。"女儿感受到父亲的水彩画中留白的手法非常独到，也是非常经典的。

宋步云漫步于镜泊湖畔，面对碧波万顷、山水相连的迷人景致，没有侧重描写庞大场景，反而转身选择了停泊在湖畔的一片小船。

他从小船上发现优美的曲线，具有抽象的线条美与色彩美。宋高阳紧凑在父亲身边，看着父亲潇洒挥毫完成了《镜泊湖滨》画作。她惊诧地发现画作中的小船如书家狂草般“写”出，线条粗放有致，配以蓝色的湖面、绿树、别墅，呈现了一幅动感强烈的水彩画图。作品中可以清晰地看出他深厚的书画功底从他老辣的水彩画笔端尽情地宣泄出来，他将水彩、国画与狂草三者不同的创作技法融为一炉，达到了出奇制胜的艺术效果。

宋步云每次出游，总是兴致勃勃欣赏美景，不知疲倦地写生作画。小女不但从父亲身上学到了勤勉创作作风，也得到了父亲亲授的机会。父亲每天清早踏着晨露、傍晚披着彩霞到海边或湖畔画海滨、湖畔朝阳暮霭余晖。高阳常常坐在他的身旁临摹写生。她发现父亲画水彩有很多自创的手法，比如作画时常用笔杆和自制的刮板刮出长长短短的笔触，用以强化物体造型，他运用干湿画法得心应手，流畅自如。宋步云常常边画边对小女讲：“水彩画就像小提琴的琴声优美而轻快，即使画面变干后还能感觉水仍在流动，仿佛未干。控制水感是关键的关键。”在陪父亲游历山东半岛和镜泊湖的过程中，高阳得到父亲的亲授，受到教诲和启发，对她以后的艺术创作之路大有裨益。

从宋步云创作的《静月潭》《镜泊飞瀑》和《鼓浪屿》三幅水彩画作中可以看出他在色空对比上的独具匠心，有一种迥异于西方水彩画的东方韵味。一般来讲天是实空，水是实体，而在中国画里水常常作为虚空来处理，使之达到特殊灵动的效果。《静月潭》是创造水的空境的绝妙画图。一片净水，在即兴落笔、落色的包围圈里显得倍加静化与净化。不画日，不画日影，却以一片虚空引起旭日当空的联想，勾起人们心灵里的一片清静世界。《镜泊飞瀑》完全让飞瀑水口与天空沟通，连成一片，虚空、实空合一，相互强化了视觉冲击力，成为他画飞瀑特别精彩的一幅。

离开镜泊湖，宋步云又应黑龙江书画函授大学之邀为学生们现场教学，录制国画教学课程，在哈尔滨滞留数日后回京。

同年 10 月，宋步云应邀携妻儿赴闽南沿海旅游写生二月有余，这是他年内第四次异地之旅。他以超常的毅力克服病痛的困扰，在南国旅行写生，创作了《福建侨乡》《鼓浪屿》《郑成功像》《侨乡掠影》《近水遥山》等一批水彩风景画，丰富了他的绘画内容，增添了新的写实题材。

水彩画《鼓浪屿》在光与色运用上，实空与虚空表现上，以及中法与西法融合的交融中，在微妙关系的把握和表达中达到了非语言所能转述的程度。它成功地运用了“隐形勾勒法”，这些看似随意的线条，闪动、隐约在块面、明暗、色空交融的造型之中，如同山有盘骨，叶有脉络，水有波纹，画中万象流淌着自身的血脉。这些富于动感、充满活力的线条是用彩笔倒转端头点划而成，近似油画的刮刀，其效果是将运动的线条自然地重叠、交错、纵横，在自由往复、穿插、滑动中丰富了水彩语汇，深化了作品的意境，活跃了画面中的光感和气氛。

早在五十年代初，宋步云在赴中南地区、福建中南部、广东、广西等省指导地方科普工作时，就被福建沿海地区优美如画的风光所吸引，但由于工作忙、任务重，没有闲暇时间去搞创作。弹指一挥间，三十多年过去了，面对中南沿海、特别是邓小平南巡讲话后发生的巨大变化，他振奋不已，创作激情勃发。在有关部门的精心安排下，他先后访问了榕城的涌泉寺、西禅寺、林阳寺、地藏寺、万福寺、雪峰寺等六大重点佛教寺院和风景秀丽的于山、乌山、屏山。其间，与时任福州画院院长的郑乃珖再次相会，受邀前往府邸畅叙一日。离开榕城沿海边公路向西南行驶，他饱览着道路旁的稻黍波浪和荔树林荫。

路过莆田市于惠安小住三日，欣赏了素有“南国蓬莱”美称的湄州岛，碧海、金沙、绿林、奇石、庙宇构于一体的旖旎岛屿风光，令人目不暇接的美景。这里既有千古绝唱的湄屿潮音，又有东方夏威夷之称的九宝澜黄金沙滩，还有峥嵘嶙峋的小石林鹅尾怪石，它们历经千万年的海水冲刷，奇石如神物一般酷龟、如蛙、像鹰、似狮，栩栩如生，惟妙惟肖；更有妈祖庙，逢妈祖诞辰日和升天日，朝圣香客盛况空前被誉为“东方麦加”。妈祖庙后方岩崖上有历代贤人雅士、朝客留下的“升天古迹”、“观澜”等石刻。站在崖石上，辽阔海空之间舟楫穿梭，山海相衔，海天相连；潮汐吞吐之声由远及近，初似管弦细响，继而如怨如诉，再若龙吟虎啸，终如钟鼓齐鸣，像巨雷震天，骤雨泻地，此为扣人心弦之湄屿潮音。众多奇美景致形成水中有山，山外有海，山海相连，海天一色的奇特自然景观。宋步云面对美景创作了多幅湄州海岛风景图。

1986 年，宋步云在福建湄州岛

途经石头城泉州和侨乡晋江，宋步云在此地逗留一周，参观了有“世界宗教博物馆”之称的泉州清净寺、唐代的开元寺双塔和具有特色的殿宇建筑、清源山的老君岩造像、天后宫、清净寺、灵山圣墓、摩尼教草庵、伊斯兰教圣迹灵山圣墓、伊斯兰近 300 方石刻，体会到泉州的宗教文化的悠久历史和丰富的东西方文化遗产对东南沿海所产生的深远影响，南宋著名思想家朱熹在游历泉州时发出的“此地古称佛国，满地皆是圣人”的感慨，应该是对泉州众多宗教文化最好的诠释吧。

在晋江和石狮两地，清晨他推窗而望，俯看侨乡古老的翘屋脊瓦房与新建的石楼交错栉比，河滩、绿树、稻田的块面、线条“织就”了一块悦目的“织锦”，他不由得以速写的线条，快板式的形式创作了《福建侨乡》《侨乡掠影》等数幅水彩画。画面上轻快的色阶透明而流动，生动地再现了侨乡风光。

南行抵达厦门，横渡鹭江，在鼓浪屿省政府疗养院居住、写生作画月余。这里邻近郑成功雕像、菽庄花园、日光岩。每日清晨，他呼吸着略带咸味的海风，伴随着不时传来的钢琴声，或独步于郑成功雕像下，或绕岛观景，欣赏素有海上花园、万国建筑博览会美称的岛屿，或徜徉于海滩，在菽庄花园倚栏而息，观赏园内独特的海藏园、补山园景色。这里以园藏海，以园饰海、以海拓园、以石补山、以洞藏天，傍山为洞，垒石补山，与远处水光山色互为衬托，浑然一体。园内所造楼台亭榭形态各异，迦桥低栏，形若游龙。在园内观海，波浪拍岸，倚栏远眺，尽山海之极致。他登日光岩，俯瞰美丽的鼓浪屿、鹭江对岸的厦门市，隔海遥望依稀可辨的金门岛和大旦岛、二旦岛，他以舒畅的心情创作了《鼓浪屿》《郑成功》《厦门渔户》《近水遥山》等十余幅水彩风景画。

水彩画《厦门渔户》，他运笔迅捷而准确地画出庞大的船身，竖笔写桅杆，旋笔写缆绳，正反手式，左右开弓，而这些“草书”飞白的“写”与“洩”，横生意趣，调遣着西方印象派热烈饱满的光色感转化为东方神韵。画面上饱蘸橙红、熟褚等暖调色彩配以蓝色的水面，将渔船、海面和绿树、岸上的别墅、雕塑巧妙地融汇，将西画水彩和国画的手法与狂草的艺术三者完美地融为一体，在情景交融，诗情画意中无不浸透着透明水彩的特性和东方艺术的意蕴，使画面呈现出一种动感强烈、活泼的整体性跃动。

期间，宋步云穿梭于鹭江两岸，前往市区湖里、集美、海沧、思明等地旅游写生，参观访问了爱国华侨陈嘉庚创办的厦门大学、集美大学和位于厦门岛南部五老峰下的南普陀寺。又抽数日前往隔海相望的漳州市，游览了闽南碑林的云洞岩、漳州滨海火山国家地质公园、灵通岩、漳江口红树林保护区、南靖乐土亚热带原始雨林、被誉为东方的夏威夷的东山岛、东山风动石、海滨森林公园、保存完整的云水谣古镇土楼、赵家堡以及白礁村慈济宫。宋步云依此创作了多幅水彩风景画。

1986年，宋步云在鼓浪屿

翌年春，宋步云受中央文史馆之邀携妻与二十余位学者、专家一起再赴山东菏泽牡丹花基地写生作画，创作了多幅以牡丹、芍药为题的水彩和国画作品。国画《君临百卉》，笔墨简洁，色彩亮丽，点画出绽开的牡丹、芍药，又以率意的笔墨将赭黄色的枝叶勾画穿插于鲜花之间，托举出牡丹、芍药的雍容华贵，题款识“群芳遨游牡丹乡，万紫千红惹人狂。国色天香万千亩，满堂富贵有余香。一九八七年四月廿六日，曹州赏花归来写此，以期春色长留人间”。

在游梁山时，勾起他多年前的回忆，那时凭高眺望八百里烟波浩渺、耳闻渔歌荡响，恍若置身江南水乡。而现在可见湖底龟裂，河水干涸，芦苇荷根裸露，风吹沙尘漫天，原有的湖光水色荡然无存，一片颓败景象，宋步云不由得对景叹惜，心生悲凉。

途经泰山一览，泰山风景以其壮丽闻名遐迩，宋步云虽已多次攀登过，但他一直是对泰山静穆中透神奇的感觉情有独钟，此次再登泰山，他不顾年迈病体，攀登十八盘直达玉皇顶，小伙子们对此无不叹服。

1987 年，宋步云与许麟庐在山东菏泽

宋步云几十年来一直有个心愿，即有机会到泰山拜祭老友冯玉祥将军。此次离京前他就意识到这也许是今生最后一次泰山游了。第二天清晨，他不顾前日泰山之旅的疲劳，在同行人员的陪伴下前往泰山西溪拜谒冯玉祥将军之墓，一路顺山涧溪流前行。在跨过横亘于泰山西溪石峡两岩之间的单孔石拱桥时，他伫立良久，此桥是冯玉祥将军隐居泰山时筹资主持修建的，桥拱楣上镌刻着三个隶书大字“大众桥”，也是冯玉祥将军亲自命名题写的，现如今早已成了一座历史文物，也成为冯将军墓前的一座为民丰碑。

来到墓前，他仔细地打量着，高高的墓阶石有六十六级，分为四层。当地人介绍说四层代表冯将军戎马一生走过的四个阶段：第一层二十级代表他出生到从军；第二层十四级代表他从青年到成年；第三层十四级代表他由一个旧军人转变为坚定的民主战士；第四层十八级代表他坚持抗日，反对分裂，为祖国的民主与和平奋斗不懈的战斗生涯。六十六级台级象征着将军戎马一生所渡过的六十六个春秋。拾阶而上便来到苍松翠柏掩映中的将军墓地。

冯玉祥将军之墓坐落于泰山西溪口东侧，正对着横跨东西走向的大众桥，前临深涧，背依科学山，松柏苍郁，肃穆庄严。墓壁用米黄色花岗岩砌成，上面正方镌刻郭沫若手书“冯玉祥先生之墓”七个金色大字。下方镶嵌的是冯玉祥先生侧面铜质鎏金浮雕头像，下嵌黑色磨光花岗石方碣，以隶书镌刻着冯玉祥于 1940 年 5 月 30 日自题诗《我》：“平民生，平民活。不讲美，不要阔。只求为民，只求为国。奋斗不懈，守诚守拙。此志不移，誓死抗倭。尽心尽力，我写我说，咬紧牙关，我便是我，努力努力，一点不错。”

这首诗是宋步云当年与将军交往时他写下的自勉诗篇，诗句铿锵有力，掷地有声，在四十年代广为流传，曾激励着一代人奋起抗日。先生是一位中国近代史上的著名军事家、政治家、思想家，面对蒋介石假抗日、真内战的不齿行径，他奋起抗争，积极宣传反蒋抗日主张，立誓抗外辱、惩国贼。他还是一位开明的爱国将领，亲民如子，结社办学，修路建桥，守诚守拙、尽心竭力，视拯救民族危亡为己任，意志坚定不移的布衣将军。自题诗《我》不仅是自勉，也是将军斩钉截铁的人生宣言。

宋步云在墓碑前站立良久，当年往事历历在目，不由得怅然泪下。他祭扫墓碑，把携带的花束恭恭敬敬地摆放在墓座上，寄托对老友的敬仰与怀念之情。临别时，他在墓碑前向离别四十余年的老友三鞠躬，祝愿将军在泰山之巅安息，祝愿将军所期盼的富民强国之梦早日实现。

回京后，他受中央美院老艺术家联展组委会之邀，精心遴选出十幅水彩、国画作品参加了展出活动；应文化部邀请，参加了日本著名和平人士西园寺公一“八十寿辰纪念活动”，并受文化部之托作《多寿图》致贺；受中央文史馆委托创作丈二巨幅国画《万寿图》，作品画幅宏大，构图复杂，三十八枚蟠桃蕴含着庆贺伟大祖国欣欣向荣的三十八周年之意，在人们眼中蟠桃已经不仅仅可供食用，还是一种理想和祝愿。它饱含了老艺术家对世间善良人们的祈福，对蒸蒸日上的祖国寄托着无限的希望。它是对精神方面的启示和引导，是对生命、对美好生活的礼赞，也蓄积着画家对生命意义的不断求索，从中可以深刻地体会到老艺术家一生追求光明的爱国情怀。

1987 年，宋步云为中央文史馆创作巨幅国画《硕果庆盛世》

著名书法家萧劳在画的右下方题诗“高馆依稀西母宫，绥山桃熟饷仙翁。千枝低压秋林重，一抹丹砂过雁红。萧劳题句，九十有二。”这是宋步云所有作品中唯一一次由他人题写的词句。

作品精裱后被中央文史馆珍藏，每逢重大庆典都会将它悬挂于接待大厅供来宾欣赏。尔后，他再次受中央文史馆委托，为国务院所属的首都宾馆新馆创作巨幅国画《硕果迎宾》图。

同年夏天，宋步云受解放军某部之邀携妻女前往辽宁兴城、葫芦岛、锦州、山海关等地写生作画。启程前他有些轻微的咳嗽，到兴城疗养院后作透视检查发现肺部有癌症复发的可能，只得提前结束行程返京就医。

早在是年春节后，他就开始筹备从艺六十周年个人画展，但由于癌症复发需进行手术治疗，被迫放弃了油画部分，只展出水彩和国画作品。那个时候，他已经隐约意识到即便手术了也很难康复如初，但他还是以平淡的态度接受了现实，仍然乐观、幽默地与医护人员和亲属们说笑。住院后的第一件事还是把病区当成了画室，他不愿就此放弃艺术创作，他舍不得就此中断一生追求的美术事业，他在手术前抓紧时间理画、画画，创作了《双艳迎春》《瑶池仙品》等作品。

9月下旬，他在协和医院顺利地接受了第二次手术。术后数日他趁治疗空隙悄悄地溜出医院，来到画室又拿起画笔创作。他活了一辈子，画了一辈子，对他来讲不吃饭可以，不睡觉可以，忍受着伤口钻心的疼痛可以，不让画画那可是万万不可的，他要利用尽可能多的时间在绘画道路上走得远些，更远些。

在治疗中，为“保全”双

1987年，吴作人参观宋步云画展题字

手，他恳请护士在他脚上扎针。他躺在病床上也不歇手，为准备参展作品进行构图、设计。在化疗期间，“宋步云艺术活动六十年”个人画展于10月22日在中国美术馆举行。为亲自参加开幕式，在他执拗的要求下，经医院领导研究勉强同意并特派二位医护人员陪同。

党和国家领导人习仲勋、方毅、邓力群，及谭启龙、高占祥、英若诚等中央部门、北京市政府、山东省领导以及亲朋好友数百人出席了开幕式，吴作人、刘开渠、靳尚谊、李可染、叶浅予、廖静文、胡絜青、华君武、叶浅予、邵宇、朱丹、黄胄、许麟庐、胡爽庵、白淑湘、萧淑芳、常任侠、秦威、张仃夫妇、沈左尧、王莲芬、孔繁章、萧劳及苏仲祥、舒光升等也前来祝贺。

1987年，《宋步云艺术活动六十年》合影
右起：山东代表、王莲芬、常和平、高淑贞、萧淑芳、常任侠、宋步云、李可染、白淑湘、邹佩珠、宋慧成

习仲勋饶有兴致地与宋步云携手观赏作品，当得知他刚刚做完开胸大手术后关心地询问他的恢复状况，并再三嘱咐他一定要积极配合医院治疗，恢复好身体，在美术事业上发挥余热。方毅为宋步云题写了苏轼的《咏桧》诗句“凛然相对敢相欺，直干凌空未要奇。根到九泉无曲处，世间惟有蛰龙知。”；邓力群专程派人送来书信对画展表示祝贺；吴作人现场题写“气象万千”；白鹰题写“独具一格”；谭启龙、高占祥、刘复之和好友们也纷纷题词、留言，祝贺画展举办成功。参观展览的人士络绎不绝，在社会上取得了巨大的反响，并受到美术界的关注。

期间来自英国、法国、西班牙、德国、比利时等国家大使馆的文化参赞对宋步云的水彩画倍加推崇，表示没想到在遥远的东方国度里能看到这么纯粹、地道的西画上乘作品，实在难得。他们为此深感惊讶，拍手称道，并希望在他身体允许的情况下到欧洲进行文化艺术交流。

在宋步云筹备画展期间，得到文化部党委统战部王莲芬部长的全力支持，在她的热心联系下，首钢公司工会为展会提供了展馆所需费用，使画展得以顺利举办。宋步云为感激首钢工会鼎力支持，术后恢复期间精心绘制《多寿图》一帧回赠以示谢意。

在宋步云经历了数次化疗后病情暂时得到控制，但他的身体状况已大不如前。但他仍旧忍着重病的折磨，拖着病弱的身体顽强地与病魔抗争着，只要没有治疗，就拼命地作画。在恢复期间，他创作了《闽江行》《多寿图》等国画作品，在《闽江行》上题款识“乘东风，破逆流，一叶轻舟。”反映出老画家战胜病魔的决心以及达观的心态。

1988 年初，为中央电视台彩电中心落成，宋步云抱病精心地创作了国画《万寿图》；为山东省美术馆创作《多寿图》；为毛主席纪念堂管理局、人民大会堂管理局、天安门管理局、中南海管委会创作了多幅作品，并在毛主席纪念堂管理局邀请下参加了纪念毛泽东诞辰画展；为协助北京电视台播出的电视专题片《桃圣——艺术大师宋步云》，他于 11 月再登慕田峪长城，随摄制组前往天坛、陶然亭等地拍摄，并写下《冬日郊游》豪迈诗句：“冬游慕田峪古关，缆车如龙奔九天。雄关万里难睹尽，举杯塞上彩云间。”充分地表现了老艺术家战胜病魔的勇气和乐观向上的态度。

1987 年，高淑贞（左一）、吴作人（左二）、宋步云（左三）、克莹（左四）在展览会上

1987 年，吴作人与宋步云在画展合影

同年 9 月中旬，在山东省政府的热情邀请下，“宋步云艺术活动六十年巡回展”在济南山东省美术馆顺利展出，历任山东省政府、省委领导谭启龙、赵志浩、姜春云、梁步庭、苏毅然以及老友于希宁等老同学、美术界有关人士二百余人莅临开幕式，半月展期参观者络绎不绝，获得了圆满的成功。潍坊市主管文化部门的领导受市委、市政府委派前来祝贺，并盛邀宋步云及其子女前往家乡商谈老艺术家在家乡举办“巡回展”和筹建艺术馆之事。大女儿宋高坪和小儿子宋小弟随同前行，并确定了于次年风筝节之际在市博物馆举办“宋步云艺术活动六十年巡回展”，同时商定了在潍坊市筹建宋步云艺术馆事宜。

1988 年 11 月，宋步云再登慕田峪长城

1989 年 3 月下旬，宋步云怀着激动的心情携妻子及子女宋高坪、宋慧京、宋慧成、宋小弟前往潍坊市参加“宋步云艺术活动六十年巡回展”开幕式，受到了潍坊市政府和父老乡亲们的隆重欢迎。画展开幕式庆典于风筝节前一天在潍坊市博物馆隆重举行，市委、市政府领导尽数参加，同时邀请了参加风筝节开幕式的中央领导及省领导黄华、谭启龙、赵志浩，老友于希宁、王振伦及美术界数百人到场，宋步云以他的百余幅水彩、国画精品向家乡父老汇报他一生取得的成就，半个月的展览反响强烈，参观者络绎不绝，并给予了高度评价。

1989 年，宋步云回到阔别六十多年的家乡

随后，宋步云一家在区政府领导陪同下回故里北海滩高庄。这是他生前第一次、也是最后一次回到原籍。在村口，宋步云恍如隔世，大有“少小离家老大回，乡音无改鬓毛衰”之感，他不敢相信自己的眼睛，村庄的模样与六十年前离开时发生了翻天覆地的变化，原有的土坯房全都改建成红砖灰瓦房，村中的道路也没有了他儿时玩耍的踪影，甚至在欢迎的人群中辨认不出一个老乡来。他感慨万千，猛然间他的思绪回到现实。要不是几位上了年岁的村民迎上来呼唤他二哥、二叔、二大爷，他几乎以为当年的老村民都先他而去了呢。老乡们自报名号，谈起儿时一起玩耍的经历。他在村民的簇拥下七拐八拐地来到了老宅前，老宅基地已被数家村民分别占据了，原来的泥瓦房已变成整齐高大的砖瓦房，仅有当年爷爷在隔壁开设的小卖部几间土坯泥瓦房还歪歪斜斜地保持着原有的一丝面貌，但已是破败不堪无法居住了。村长凑过来问他："二爷爷，是不是我们抽工夫把它翻盖一下，你老和家人有功夫可以回来住住?"宋步云摇了摇头说："不住了，就让它保持原样吧。"

他默默地在原地伫立许久，仿佛依稀看到母亲消瘦的身影在院子里忙前忙后，偶尔回头冲他微笑着；浮现起在他七岁那年离家时，母亲哭得泪人似的，站在高坡上无力地挥着双手，直到母亲消失在地平线上。想起这些，他不由得老泪横流，俯下身子捧起家乡的泥土嗅着，吻着，好似贴着母亲的体温。他捧起家乡的泥土，小心翼翼地放到摊开的手绢上，将它们包裹起来揣进了内衣口袋。他的举止令他的家人和村民们大为动容，也跟着留下了热泪。

他站起身来，抬头看了看湛蓝的天空，又环顾了一下四周，对着老宅笑了，似乎在告诉父母、爷爷、奶奶以及所有的父老乡亲，他这个游子今天是带着胜利，带着成功，带着无比的喜悦，带着六十多年来的思念回来的，他也似乎看到了遥远的深处，母亲和亲人们在以微笑的方式回贺他的成功人生。

告别了家乡的父老，他们驱车驶向北海滩，他漫步于细细的沙滩上，寻找着当年的记忆……。随后登上岸边的渔船，听着船老大嘹亮的起锚号子声，驶向大海深处。望着家乡辽阔的海面，宋步云不由心动，迅速取出随身携带的绘画工具，信笔急书，创作了多幅北海湾美景图。

1989 年，宋步云在家乡北海滩渔船上

回到住地后，他难以平复家乡之行的兴奋，夜不成寐，写下了《故乡行》诗二首：

“青年离家耄耋回，故里变化面皆非。众亲相聚难相认，昧生老人他是谁?”“洼客驱车北海滩，重返故里忆当年。不见亲人空流泪，抓把泥土求心安。”

回京后，他又回到画室进行创作，这时他的身体已不适应外出旅游写生了，他婉言谢绝各方邀请，把精力集中在画身边的静物上，创作了《葡萄》《东瀛风味》《蟹爪莲》等水彩画；为庆祝建国四十周年创作了《漫天红果普人间》等一批国画作品，在该画上题的款识为“满天红果普人间，喜迎国庆四十年。”

为协助北京电视台拍摄专题片《桃圣——艺术大师宋步云》，他抱病于 10 月再登八达岭长城，创作了水彩画《金秋长城》、国画《赤染雄关》并题跋“铁马金戈皆往事，秋日朝阳浴雄关。壮丽美景收不尽，万里疆域一片赤。”

1990 年初，方毅同志为宋步云艺术馆题写了馆名，3 月下旬，宋步云为出席艺术馆开馆仪式再次拖着病体携妻并子女宋高坪、宋慧京、宋高阳前往家乡潍坊参加开馆仪式。

“宋步云艺术馆”设在国家重点文物保护单位、潍坊市杨家埠木板年画研究所的二楼。为了筹建艺术馆，市政府做了大量的工作，增加了人员编制，对建筑进行了大规模的改造，增加了防盗措施，打造了展览画柜。

开馆庆典在杨家埠木板年画研究所隆重举行，由市领导主持，有关部门人士尽数参加，同时还邀请了省委、省政府领导参加。艺术馆成立后参观者络绎不绝，成为宣传推广绘画艺术的一个重要窗口。

1990 年，宋步云、高淑贞与子女在天坛

回程的路上再次经过老家高庄，车临近村口时，他请司机慢行，摇下车窗，遥望着村庄，他感觉到这是最后一次再看看家乡了，他多么想再在家乡的土地上走走看看，再亲吻一下家乡的土地。但他没有这样做，他怕给家乡人们平添麻烦。

汽车慢慢地向前挪动着，他的目光始终注视着那方热土，那里有他儿时的美好回忆，寄托着无限的故乡亲情。他眼里噙着泪花，一直看到家乡消失在遥远的天际，就好像当年他离开家乡时站在马车上使劲向站在高坡上的母亲张望着，一直看着母亲消失在远方一样。

1990 年，宋步云在艺术陈列馆前

执笔走完艺术人生路

回京后，他再次回到工作室，拼命作画，他为自己画，也为他人画，他从创作中寻找快乐，在绘画过程中忘却了病痛的折磨，他就这样画着画着。没多久，到医院复查时，发现原手术部位肿瘤又单个复发，病魔再次卷土重来。宋步云因为已做过两次大手术，肺隔膜已大面积粘连，大夫综合考虑后，认为他年岁过大，肺部又有粘连，手术危险性太大，一旦上手术台可能会发生生命危险。于是决定改为放化疗治疗。及时地治疗虽然暂时控制了病情，但他的身体被大计量化疗、放疗逐渐打垮了，身体虚弱得要命。

倔强的性格支撑着他，使病魔没有立即打倒他，趁着阶段性放化疗间歇时间，强打起精神到工作室去作画。他意识到留给自己的时间已经不多了，不能就这样在痛苦中等待下去，他要利用留给他仅有的一点时间和精力画下去，不允许自己轻易放弃一生所追求的事业，他实在舍不得丢掉苦苦探索的绘画创作。于是他拖着重病的身体，依然故我的拼命忙着，拼命画着，在创作中几乎忘却了自己是重病缠身的病人，他咬着牙坚持着继续沿着中西艺术融合的道路向前走下去，在顽强的抗争中又创作了很多国画精品，为即将出版的画册忙前忙后，挑画选画，撰写文字，甚至不顾劝阻，冒着发生危险的可能与宋高坪一起赴济南商洽出画册事宜。

1991年初，企盼已久的《宋步云画集》由山东美术出版社出版发行，吴作人为画册题名。画册收集了宋步云从二十世纪四十年代到八十年代末共136幅油画、水彩画、国画代表作品。从中清晰所见画家不同体裁的表现手法、创作风格和艺术风采，以及在艺术之路上探索发展的时代脉络。

画册出版后本可以了却一桩心愿，轻松一下，但是，宋步云没有丝毫松懈，似乎比以前更忙了。他为潍坊市博物馆创作国画《万寿图》；为中南海作国画《多寿图》，并收入《中南海珍藏画集》；为中央文史研究馆提供多幅作品参加在香港举办的书画展览。

1992年，中共中央外联部制作的新年贺卡

1991年中旬，邓小平为赠给外国国家元首的贺年卡亲自挑选画图，在为数众多的绘画大家作品中一眼看中了宋步云的《多寿图》。邓小平也从中共中央对外联络部负责人那里了解到老画家在半个多世纪的风风雨雨中，向往光明，广植桃李，默默奉献，笔耕不辍，在绘画艺术领域有着极高的造诣，他的蟠桃图闻名中外，曾多次作为国礼馈赠给外国国家首脑，是现今画坛一位才华横溢、成就卓然的艺术大家。《多寿图》逼真的蟠桃形象惹人喜爱，情趣盎然，题跋“善者多寿”赋有深刻含义，是对不朽的生命和对美好的生活的礼赞。

中共中央外联部派人专程到宋步云寓所，说明他创作的《多寿图》被钦定为1992年馈赠外国国家元首的贺年卡用图。作为回赠，邓小平将名片和印制好的《多寿图》贺年卡以及纪念证书送给宋步云留念。

同年夏天，宋步云受解放军总参某部之邀携妻及子孙赴北戴河疗养。此时他的身体已力不可支，不能像以往那样随处游赏，写生作画了。他只能坐在海边，拿出速写本勾绘片刻，美丽的海景，远去的船舶，落日的余晖令他心中泛起波澜，愉悦中暂时忘却了病痛的烦恼与折磨。

他经常与妻携手，久久地坐在海滩的藤椅上，凝视海天一色的风光，追寻海鸥翱翔的姿态；呼吸着那非常熟悉的略带咸腥味的空气；享受着在微风下阳光带给他的温暖；微笑地注视着在海水中畅游和玩耍的家人。有时实在忍不住大海的诱惑也挽起裤腿漫步于浅滩水中，回味家乡海水曾经给他带来的无限温馨和美好记忆。

1991年，宋步云在北戴河海边

回京后，按计划他继续接受治疗，大计量的化疗、放疗，最终导致肺部严重纤维化，身体被彻底地打垮了。他吃不下饭，睡不好觉，呼吸愈加困难，身体虚弱得连站都站不稳。但即使这样的身体状况，虽已无力再外出写生或去工作室作画，但他仍坚持着让把绘画用具拿回来在家里创作。他感觉到留给自己的时间委实不多了，于是凭着顽强的毅力拿起画笔，抓紧最后的时间搞创作，他实在不甘心轻易地放弃自己热爱的事业。亲朋都为他担心，一直劝他多休息，少劳累。而他依然故我，站着画不了就坐着画，任谁都拦不住。

他颤抖地举起画笔，艰难地调着颜色，家人看不过便悄悄地把绘画工具藏起来，他发现后大发雷霆，这是亲人们从未见过的“爆炸式怒火”，即使是在政治压力最大的时候他也会乐观地面对发生的一切，用坚毅和智慧克服各种难题。而这次他真的发火了，发得连熟悉他的家人都难以置信。而亲人们也很理解，他对家人发火实则是借故对病魔发出强烈诅咒，对行将告别一生追求的艺术生涯的无奈叹息，也是他发自心底深处的最后呐喊。

然而，妻子高淑贞还是委屈地哭了，宋步云强抑“怒火”，颤巍巍地移步到她面前，轻轻地扶住她因抽泣而颤抖的肩膀，悄悄地劝说着什么。从此，家人再也不敢藏起他的绘画工具。而宋步云就是这样，在生命的最后时间里以顽强不息的意志拿起沉重的画笔，继续创作，耗尽人生旅程中最后的一点心力，为生命画上完整而无憾的句号。

最终，宋步云在过度的劳累中因心肺功能衰竭而彻底地倒下了。1992 年元旦过后再次住进北京医院。入院前，他来到画画的房间，认真地收卷起画纸，拧紧颜料盖，清洗颜料盘和画笔，在画椅上坐了很长时间。他嘱咐家人不要随意挪动他的绘画工具，待病愈回家后还要继续作画。随后，他仔细地环顾四周，摇摇头，无奈地说：“咱们走吧。”上车后，他再次深情地注视着自己的家，看得出他是那么地留恋，那么地不舍。

在经过一段精心治疗后，病情得到暂时控制，他又开始闲不住了，催促着让家人把绘画用具拿来，这样，病房又变成了画室，他又可以坐在床上或沙发上构思画稿或向子女们讲述他一生的经历了。

随着病情的稳定，他多次要求出院，却都遭到大夫的回绝。临近大年三十了，宋步云惦记着回家过年，在他的一再坚持下，大夫批准他四天假，并要求阴历初三返回。但由于兴奋过度，就在临行前的头一天晚上心脏突感不适，大夫要求他绝对卧床以免发生危险，于是回家过年的愿望最终化为泡影。

宋步云在重病缠身时仍坚持在家做画

春节期间，大儿子宋慧京、孙子宋华疆一直守候在他的身旁，陪伴他愉快地度过了他人生中的最后一个春节。在言谈话语中，宋步云透露出对妻子的愧疚，他对子女们说：

我这辈子最对不起的只有一个人，就是你们的母亲。她跟我吃了很多苦，受了不少罪。抗战回国以后，她一直跟我到处颠沛流离，过着提心吊胆、艰苦的生活，没能好好地照顾她身体，以致使她留下病根。北平解放前，我在从事地下工作时，她一直帮助我，为我分担秘密工作的重压，在家中帮助掩护地下党员，做了不少工作，但也一直替我担惊受怕。由于复校的事情很多，我一直忙于工作，家庭的重担全压在她一个人的肩上，使她背负生活的重压，没能得到合适的养病机会，身体一直没有得到及时的恢复。

现在想起来，如果当年要不是我把她私下从生活富裕的封建大家庭里带走，她不会有以后的那么多烦恼，生活也会安逸、舒适得多，也许早就和那些富裕的亲戚们一起漂洋过海到其他国家定居了。她一直跟随我走南闯北，远渡重洋学习绘画，但也是因为我的原因，没有能再让她了却自己的心愿，从事自己心爱的专业工作，也没有能尽最大的可能充分施展她的演艺才华。其实当年这些事，只要我多说一句话，就能够满足她的一切要求，但我没这样做，忽略了她追求事业的梦想。但在战乱时期，为了抗战的需要，为了复校工作和夫妻不至于两地分离，当时感觉到牺牲这些也是值得的，但后来发现当年实在是太欠考虑，没能多替她着想，忽略了她的感受。而她总是默默地同意了我做出的决定，从来没埋怨过什么，一直守在我的身边，操持着家务，认真地工作，这更加让我难受，感觉到在各方面都亏欠她的。

解放以后，生活虽然稳定了，但她却又因为我的原因受到了波及，为了我承受了强大的政治压力，受到了社会上的不少白眼，也遭受到了不少委屈。为了证明我们的清白无辜，她拼命地工作，逐渐地变得更沉默了，一直默默承受着沉重的精神压力。由于工作原因，当时我经常长时间出差于外地，进行科普宣传、写生作画，而家庭、工作、精神的压力一股脑地都压在她一个人的身上，以至最后因为不负重压重病缠身，但她从来都是无怨无悔，拖着沉重的病躯，一直承担着这些重压。

好不容易熬过最艰难时期，我彻底平反了，她也办了退休手续，本想能让她过上更舒适、安定的生活。可我又偏偏得上这个要命的病，让她跟着操心，还没来得及享受退休后安逸的休息时间，便开始忙于照顾我各种生活和看病的事情，结果又因操劳过度，得了严重的心脏病，一直都反反复复，没有彻底好过。她都是让我拖累成这个样子的，我实在对不起她，我想尽一切可能报答她，让她享尽人间的快乐，可现在看起来已经是不可能了。以后我要是一旦不在了，你们一定答应替我照顾好你们的母亲，照顾好她的生活，平日要多抽出时间到家里看看她，尽量满足她的要求，不要再让她为你们的事过度操心了，一定要让她安享晚年生活。这是我要求你们的第一点。

再有我留下的所有作品，它们不是属于我个人的私有财产，是属于国家的。它们来源于我描写的祖国山河大地，来自于祖国美好的大自然，找机会一定要将它们回馈于国家。你们不要把它们轻易地卖掉，更不要把它们散失掉，将它们集中妥善保管起来，在将来条件允许的情况下，找适当的机会将它们交给国家或国家美术馆，让它们恒永地供人们欣赏，让那些致力于推动中国美术事业发展的美术工作者和殷殷学子能从中借鉴到一些好的经验。这是我要求你们的第二点。”

这些嘱托的话使子女们深切地感受到父亲的无比眷恋之情，对艺术事业奋斗一生的执著精神，以及对艺术成果归属所印证的他对民族、对国家的无私奉献之高风亮节和坦荡博大之襟怀。

春节过后，他的病情每况愈下，他以坚强的毅力挺过几次病危，大夫不再允许他自主下地了。这时他的思维依然敏捷，表述能力也依然清晰，稍微有些精神便让陪护的子女将病床摇高，用枕头垫起后背，拿起画笔构思画稿。虽然这时的他已不能像以往那样成稿，但他只要一握住画笔，就忘记了病魔给他带来的痛楚和烦恼，以片刻享受的创作快乐做为最后生命的支撑点。

守候在家的高淑贞始终处于焦虑状态，时刻惦念着丈夫的病情，一直想去医院探望，但子女们担心她了解父亲的病情后会急坏了身体，于是找各种借口阻止她的要求，直到医院最后一次下病危通知书为止。3月6日中午，高淑贞在小弟的陪伴下来到医院。当看到爱人虚弱的身体，消瘦的脸庞，她抚摸着丈夫扎满针眼的手，忍不住心痛地哭了。宋步云见她落泪，赶紧用颤巍巍的手握住毛巾在她脸颊上擦拭，微笑地说："不要这么难过，你好不容易来一趟，我们应该高兴才是。你看我不是还好好的嘛，伤心是会伤害你身体的。"

高淑贞听了他说的话，赶紧强忍住又要流下的伤心泪水，笑着附和着安慰他。随后他们紧紧地握住对方的双手，互相询问着身体的情况，嘱咐注意身体，安心养病，争取尽快回家团聚。又寻问他平日送来的饭菜是否可口，还想吃什么，当得知他想吃海鲜馅饺子，赶紧答应回家就准备，明天让小弟带来。

小弟见状借故给父亲买东西，暂时离开了病房，让父母说些他们之间要说的事情。傍晚回到病房，看到他们依然保持着他走以前的姿势，互相握着对方的双手，在悄悄地说着什么。见小弟回来了，高淑贞站起身，对宋步云说：来，让我给你擦擦身子。说罢让小弟从室内卫生间端来热水，扶住父亲的身子，为他全身细心地擦拭。小弟看到母亲边给父亲擦拭身体，边流出伤心的泪水。擦完身子后，她又将宋步云的手脚仔细清洗干净，随手理好他散乱的头发，照顾他吃完饭，又轻轻地为他拍背揉肩，最后把他扶躺到床上。

一切都做完后，宋步云见她还没有要离开的意思，扭头看了看窗外，夜幕已经降临，他牵起妻子的手，关切地说："你累了一下午了，回去休息吧，我这里一切都好，你就放心吧。过两天再让小弟陪你过来。"

1984年国庆节，宋步云与夫人高淑贞合影

在他一再地催促下，高淑贞无奈地站起身，伏在他的耳边说了些什么。随后，她深情地看了他一眼，躺在床上的他微笑着挥手向她告别，挂满泪花的眼睛望着她离开的背影。高淑贞走出病房，忍不住靠墙回望着，痛心的泪水止不住地滴落到胸前。她预感到这可能就是他们夫妻的最后诀别。她一步一回头地挪出了楼道。她清楚，他们夫妻一场，从相识到相爱、相知、相随，不离不弃地、跌跌撞撞地相扶相撑着走到了生命的尽头……

第二天一早，她去市场买回大虾和蔬菜，细心地包了十余个袖珍饺子，制作了可口菜肴，临近中午让宋小弟送到医院。宋步云品尝着妻子亲手做的饭菜连声夸赞好吃。宋小弟见父亲今天精神格外好，吃得也比平日多，非常高兴。中午休息后，父亲让宋小弟将他扶起，靠在病床上颤颤巍巍地拿起画笔研究画稿。看着他专注的样子，宋小弟认为病情有了好转，心里更加高兴了。

1982 年，宋步云与夫人高淑贞在长白山天池

这天是 3 月 7 日，星期六，护工因故临时请假，宋小弟决定留下替班护理。医生交接班查房时见宋步云正斜靠在床上研究画稿，精神尚好，就对他说：“现在看来恢复的不错，要多注意休息啊。”

待查房的大夫离开病房后，宋步云扭头看了看窗外，夜幕正在降临。晚饭时他还惦记着妻子做的午饭的味道，让护士热一下剩饭菜端来吃。休息片刻，宋小弟打来热水与值班护士一起给他擦洗了手脚。待一切都料理停当后，宋步云说还想再画一会儿画。于是，宋小弟扶起父亲，让他靠在自己的身上，拿过画笔递给他。只见父亲抬起手抚平压乱了的头发，之后颤巍巍地接过画笔，正要伸手去接画夹时双臂却缓缓地垂了下去，身子也不由自主地压到了宋小弟的胸前。宋小弟再次把画夹递给父亲，他没有接；摇晃父亲的身子，他没有动；呼唤父亲，他也没有应答……1992 年 3 月 7 日晚 19 时 48 分，宋步云手握画笔走完了他生命的最后一刻。

3 月 28 日，宋步云的遗体告别仪式在八宝山殡仪馆大礼堂举行，国务院秘书长罗干、文化部副部长高占祥以及中央美院、中央文史馆、国务院参事室、总参领导、各地方政府代表以及美术界、文化艺术界相关人士和亲朋好友七八百人参加。许多年迈者在亲友的搀扶下赶来致哀，有的失声痛哭。大礼堂内外挂满了各界人士撰写的挽幛、花圈。人们将鲜花轻轻地放在宋步云的遗体上，表达对这位艺术家的哀思与崇敬。

告别仪式后，美院雕塑系的老师们为宋步云的脸部和手部制作了石膏模子，以备制作塑像用。不久宋步云的墓地在八宝山革命公墓落成，墓碑上刻有墓志铭：

庚戌中秋　潍坊降生，京华杭城　尽习美工，外寇荼毒雉堞烟浓，

南京请愿　斗牛气冲，东渡扶桑　砥砺丹青，投身抗敌画笔为弓，

执教重庆　幸逢悲鸿，水彩画展　六震山城，巨资捐战

赤子心诚，

受命危时　辗转赴京，虑极思殚　美院新生，风诡云谲跟从光明，

指点青年　后学簇拥，豫晋宁夏　皆遣恢宏，西学中用开拓传统，

墨随时代　自辟蹊径，躬迎盛世　点染长城，耄耋之年意气更兴，

多寿园主　桃圣扬名，至高德行　唯尔挺生，抚念摧切吾侪永铭。

九年之后，即2001年8月2日高淑贞仙逝，后与宋步云合葬于北京八宝山革命公墓，家人为她后补墓志铭以寄托哀思：

茹苦含辛　偕夫君共赴艰危　云水襟怀　堪后辈追效典型

年　表

1910 年　庚戌

宋步云 9 月 17 日（夏历庚戌年八月十四日）生于山东潍县北乡高庄一个富裕的农民家庭，取名沛云。父亲宋思伦，母亲王存。

自幼酷爱艺术，跟民间老艺人王家善学雕刻、画艺。

1917 年　丁巳　七岁

就读潍县模范初级小学。后转入济南模范初级小学。又转读私塾，因极为反感私塾先生的刻板教学和旧式教规，联合同窗上诉教育局查禁了私塾学馆。

1923 年　癸亥　十三岁

毕业于济南模范初级小学。同年进入潍县模范高级小学。

1926 年　丙寅　十六岁

毕业于潍县模范高级小学。

1927 年　丁卯 十七岁

就读于潍县由美国人开办的教会学校文华中学（后更名广文中学），结识美术教员丁东斋。

1928 年　戊辰　十八岁

参加爱国民主运动——反帝国主义奴化教育和宗教侵略学潮，与二十名学生被学校列榜开除。为躲避继续遭到政治迫害，被迫离开家乡到济南求学，改名为“宋步云”，自号“晓初”。全国解放后，此次反宗教侵略运动编入了“山东志”。

1929 年　己巳　十九岁

自学一年绘画，走遍山东大地写生作画。

1930 年　庚午　二十岁

年初投考济南东鲁中学，就读半年，后考入济南爱美高中艺术师范科，进三年级插班，与王式廓、王仙坡、于希宁、王振伦等结为同窗好友。

1931年　辛未　二十一岁

九一八事变后，响应学运号召，参与组织济南学生请愿团赴南京向蒋介石国民政府请愿活动。他作为请愿团的联络员，和全体请愿团员一起坚持卧轨斗争，胜利奔赴南京。与平津、山东、上海爱国学生在南京举行了声势浩大的示威游行。“珍珠桥惨案”后，蒋介石政府强令“请愿团”迅速离开南京，并被武装押送返乡。他和请愿团主要成员随车赴青岛继续声援反帝爱国运动。

1932年　壬申　二十二岁

年初，与王式廓、王仙坡相携步出山东，投考北平京华美术学院学习西画。在北平，与姑父租住于高姓富裕人家，结识高淑贞（夏历戊午年正月十三日生于北平）。在他的引导下高淑贞于秋季考入北平京华美术学院，入国画系，拜邱世冥先生门下，后转入西画系。

夏末，宋步云和王式廓、王仙坡南下杭州，考取国立杭州艺术专科学校西画系，师从林风眠先生学习西画，兼习油画，水彩画，素描；拜李苦禅先生门下学习国画。

在地下党员房士圣的引荐下，宋步云加入了共产党外围组织“杭州美术联盟”，参加杭州艺专“木铃木刻会”的活动，加入李朴园教授创办的“杭州艺专剧社”。

1933年　癸酉　二十三岁

宋步云在林风眠、李苦禅启发式教学的影响下，尝试走传统画与西洋画相结合的创作道路。素描《胜利女神》（木炭）是他这个时期留下的唯一作品。

春季，高淑贞在他的帮助下冲破封建家庭束缚，考入杭州艺专西画系，师从吴大羽教授学习西画，兼习油画，水彩画，素描。

经宋步云引荐，高淑贞加入“杭州艺专业余剧团”，参加了古装戏剧《西施》和李朴国教授自编自导话剧等剧目的演出。

1934年　甲戌　二十四岁

杭州艺专的抗日救亡运动，遭到反动当局粗暴干涉，强制解散“杭州美术联盟”、“木铃木刻会”、“杭州艺专业余剧团”等进步社团。为避免遭到国民党反动派的政治迫害，于同年深秋，宋步云携高淑贞与王仙坡、牛君彦等多名同学东渡扶桑求学。初到东瀛便结识傅抱石，成为莫逆之交。

1935年　乙亥　二十五岁

4月1日，宋步云、高淑贞一同考取东京的日本大学艺术系专攻油画，兼习油画，水彩画，素描。师从日本著名画家和雕塑家、法国雕塑大师罗丹的亲授弟子画家中村研一先生。中村研一对宋步云求学态度和画风欣赏有加，破例单独传授他版画、雕刻技法。在导师的推荐下，水彩画《夏之晨》和油画《人体》被日本大学收藏。

在傅抱石和秦威引荐下，宋步云和高淑贞结识了流亡于日本的郭沫若先生和旅日左翼文化界朋友，参加由左翼文化团体组织的“文化座谈会”、“美术之家”等秘密学习活动。同时参加“中华留日学生联合会”，结识了东京左翼旅日美术家、戏剧活动艺术家，与之并肩开展版画艺术交流和新兴木刻运动，创作了一批进步木刻作品发表于左翼联盟刊物上。并加入了“中华留日戏剧协会”、“中国留日同学戏剧团”等左翼进步演剧团体，共同参加戏剧演出活动。4—5月在东京演出曹禺先生的话剧《雷雨》；10—11月高淑贞并在中国剧作家洪深的当代话剧《五奎桥》中饰演女主角，受到剧团业演职员和广大观众高度评价。

8月4日，宋步云和高淑贞、秦威、王仙坡等赶赴千叶县北条参加由中国留日学生组织的“追悼聂耳先生大会”。

开始创作揭露日本帝国主义侵略东三省，给中国百姓造成无家可归悲惨场景的大幅油画《流亡图》，得到郭沫若先生和中村导师的支持与指导。

1936年　丙子　二十六岁

在日本，经常与高淑贞参观东京举办的各国绘画展览，现场临摹名家大作。利用假期，会同萧传玖、王仙坡、秦威等走遍岛国各地海滨写生水彩画。

是年底，在“助手”高淑贞的协助下，于“池袋”画室完成大幅油画《流亡图》。

1937 年　丁丑　二十七岁

七七卢沟桥事变爆发后，宋步云与高淑贞毅然放弃学业回国参加抗日救亡运动。经秦威介绍，加入由上海进步社团组织“上海各界文化界救亡协会”的抗日宣传活动中，与上海文化界进步艺术家联合在一起，以漫画、木刻等快捷、浅显、大众化的美术创作，开展抗日宣传鼓动工作。

淞沪抗战爆发，参加救助收容安置难民的慈善救济工作。宋步云用携带的照相机，拍摄下上海人民支持难民工作的感人场面，以及难民惨不忍睹的生存状况，传递给报社，在国内外媒体上转发，取得全社会对难民救助工作的广泛关注。

经朋友介绍，于同年 10 月中旬，参加南昌泾口沙湖一所正在筹建中的后方医院建设，宋步云负责后勤工作，高淑贞担任病房护理和外科手术室助理。

他们利用通俗易懂、图文并茂的形式，进行抗战宣传，创作了一批揭露日本军国主义野蛮罪行的木刻宣传画，自找油墨动手印刷，张贴到医院和周边乡镇。并联合当地的民众，在村头巷尾创作了许多宣传抗战题材的大型墙头画和壁画。

1938 年　戊寅　二十八岁

4 月下旬，与高淑贞离开后方医院，历经十几天的艰难跋涉到达武汉，与傅抱石、秦威、王式廓等大批进步文化艺术人士汇合。

在好友们的见证下，宋步云与高淑贞幸福的走进婚姻殿堂。

在郭沫若先生的举荐下，宋步云到国民政府教育部社会教育司社会教育工作团工作，任美术干事。期间，经常前往武汉周边省市，以木刻和漫画等不同的文化形式宣传抗日主张。

加入“中华美术界抗敌协会”“中华全国木刻界抗敌协会”，参加“中华全国美术界抗敌协会”“中华全国木刻界抗敌协会”“中华全国漫画作家战时工作委员会”等组织的抗日宣传活动，创作了一批以抗战为题材的木刻、漫画和宣传画，刊载于《抗战画刊》《抗战漫画》《抗到底》《新华日报》等报刊、画刊上。

受民国政府卫生部门之邀，为预防因战争导致瘟疫、霍乱疫情蔓延发生，创作了抗战爆发后，国内第一套系统指导防范疫情内容的系列宣传挂图。

高淑贞在武汉参加进步社团的抗日宣传和难民救助活动，并被进步报刊邀请参与报刊誊写文稿，刻蜡版，绘制报头工作。

武汉失守前，宋步云与高淑贞随驻武汉机关撤离至重庆。随后国民政府合并、撤销了许多政府部门，宋步云与大批机关工作人员失去工作。不久，受聘于国民政府教育部国术教材编辑委员会，负责编纂教科书的美术编审工作，数月后，又因编委会领导层人事更迭，大部分编辑被辞退，宋步云再次失去工作。

1939 年　已卯　二十九岁

经陈之佛介绍，春季开学任教于重庆西南美术专科学校。期间，与进步画家、木刻家和文化人士开展推广新木刻运动，向在校同学传授木刻技艺，引导他们走上抗日救亡道路。

积极参加“中华全国木刻界抗敌协会”推广新木刻运动活动。3 月，以精选的十余幅宣传抗战为题材的木刻作品，参加重庆举办的“全国抗战木刻作品展览会”。为宣传抗日主张，创作了大量木刻和绘画作品，相续发表于《新华日报》《新蜀报》《抗战画刊》等进步报刊上。

为推广新木刻的发展，与邵恒秋、房公秩、王建铎、艾德榜、何惟志、黄子君、郑伯清等积极宣传新木刻运动的人士和文化精英，创办抗战刊物《抗建通俗画刊》。

与傅抱石重逢，结识了吴作人、黄君壁、陈晓南等先生。

5 月，大女儿降生，陈之佛为其取名“宋高坪”。

1940 年　庚辰　三十岁

1 月 1 日，《抗建通俗画刊》创刊，宋步云担任美术版编辑和组稿工作。在国家图书馆仅存的《抗建通俗画刊》创刊号到第十期（1940 年—1941 年）留存资料中，有宋步云众多版画作品：《救国不分老幼》（四幅）、《动员农村妇女推广手工纺织》、《我们应当节省娱乐费救济难胞》（两幅）、《女英雄》、《推广国民教育》、《黑暗世界——奴化教育》、《黑暗世界——毒化教育》、《为大众谋安全的石工》、《无涯的泥潭——敌兵吟诗反战》（五幅）、《以建设答复轰炸——行都的电话兵》、《敌机炸毁了我们的家》、《防空洞一角》、《协助抗属插秧》、《被敌寇劫持的女同胞》、《民族复兴的纪念地——芦沟桥》、《爱国老人李清标送子从军》、《前方战士着衣单》、《踊跃捐寒衣》、《抗敌宣传》、《沉默的战士——悼伤兵慈母蒋鑑女士》（三幅）、《寒夜归途》、《回忆前年的“五三”——寇机惨炸陪都》、《待运军火的力夫》及《候车》等

年初，在陈之佛、傅抱石、吴作人、黄君壁、陈晓南等先生的帮助下，宋步云任职于重庆中央大学艺术系讲师，教授水彩画课程。在傅抱石的鼓动下，重新拿起墨笔，开始中国山水画的写生与创作，尝试西画与中国画融合的可能。

参加“中华全国美术会”重组和宣传工作，宋步云被增补为监事。

宋步云与王琦、刘铁华、丁正献、罗颂清、邵恒秋、李桦等人，在重庆发起创建“中国木刻研究会”的筹备活动

油画作品：

《葵花》（56 cm×69 cm）

1940 年代的作品还有：

油画作品：

《画家之妻高淑贞》（92 cm×73 cm）

《有酒瓶的静物》（60 cm×73 cm）

《初秋》（45.5 cm×38 cm）

《外国老妇》（55 cm×46 cm）

国画作品：

《激流》(92.5 cm×42 cm)

1941年　辛巳　三十一岁

3月，宋步云会同重庆木刻工作者，再议成立一个全国性的木刻组织。

7月16日《新蜀报》刊登了宋步云与卢鸿基、刘铁华、丁正献、张望、王琦、梅建鹰、邵恒秋等40余人共同署名，公示筹备成立全国性木刻组织启事。8月16日，《新蜀报》刊登《木刻简讯》，公示“中国木刻研究会”筹备工作情况。

同月宋步云、王琦、刘铁华、丁正献、罗颂清、邵恒秋、李桦等“中国木刻研究会”发起人和在渝的部分版画家在重庆召开筹委会，会议制定了“木刻会”的办会宗旨、章程、内容、宣传活动等决议。

同年11月参加“中国木刻研究会”在重庆举办全国木刻展览。

抗日战争时期大后方以及重庆绘画用品奇缺，宋步云四处奔走，终于说动重庆一家造纸厂帮忙，亲自到工厂与技术人员研制配方，经过上百次反复实验，造出了大后方第一批“布纹水彩画纸”和急需的水彩画颜料，推动了水彩画在中国抗日战争时期的发展。

油画作品：

《竹楼》(45 cm×37.5 cm)

1942年　壬午　三十二岁

1月3日，“中国木刻研究会”在重庆中苏文化协会正式成立，大会选举了王琦、丁正献、刘铁华、罗颂清、邵恒秋、宋步云等为常务理事，宋步云兼中央大学艺术系代表。

2月12—14日，宋步云携十余幅以宣传抗战为题材的木刻作品，参加中国木刻研究会在重庆市中区夫子池励志社举办的“响应国家总动员文化界宣传周·中国木刻研究会第一次展览”。

5月，宋步云于重庆中苏文化友好协会举办第一次个人画展，除《重庆雨中督邮街》《嘉陵江风光》非卖品外，大部分被国内外收藏家买走。随后他将画展的全部所得捐献给有关部门，作为支援抗战的基金。

6月，在重庆中央大学举行的欢迎徐悲鸿回国仪式上认识了徐悲鸿先生，终生结为良师益友。

《抗建通俗画刊》由于内容带“左倾”进步倾向，不断遭国民党政府挤压，办刊经费捉襟见肘，于1942年7月出版第2卷第2期后被迫停刊。

8月，受重庆国立艺术专科学校校长陈之佛之聘，任艺专讲师，教授水彩画。同时仍任职于中央大学艺术系教授水彩画课程。

10月，徐悲鸿被任命为中国美术学院院长，聘请宋步云为中国美术学院研究员，从事学院的水彩画教学研究工作。

同月中旬，宋步云携十余幅木版画参加“中国木刻研究会”举办的第一届全国木刻展，同时负责展会联系、宣传和中大等院校参展教员组织联络工作。

同年年末，到内江写生，应当地主人之邀举行第二次个人水彩画展。

年底，受重庆北碚温泉寺温汤峡缙云寺（公元432年建）下院主持之邀，为寺内观音殿绘制观音画像，后由艺术家贺白先等人泥塑而成。

水彩画作品：

《重庆雨中督邮街》(38 cm×53 cm)

《嘉陵江风光》(38 cm×53 cm)

《嘉陵舟子》

《江滩》

国画作品：

《中渡口》(68 cm×44 cm)

1943年　癸未　三十三岁

年初，在高象久的引荐下结识了爱国将领冯玉祥，响应其推动的抗日献金运动，为“利他社”早期主要成员。

3月6日，吴作人在《新蜀报》上，以《宋步云的嘉陵江》为题，对宋步云水彩画和嘉陵江风景图给予了高度评价。陈晓南相继在《新蜀报》《时事新报》上发表了评论文章《寒窗读画记》，评述宋步云的水彩画，并写道“抗战以前，在日本时所作之‘江边’风景，烟雨迷茫，淋漓痛快，吾最爱读……”。

初夏，宋步云独身徒步至川中腹地旅行写生，于峨眉山写生作画14天，应邀在成都举办第三次水彩画展，除少部分非卖品外，全部被中外收藏家收藏。

随后独步北上都江堰，南下经乐山而行，沿岷江行程数百里，至三江交汇的叙府，二个多月共作水彩画近百幅。于9月在重庆中苏友好协会第四次举办大型个人水彩画展。

冬初，在冯玉祥、徐悲鸿支持和鼓励下，为山东省赈灾，宋步云举数年来的全部优秀画作在重庆中苏文协展览厅举办大型个人义展（暨第五次大型个人水彩画展），由山东省政府驻渝办事处主持义卖，所得酬金全部献出赈灾。徐悲鸿、陈之佛、傅抱石、丰子恺、吴作人、黄君璧、陈晓南、廖静文、冯玉祥率“利他社”会员莅临开幕式。徐悲鸿看中《嘉陵江夕阳》、《嘉陵江纤夫》决定定购，宋步云决意将其赠送，徐悲鸿表示：待日后举办画展，请你选两张留作纪念。

油画作品：

《嘉陵江畔》（50 cm×73 cm）

水彩画作品：

《嘉陵江夕阳》

《嘉陵江纤夫》

1944年　甲申　三十四岁

3月1日，经教育部审核，宋步云获批大学讲师资格证书。

初春，宋步云再次独步沿长江而上，至江津对景写生。应江津地区之邀举办第六次个人水彩画展，展出新作数十幅。

6月，长子降生。丰子恺为其取名“宋慧京”。

年中旬，宋步云随陈之佛、傅抱石等人辞去在重庆艺专职务，专注于中央大学教学与艺术创作。

入秋，徐悲鸿在重庆举行大型个人画展，赠宋步云“友声集”并作奔马图一幅，又邀赵少昂、谢稚柳、黄君璧各作画一幅，随后有陈之佛、李苦禅、吕凤子、傅抱石、吴作人、丰子恺、关山月、肖淑芳、关良、许麟庐等留下精细墨宝。

油画作品：

《嘉陵摆渡》(45 cm×65 cm)

《重庆磐溪》(38 cm×45.5 cm)

《山花》(49.5 cm×61 cm)

《两江相汇在山城》(50 cm×45.5 cm)

《小憩》(53 cm×65 cm)

国画作品：

《风雨孤帆》(40 cm×41.5 cm)

1945 年　乙酉　三十五岁

5 月初，宋步云应成都艺术界邀请，在成都举行第七次个人西画展览，共展出近期创作的油画、水彩画近百幅。

年底，中大领导层人事更迭，校方以宋步云参加“利他社”、“中国木刻研究会”等左翼社团，创办左翼刊物《抗建通俗画刊》，向学生宣传散布“左倾”言论为由，解聘其教职。

1939 年至 1945 年重庆期间，宋步云先后在重庆、成都、内江、江津诸地举办七次个人西画展，为进行抗日宣传数次参加“木刻协会”展览，并多次参加艺术家联合展出。

国画作品：

《绝壁飞泉》(65 cm×32.5 cm)

《柏溪旧居》(68 cm×45.5 cm)

1946 年　丙戌　三十六岁

5 月，徐悲鸿寻到宋步云“寒窑”，约请他赴北平参加艺专教学工作，同时协助自己接管、筹建国立北平艺专，全权委托其负责完成北平艺术专科学校的复校筹备工作。

6 月 29 日，徐悲鸿自南京写信（廖静文代笔）给宋步云，信中写道：“弟已接受教育部聘任国立北平艺专之职，拟请吾兄相助。如蒙允可，敬希即刻设法启程，务请于 7 月底以前到达北平，以便进行复校事宜。弟将偕吴作人先行赴京。”

收信后，宋步云即携家人启程到达北平，为迎接徐悲鸿、吴作人等一行 7 月底抵平做了充分的准备工作。

7 月 21 日，徐悲鸿亲笔致信宋步云：

步云吾兄惠鉴：

得手书欣知已抵北平。我等六人将于二十四日晨乘船至秦皇岛，二十六日夜约能抵北平，至迟二十七日必能到达。请兄设法至王府井梯子胡同一号询盛成先生得一暂时落脚之处。我一到秦皇岛即电，兄来车站一接。又，寿石工先生系我老友，也系校中将来同仁，请告其一切并求彼相帮，觅临时住处。寿石工先生住西安门外迤北黄城根十八号。

此须　近安

悲鸿　白

内子附候

七月二十一日

8 月，接国立北平艺术专科学校聘书，聘任为副教授，教授水彩画课程，并兼任庶务主任，代理总务主任的职责，负责学校人事、财务、行政管理工作，吴作人负责教务工作。宋步云协助徐悲鸿开始进行北平艺专复校工作，同时完成繁重的教学任务的。

高淑贞受聘任国立北平艺专图书馆馆员，负责扩充图书馆工作和保护管理收藏品工作。

宋步云在为艺专招聘和录用教职员工时，严格按照徐悲鸿提出的“三不要”原则执行，一批德才兼备、艺术上卓有成就、思想上追求进步的画家在建校之初先后来到北平艺专。建校初期，他还多次与徐悲鸿一同或独自前往齐白石、李苦禅、黄宾虹府上拜望，邀请加盟艺专教学。

受徐悲鸿委托，开始着手与北平驻军部队不间断进行艰难谈判，协商从守军手中收回原本属于北平艺专校舍的王府井帅府园新校址。

为艺专购买或签租下水磨胡同、洋溢胡同14号院和47号院、煤渣胡同、火神庙胡同、罐儿胡同以及总布胡同、东总布胡同、大雅宝胡同、褡背胡同等多处四合院，作为各地来校供职的教职员工宿舍。同时，完善各种教学基本设施。

多次受徐悲鸿之托，携其手书只身前往南京与教育部和有关财政部门，协商追加办学经费事宜，历经重重困难，每次都为学校追加回数额不等的经费。

受徐悲鸿委托，宋步云和高淑贞悉心照料原艺专教员日本著名反战画家矢崎千代二的生活，认真执行对日友人的政策，得到地下党组织和徐悲鸿的肯定。

10月，参与发起组织“北平美术作家协会”，齐白石为荣誉会长，徐悲鸿为会长，吴作人、宋步云、刘铁华、李宗津任常务理事、执行会务。宋步云兼管协会的组织宣传和财务工作。负责筹备“赈济北平贫民的义展义卖”展览，义展闭幕后，在协会的委托下，将义展所得作为救济贫民基金悉数捐赠给有关慈善部门。

与进步师生一起坚定地站在徐悲鸿一边，挫败了校内反动势力策动的第一次“倒徐运动”。

是年冬，二子降生，徐悲鸿为其取名“宋慧成”。

年末，经中共地下党员钱开泰介绍，宋步云参加了时任中共晋察冀解放区负责人刘澜涛、蓝公武同志领导的“冀热察华北分区行政公署工作团”地下革命工作。初期委派他利用在北平艺专合法的身份，以及在社会上的工作关系作掩护，协助做一些特殊的秘密地下工作，以秘密身份为地下党组织传递信息和情报，掩护被国民党特务追捕的地下党同志，保护进步师生的安全。

油画作品：

《山城一角》(45 cm×65 cm)

《故都瑞雪》(46 cm×56 cm)

《自画像》(64.5 cm×53 cm)

1947年　丁亥　三十七岁

年中旬，在“反饥饿、反内战、反迫害”爱国运动最初阶段，宋步云得到地下党指示，要求他秘密联合学校的进步势力，保证进步师生的生命安全。在徐悲鸿成功阻止国民党政府搜捕后，宋步云在校除保障参加游行的师生温饱供给，保护他们的安全外，还采取了学校和宿舍内二十四小时轮班巡逻的措施等，并带头夜间在学校值班。同时宋步云受徐悲鸿委托，提取部分经费，为面临险境的师生发放路费，使他们安全离开北平投奔解放区。

在徐悲鸿的领导下，宋步云经过与北平驻军部队一年多的不间断谈判协商，冒着生命危险，克服了常人难以想象的险阻，最终于下半年，将王府井帅府园校址从国民党驻军司令部手中夺回。而宋步云为了收回北平艺专校址及艺专复校其他事宜，曾先后无偿送出自己创作的数十幅西画作品。

10月，在“国民党中央文化运动委员会”策动指挥的第二次“倒徐运动”中，宋步云和进步师生始终坚定地站在徐悲鸿一边，有效地阻止了反动势力破坏学校教学秩序的阴谋。组织召集三大美术团体在中山公园音乐堂举行记者招待会、联合举办画展，对国民党政府支持的“北平美术分会”予以坚决反击。

油画作品：

《白皮松》(团城)(61.5 cm×52.5 cm)

《午门》(46 cm×56.5 cm)

《中山公园》(46 cm×56 cm)

《读报女孩》(50 cm×61.5 cm)

1948年　戊子　三十八岁

3月，次女降生，取名宋高阳。

同月，在宋步云不懈的努力下，终于把建校的一切先期工作安排就绪，为全体师生在帅府园新校址迎接新学年开学，做好了充分有效的准备工作。

5月1日，在宋步云组织、联系下，三大美术团体联合画展在中山公园开幕。徐悲鸿称赞宋步云参展作品《白皮松》："杰作本天成，妙手偶得之"，并决定为国立北平艺专收藏，作为教学范本（现藏于中央美术学院美术馆）。5月7日，天津《益世报》发表徐悲鸿《介绍几位作家的作品》"宋步云之《白皮松》，妙手偶得；另一女人像亦妙。"

8月"反剿民"示威游行后，国民党政府利用暑期学校放假，对北平进步学生进行大搜捕。地下党组织要求宋步云尽快联系徐悲鸿，尽一切可能通知到所有被通缉的学生，确保他们的安全，设法将他们安全护送出北平。徐先生委托宋步云马上联系他们，若需要转移费用，可从学校经费中提取。但由于是暑期，学生都已回家无法一一取得联系，虽然艺专遭通缉的地下党学生和进步青年大多数安全转移出北平，但仍有四名参加"民青"的学生，在校外被捕入监。徐悲鸿和宋步云得知后，动用在北平的所有社会关系费尽周折，终于打听到他们下落，经过积极营救，在地下党组织积极协助和徐校长出面保释下，其中两名学生被解救出狱。

大搜捕期间，他还冒着身家性命危险，将被追捕的地下党员秘藏于家中，并于次日将其化妆成学生模样，躲过军警、特务的层层盘查，安全送出北平回到解放区。

9月，地下党负责人刘澜涛、蓝公武捎来指示：要他向徐悲鸿先生转达党"挽留徐悲鸿先生的诚意"，同时指示他"协助徐悲鸿阻止学校南迁，秘密组建可靠的护校队，保护校产、档案和师生安全，迎接北平解放"。他连夜向徐先生转达了党的指示，研究具体对策。在徐悲鸿主持召开的"应变委员会"会议上，他率先陈述了反对学校南迁的理由，得到参会师生的广泛支持。在以徐悲鸿为首的师生们共同努力下，最终挫败了国民党政府南迁计划，将北平艺专完整的交到人民政府手中。

油画作品：

《岁寒三九雪》（60 cm×72 cm）

《景山白皮松》（65 cm×53 cm）

1949年　己丑　三十九岁

2月上旬，学校接到北平人民解放军军事管制委员会总部的紧急通知：要求艺专配合“庆祝北平解放大会”的宣传工作，创作十一幅党政军领导人巨幅画像，悬挂于天安门城楼上。宋步云、吴作人受徐悲鸿委托，组织“天安门庆典绘画创作组”，圆满地完成了党和人民交给他们的重大的政治任务。

宋步云在大会后创作了油画力作《劳动创造世界》（欢庆解放）。

军管会文化接管小组进驻学校后，对国立北平艺专进行人员调整，4月初，安排宋步云到“华北人民革命大学”参加第一期干训班学习。期间，中共冀热察华北分区行政公署给华北革命大学出具了文字证明材料，证明宋步云在1946年参加了中共冀热察华北分区行政公署领导的地下党工作，出色完成了地下党组织交给他的各项工作任务。8月初，宋步云以优异的学习成绩提前毕业，回到北平艺专。后因蒙受不白之冤，虽经徐悲鸿力保，但仍遭到排挤，被调离北平艺专。

高淑贞留任国立北平艺专图书馆，负责收集、保藏、整理、分编古代美术文物资料以及采编、出纳等工作。

油画作品：

《劳动创造世界》（欢庆解放）（81 cm×100 cm）

《毛主席像》

《朱德像》

1950年　庚寅　四十岁

年初，经徐悲鸿推荐，到中央人民政府文化部科学技术普及局任职兼科普杂志美术编辑。

1950年—1953年间，为开展全国范围科普工作，宋步云和同事们长期深入到全国各地，负责指导从中央国家机关事业单位到工矿农村建立各级科普机构，创办全国指导性科普刊物，培训各地宣传骨干，举办科普宣传活动。同期宋步云还应各地政府机关和工厂的邀请，创作了许多党政军领导人物的大幅画像。

为配合声援抗美援朝、土改运动、政府机关整风运动、镇反运动、三五反运动和新三反运动的各项运动，应组织要求创作了许多相应题材的大型宣传作品。

油画作品：

《景山瑞雪》(45 cm×60 cm)

1950 年代作品还有：

油画作品：

《团城之冬》(56 cm×46 cm)

《动物园一角》(56 cm×46 cm)

《静物月季》(65 cm×53 cm)

《什刹海游泳场》(89 cm×115.7 cm)

《箭兰》(56 cm×46 cm)

《颐和园施工》(31.5 cm×42 cm)

水彩画作品：

《直到心红始成熟》(45 cm×55 cm)

1953 年　癸巳　四十三岁

从事“中华全国科学普及协会”的工作，编绘农业科学、医学卫生等方面挂图等全国科普教育工作，为《科学大众》《知识就是力量》等刊物设计封面及插图（出版一百余件），先后创作了许多“除四害讲卫生”、“全国卫生防疫”、“交通安全”等普及提高全民教育的巨幅宣传画和宣传挂图。

油画作品：

《柿子》(46 cm×56 cm)

《盛夏》(46 cm×56 cm)

《玉带桥》(46 cm×56 cm)

宣传画：

《同志，你为除四害做了什么?》

1954年　甲午　四十四岁

参加“徐悲鸿纪念馆”筹备小组，主要负责筹备置办各种展柜和布置工作。

1954年—1957年，应水利部全国黄河治理委员会之邀，与水利枢纽工程勘探队一起顺黄河而上，在黄河两岸留下了大量油画写生稿。

受邀担任“卫生部爱国卫生运动委员会”、“北京市爱国卫生运动委员会卫生教育所”美术顾问，编绘大幅卫生教育宣传画，并出版发行。

12月，三子降生，取名宋立

油画作品：

《须弥春》(32 cm×42 cm)

《回音壁》(50 cm×65 cm)

《古城一角》(50 cm×65 cm)

1955年　乙未　四十五岁

深入三门峡水利工地和刘家峡水库水利工地体验生活。

油画作品：

《旧时代黄河流域的旱灾》(270 cm×180 cm)

《勘测三门峡》(270 cm×180 cm)

《舍利塔》(41 cm×55.2 cm)

《琉璃塔》(56 cm×46 cm)

1956年　丙申　四十六年

三年间先后创作了五幅大型油画。其中，两幅画描绘出旧社会黄河带给民众的天灾人祸，人民群众所遭受的毁灭性灾难；三幅画反映了治理黄河的壮阔场面，展示了人定胜天的威力。此五幅画参加河南郑州黄河水利委员会举办的“根治黄河”展览，原作由该单位收藏。

油画作品：

《古观象台》(46 cm×56 cm)

《轰炸花园口》(270 cm×180 cm)

《抢险》(270 cm×180 cm)

《洪峰测流》(270 cm×180 cm)

1957 年　丁酉　四十七岁

受邀担任轻工业部美术顾问。

应煤炭工业部邀请，先后数次前往河北开滦煤矿体验生活，绘制了大量速写、油画人物动态素材画像稿，创作多幅表现解放前后煤矿工人工作、生活的大幅油画作品，大型油画《旧时代的煤矿工人》《新中国，新矿工》完成后被煤炭部选送参加全国美术展览，后被煤炭部有关部门收藏。

高淑贞协助吴作人、肖淑芳、艾中信进行北京天文馆壁画绘制工作。

油画作品：

《旧时代的煤矿工人》(277 cm×162 cm)

《新中国，新矿工》(277 cm×162 cm)

《阳春雪》(46 cm×56 cm)

《五塔寺》(46 cm×56 cm)

《碧云寺》(46 cm×56 cm)

《孟冬朝阳》(46 cm ×56 cm)

《景山》(45 cm×53.5 cm)

水彩画作品：

《戒烟糖》(27.5 cm×38 cm)

《早餐》(27.5 cm×38 cm)

1958 年　戊戌　四十八岁

再次受到水电部邀请，创作表现十三陵水库建设内容的作品。于 4 月中旬到 6 月下旬，赴十三陵水库工地工作六十多个昼夜，留下了大量素描稿、油画肖像画和水彩画作品。其中《沸腾的水力工地》《十三陵水库工地》《夜战》完成后被水电部收藏。

应铁道部之邀，为配合政府宣传修建三门峡水库、改造陇海铁路工程取得的伟大成就，他先后前往陕西、山西、河南等地，深入到秦岭铁路施工工地和京广线沿线，体验铁路施工工人艰苦工作生活，先后完成以铁路施工工程为题材，歌颂建设者不畏艰险、艰苦奋斗的两幅大型油画《开山》《辟路》，作品创作完成后被铁道部有关部门收藏。

应山西省委之邀，赴文水县云周西村体验生活，收集素材，为扩建的刘胡兰纪念馆创作大型油画《刘胡兰》《刘胡兰肖像》等作品。

在北京艺术师范学院任教。

高淑贞受中央美术学院和中央外事部门委派，教授埃及王储图玛德、黑白夫妇中国语言语音教学任务。她以极其认真的态度从事教授工作，圆满完成了组织交给的任务，获得组织上和外事部门的嘉奖。

油画作品：

《沸腾的水力工地》（32 cm×42 cm）

《十三陵水库工地》之一（32 cm×42 cm）

《十三陵水库工地》之二（32 cm×42 cm）

《夜战》（32 cm×42 cm）

《劳动模范马庆芝》（32 cm×42 cm）

《青年突击队长》（32 cm×42 cm）

《打夯》（32 cm×42 cm）

《开山》（325 cm×227 cm）

《劈路》（325 cm×227 cm）

《刘胡兰》（270 cm×180 cm）

《刘胡兰肖像》（100 cm×65 cm）

《刘胡兰母亲肖像》（100 cm×65 cm）

1959 年　已亥　四十九岁

应中共中央宣传部之邀，再创作一幅与《刘胡兰》题材相同的油画作品，参加庆祝中华人民共和国成立十周年和纪念刘胡兰烈士英勇就义十周年的宣传活动，大型油画《英勇就义》于年中旬完成。

再受全国黄河治理委员会之邀，创作了以治理黄河洪水为题材的油画作品《黄河支流》，参加庆祝人民共和国成立十周年展览。

年初，经中国美术家协会推荐，1959 年—1963 年，被宁夏回族自治区政府聘请为北京人民大会堂宁夏厅的总设计师和美术顾问。

油画作品：

《英勇就义》(270 cm×180 cm)

《军事博物馆》(32 cm×41.5 cm)

《黄河支流》(56 cm×80 cm)

《中山公园茶座》(50 cm×61 cm)

水彩画作品：

《农展馆》

《工人体育场》

1960 年　庚子　五十岁

数年间，他不辞辛苦先后八次前往宁夏体验生活，走遍自治区的城市、县镇、乡村，腾格里沙漠深处、贺兰山石矿、六盘山毛主席书诗旧址、红军长征路线上，无处不留下他的身影。在艰难险峻的条件下，搜集素材、写生作画，创作了《六盘山》等一批油画作品。

经中国美术家协会推荐，任“北京市交通安全委员会”美术顾问，在为宁夏厅设计工作之余，为公安系统的美术工作者，编制课程教材，教授美术课程，传授美术专业理论知识和绘画技法，1960 年—1966 年的数年间，宋步云先后为公安系统培养了许多美术骨干人才。创作了大量宣传交通安全和人民警察事迹的作品。

油画作品：

《六盘山》(56 cm×80 cm)

《俯瞰故宫》(50 cm×100 cm)

《天坛》(31.5 cm×42 cm)

《北海船坞》(32 cm×42 cm)

1961 年　辛丑　五十一岁

在设计和装饰宁夏厅过程中，周恩来、习仲勋、郭沫若等中央领导同志对总体设计方案非常重视，同时也对细节部分十分关注，对顶部绘制的伊斯兰教图纹色彩、柱子头上的装饰、灯饰的民族特征、沙发扶手的造型、茶几的形态、素色地毯的图案等，提出了非常专业的建议，使宋步云深受启发。

1961 年—1963 年，为颂扬人民警察奋不顾身跳入奔腾咆哮的特大洪水中，营救遭洪水围困于公交汽车内数十名乘客的英勇事迹，创作出大型油画《哑叭河抢险》和《哑叭河抢险》（油画稿）以及十余幅油画人物肖像作品。

由吴作人、傅抱石介绍加入中国美术家协会。

油画作品：

《哑叭河抢险》（人物）（65 cm×100 cm）

《哑叭河抢险》（油画稿）（50 cm×100 cm）

1962 年 壬寅　五十二岁

受到北京市公安局热情邀请，深入到基层派出所和交通队体验生活，创作了一批以表现基层干警工作为创作主题的油画作品。

油画作品：

《女民警》（116 cm×89 cm）

《父与子》（116 cm ×89 cm）

《卢沟晓月》

1963 年　癸卯　五十三岁

经过近四年的精心设计，1963 年初，圆满完成了宁夏厅装潢任务，经过中央政府和自治区严格审查获得通过，并得到了党和国家领导人的好评。

大型油画《哑叭河抢险》创作完成后，由北京市公安局送去参加全国展览，随后被公安系统有关部门永久收藏。2000 年，北京市警察博物馆建成，《哑叭河抢险》（人物）被视为馆藏珍品，永久陈列在博物馆中。2011 年，《哑叭河抢险》及《女民警》油画（复制品），被北京市公安局交通管理局陈列馆永久展出。

油画作品：

《哑叭河抢险》（270 cm×180 cm）

《思》（41.5 cm×32 cm）

水彩画作品：

《停车场一瞥》（27.5 cm×37.5 cm）

《飞阁揽湖光》（26 cm×38.5 cm）

《夕阳》（27 cm×37.5 cm）

《瑞雪初霁》（27 cm×37.5 cm）

《崇文门旧貌》（27.5 cm×37.5 cm）

1964 年　甲辰　五十四岁

受邀撰写了十余万字的《水彩画创作技法》，即高等院校水彩画专业创作课程教学方法。从传统水彩画技法角度出发，结合长达二十余年的教学体会与三十余年的创作经验，以通俗易懂、图文并茂的文字形式，详尽介绍了水彩画创作步骤，书稿完成后交由出版社准备发行。但正赶上十年动乱开始，花费数年心血撰写的书稿，因当时出版社管理混乱，不慎遗失。

在油画写生《俯瞰故宫》的基础上，创作出大型油画《故宫》。

油画作品：

《故宫》（250 cm×400 cm）

《古建遗迹》（50 cm×65 cm）

水彩画作品：

《绿筠朱实》（27.5 cm×38 cm）

《蜜桃》（42 cm×32 cm）

《水果》（37.5 cm×55 cm）

《名园侧影》（27 cm×37.5 cm）

《美术馆街头》（27.5 cm×37.5 cm）

《八一湖》（38 cm×55 cm）

《卢沟早春》（27.5 cm×37.5 cm）

1965 年　乙巳　五十五岁

1965 年至 1966 年期间，受中国人民解放军总参谋部邀请，深入部队体验生活，配合开展全民国防教育进行普及宣传工作，绘制了多套防空知识挂图、军械使用常识挂图和防空知识画册，公开出版发行，使广大群众得到直观的国防科学教育。

水彩画作品：

《黄昏》(27.5 cm×37.5 cm)

《故宫外景》(27.5 cm×37.5 cm)

1966 年 丙午　五十六岁

应北京市有关宣传单位之邀，绘制出五六百幅套色版水印毛泽东主席像。创作大型油画《毛主席检阅红卫兵》。大型油画《故宫》因被造反派指责为是宣扬封建社会帝王将相的作品，勒令将其销毁。

这之后数年间，他为许多单位创作毛泽东画像，有小幅的，也有巨幅的。

特殊时期，宋步云同样受到了冲击，但由于受到地方公安派出所的保护，使他的绝大部分作品免遭劫难。

油画作品：

《毛主席检阅红卫兵》(250 cm×400 cm)

《毛主席像》

水彩画作品：

《静物》(38 cm×55 cm)

1967 年　丁未　五十七岁

1967 年—1969 年期间，受数个政府机关和驻军单位邀请，创作了多幅巨幅毛主席油画像。

1970 年　庚戌　六十岁

六十年代末开始，致力于研究中西绘画技法的融合，潜心研习以蟠桃为主题的国画创作，写生并创作山水、花鸟、人物等中国画。以“杞林斋”为斋号。

国画作品：
《多寿图》
《屈原》
《湘夫人》
1971 年　辛亥　六十一岁
油画作品：
《香山深秋》(46 cm×56 cm)
国画作品：
《望江亭》(48 cm×41.5 cm)
1975 年　乙卯　六十五岁
国画作品：
《善者多寿》
1976 年　丙辰　六十六岁
国画作品：
《横行一时如春梦》(96 cm×46 cm)
题识：眼前道路无经纬，皮裹春秋空黑黄。
1978 年　戊午　六十八岁
水彩画作品：
《晚霞》(27.5 cm×37.5 cm)
1979 年　已未　六十九岁
国画作品：
《月明泉清》(126 cm×61.5 cm)
《古墓逢春》
《长城》
1980 年　庚申　七十岁

中华人民共和国文化部复查委员会正式发文，为宋步云平反冤案，彻底落实政策，恢复中央美术学院高教六级、副教授职称。已年近古稀的他焕发了第二次艺术青春，走向中西绘画艺术创新的鼎盛时期。

以“多寿园”为斋号，自号“多寿园主”。

水彩画作品：

《冬瓜》(32 cm×45.5 cm)

《玫瑰花》(31 cm×40.5 cm)

国画作品：

《新疆蜜瓜》(89 cm×51 cm)

《幽谷泉声》(108 cm×51 cm)

《画中游》(101 cm×43 cm)

《适时而食》(103.5 cm×50.5 cm)

1985 年题识：适时而食，以堆论值。十年动乱，知识背时。生活悲惨，幸免无事。忆若写照，贻来者识。

1981 年　辛酉　七十一岁

为促进中美友好关系发展，江丰带领中央美术学院的艺术家到美国驻华大使馆进行文化艺术交流，古元、邵大箴、宋步云等艺术家参加，宋步云作四尺《寿桃》一幅，送给美国驻华大使。

为中国女排首获世界冠军作《多寿图》一幅，赠国家体委。

水彩画作品：

《西红柿》(39 cm×44.5 cm)

《哈密瓜》(39 cm×45.5 cm)

国画作品：

《长陵一览》

1982 年　壬戌　七十二岁

初夏，受吉林省政府之邀，携夫人高淑贞赴长春、长白山、延吉、吉林等地写生作画，历时半年，踏遍长白山原始森林与东北名川大山，创作了大量写生水彩画和国画作品。为画好长白山天池，费时十余日，走遍天池四周，从各个不同的角度描绘了天池的美景。为长白山宾馆创作巨幅国画《长白山天池》。

水彩画作品：

《乱石飞流》(27 cm×39.5 cm)

《天池冠桥》(27 cm×39 cm)

《原始森林》(39 cm×27 cm)

《静月潭》(27 cm×39.5 cm)

《图门江畔》(27 cm×39 cm)

《天池飞瀑》(27 cm×39 cm)

《长春南湖》(27 cm×39 cm)

《高山冰场》(26.5 cm×38 cm)

《延吉郊原》(27 cm×39.5 cm)

《岳桦林》(53 cm×78 cm)

《松号美人思烈士》(39.5 cm×27 cm)

《天池瀑布》(27 cm×39 cm)

《天池激流》

《天池火山口》

《长白山瀑布》

《天池气象所》

《长白山宾馆》

《布尔哈通河》

国画作品：

《迷离风雪隐天池》(103 cm×60 cm)

《天池晴雪》(105 cm×155.5 cm)

《雾色泉声》(59 cm×95 cm)

《巴山夜雨》(77.5 cm×50 cm)

《寒林落晖》(101 cm×51 cm)

《初日照疏林》(101 cm×154 cm)

《人间重晚晴》(101 cm×51 cm)

《岳桦松》(102 cm×53 cm)

《高山冰场》(103 cm×52.5 cm)

《山川草木浴冬晖》(100 cm×52 cm)
《万木清寂听泉声》(102.5 cm×52 cm)
《峻岭雄关》(68.5 cm×134.5 cm)
《金银松下吊英魂》(100 cm×52 cm)
《慰问》(102 cm×51.5 cm)
《抗联从此通过》
《南湖夕阳》
《朝阳嬉清泉》
《天池飞瀑》

1983 年　癸亥　七十三岁

年初，被中央统战部、文化部列为高级统战对象，文化部按有关规定再次为他落实政策，享受高教五级教授及离休干部待遇。

6 月，完成巨幅国画《长白山天池》创作任务。

夏，应文化部统战部之邀，携夫人高淑贞赴大连棒棰岛写生三周，同行者有叶浅予、胡絜青、白淑湘、袁运甫等。并为棒锤岛宾馆作画《棒锤岛风光》、《多寿图》。

由大连直接去青岛写生二个多月，创作水彩画 20 多幅。

水彩画作品：

《棒锤岛早潮》(27 cm×39.5 cm)
《黄海之晨》(27 cm×39.5 cm)
《海滨暮色》(27 cm×39.5 cm)
《崂山避雨》(27.5 cm×40.5 cm)
《海滨浴场》(27 cm×39 cm)
《青岛》(27 cm×39.5 cm)
《青岛栈桥》(27 cm×39 cm)
《花石楼》(22 cm×39.5 cm)
《小青岛》(27 cm×39.5 cm)

国画作品：

《长白山天池》(380 cm×460 cm)

题识：巍巍长白山，林海浪涛天。三江天池水，飞瀑落人间。踏上天池峰，晴雨瞬万变。腾云游仙境，碧水浴天仙。

《巍巍长白山》(100 cm×154 cm)

《万里关山迎朝阳》(100 cm×198 cm)

1984 年　甲子　七十四岁

春，为庆祝建国三十五周年，应山东省政府邀请，赴济南、曲阜、泰安、菏泽等地写生作画，为省政府创作八尺国画《多寿图》。

应邀创作《寿桃》一幅，作为国礼赠送前来参加建国三十五周年庆祝活动的新加坡总理李光耀。

五月初，回京后参加“爱我中华，修我长城”义卖捐画活动；为全国残疾人福利基金会捐画；参加香港展览以筹募基金；为老山前线战士赠送国画作品《关山月》；为香港培桥中学捐赠《多寿图》等一系列义捐活动。

同月，受贵州省遵义市市政府之邀，为“遵义会议纪念馆”创作国画《硕果》。

被聘为中国老年书画研究会顾问。

春末，被诊断患肺癌，于北京协和医院实施第一次局部切除手术。

高淑贞从中央美术学院图书馆退休。

九月末，作《万寿图》庆祝建国三十五周年，题诗：“四八甲子年，建国三五春。硕果庆盛事，政得万人心。”

国画作品：

《月季》(78 cm×45 cm)

《多寿图》(81 cm×50 cm)

《万寿图》(四屏)(176.5 cm×380 cm×4)

《幽燕烽火忆当年》(150 cm×93.5 cm)

《风云长护古雄关》(149 cm×94.5 cm)

《龙塞咽喉》(112 cm×69.5 cm)

《秦时明月汉时关》(96 cm×60 cm)

《银河落九天》(127.5 cm×51 cm)

《竹子》(112 cm×67.5 cm)

1985年　乙丑　七十五岁

由中华人民共和国国务院办公厅聘为中央文史研究馆馆员。

被聘为中山书画社、北京市东城区书画协会常务理事。

受文化部委托，创作大幅国画《中巴友谊万古长青》，作为国礼赠与巴基斯坦政府。

同年夏，应文化部统战部之邀，携夫人高淑贞赴烟台、威海疗养三周，同行者有卢光照、资华筠等数十位艺术家；创作《黄海之滨》、《蓬莱仙境》等水彩画作品。

受海军某部之邀，赴青岛、长岛、招远、蓬莱疗养写生二月有余，创作《崂山》《浴场》《青岛海滨》等水彩画。

秋，宋步云登长城，作《万里关山迎朝阳》等八幅长城图巨作。

为徐悲鸿先生诞辰九十周年，向徐悲鸿纪念馆赠送《桃李满天下》大幅蟠桃图一帧，并致函以表师生深厚之情。

水彩画作品：

《黄海之滨》

《蓬莱仙境》

《崂山》

《浴场》

《青岛海滨》

国画作品：

《白雪红梅》(79 cm×63 cm)

《玫瑰香》(134.5 cm×67 cm)

《花中高士》(132 cm×64 cm)

《训练》(67.5 cm×45 cm)

1986年　丙寅　七十六岁

6月，作为杭州艺专李苦禅第一届毕业生唯一在世弟子，应邀参加济南李苦禅纪念馆开幕式，为对国画启蒙师纪念，赠《桃李满天

下》蟠桃图一幅，并致函以表师生深厚情谊

是年夏，宋步云受中央文史馆之邀携妻女赴山东烟台、威海疗养写生数周，创作《威海》《海空逆光》《烟台一角》《芝罘海滨》等水彩画作品。

适逢中央文史馆建馆三十五周年，赠大幅《寿桃》一帧，并题识："文史建馆三五秋，硕果累累不胜收。群贤挥毫诞辰祝，沐浴洗心献寿桃"。

秋日，应文化部统战部之邀，携妻女远赴黑龙江牡丹江镜泊湖修养写生三周，同行有秦岭云、英若诚、沙博理、姬麒麟等艺术家，创作《镜泊湖飞瀑》《镜泊湖滨》《镜泊湖火山口》等水彩画。归途受哈尔滨应黑龙江书画函授大学之邀授国画课，并录制多集函授教学课程。

10 月，应邀携妻儿赴闽南沿海福州、惠州、泉州、厦门、漳州等地旅游写生二月有余，作《福建侨乡》《鼓浪屿》《厦门渔户》《侨乡掠影》等一批水彩画。

水彩画作品：

《镜泊湖飞瀑》(27.5 cm×39.5 cm)

《镜泊湖滨》(27 cm×39 cm)

《福建侨乡》(27 cm×39.5 cm)

《鼓浪屿》(27 cm×39.5 cm)

《郑成功像》(70 cm×70 cm)

《厦门渔户》(27 cm×39 cm)

《侨乡掠影》(27 cm×39 cm)

《近水遥山》(27.5 cm×39.5 cm)

《威海》(27.5 cm×39.5 cm)

《海空逆光》(27× cm39.5 cm)

《烟台一角》(25.5 cm×40 cm)

《朱顶红》(89 cm×63 cm)

《眺望厦门》(27 cm×39 cm)

《鼓浪屿一角》(27 cm×39 cm)

《镜泊湖火山口》(27 cm×39 cm)

《芝罘海滨》(27 cm×39 cm)

国画作品：

《水仙》(80 cm×63.5 cm)

《朱顶红》(95 cm×58.5 cm)

《藤萝》(100 cm×102.5 cm)

《君子兰》(79.5 cm×63.5 cm)

《白葡萄》(133.5 cm×68 cm)

《善者多寿》(80 cm×64.5 cm)

《秋实》(101 cm×66.5 cm)

《紫藤》(135.5 cm×65.5 cm)

《寿桃》(138 cm×69 cm)

1987 年　丁卯　七十七岁

春，随中央文史馆赴山东菏泽牡丹之乡菏泽市赏芍药，绘牡丹图《君临百卉》。重游曲阜、梁山县水泊梁山的故处参观，于泰山前往西溪拜祭故友冯玉祥将军。

携十幅水彩、国画精品参加中央美术学院老艺术家联展。

应邀参加日本著名和平人士西园寺公一“八十寿辰纪念活动”，并受文化部委托作《多寿图》致贺。

为中央文史研究馆作一丈二巨幅国画《万寿图》，萧劳先生题诗：高馆依稀西母宫，绥山桃熟饷仙翁。千枝低压秋林重，一抹丹砂过雁红。

受中央文史馆委托，抱病为首都宾馆新建馆（正义路）作一丈二巨幅国画《硕果迎宾》。

夏，受解放军某部之邀携妻女赴辽宁兴城、葫芦岛、锦州、山海关等地写生作画。

9 月，肺癌复发，于北京协和医院接受第二次局部切除手术。

10 月 22 日，由文化部艺术司、中国美术家协会、中国美术馆、中央美术学院、宋步云艺术馆联合在中国美术馆举办“宋步云艺术活动六十年”画展，习仲勋、方毅、邓力群、高占祥、谭启龙、刘复之等中央、北京市领导，美术界吴作人、李可染、叶浅予、廖静文等数百人莅临开幕式。

国画作品：

《万寿图》(一丈二尺 142.5 cm×362 cm)

《硕果迎宾》(一丈二尺 142.5 cm×362 cm)

《君临百卉》(138 cm×73 cm)

《瑶池仙品》(80 cm×149 cm)

《双艳迎春》(136 cm×66.5 cm)

1988 年　戊辰　七十八岁

中央电视台彩电中心落成，受邀抱病创作国画《万寿图》予以祝贺。

受毛主席纪念堂管理局邀请为纪念堂作画，并参加纪念毛泽东诞辰画展。同时为人民大会堂管理局、天安门管理局、中南海管委会创作多幅国画作品。

协助北京电视台录制电视专题片《桃圣——艺术大师宋步云》，于 11 月再登慕田峪长城，随摄制组前往天坛、陶然亭等地拍摄，并写下《冬日郊游》豪迈诗句：“冬游慕田峪古关，缆车如龙奔九天。雄关万里难睹尽，举杯塞上彩云间。”

9 月中旬，在山东省政府热情邀请下，“宋步云艺术活动六十年巡回展”在济南山东省美术馆展出，历任山东省政府、省委领导谭启龙、赵志浩、姜春云、梁步庭、苏毅然以及老友于希宁等老同学、美术界有关人士二百余人莅临开幕式。

国画作品：

《闽江行》(64 cm×96 cm)

《高节清风》(64 cm×96 cm)

1989 年　已巳　七十九岁

3 月下旬，在潍坊市政府热情邀请下，与夫人高淑贞及子女携百余幅水彩、国画精品于潍坊市博物馆举办“宋步云艺术活动六十年巡回画展”，受到家乡领导和父老乡亲热烈欢迎。市委、市政府领导悉数参加开幕式，同时参加风筝节开幕式的中央及省领导黄华、谭启龙、赵志浩，老友于希宁、王振伦及美术界数百人莅临，对其取得的艺术成就予以高度评价。

在区政府领导陪同下，宋步云一行回故里北海滩高庄，这是他自1928年闹学潮后第一次回老家，也是最后一次探访。当晚思绪万千，夜不成寐，写下《故乡行》二首感怀诗以表感念：“青年离家耄耋回，故里变化面皆非。众亲相聚难相认，昧生老人他是谁?”“洼客驱车北海滩，重返故里忆当年。不见亲人空流泪，抓把泥土求心安。”

9月，受文化部中国艺术节组委会之邀，携多幅国画精品参加展览。

为进一步丰富专题片《桃圣——艺术大师宋步云》摄制内容，宋步云抱病于10月中旬又一次登八达岭长城，创作水彩画《金秋长城》、国画《赤染雄关》并题“铁马金戈皆往事，秋日朝阳浴雄关。壮丽美景收不尽，万里疆域一片赤。”。

水彩画作品：

《葡萄》(57.5 cm×62 cm)

《东瀛风味》(31 cm×40.5 cm)

《昙花》(57.5 cm×42 cm)

《金秋长城》

国画作品：

《漫天红果普人间》(132.5 cm×65 cm)

1990年　庚午　八十岁

3月下旬，与夫人高淑贞及子女携数十幅水彩、国画精品赴潍坊市布置“宋步云艺术陈列馆”展厅。开馆仪式由市领导主持，同时邀请省委、省政府领导参加，方毅为艺术馆题写馆名。并应邀参加潍坊国际风筝节。

为潍坊市博物馆作大幅国画《多寿图》。

返京后复查发现肺癌再度复发，开始在北京协和医院接受放、化疗治疗。

1991 年　辛未　八十一岁

中共中央对外联络部礼宾局派人到宋步云公寓看望，说明邓小平为向各国元首致贺的新年卡片封面画，《多寿图》被选定为 1992 年对外赠送贺年片画面。后将邓小平名片、贺年片、纪念证书送予留念。

大型画册《宋步云画集》由山东美术出版社出版，画集收集了他从 40 年代至 80 年代末的 136 幅油画、水彩画、国画佳作。

为中南海作国画《多寿图》，并收入《中南海珍藏画集》。

多幅作品参加香港大会堂举办的中央文史馆馆员赴港书画展。

是年夏，受解放军某部之邀赴北戴河中央疗养地疗养。

1992 年　壬申　八十二岁

3 月 7 日，宋步云因肺癌治疗无效病逝于北京医院，享年 82 岁，安葬于北京市八宝山革命公墓。

1994 年　甲戌

12 月中共中央统战部收藏《多寿图》作品一幅。

2000 年　庚辰

9 月，由中央文史馆、中国美术家协会、中央美术学院、宋步云艺术馆联合举办“纪念宋步云诞辰九十周年艺术大展”，同时召开了宋步云艺术研讨会，美术界专家、史学家一致认为：宋步云的艺术和他的艺术创造是中国现代美术史的宝贵财富，他为现代中国美术事业的发展做出了重大的贡献，在 20 世纪中国美术史中占有重要的位置。

2001 年　辛巳

3 月，在北京警察博物馆落成之际，宋步云先生亲属向北京市公安局捐赠了油画《哑巴河抢险》（局部）。

8 月 2 日，高淑贞先生因病治疗无效病逝于北京协和医院，享年

83岁，与宋步云合葬于八宝山革命公墓。

2006年 丙戌

10月，《重庆雨中都邮街》等水彩画作品参加北京“中国百年水彩画展”。

2010年 庚寅

11月，由中央文史馆、中国艺术研究院、中国美术馆、中国术家协会、中央美术学院、宋步云艺术馆联合举办“纪念宋步云诞辰100周年艺术回顾展”；出版《天高云淡—宋步云诞辰100周年纪念文集》、大型画册《中国近现代大家画集—宋步云》。同时召开“纪念宋步云诞辰100周年艺术研讨会”，美术评论家、史学家一致认为：宋步云是我国杰出的美术家、艺术教育家和艺术活动家，是徐悲鸿学派的杰出代表之一，他协助徐悲鸿接管并筹建了国立北平艺专，为开展进步美术教育、迎接中央美术学院奠基做出了重要贡献。宋步云所创作的艺术品，体现了高度艺术造诣，为20世纪中国艺术宝库增添了传世珍品佳作，在中国美术史中占有重要的位置。

2011年 辛卯

1月，宋步云的八幅不同历史时期油画作品，参加“中国美术馆五十年捐赠作品大展”。

2012年 壬辰

5月，宋步云的油画作品参加在中国美术馆举办的“从延安来—纪念毛泽东同志《在延安文艺座谈会上的讲话》发表70周年美术大展”。

11月，油画《白皮松》参加中央美术学院美术馆举办的“国立北平艺专精品陈列展”。

2013年 癸巳

5月，宋步云亲属将他十幅不同历史时期、不同画种的重要美术作品捐赠给中国美术馆收藏，并列入“20世纪国家美术收藏和捐赠奖励专项计划”中。

5月，宋步云捐赠作品参加了“与时代同行——中国美术馆建馆

50周年大展”。

5月，宋步云所捐赠油画作品《俯瞰故宫》，被中国美术馆选为《中国现代美术之路　与时代同行——中国美术馆建馆50周年藏品大展作品集》封面出版。

9月，宋步云水彩画作品参加了中国美术馆举办的“水色自然—中国美术馆馆藏水彩风景作品展”。

11月，宋步云油画作品参加了中国美术馆举办的“走向西部　中国美术馆馆藏精品展”。

2014年　甲午

宋步云油画作品参加了“丹青中国梦——庆祝中华人民共和国成立65周年美术作品展”。

参考资料

[1]《抗建通俗画刊》第一期～第十期　1940 年－1941 年.
[2] 吴作人. 宋步云的嘉陵江 [J]. 新蜀报，1943.
[3] 陈晓南. 寒窗读画记 [J]. 新蜀报，1943.
[4] 水天中. 画家宋步云 [J]. 美术家通讯，1987 (8).
[5] 刘晓路. 宋步云先生的早期油画 [J]. 美术家通讯，2000 (12).
[6] 宋步云. 我在艺术事业上仅作的一点贡献 [J]. 美术家通讯，1990 (3).
[7] 郑工，宋立，宋高阳. 天高云淡：宋步云诞辰 100 周年纪念文集 [M]. 北京：文化艺术出版社，2010.
[8] 邵大箴. 杰出的画家、艺术教育家和活动家宋步云 [J]. 中国美术，2010.
[9] 郎绍君. 作为西画家、版画家和艺术活动家的宋步云 [J]. 美术研究，2010.
[10] 李松. 宋公行止考补. 博宝艺术网，2011.
[11] 孙美兰. 中国气派的大师宋步云 [J]. 中华书画家，2010 (2).
[12] 戴泽. 他是中央美术学院的基石—访谈录. 博金资讯网，2011.
[13] 王琦. 他把木刻艺术献给抗日救亡运动——访谈录. 博金资讯网，2011.